本书系国家社会科学基金一般项目

"中国乡村教化的百年嬗变研究"

（项目批准号：11BSH032）成果。

中国乡村教化
百年嬗变

徐继存 等著

中国社会科学出版社

图书在版编目（CIP）数据

中国乡村教化百年嬗变／徐继存等著. —北京：中国社会科学出版社，2019.10

ISBN 978-7-5203-5186-7

Ⅰ.①中… Ⅱ.①徐… Ⅲ.①乡村教育—社会教育—研究—中国 Ⅳ.①G779.2

中国版本图书馆 CIP 数据核字（2019）第 209291 号

出 版 人	赵剑英
责任编辑	马　明
责任校对	王福仓
责任印制	王　超
出　　版	中国社会科学出版社
社　　址	北京鼓楼西大街甲 158 号
邮　　编	100720
网　　址	http://www.csspw.cn
发 行 部	010-84083685
门 市 部	010-84029450
经　　销	新华书店及其他书店
印　　刷	北京明恒达印务有限公司
装　　订	廊坊市广阳区广增装订厂
版　　次	2019 年 10 月第 1 版
印　　次	2019 年 10 月第 1 次印刷
开　　本	710×1000　1/16
印　　张	25.25
插　　页	2
字　　数	376 千字
定　　价	118.00 元

凡购买中国社会科学出版社图书，如有质量问题请与本社营销中心联系调换
电话：010-84083683
版权所有　侵权必究

目　录

绪　论 …………………………………………………………（1）

第一章　教化的旨趣与境遇 …………………………………（15）
　一　教化的含义 ………………………………………………（15）
　二　教化的演化 ………………………………………………（18）
　三　教化的追求 ………………………………………………（21）

第二章　古代乡村教化的演进 ………………………………（25）
　一　古代乡村教化的历史进程 ………………………………（25）
　二　古代乡村教化的基本特征 ………………………………（31）

第三章　古代书院名师的为学之道 …………………………（42）
　一　讲学传道，心怀家国 ……………………………………（42）
　二　身体力行，德性自证 ……………………………………（44）
　三　举贤纳士，兼容并包 ……………………………………（46）
　四　尊师继学，发扬光大 ……………………………………（47）
　五　有教无类，普润乡里 ……………………………………（49）

第四章　传统社会家族的解体 ………………………………（52）
　一　家族的形态 ………………………………………………（52）
　二　家族教化的内容与方式 …………………………………（56）

三　传统家族的解体 …………………………………… (60)

第五章　传统社会乡绅的衰落 ……………………………… (64)
　　一　乡绅的性质 ………………………………………… (64)
　　二　乡绅的教化作用 …………………………………… (67)
　　三　乡绅的分化 ………………………………………… (71)

第六章　新式教育的乡村疏离 ……………………………… (75)
　　一　作为"他者"的新式教育 ………………………… (75)
　　二　立场的分野与冲突 ………………………………… (79)
　　三　新式教育的乡村异象 ……………………………… (84)
　　四　教化理想的乡村遭际 ……………………………… (87)

第七章　民国知识分子的乡村建设 ………………………… (90)
　　一　乱世烽火中的乡村社会 …………………………… (90)
　　二　学高品洁的民国知识分子 ………………………… (93)
　　三　蓬勃而兴的乡村教育实践 ………………………… (102)
　　四　经邦济世的价值追求 ……………………………… (107)

第八章　苏维埃地区的乡村教化 …………………………… (112)
　　一　革命体系中的乡村教化 …………………………… (112)
　　二　苏区乡村教化的内容与方式 ……………………… (116)
　　三　苏区乡村教化的特点 ……………………………… (128)
　　四　乡村教化的成效与教训 …………………………… (134)
　　五　教化意义的消减与反思 …………………………… (140)

第九章　乡村社会秩序的重建 ……………………………… (143)
　　一　乡村社会的现实格局 ……………………………… (143)
　　二　土地改革与乡村社会结构的改造 ………………… (147)

三　乡村社会组织形式的政治强化 …………………… (155)
　　四　人民公社与乡村社会意义系统的建构 …………… (163)

第十章　新秩序中的乡村教育 …………………………… (173)
　　一　教育宗旨与学制改革 ……………………………… (173)
　　二　乡村学校教育的调整 ……………………………… (178)
　　三　社会主义教育的开展 ……………………………… (190)
　　四　乡村日常生活的政治渗透 ………………………… (200)
　　五　乡村教育的经验与启示 …………………………… (211)

第十一章　乡村教化的变迁与转型 ……………………… (214)
　　一　乡村教化的复苏 …………………………………… (214)
　　二　乡村教化的式微 …………………………………… (227)
　　三　乡村教化的再兴 …………………………………… (242)

第十二章　乡村社会生活的裂变 ………………………… (255)
　　一　传统主导的乡村社会 ……………………………… (255)
　　二　新旧交织的乡村社会 ……………………………… (261)
　　三　危机四伏的乡村社会 ……………………………… (267)

第十三章　乡村文化的教育拆解 ………………………… (273)
　　一　"撤点并校"的背景与过程 ………………………… (273)
　　二　"撤点并校"下的乡村文化 ………………………… (277)
　　三　后"撤点并校"时代的乡村教育 …………………… (288)

第十四章　乡村社会中的民办教师 ……………………… (296)
　　一　民办教师的历史 …………………………………… (297)
　　二　乡村教育岗位的坚守 ……………………………… (300)

三　作为乡村教化主体的民办教师 …………………………（307）

第十五章　当代乡村教化的问题与反思 ……………………（311）
　　一　乡村教化的必要和必然 ………………………………（311）
　　二　乡村教化的当下格局 …………………………………（316）
　　三　乡村教化的现实困境 …………………………………（324）
　　四　乡村教化的可能改进 …………………………………（331）
　　五　乡村教化的未来 ………………………………………（343）

附录　乡村教化百年事记 ……………………………………（354）

参考文献 ………………………………………………………（387）

绪　　论

中国是一个乡土社会，中国社会的发展与现代化是以乡土社会的现代转型为基础和标志的。在推动中国迈向现代化的发展过程中，传统乡土社会的"家族本位""差序格局"和"礼俗秩序"遭遇了前所未有的冲击和荡涤，人们日益深刻地感受到乡村社会不再具有温情脉脉的人格化的伦理性质，以血缘为纽带的亲属关系也渐渐为利益计算的实践性亲属关系所取代，曾经的熟人社会甚至变成了"无主体熟人社会"。"我们的家乡在希望的田野上，炊烟在新建的住房上飘荡，小河在美丽的村庄旁流淌。一片冬麦那个一片高粱，十里哟荷塘十里果香……我们世世代代在这田野上生活，为她富裕，为她兴旺……"当年彭丽媛唱出的这幅新农村蓝图，如今却变成了尴尬的现实。

不可否认，小农生产的"内卷性"、差序格局中的非契约性、家族本位下的公共意识的缺失等乡土社会的这些特质对现代社会的发展有其负向功能，但是中国现代社会的发展又不可能抛弃中国的乡土社会而另寻一个基础来构筑；而且，小农生产与现代化并非不可兼容，乡土社会的传统共同体可以成为现代共同体建构的基础，修己安人、寓教化于生活在建构现代社会文化道德中依然能够彰显其价值。因此，任何时候，"强调传统力量与新的动力具有同等重要性是必要的，因为中国经济生活变迁的真正过程，既不是从西方社会制度直接转化的过程，也不仅是传统的平衡受到了干扰而已"[①]。

[①] 费孝通：《江村经济》，商务印书馆2001年版，第20页。

一

晚清以降，中国社会发生"数千年来未有之变局"，封建王朝面临着前所未有的结构性危机。家族的瓦解、新式教育的勃兴、科举制度的废除、乡村精英的出离不断地解构着传统乡村社会的文化和秩序，"圣贤之道将由是而泯焉"。民国时期的知识分子痛心于乡村社会的凋敝和颓废，在危机四伏的时代里勇敢地担当起匡时济世的匹夫之责，积极投身于乡村的复兴和建设，其士之精神令人感动和尊崇。南京国民政府曾以地方自治为名，试图通过政府权力对乡村进行改造和治理，重建乡村秩序，终以失败而告终。"农村的作用是个变数：它不是稳定的根源，就是革命的根源。"① 中国共产党在长期的革命过程中注重乡村教化和文化建设，建立了包含革命内容的乡村文化，为革命的胜利奠定了稳固的基础。

中华人民共和国成立初期的土地革命，焕发了农民融入构建新的乡村秩序的热情，马铃薯似的农民变成了构建新国家机体的一个个有机的细胞，他们由衷地感激共产党，并很快将这种感激和热情转化为对新秩序的忠诚，推动着乡村社会实现国家的目标。从互助组到合作社再到人民公社，国家以强有力的方式推进乡村经济和社会的重组，逐步完成了对乡村社会的垂直延伸，覆盖和控制了整个乡村社会。毫无疑问，国家权力的强力介入改变或重塑了农民的传统和信仰体系，使社员的社会生产和生活打上了浓厚的泛政治化色彩，甚至仪式化地嵌入到农民的日常生活之中。

"带着虚幻却美妙的希望，带着辽远似又近在咫尺的理想，人民公社给农民带来过莫名的憧憬，给乡村带来过喜悦和激奋。"② 然而，时间的推移证明了这种潜含着崇高理想的计划秩序乃是一种"致命的自负"。革

---

① [美] 塞缪尔·P. 亨廷顿：《变化社会中的政治秩序》，王冠华等译，上海人民出版社2008年版，第241页。
② 复旦大学历史学系、复旦大学中外现代化进程研究中心：《近代中国的乡村社会》，上海古籍出版社2005年版，第200页。

命意识形态的消解和革命意志的弱化使得人民公社赖以支撑的政治强制很难有效地抑制亿万农民脱离人民公社的倾向,人民公社终结了。20世纪70年代末80年代初,中国新一轮的乡村经济的变革和乡村秩序的建构开始了,由此步入了改革开放的新时期。1983年1月,中共中央一号文件全面肯定了家庭联产承包责任制。家庭联产承包责任制极大地调动了农民的积极性,提高了劳动效率,改善了农民的生活条件,乡村一度成为"希望的田野",呈现出勃勃生机。随着国家对人口流动政策的松动,多余的农业劳动力开始走出乡村,到20世纪90年代市场经济体制确立后逐渐形成了庞大的打工潮,直接导致了乡村人口的结构性变化,也解构了传统乡村秩序的基本条件,尤其是乡村文化和教化体系。"人自由了,这种自由具有双重的结果。一方面,人失去了以前那种无可非议的所属感,无论在情感上还是精神上都感到茫然不知所措;另一方面,他可以自由行动,成为自己的主人,可以按照自己的意愿生活而不必听命于人。"[①] 从集体公共生产和生活脱颖而出的个体农户在自主意识增强的同时,也面临着极其严峻的挑战,他们无法从容地应对市场经济的风云变幻,不得不时时进行计算、衡量和决定。"进取的自我"和"欲望的自我"相伴而生,于是传统乡村社会的关系格局打破了,曾经可以依靠情感形成的信任关系消解了,一种麦克弗森所说的"占有性的个人主义"形成了。占有性的个人主义的形成意味着总体性的乡村社会的瓦解,个体化乡村社会的到来,它催生了不断膨胀的物质欲望和消费主义的盛行,带来了严重的自我中心的实用主义,乡村社会充满着焦灼、不安和混乱。

如果仅仅从物质生活上看,今天农民的物质生活水平可能是历史上最高时期,然而,他们并不幸福。因此,我们不能完全从物质生活的角度理解农民,还要从精神生活的层面来理解他们。这样看来,新农村建设就不仅仅是经济建设的问题,更是文化建设的问题。令人欣慰的是,乡村文化的建设受到了党和国家的高度重视,一些有社会责任感的知识

[①] [匈]波兰尼:《大转型:我们时代的政治与经济起源》,刘阳等译,浙江人民出版社2007年版,第135页。

分子已经进行了积极的探索。

二

生于乡村，长于乡村，魂牵梦萦的永远还是乡村，虽然我离开乡村进入城市学习和工作已经三十余年了。正是这种无法去除的乡村情结，驱使着我时刻关注着乡村的经济发展和社会的变迁。我小学毕业的前一年，党的十一届三中全会召开；初中毕业后的第一年，中共中央全面肯定了家庭联产承包责任制；高中毕业前夕，《中共中央关于教育体制改革的决定》颁布了；20世纪80年代的最后一年，我大学四年的英语专业学习结束，开始了硕士研究生的学习生活；硕士研究生毕业的那一年，中共中央确立了建立社会主义市场经济体制的改革目标；从1996年博士毕业后，我就一直在大学从事课程与教学论学科的教学和科研工作直到今天。作为教育科学中的一门学科，课程与教学论在整个教育理论体系中占有重要位置。在当前高等师范教育体系中，课程与教学论是教育学专业学生的必修课程，也是师范专业学生应该了解和掌握的重要内容。课程与教学问题是学校教育的核心问题，而学校是嵌入在整个社会网络之中的，不了解整个社会的变迁和发展，就不可能对课程与教学问题有深入的理解。这些年来，我不断地走进乡村学校，接触校长、学生和家长，逐渐地认识到乡村社会的流变对乡村学校教育的影响，而乡村学校原本就是乡村社会的最重要的教化机构，而如今其教化作用渐趋式微。要理解当下，就必须了解历史，于是我以"中国乡村教化的百年嬗变研究"为题在社会学领域申请了国家哲学社会科学基金项目，幸运地被批准立项。这令我兴奋，也倍感压力。兴奋的是，这是我第一次越出教育学的学科界限，踏入一个新的学科领域，申报下来国家社科基金项目；倍感压力的是，尽管在这之前也曾研读过一些社会学领域的著述，但毕竟没有受过社会学学科的专业训练，因而诚惶诚恐，如履薄冰。可以说，近五年来就是在这样双重的心境中走了过来。学术的发展是累积性的，问题的探讨离不开既有相关研究的梳理和借鉴。既然知道自己的局限，就要努力去弥补。这些年来,围绕着课题认真阅读了社会学领域的专家和学者的大量著述,在领略了他们的思想观点的同时,的确增加了自己的知识,开阔了自己的视野。

费孝通先生基于田野调研而著的《乡土中国》分析了中国基层社会的性质和特点,为我们把握和理解中国传统社会特别是乡村社会提供了经典的范畴和反思框架。乡村社会是没有陌生人的熟人社会,生发的社会关系是"差序格局",追求的是无讼的"礼治秩序"。然而,自晚清始,在西方现代资本主义的裹挟下,传统的乡土中国这种社会形态难以为继,最终走向解体或终结。徐扬杰的《中国家族制度史》全面地阐述了中国家族制度的产生、发展、变化和衰落及其原因。在他看来,从明代中叶以后,由于商品经济的发展和资本主义的萌芽,封建家族制度开始呈现出衰落的征象。鸦片战争以后,由于资本主义的迅速发展和社会经济结构的裂变,封建家族制度进一步地衰落下去,而近代人民革命斗争和对家族制度进行自觉或不自觉的批判与冲击,则加速了封建家族制度的衰落过程。[①] 王蕊所著的《齐鲁家族聚落与文化变迁》勾勒出一幅幅齐鲁传统家族日常生活、读书、经商、仕宦的生动画卷,探讨了齐鲁家族聚落兴衰变迁的内在原因和齐鲁家族文化的内涵,是中国家族制度变迁的一个缩影,从中我们可以具体地看出并把握家族在维系中国传统乡土社会秩序中的地位和价值。从社会控制来看,有两个因素对村落家族文化起到了促成作用:其一是在漫长的历史时期中,低能的社会体制不足以调控分散的村落家族,血缘关系就外化为一种社会秩序;其二,社会体制虽无能力渗透村落家族,却往往主动与村落家族体制接轨,利用血缘关系服务于社会政治秩序。[②]

家族的精英是绅士。张仲礼积十年之余完成的《中国绅士——关于其在19世纪中国社会中作用的研究》和《中国绅士的收入》,成为中国绅士研究的经典之作,一直被一些国内外著名大学列为中国近代史课程

[①] 徐扬杰:《中国家族制度史》,武汉大学出版社2012年版,第413—421页。
[②] 王沪宁:《当代中国村落家族文化——对中国社会现代化的一项探索》,上海人民出版社1991年版,第35—36页。

必读的参考书。王先明在《近代绅士——一个封建阶层的历史命运》一书中详细地阐述了近代绅士阶层的流动、分化和消亡以及由此造成的严重后果。他认为，绅士阶层的分化造成了乡村精英人才的流失，导致了乡村政权的蜕化，加剧了乡村社会矛盾的冲突。如果不读刘大鹏的《退想斋日记》，我们很难感受和体味到那时底层士人所承受的科举之废因巨大震撼及其万念俱灰、愤世嫉俗的悲凉心态。得知科举之废的消息时，刘大鹏顿感"心若死灰，看得眼前一切均属虚空"。他在日记中屡屡哀叹，"下诏停止科举，士心涣散，有子弟皆不作读书想，别图他业，以使子弟为之，世变至此"。"当此之时，四民失业者多，士为四民之首，现在贫困者十之七八，故凡聪慧子弟悉为商贾，不令读书。古今来读书为人生第一要务，乃视为畏途，人情风俗，不知潜流伊胡底耳。"[1]

张鸣在《乡村社会权力和文化结构的变迁（1903—1953）》一书的前言中指出："在战乱的环境下，农村的破败往往是不可避免的，但是对于中国农村而言，衰败的更深刻的原因是被纳入资本主义世界体系后殖民性被破坏，以及中国自身城市导向的现代化的结果。"[2] 新式教育虽然加快了中国城市发展的势头，但中国的城市并没有牵引着乡村向现代化迈进，反而成为乡村崩溃的一个重要而直接的原因。郝锦花在《新旧学制更易与乡村社会变迁》中指出，清末民初乡村教育具有新旧斑驳的过渡性、滞后性、不平等性和初级性的特点。20世纪三四十年代关心乡村教育的潘光旦、费孝通、梁漱溟、陶行知等都认识到新式教育的乡村疏离加速了乡村精英的外流。[3] 尽管如此，桑兵在《晚清学堂学生与社会变迁》一书中考察了晚清学堂学生与社会变迁后认为，接受新式教育的青年学生乃是除旧布新的重要社会力量，在民主革命的各个阶段，在社会变迁的各个方面，常常发挥着先锋和桥梁的作用。

鉴于"农村破产，日益剧烈，农民痛苦，日益深刻，各乡村普遍了

---

[1] 刘大鹏：《退想斋日记》，山西人民出版社1990年版，第150页。
[2] 张鸣：《乡村社会权力和文化结构的变迁（1903—1953）》，陕西人民出版社2008年版，第3页。
[3] 《潘光旦文集》，光明日报出版社1999年版，第430—433页。

一种枭兀不安的现象"①，接受过新式教育的一批有识之士提出了"到乡村去""到民间去"的口号。正是在这一时期，梁漱溟、晏阳初、陶行知、黄炎培等组织并领导了以乡村教育为起点，以复兴乡村社会为宗旨的大规模的影响深远的乡村建设运动。对此，教育学界有很多研究，因而我相对比较熟悉。社会学领域关于这方面研究成果也很丰富，对这场乡村建设运动的评价虽不完全一致，但都认为这场乡村建设运动是一种社会改良主义的运动。毕竟，知识分子的热血心肠抵不过革命洪流的冷酷无情，乡村建设运动被淹没于革命迭起的号召中，无疾而终。乡村建设运动显然有别于国民党政府所推行的社会改良政策，也不同于中国共产党领导的农村包围城市、武装夺取政权的运动。"无论在十年内战时期中国共产党的最高领导阶层如何坚持'城市中心论'，中国共产党最基本的革命实践就是农民革命，其政权实践的苏维埃本质上就是一种乡村政权。但是与以往的乡村政权不一样，苏维埃政权带有强烈的排异性，它不可能与以往的乡村政权那样，可以为不同的统治者服务。这恰恰是由于共产主义革命所特有的阶级排他性和打碎既成国家机器的更替性色彩决定的。"② 中国共产党在苏维埃地区的乡村教化因应革命而存在，在提升地方教育水平、打破原有权力结构、建立新型农民组织、发展地方经济等方面成效明显。"无论从哪个角度说，苏维埃政权的出现都是中国乡村政权的一个崭新的形式，虽然农民始终没有弄清楚苏维埃名目的含义，也难以消除与这个政权相伴的一系列俄式名词带来的陌生感，但它的确把中国的农村翻了过来，至少从形式上实现了乡村统治的精英专制到贫民专政的转变。尽管有组织强化和集体从众效应的作用，这个政权还是得到了农民比较广泛的拥护，从某种意义上讲，中国共产主义运动正是借助这个政权形式，才得以在中国农村生存。"③

新中国成立后，经过土地改革、镇反运动、农业合作化等一系列政

---

① 董汝舟：《中国农村离村问题之检讨》，《新中华》1933 年第 1 期。

② 张鸣：《乡村社会权力和文化结构的变迁（1903—1953）》，陕西人民出版社 2008 年版，第 131 页。

③ 同上书，第 145—146 页。

治化运动,"在中国历史上第一次将政治管理的轨道铺到每一个村庄村民的家门口",而其后形成的人民公社制度"则将组织的控制能力推向了极端"。①"人民公社可以说是有史以来对村落家族文化的最有力的冲击。"②在张乐天看来,"人民公社是实现了土地的集体所有制,恰恰是这种全世界独一无二的土地制度给后公社时期中国农村的发展打上了独一无二的中国标志!人民公社时期创办了社队企业,至少在沿海农村,恰恰是这种别具一格的企业为改革开放时代农村经济的腾飞提供了经济的与制度的前提!人民公社时期建立了完整的、运行有效的党政权力体系,现在,无论你走到天涯海角,假如你认真考察一下那里党政组织的权力结构、制度与运行方式,就可能透过现代的语词与符号,看到人民公社的影子!人民公社与当今的中国有着密切的关联,并给中国特色的社会主义打上了鲜明的印记。"③张乐天的专著《告别理想——人民公社制度研究》以浙江北部一个普通村庄——联民村为研究对象,细致入微地为我们描绘了人民公社制度下浙北农民日常生活的方方面面,使我们获得了有关一个中国普通村落农民的政治、社会、经济和文化生活的清晰图景。于建嵘在《岳村政治——转型期中国乡村政治结构的变迁》中对新中国成立后直至改革开放以前的乡村政治进行了分析,指出这一时期的特点是国家通过权力下沉、行政权力冲击甚至取代传统的社会控制手段,实现了对乡村社会权利的垄断。吴毅的《村治变迁中的权威与秩序——20世纪川东双村的表达》通过革命和全能政治这两个核心概念的场域化,揭示了宏观国家权力对微观村政渗透与统摄的历史轨迹。刘庆东的《权力、利益与信念——新制度主义视角下的人民公社研究》以新制度主义为主要分析工具,对人民公社制度的起源、发展、内部结构及其演进逻辑等进行了以事实为依据的解读,特别是对人民公社制度实施不久就产生的以合法性危机为主要特征的"裂口效应"所

---

① 关海庭:《20世纪中国政治发展史论》,北京大学出版社2002年版,第408—409页。
② 王沪宁:《当代中国村落家族文化》,上海人民出版社1991年版,第56页。
③ 张乐天:《告别理想——人民公社制度研究》,上海人民出版社2012年版,自序第15页。

做的分析，使人深受启发。

改革开放以来，中国乡村社会发生巨大的变化。总体上看，乡村传统的礼俗秩序被打破了，曾经的集体化生活瓦解了，乡村社会被强力地纳入了工业化、市场化的轨道，农民的温饱问题解决了，而一系列新的问题产生了。阎云翔的《中国社会的个体化》向我们展示了今天的中国文化正在见证并孕育着一种新的个体主义，这种个体主义在过去是不可言说的、发展不成熟的，甚至在政治上是不被接受的，而如今却公开地发挥着影响力。很明显，中国人的自我与人格已经变得与以往不同了，就像他们的地方道德社会那样正处在转型之中。站在农民本位的角度，审视农民的生存状态，就不难发现农民不是苦于纯粹物质的方面，而更苦于精神和社会的方面。人是物质的存在，更是精神的存在，人之为人的根本是精神。当物质生活达到一定层次和水平，人的精神状况将决定着人的幸福和社会的和谐。因而，我们不能完全从物质生活的层面，还应该从精神生活的层面来思考乡村社会的建设。如此，乡村教化自然蕴含其中，成为乡村社会建设的内在要求。

目前，我们尚未见到直接以乡村教化为题的学术著作，但是教化问题日益引起人们的关注。冯秀军的《教化·规约·生成——古代中华民族精神化育研究》在深入解析古代民族精神化育的内在机制和规律，以及分析古代中华民族精神化育现代转型的过程与动因的基础上，总结出对于培育当代中华民族精神具有借鉴意义的历史启示。王先明的《中国近代社会文化史论》和黄书光的《变迁与转型：中国传统教化的近代命运》是研究近代社会文化和教化不可忽视的学术成果。詹世友的《道德教化与经济时代》采用教化理论的理解模式，对道德的本质做出了全面条贯的探索，反思了经济时代的道德问题，表达了教化论的实践理性立场。袁媛的《热闹而寂寞的乡村教化——基于建国后石村社会教育历史人类学考察的研究》和江涛的《人类学视野中的乡村教化——以伍村为个案》是近些年为数不多的以乡村教化为研究对象的博士论文，均借鉴了人类学的研究范式，再现了新中国成立后个案村落社会教化六十年的嬗变历程。所有这些都为我的课题研究提供了帮助，至于诸多的期刊类文章虽在书中均已列出，但我在此依然要表达对作者的深深谢意。

三

既以乡村教化为题，就必须对教化有一个明晰的界定，然而教化并不是一个自足自明的概念，对教化的认识中西不同，古今有别。因而，我以"教化的旨趣与境遇"为题，探讨了教化的含义、演化和追求，以此作为该书的第一章。在此基础上，分析了我国古代乡村教化的历史进程，总结了古代乡村教化的基本特征，这便成为第二章的内容。"致天下之治者在人才，成天下之才者在教化，教化之所本者在学校。"古代官学的地位和作用毋庸置疑，也为人所熟知，但书院对乡村社会的教化则易为人所忽视。所以，我将这一部分作为第三章的内容。如果说这三章属于该书概论的话，那么其后则是不同历史时期乡村教化的专论了。

家族是中国传统社会的基层结构，它不仅是一个生产自给、生活封闭的单位，同时也是一个集政治和教化等多种职能于一体的中心。在漫长的发展过程中，封建家族有其不可忤逆的威严和绝对权威的宰制，有其家族成员等级森严的僵化和冷漠，有泯灭人性的愚昧和落后，但也积淀了绵延流长的传统优秀文化，有建立在血缘基础上的出入相友、守望相助，以及由此带给家族成员的安全感和情感归依。时代的变迁割断了封建家族的延续，而家族传统文化并不会因此销声匿迹，采取极端否定的态度对待家族传统文化是不理性的，也是不负责任的。晚清以降，社会危机四伏，新旧嬗替的社会变革废除了延续千余年的科举制度，直接中断了乡绅阶层的继替，导致整个乡绅阶层的分化和消亡。从此，乡村社会政权痞化，社会关系恶化，阶级冲突激化，乡村经济凋敝，乡村文化衰落，城乡差距拉大，城乡一体的中国传统文化格局被打破了。可以说，传统社会家族的解体和乡绅阶层的衰落标志着传统乡村教化体系的瓦解，因此我将这两部分的内容分别作为第四章和第五章。新式教育是西学东渐的产物，但其理念与内容并非完全西化，整体上可谓中西杂糅。新式教育在近代乡村社会的推进中，历经磨难，有其疏离乡村社会生活之嫌，也有其主体立场分野的原因。更为重要的是，近代乡村社会结构的重构与文化断裂造成的环境变换难以保证教育的井然秩序，而知识精英的教化理想又具有天然的认识论和方法论的局限，所有这些共同造成了新式教育在乡村社会的多舛命运，也为今天的教育改革提供了诸多教益和镜鉴，由此形成了第六章。社会激荡的时代往往也是思想活跃、大师辈出的时代。民国时期的知识分子围绕着社会问题的解决进行思想斗争的同时，也通过社会实践推进和检验着自己的思想主张。其中，针对乡村破败的现实状况进行的以复兴乡村文化、进行民族自救为目的的乡村教育运动盛极一时。民国知识分子的背影已渐行渐远，而其教育影响却历久弥新。因此，第七章主要是回溯民国知识分子的乡村教育实践和价值追求，旨在以此启迪和警示自己和更多的读书人固守本心，砥砺言行，彰显学者风范，开辟教化之道，引领文明之风。苏维埃地区乡村教化的方式灵活多样，除了普通学校教育之外，还通过夜校、冬学、识字班、俱乐部、墙报、文艺宣传等方式进行，利用多样的表达技巧与宣传策略，深入乡村民众，成绩卓著，值得思考和借鉴，因而我把这一部分作为第八章的内容。从第四章到第八章共五章的内容大体涵盖了清末到新中国成立前的时期。

新中国成立之后，国家通过土地改革、合作化运动以及后来的人民公社制度等，建立并夯实了社会主义新中国的地基，运用思想动员、行政干预、政策倾斜和教育引导等方式有效地改变了农民的观念与行为。在改造过程中，自上而下全民参与的运动使中国的社会动员达到了前所未有的广度和深度，深刻改变了乡村社会的面貌，建立了乡村社会的新秩序。国家对教育进行了一系列的接收、整顿与改造工作，兴建了一批社会主义的新型中小学，实现了办学与管理体制的重大转变，由国家和社会多种方式办学转变为单一的国家或集体办学。在乡村社会，学校作为"村落中的国家"的合法地位得以确立,在后来的各种政治运动与经济建设中,发挥了重要的推动作用。这两部分的内容就构成了该书的第九章"乡村社会秩序的重建"和第十章"新秩序中的乡村教育"。政治运动是革命的庙会,也是群众的狂欢。

该书的第十一章到第十四章阐解的是改革开放以来的乡村教化问题。改革开放以来的四十年,是我国社会持续转型的时期,随着国家政策的不断调整和改革开放的纵深推进,我国的广大乡村在经济制度、产业结构、生产方式、生活价值与信仰等等方面都发生了重大的变化。乡村民众的整体生活水平在不断改善的同时,其思想观念、价值取向和道德标准等也发生着显著的分化。在这一过程中,乡村教化或主动或被动,或清晰或模糊,经历了多措并举的短时复苏、市场经济冲击下的式微和城乡一体化背景下的再次复兴,在不同时期呈现出不同的样态和特点。如果说第十一章是对改革开放以来的乡村教化的总体透视,那么第十二章"乡村社会生活的裂变"则是对改革开放以来不同时期乡村教化问题的生动呈现及其特点的具体佐证,渗透着我自己的亲身体验和感受。可以说,第十二章是第十一章的现实注解和例证。"撤点并校"的初衷在于整合教育资源,提高教育质量和办学效益,促进基础教育均衡发展,实现教育公平。然而,这一政策在推行过程中却发生了不同程度的偏离,给乡村社会带来了许多问题。乡村学校作为乡村社会文明的象征,是乡村社会的教化中心,而教师则是乡村社会的知识分子,是乡村文化的传承者和发扬者。学校撤离乡村直接造成了乡村"文化人"的消失,也使许多乡村少年从此像浮萍般漂泊于城市与乡村,找不到心灵的栖居之所,游走在城市和乡村的边缘,扮演着"异乡人"的角色。我将这些概括为"乡村文化的教育拆解",成为该书的第十三章。民办教师曾经是乡村社会重要的教化主体,也是乡村教育的主要支撑。正因如此,我以"乡村社会中的民办教师"为题,作为该书的第十四章,述说了民办教师在乡村社会的地位和影响以及他们生活中的喜怒哀乐和困惑忧思。

当前乡村社会"城镇化"与民众"市民化"进程加快,现代性扩张带来的冲击不同往昔，异质的生活方式肆意蔓延，无数的村庄卷入其中，固有人伦传统遭遇解构。梁漱溟曾经指出的乡村所面临的最大挑战之一是伦理破坏和文化失调。如今这一问题更为严重，乡村中传统的调节系统已经失灵，伦理与文化的载体摇摇欲坠，乡村自治名存实亡，许多地区的乡村逐渐丧失了固有的自我调养能力，陷于自然颓败之中。乡村教化不仅包括国家权力的介入、社会关怀的融入，也包括村民的自我关涉，三者在相关层面的教化各有优势，也暴露出诸多弊端。如何消除各层之间的隔膜，协同一致地彰显教化功效，达到敦风化俗之目的，是当下乡村教化必须严肃面对的问题。基于对乡村教化百年历程的考察与当下问题反思，我国乡村教化的未来发展应该注重民俗传承与文化革新相互交融、内部生发与外部推动同步进行、精神熏陶与利益引导双管齐下以及横向维度与纵向层面有机结合。这样，对当下乡村教化的思路与策略的探讨就构成了该书最后一章的主要内容。

全书凡十五章，从总体上描绘了乡村教化百年嬗变的基本图景，也表达了我对这一历程本身的理解。有必要说明的是，各章篇幅不一，短者万字，长者数万言，极不均衡，这是因为我对乡村教化各阶段的侧重不同，更是因为我始终遵循着有话则长、无话则短的原则，当然也与我对各阶段乡村教化的认识深浅密切相关。全书虽由我确立了研究的旨趣和基本框架，但都经过课题组成员的共同磋商，协作完成。具体如下：第一章，徐继存；第二章，车丽娜；第三章，徐继存；第四章，徐继存；第五章，徐继存；第六章，高盼望、徐继存；第七章，车丽娜、徐继存；第八章，高盼望；第九章，于翠翠；第十章，于翠翠；第十一章，孙宽宁；第十二章，孟璨、徐继存；第十三章，孟璨、徐继存；第十四章，车丽娜；第十五章，徐继存、高盼望。最后，由徐继存负责统稿。在统稿过程中，车丽娜和孙建帮我核对了全书的注释和参考文献，心存感激，自不待言。

本书是我承担的国家社会科学基金项目"中国乡村教化的百年嬗变研究"（11BSH032）的最终成果。在课题研究过程中，得到了山东大学林聚任教授、山东社会科学院李善峰教授、中南大学李斌教授、南京大学贺晓星教授、山东师范大学万光侠教授和于洪波教授的关心和指导；为了本书的付梓，中国社会科学出版社的马明先生付出了心血，在此向他们一并致以衷心的感谢。

第一章

教化的旨趣与境遇

人不是孤立的存在，这不仅是因为人的未完成性，更是因为人在本质上乃是社会关系的总和。人的未完成性意味着教化的可能性，人的社会性则意味着教化的必要性。因而，无论是为了个体的成长与发展，还是为了社会的秩序与和谐，人都是需要教化的。"人之有道也，饱食暖衣，逸居而无教，则近于禽兽。"教化是人的一种责任，也是人的一种义务，只有通过教化，人才能远离禽兽，或使人为善的可能性存养而扩充，或使人化性起伪，回归到人的本质属性，才能使"人人亲其亲，长其长，而天下太平"。

一 教化的含义

中国一直以"礼仪之邦"而著称于世。古代先贤素来认为，"礼"是人之为人的真正特点，是人与禽兽的根本分野，是人类文明的秩序。"凡人之所以为人者，礼义也。礼义之始，在于正容体、齐颜色、顺辞令。容体正、颜色齐、辞令顺，然后礼义备，以正君臣，亲父子，和长幼。君臣正，父子亲，长幼顺，而后礼义立。"如果人人礼义并举，社会则和谐安定。所以，习礼一直是我国古代教化的主要内容。所谓"礼之教化也微，其止邪也于未形，使人日徙善远罪而不自知也，是以先王隆之也"。然而，礼毕竟是一种普遍性的社会规范，若为任性的个体所恭顺践履，就不能仅仅靠外在的强制，而必须辅之以乐于接纳的方式。"言而履之，礼也；行而乐之，乐也。"由于"乐者，音之所由生也，其本在人心之感于物也"，教化之施就必须礼乐并行。荀子云："君子以钟鼓道志，以琴瑟乐心。动以干戚，饰以羽旄，从以磬管。故其清明象天，其广大象地，其俯仰周璇有似于四时。故乐行而志清，礼修而行成，耳目聪明，血气和平，移风易俗，天下皆宁，美善相乐。故曰：乐者乐也，君子乐得其道，小人乐得其欲。以道制欲，则乐而不乱；以欲忘道，则惑而不乐。故乐者，所以道乐也。金石丝竹，所以道德也。乐行而民乡方矣。"①只有礼乐相济，礼宜乐和，才能使人诚于中而形于外，从善如流，徙善远罪不知，而"就人道之正"。如果邪恶既形，以律法止之，则异趣于教化。正是因为教化所具有的这种功能，教化遂为我国古代社会圣明君王和贤臣良相治国安邦的一种政治方略。教化不行，则政令不从。在董仲舒看来："夫万民之从利也，如水之走下，不以教化堤防之，不能止也。是故教化立而奸邪皆止者，其堤防完也；教化废而奸邪并出，刑罚不能胜者，其堤防坏也。"② 这样，教化就常被认为是政治教化。由于教化的主要内容是习礼，而礼被认为属于道德的范畴，教化又常被等同于道德教化。可是，如果我们用政治教化或道德教化来替代教化，就遮蔽了对教化本身的理解。因为将教化等同于政治教化，容易排斥道德的相对独立性，或把道德视为某种手段，甚至把教化简化为某种政治意图；若将教化等同于道德教化，又容易忽视道德的政治规约，偏执于人的内在精神的提升，走向一种纯粹的理想主义。③ 当然，教化可以是政治教化，也可以是道德教化，但政治教化或道德教化并不是教化本身，也不应以此来取代对教化本身的理解。

教，许慎《说文解字》解释为："上所施，下所效也。"然而，"教"未必取得"化"的效果，达到化民成俗的境界。孔子将六艺作为教化之具，也深知六艺之失。温文敦厚，《诗》教也；疏通知远，《书》教也；

---

① 《荀子·乐论》。
② 班固：《汉书·董仲舒传》，中华书局1962年版，第2503页。
③ 陈宗章、尉天骄：《"教化"：一个需要澄清的概念》，《河海大学学报》（哲学社会科学版）2011年第4期。

广博易良，《乐》教也；洁净精微，《易》教也；恭俭庄敬，《礼》教也；属辞比事，《春秋》教也。问题在于，《诗》之失愚，《书》之失诬，《乐》之失奢，《易》之失贼，《礼》之失烦，《春秋》之失乱。只有祛除这些缺陷，六艺之施才有可能教而化之。"渐也，顺也，靡也，久也，服也，习也，谓之化。"王先谦在《荀子集解》中曰"化谓迁善也"，"驯至于善谓之化"。可见，化不仅是一种状态，更是一种境界，教是化的手段，化是教的鹄的。所谓教化，便是以善的内容，通过各种途径和方法，使人在不知不觉的环境或氛围中，"绝恶于未萌"，远罪迁善，培育良好的风俗习惯，形成和谐的社会秩序。毋庸置疑，善是一种普遍性的状态，尽管善的内容因时代的不同而有差异。以善养人，就是用善的这种普遍性来规制人的任意的直接性，使其精神日臻完善，真正成为自由的主体。"若夫教者，漂然若秋云之远，动人心之悲；蔼然若夏之静云，乃及人之体；穹然若皓月之静，动人心以怨；荡荡若流水，使人思之……"①这正是我国古代教化实行礼乐并举的重要原因。尽管如此，这种对教化的理解依然存有鲜明的工具论色彩，极易消解教化本身的道德内涵，导致政治绑架道德的现象发生。

在西方，教化一词产生于中世纪的宗教神秘主义，原意是指使人性通过不断的精神转变达到神性的完满。欧洲启蒙运动将人们从宗教神学中解放出来，教化一词的含义随之发生了转变。赫尔德尔认为，教化是指人通过对自身的精神培植达到人类的完满。"大自然一步一步地抛弃低劣的东西，培植与之相反的精神事实，把美好的东西引导得更加美好，并且我们从她那艺匠的手里可以希望，我们人道的幼蕾在那种未来的存在之中将成为固有的，真正的，神圣的人类形态。"②在黑格尔看来，人之为人就在于它脱离了直接性而不断趋向普遍性，从而不断使人从"所是的人"变为"应是的人"，使个体的人从特殊精神逐步过渡到普遍精神，使人受到教化。一个人如果沉湎于其个别性，看不见普遍性，任凭

---

① 张惠芬：《中国古代教化史》，山西教育出版社2009年版，第12页。
② [德]康德：《历史理性批判文集》，何兆武译，商务印书馆1991年版，第40页。

自己无节制无分寸的盲目冲动，无异于禽兽，那就说明他没有受到教化。伽达默尔强调，"教化作为向普遍性的提升，乃是人类的一项使命。它要求为了普遍性而舍弃特殊性，但是舍弃特殊性乃是否定性的，即对欲望的抑制，以及由此摆脱欲望对象和自由地驾驭对象的客观性"。[①] 在这里，教化不是被视为国家治理和政治理想实现的手段，而是被理解为人由本性向人性的提升，是人不断形塑自我的活动，是人通过对自己的精神改造使自己真正成为一个人的过程，因而教化不是某种外在的强迫和钳制。显然，这种对教化的理解把握了个体在教化过程中的主体地位，彰显了人的精神尤其是内在德性的养育，从而确立了教化的本体论价值。

教化的本体价值无疑是其工具价值的基础和保证，教化的工具价值则是其本体价值的应用和外显，只有坚持本体价值与工具价值相统一的认识论立场，才能更好地把握和理解教化的性质。教化不仅是上施下效的过程，同时也是自下而上的提升过程。这意味着人既是教化的对象，也是教化的主体。因而，教化与接受教化是人之为人的基础和保证，更是人的责任和使命。如果说人的存在先于人的本质，那么人的形成过程就是一个教化和接受教化的过程，而教化不再现对象，唯成就自身。只要有人类社会的存在，教化就是一个永不终止的过程。

二　教化的演化

教化既然关涉人的存在，它就是一个真正的历史性的概念。因此，对教化历史的廓清将有助于我们对教化的深入理解，同时教化本身也要求我们必须严肃地对待我们自身的历史性。人类社会发展的历史表明，人的想象是先于人的逻辑而发展的，人的推理力愈薄弱，人的想象力也就成比例地愈旺盛。原始人类由于所造就的概念尚未从他们试图把握的特殊存在物之具体杂多的土壤中连根拔起，他们只能用幻想代替理性，用想象代替智慧，神话、图腾、禁忌以及被赋予了人格的山川名物、日

---

① ［德］伽达默尔：《真理与方法》，洪汉鼎译，上海译文出版社2004年版，第15页。

月星辰因而成为最初的教化内容。这时的教化融知、情、意于一体，带有明显的原始宗教色彩。对此，蔡元培曾做过深刻的分析。正是这种知、情、意混沌不分的状态构筑了原始人的集体表象，并以神秘的互渗支配着原始人的思维，从而使这一时期的教化呈现出一种原逻辑的鲜明特征。

轴心时代哲学的产生冲破了集体表象的原始思维，逻辑、概念获得了自己的相对独立的领域，教化思想开始萌发和形成，教化成为人类的有意识的追求，逐渐上升为人性提升的手段和国家治理的方略。先秦时期，以孔子、孟子、荀子等为代表的儒家总结和发展了周代的教化思想和实践，形成了较为完备的教化理论，到汉代，儒教教化的政策和模式得以确立。《荷马史诗》如中国古代的《诗》教一样，深深地印在希腊人的民族精神之中，深于史诗成为有教养的标志。无论是苏格拉底还是柏拉图，他们无不重视人的精神的提升，意识到"真正的修辞学家是劝导的大师"①，"修辞的功能实际上在于影响人的灵魂"②。在他们看来，教化就是使人由无知到有知，由无礼到有礼，由无良好习惯到有良好习惯的过程。尽管这一时期的理性思维有了很大的发展，但教化依然在知、情、意交织而非分割的状态下进行的。即使是"射"，也不是一种纯技术性的训练，而是一种人文教化，需要符合一定的节奏，流畅而优雅。"其节，天子以《驺虞》为节，诸侯以《狸首》为节，卿大夫以《采萍》为节，士以《采蘩》为节……明乎其节之志，以不失其事，则功成而德行立。……故曰：'射者，所以观盛德也。'"③ 在很多思想家的心目中，古希腊人就有着完美的人性。席勒曾说，在希腊人身上，"我们看到了想象的青年性和理性的成年性结合成的一种完美的人性"④。

随着自然科学的发展和工业革命的兴起，人类进入了一个崇尚科学、知识和理性的时代。"在19世纪后半叶，现代人的整个世界观唯一受实证

---

① 《柏拉图全集》（第2卷），王晓朝译，人民出版社2003年版，第190页。
② 同上书，第193页。
③ 孙希旦撰，沈啸寰、王星贤点校：《礼记·集解》（下），中华书局1989年版，第1439页。
④ [德]席勒：《美育书简》，徐恒醇译，中国文联出版公司1984年版，第49页。

科学的支配,并且唯一被科学所造成的'繁荣'所迷惑,这种唯一性意味着人们以冷漠的态度避开了对真正的人性具有决定意义的问题。单纯注重事实的科学,造就单纯注重事实的人。"① 这个时代在物质财富上取得了巨大进步,但却是以抽象掉人的丰富的生活世界为代价的。不仅如此,这种实证科学的应用使得劳动过程越来越被分解为一些局部性操作,个人同作为整体的产品的联系被切断,人的劳动也被简化为一种机械性重复的专门职能,造成了人的发展的片面性。从此,人遭遇到自己的创造物的压迫,感受到一种强烈的人性异化。"他在自己的劳动中不是肯定自己,而是否定自己,不是感到幸福,而是感到不幸,不是自由地发挥自己的体力和智力,而是使自己的肉体受折磨、精神遭摧残。"② 这种异化了的劳动是因劳动者自身的肉体的需要,是劳动者苟且生存的需要,是一种满足于如同动物的需要一样的需要,它本身背离了劳动者的意愿,使劳动者成为一个单纯的自然人,成为一个无人性的人,因而它不再具有道德的属性,也就谈不上人性的提升了。

奴役的背后并不总是奴役,而是觉醒和反抗。异化的劳动恰恰唤起了人们的持续反思,燃起了人们对教化理想的渴望和向往。洪堡特说:"当我们讲到德语的 Bildung(教化)这个词的时候,我们同时还连带指某种更高级、更内在的现象,那就是情操(Sinnesart),它建立在对全部精神、道德追求的认识和感受的基础之上,并对情感和个性的形成产生和谐的影响。"③ 赫尔德尔主张要进行"人性的崇高教化",黑格尔将教化定义为把人从个别性状态提升到普遍性状态。黑格尔将教化分为实践性教化和理论性教化,并认为教化首先是一种实践性教化。实践性教化主要是指劳动或职业活动,在这种活动中个体的欲望受到抑制,从而使自身超越了个别的直接性,达到一种普遍性,为精神和自我意识的发展

---

① [德] 胡塞尔:《欧洲科学的危机与超越论的现象学》,王炳文译,商务印书馆 2001 年版,第 15 页。
② 《马克思恩格斯全集》(第 3 卷),人民出版社 2002 年版,第 270 页。
③ [德] 威廉·冯·洪堡特:《论人类语言结构的差异及其对人类精神发展的影响》,姚小平译,商务印书馆 1997 年版,第 36 页。

提供直接的条件。理论性教化关乎人的理论能力或思维品质的培养和提升,其特点是通过静观而获得广阔的精神空间。其实,无论是实践性教化还是理论性教化在根本上都是指向人的普遍性的提升,一切教化的获得都包含理论兴趣的发展,也即认识的发展。所以,实践性教化与理论性教化在现实中的界限并不是泾渭分明的,而是往往交织在一起的。不过,为了更好地把握它们,我们在理论上还是应该将其适当区别开来,实践性教化是教化的基础和根本,理论性教化为我们的实践提供了智识的保障。

今天,我们无疑地生活于科技构成的世界之中。我们拥有了越来越多的科学知识和抽象概念,掌握着日新月异的技术手段,我们的物质生活在不断丰富的同时,我们的情感却日益被异化为机械性的控制,几乎失去了它活生生的敏感性以及通过向他者的情感敞开而进行沟通、交流、共鸣才能得到涵养的能力,将人人相与之道交由抽象理智推论出来的原则来处理,进行程序性的协调和维护,却不关注培养人们对规则与秩序的热爱和尊重。[①] 因此,重新开启人的精神空间,赢得人的精神自由,促使人精神生命整体的发展,就成为现代教化的责任和使命。

三 教化的追求

无知和愚昧是人类教化的天敌,教化在任何时候都离不开知识。但是,由于人自身的有限性,容易受到各种偏见的蒙蔽,因而并非所有的知识都含有教化的价值。如果知识不能使人体验到生存世界的生动和真实,不能让人感受到情感的满足和快乐,这种知识就会成为阻隔人真实生活的迷墙。培根曾将困扰人们心灵的这些假象分为族类假象、洞穴假象、市场假象和剧场假象。笛卡尔也曾做过深刻的自我反思。在通达教化的道路上,如果承认我们的认识难以规避假象和偏见的影响,我们就不能把这种影响都当作一种不可怀疑的真理来接受,应该秉持笛卡尔式

---

① 詹世友:《道德教化与经济技术时代》,江西人民出版社2002年版,第355页。

的怀疑立场和方法。唯其如此，我们才有可能消解和清除那些流俗状态中信以为真的错误见解，摈弃和排除各种各样偏见和成见的缠绕，也才有可能迫使那些凝固僵化的识见或意见失去其不言而喻的合法性，获得普遍的知识。值得警惕的是，我们不能因此走向了休谟式的怀疑主义，从而消解了知识的确定性，陷入教化的虚无之境。

不过，怀疑仅仅是反思和批判的开始。在康德看来，一切都必须经受批判，包括人类的一般理性能力也要接受批判。确实，理性并非是自足的，更不是万能的，因为理性思考的前提是人主观设定的。而且，理性也不是与生俱来的、原生的、持久的禀赋，而是后天获得的一种脆弱品质。"我们在现世界所具有的自觉的理性，并不是一下子得来的，也不只是从现在的基础上生长起来的，而是本质上原来就具有的一种遗产，确切点说，乃是一种工作的成果——人类所有过去各时代工作的成果。"[①]我们要获得这种品质，就必须经过长期的训练与实践，学会反思并暂时超脱自我，以一个公正的旁观者的态度来看待自己的利益。即便经过了这种训练，人的理性仍然是不牢靠的，幻觉、虚妄、躁狂还会守候在我们门口，随时都会闯进来。更何况，我们不是传统的单纯传声筒，只求高保真的录音，每一个时代都有其责任和使命，又怎能放弃自身的责任和使命而沉湎于传统呢？罗蒂指出："人生的意义，无论是作为单一的个体还是作为整体的类，不在于胜利地达到或悲惨地失去某个先定的目标，而在于把它看作是一个尼采式的自我超越过程。在这个过程中，成败得失都不是其应有的尺度。因此，它既不可怕也不可惊。于是，我们不再把自己当作追本求源的人，不再把自己当作具有某个先天本质的人。我们不必为只允许让自己成为某类特殊的人而忧虑。我们现在唯一的担心是布鲁姆式的担心，即担心自己仅仅是前人的一个复制。"[②]倘若把理性当作是完全自足的，就会把它变成人存在的充分理据，变成人存在的唯

---

① [德]黑格尔：《哲学史讲演录》（第1卷），贺麟等译，商务印书馆1996年版，第8页。
② 张国清：《无根基时代的精神状况——罗蒂哲学思想研究》，上海三联书店1999年版，第313页。

一和终极的圭臬，必然会导致理性的僭越和狂妄。所以，知识对人的教化决不能被理解为一种外在的、被动的灌输和规训，而应该理解为个体精神的自我否定从而不断向更高的精神普遍性提升。在这一过程中，个体不仅需要有怀疑的立场和方法，还需要有自我反思和批判意识、勇气和精神。

事实上，即使我们拥有健全的理性，获得了普遍性的知识，也不能保证人的教化的必然达成，因为经过抽象的词语会剥夺思想和情感的个性，从而抽空了其人性的本质内涵，容易成为一种空洞、抽象的规定，无法穿透人的心灵，把握人的生命存在的无限丰富性与复杂性，它虽然可以发展人的理智判断能力，但同样可能造就单向度的人或虚伪的人格。理解人的生命存在，需要诗性的直觉与体验，需要热情，而不只是逻辑与反思。真实的情感是人的主体感受、体验的自然流露，因此它比外部语言更具有真实性，是个体内部世界的一种需要、一种呼唤、一种取向，它赋予个体自觉行为以内部的张力。人若没有信仰，生活会缺失意义和希望，同时也不敢面对他自身存在的真正目的。当然，不掌握一定的普遍性知识，没有相应的理智发展程度，就不可能使教化达到一定的高度。但是，人生毕竟不是理性化的机械演进，而是情理交融的进程。没有生命情感的灌注，单纯的理智就会退化为一副逻辑的骨架。令人更为烦恼的是，不仅人的理性会受到各种偏见和成见的蒙蔽，人还会时时受到虚假情感的干扰。

因此，现代教化的关键就在于如何使抽象的理性概念灌注生命情感和真实感受的内容，也就是说，努力使得我们的理性浸润着情感提升并获得敏感性。[①] 只有理不离情，情不离理，使人的认知过程与情感过程不相分化，始终处于一种如弗洛姆所说的泰然状态，才能规避人的单向度发展。这样看来，教化绝不能沦落为一种纯粹知识的教育，而应始终是一种主体精神的成长、一种主体精神的自我塑造。事实上，教育本来就是寓于教化之中的，或者说教育本来就应当是一种教化。据弗洛姆的考

---

① 詹世友：《道德教化与经济技术时代》，江西人民出版社2002年版，第29—30页。

察，教育（education）这个词的词根是去引导（e-ducere），从文字上讲，就是引导人向前，或者实现某种潜在出现的东西。在这个意义上，教育带来了存在，它在文字上的意思是突出（stand out）、是从潜在性的状态突现（have emerged）为显示出实在的状态。① 当接受更多更好教育的动机不是为了所教的科目或对知识及见解产生兴趣，而是为了获得更高更大交换价值的知识的时候，教育便失去了教化的意蕴，蜕变为一种功利化和庸俗化的训练了。于是，我们不难发现也不难理解的是，教育从初等到高等，都已经达到了很高的程度。可是，人们接受的教育越多，似乎越缺乏信念，缺乏人性，缺乏自由精神，只不过人们的知识储备比以前多了而已。② 今天，尽管什么是正确的，什么是真实的对于教化并非不重要，我们最应该关注的却是如何通过教化改变人的思维和意识，使其具有主观情感的形式和力量，导引进而滋润着人自身的行为，渐成为一种自觉自然的状态、习惯和教养，真正臻于"兴于诗，立于礼，成于乐"的境界。

---

① ［美］埃里希·弗罗姆：《自为的人——伦理学的心理探究》，万俊人译，国际文化出版公司1988年版，第182页。

② ［美］埃里希·弗洛姆：《人的呼唤》，王泽应等译，上海三联书店1991年版，第88页。

第二章

古代乡村教化的演进

中国传统社会具有浓重的乡土本色，以农立国的社会现实决定了乡村在中国社会发展中的重要价值。乡村是中国数千年社会发展的缩影，即便在19世纪末期出现的"许多地区级的城市、县首府，只不过是一些没有围墙和衙门的大乡村"[①]。乡村既是璀璨的古代文明的发展渊源，也是流变的现代文化的发展根基。乡村教化在历史发展中演绎着中国古代社会教化的方式和基本特征。

一 古代乡村教化的历史进程

中国乡村教化的历史是社会主导价值观念深入民心、化民成俗的历史，也是社会教化不断走向深入，真正影响民众生活的历史。乡村教化的变迁在很大程度上代表了中国社会教化的历史进程。

（一）儒家教化思想的形成

教化作为一种实践活动可追溯到原始社会，原初的教化思想萌芽于周代，而影响我国封建社会数千年的儒家教化思想则确立于先秦时期。

原始人群为了维持生存，需要将累积的生产和生活经验传授给年轻一代，这种原始的教化活动与人们共同的生产和生活相伴而生，并与生

---

① ［美］明恩溥：《中国的乡村生活》，陈午晴、唐军译，电子工业出版社2012年版，第1页。

产和生活实践融为一体。尤其在生存条件极端恶劣的情况下,向后代传递生产和生活经验,是原始初民保存个体、维护种族延续的必要手段。原始社会的教化经历了从自然教化到自觉教化的发展过程,其内容具体包括:第一,生产经验的传授。从简单的工具制作到取火构巢、合作狩猎、农耕播种等各种与生产相关的经验,都是原始初民社会生存的必备技能,也是教化活动的重要内容。此时的教化活动是与生产融为一体的,教民以生产经验的人往往被各种传说神化为圣贤之人。如《韩非子·五蠹》中记载:"上古之世,人民少而禽兽众……有圣人作,构木为巢,以避群害,而民悦之……有圣人作,钻燧取火,以化腥臊,而民悦之。"《周易·系辞下第八》中曰:"包牺氏没,神农氏作,斫木为耜,揉木为耒,耒耜之利,以教天下,盖取诸益。"第二,生活习俗的传承。风俗习惯是人类社会最早出现的社会规范,在法律及监狱等强制性制度和机构出现之前发挥着调节人际关系、维持生活基本秩序的职能。"风俗的统治是原始社会的重要特征之一。在氏族公社中,通过共同劳动、氏族会议、吉庆节日、宗教仪式等影响每一个成员,以培养氏族成员接受民主精神的熏陶,具有尊老爱幼、服从指挥、团结协作的品德等。"[1] 第三,原始宗教的传播。原始初民的宗教意识起源于对外部世界茫然和恐惧而产生的虚幻、扭曲印象,后来逐渐发展为以自然崇拜、图腾崇拜、祖先崇拜为特征的原始宗教。原始宗教通过各种宗教仪式和禁忌培养人们的集体意识和敬畏观念。

原始社会后期,出现了专门的教化人员和教化场所。据《尚书·尧典》记载:"帝曰:'契,百姓不亲,五品不逊,汝作司徒,敬敷五教,在宽。'"当时除设置司徒负责五常之教以外,负责教化的还有秩宗、典乐等官员。秩宗通过"天神、地祇、人鬼之礼"向民众宣扬等级尊卑观念和社会礼仪规范,典乐通过诗歌舞蹈等乐教内容养成人们"直而温,宽而栗,刚而无虐,简而无傲"[2] 的社会性格,形成"神人以和"的社

---

[1] 张惠芬:《古代教化史》,山西教育出版社2009年版,第2页。
[2] 李民、王健撰:《尚书译注》,上海古籍出版社2012年版,第14页。

会秩序。就是在这一时期，负责敬老养老、教养教化的庠、序、校等古代教育场所和机构也开始形成。在原始社会种种教化活动不断发展和经验累积的基础上，至西周时期萌生了原初的教化思想。周公姬旦从夏商灭亡中总结出"惟不敬厥德，乃早坠厥命"的教训，提出了"以德配天""敬德保民"的治国观念，宣称周统治者因为有德而顺承天命，"其所以祈天永命者，乃在'德'与'民'二字。……文、武、周公所以治天下大法胥在于此"[①]。"以德配天""敬德保民"的思想体现了周代对道德作用和民众教化的重视，标志着我国古代教化思想的萌芽。

先秦时期是奴隶社会向封建社会过渡的历史阶段。伴随着诸侯争霸所带来的社会动荡，文化秩序遭到破坏，各家各派从不同角度阐释自己的治世主张，从而在思想意识和社会文化领域形成了百家争鸣的繁荣局面，正所谓"周室衰而王道废，儒、墨乃始列道而议，分徒而讼"[②]。以孔子为代表的儒家学者从匡治春秋末期"礼崩乐坏"的严峻现实出发，在承继周代教化思想的基础上，形成了系统的儒家教化思想。孔子提倡以"仁"为核心，以重建"周礼"为社会理想，主张"克己复礼"，建立"君君、臣臣、父父、子子"的宗法等级制度，要求人们的生活方式和行为符合他们在家族内的身份和社会、政治地位，不同的身份有不同的行为规范，而这些行为规范是封建统治者所倡导的"道统"的集中体现。汉武帝独尊儒术之后，儒家思想影响着我国封建社会的主导价值观念，从而决定了整个封建社会教化的整体特征。

（二）礼法规约的乡村渗透

法家的教化思想形成于春秋战国时期。法家从人的"好利恶害""趋利避害"的本性出发，主张以法治国，推崇刑律的教化功能。法家思想在秦朝"以法为教""以吏为师"文教政策的导向下得到了世人的尊崇，获得了与儒家教化思想分庭抗礼乃至融合互补的社会地位。严刑峻法适

---

① 王国维：《观堂集林》（上册），中华书局1959年版，第476—477页。
② 刘安撰，陈静注译：《淮南子》，中州古籍出版社2010年版，第45页。

应高度集权的封建社会的政治需求，有助于纠正民心、肃清恶俗的教化目标的达成。出土于云梦的秦墓竹简《语书》中明确写道："凡法律令者，以教道（导）民，去淫避（僻），除其恶俗，而使之之于为善（也）。"然而，在高度分散的传统农耕经济基础上，国家律法难以对散落的乡村居民进行全面的监管，因此历代统治者将礼制宗法作为专制统治的重要补充力量加以运用。秦统治者在明文提倡法教的同时，对礼教的作用并没有忽视，秦墓竹简《为吏之道》中曰："为人臣则忠，为人父则兹（慈），为人子则孝；能审行此，无官不治，无治不彻……君鬼（读为怀，和柔）臣忠，父兹（慈）子孝，政之本（也）。"自汉代始，法治作为儒学礼治思想的重要补充，在乡村教化中发挥着重要作用。"儒家虽主张德化，却不曾绝对排斥法律，汉以后的儒者则于法律本体的存在问题已不再怀疑，也不再反对以法为治世之具，自不再作迁而无益的坚持，既把握住支配立法的机会，于是以礼的原则和精神，附以法律的制裁，编入法典中，儒家的目的也就以变通的方式达到，而踌躇满志了。……除了法典的内容已为礼所搀入，已为儒家的伦理思想所支配外，审判决狱受儒家思想的影响，也是可注意的事实。儒者为官既有司法的责任，于是他常于法律条文之外，更取决于儒家的思想。中国法律原无律无正文不得为罪的规定，取自由裁定主义，伸缩性极大。这样，儒家思想在法律上一跃而为最高的原则，与法理无异。"[1]

礼法规约的乡村教化适应中国古代家国同构的社会格局。家庭、宗族、国家在组织结构上具有共通性，从而使得"家礼""宗法"与"国法"可互相迁移，共同左右着乡村教化。如《礼记》所言"亲亲故尊祖，尊祖故敬宗，敬宗故收族，收族故宗庙严，宗庙严故重社稷。"礼与法有别又相通，儒家的主流教化思想自然不能忽视法治在社会教化中的作用，"以礼入法""德本刑末"的思想奠定了秦以后社会教化思想的基本格调。"礼之所去，刑之所取，失礼则入刑，相为表里者也。"[2] 显然，礼教与律

---

[1] 瞿同祖：《中国法律与中国社会》，中华书局2003年版，第349—350页。
[2] 范晔、司马彪撰：《后汉书》（上），岳麓书社1994年版，第661页。

法的相互配合有利于实现远罪迁善、化民成俗的教化目标。如朱熹所言："政者为治之具，刑者辅治之法。德、礼则所以出治之本，而德又礼之本也。此其相为终始，虽不可偏废，然政、刑能使民远罪而已，德、礼之效，则有以使民日迁善而不自知。故治民者不可徒恃其末，又当深探其本也。"① 所以，在古代乡村教化过程中，历代统治者都注重以政、刑的远罪之用配合德礼的迁善之本，使得教化昌兴、社会有序，乡村民风纯良敦厚。

（三）礼法与乡约的并行

自秦朝以至隋唐，无论是法家的严刑酷吏还是儒家的温情礼制，都是国家主流教化思想向乡村社会的逐层渗透，对乡民的思想观念和社会行为的锻造具有明显的外铄特征。然而，仅此还不足以对乡村社会发挥全方位的影响。如费孝通所言，"乡土社会的生活是富于地方性的。地方性是指他们活动范围有地域上的限制，在区域间接触少，生活隔离，各自保持着孤立的社会圈子。"② 对这些"在生活上被土地所囿住的乡民"而言，发挥教化作用的不仅是由"学"而接触的外界的价值体系与行为规范，更多的是由"习"而得的内生性的乡约民规。"规矩是'习'出来的礼俗。从俗即是从心。"③ 礼法教化发展到一定阶段以后，乡约开始在乡村社会盛行。礼法是中国古代社会普适性的教化规则，而乡约则是乡民在社会生活中自然生成的区域性约定，是"一乡之人共同订立，以劝善惩恶为目的，而资信守之一种具文规约"④。作为一种民间的自治制度，乡约在宋朝以后尤其是明清时期的乡村教化中占据着重要地位。

乡约滥觞于北宋吕大钧所创《蓝田吕氏乡约》，是鉴于乡党邻里的辅车相依，利害与共而"爰为立约以期同归于善"，遂制定德业相劝、过失相规、礼俗相交、患难相恤四条规约，每条之下又具文详述，用通俗易

---

① 朱熹撰：《论语集注》，齐鲁书社1992年版，第10页。
② 费孝通：《乡土中国》，上海人民出版社2007年版，第9页。
③ 同上。
④ 黄强：《中国保甲实验新编》，中国台湾正中书局1935年版，第21页。

懂的语言规定了乡民修身、立业、齐家、交游应遵循的行为规范及日常活动的礼仪俗规。为了使乡约真正地发挥作用，吕氏兄弟建立了严密的乡约组织制度：每个乡约组织由同约人"推正直不阿者"一至二人担任"约正"，负责立公道、决是非、息讼争、定赏罚。同约之人每月一聚，每季一会，当众赏罚，并一一记录在案。这样，由于乡约的实行，不仅使得蓝田"一乡之中，睦姻任恤，休戚相关，何风之淳且厚矣"[①]，而且使善行广布，良俗迁移，"关中风俗为之一变"。明清时期，乡约开始与政治权力密切结合，由民众自发的契约性组织转变为统治阶层教化乡民的基层制度。明太祖朱元璋在洪武三十年（1397年）颁布《圣训六谕》作为教化大纲，很多地方官员在推行乡约的过程中，将六谕作为乡约宣讲的重要内容，而一些地方官员更把乡约与保甲制度相结合，以"乡甲约"统筹管理乡民的政治、经济、教育等事务，发挥着劝善惩恶、征徭收赋、御敌防匪等职能。明朝正德年间，王守仁巡抚南赣，为纠正当地习俗中"愤怨相激，役伪相残"的恶习，他命令各县族姓建立"乡约"，以使"人人皆宜孝尔父母，敬尔兄弟，教训尔子孙"，成为"善良之民"。按南赣乡约规定，其组织成员包括：约长1人，由年高有德、为众所敬服的乡绅担任；约副2人，由公直果断者担任；约正4人，由通达明察者担任；约史4人，由精健廉干者担任；知约4人，由礼仪习熟者担任；约赞2人，掌文簿名册。这一组织人数超过了吕氏乡约。清朝时期，乡约与官方教化权力的结合更加密切。顺治吸取朱元璋的《圣训六谕》，颁布了"圣谕六条"，即孝敬父母、恭敬长上、和睦乡里、教训子孙、各安生理、毋作非为，作为教化的准则。康熙将孔孟乃至程朱理学作为统治全国的官方正统思想加以推崇，颁布了《圣谕十六条》，其内容有：敦孝弟以重人伦，笃宗族以昭雍睦，和乡党以息争讼，重农桑以足衣食，尚节俭以惜财用，隆学校以端士习，黜异端以崇正学，讲法律以儆愚顽，明礼治以厚风俗，务本业以定民志，训子弟以禁非为，息诬告以全良善，

[①] 朱熹：《朱子增损吕氏乡约》，载黄书光主编《中国社会教化的传统与变革》，山东教育出版社2005年版，第136页。

诫窝逃以免株连，完钱粮以省催科，联保甲以弭盗贼，解仇愤以重身命。雍正担心《圣谕十六条》实行日久，乡民厌怠，便又寻绎其义，推衍其文，撰写了《圣谕广训》，并制序文，刊刻成编，颁行天下，保证圣谕能够通达于乡里民间。至此，乡约已经完全与官方教化权力合为一体，便于实现宣讲圣谕，劝诱人心向善，遵纪守法，广教化而厚风俗的目的。

二 古代乡村教化的基本特征

历代统治者为了维系国家的长治久安，都极其注重乡村教化，一脉相承，呈现出一些共同的特征。

（一）化民成俗

古代乡村社会由于土地的限制而保持相对固定的生活范围，形成了一个"熟悉的""没有陌生人的社会"[1]。在这样的社会里，发挥主导调节作用的不是法律和监狱等国家强制性力量，而是礼俗和规矩等民俗性约定。固定的生活地域和缓慢的生活节奏决定了民俗约定"群居而染"的空间特点和"相沿成习"的时间特点，对乡村生活发挥着重要的调节与控制作用。"乡土社会的信用并不是对契约的重视，而是发生于对一种行为的规矩熟悉到不假思索时的可靠性。"[2] 这些深入民心的风俗习惯因其对乡村日常生活的影响而得到历代统治阶层的重视，统治者都将民风礼俗作为考察民心向背、社会治乱的重要内容，并以化民成俗作为官方教化的主旨，以"齐风俗、一民心"作为维护国家长治久安的重要途径。

为了了解民风民俗，体察民心民情，古代统治者建立了采风制度。西周统治者从敬德保民的治国思想出发，以采风作为了解民间疾苦、政令良莠及官员贤庸的行政监察手段。《尚书·大诰》曰："天威不可信，民情则大可见。"既然民情代表天意，则民心向背就可以作为观天命的重

---

[1] 费孝通：《乡土中国》，上海人民出版社2007年版，第9页。
[2] 同上书，第10页。

要渠道。于是，统治者"见诸侯，问百年，大师陈诗以观民风俗"①。因为民间诗歌既是百姓心声的表达，也是社稷兴衰的象征，即"治世之音，安以乐，其政和；乱世之音，怨以怒，其政乖，亡国之音，哀以思，其民困。声音之道，与政通矣"②。西周统治者以采诗考察民风的措施影响了历代封建统治者。《汉书·艺文志·六艺略》记载："古有采诗之官，王者所以观风俗，知得失，自考正也。"汉代沿袭周制设置风俗吏一职。汉武帝多次"遣谒者巡行天下，存问致赐"③，元狩六年"遣博士褚大等六人分循行天下，存问鳏寡废疾"④。唐代设置处置使，"掌察所部善恶，举大纲。巡省天下诸州，有巡查、安抚、存抚之名"⑤。唐太宗派遣十六道黜陟大使到地方了解风俗民心、监察官吏政绩，并颁布《遣使巡行天下诏》曰：

> 昔者明王之御天下也，内列公卿，允厘庶绩，外建侯伯，司牧黎元，唯惧淳化未敷，名教或替，故有巡守之典，黜陟幽明，存省方俗，遐迩遂性，情伪无遗，时雍之宜，率由兹道，朕祗应实命，临御帝图，禀过庭之义方，荷上玄之嘉祚。四荒八表，无思不服，而夙兴夕惕，勤躬约己，欲万国欢心，兆民有赖，推诚待物，近取诸身，实谓群官受拜，咸能自励，乃闻连帅刺举，或乖共治之寄，县司主吏，尚多黩货之罪，有一于此，责在朕躬，昃景辍飡，宜遣大使，分行四方，申谕朕心，延问疾苦，观风俗之得失，察政刑之苛弊，耆年旧齿，孝悌力田，义夫节妇之家，疾废茕嫠之室，须有旌赏赈赡，听以仓库物赐之，若有鸿材异等，留滞末班，哲人奇士，隐沦屠钓，宜精加搜访，进以殊礼，务尽使乎之旨，俾若朕亲观焉。⑥

---

① 郑玄注，王闿运补注：《尚书大传》，王云五主编《万有文库：第二集七百种》，商务印书馆1938年版，第8页。
② 曾亦、陈文嫣：《礼记导读》，中国国际广播出版社2009年版，第278页。
③ 班固撰，颜师古注：《汉书》（卷6），中华书局1962年版，第174页。
④ 同上书，第180页。
⑤ 欧阳修等：《新唐书》（卷49），中华书局1975年版，第1310页。
⑥ 宋敏求编：《唐大诏令集》，商务印书馆1959年版，第524页。

鉴于民风民俗对国运兴衰的重要作用，古代统治者在省察风俗的基础上，将移风易俗、化民成俗作为施行教化的重要目标，即"风有厚薄，俗有淳浇，明王之化，当移风使之雅，易俗使之正"①。通过乡村教化能使乡民养成良好的生活习惯，良风美俗一经形成，自然能影响民众改过迁善，敦睦乡里。

（二）礼仪范导

礼仪道德在中国古代教化内容中占据主体地位。费孝通将传统的乡土社会界定为"礼治社会"，认为，"礼并不是靠一个外在的权力来推行的，而是从教化中养成了个人的敬畏之感，使人服膺；人服礼是主动的。"② 在家国同构的社会格局下，古代思想家将君权和臣道与宗规和家礼贯通一致，作为封建礼仪道德的基本内容。君君、臣臣、父父、子子的伦理纲常实现了家族中孝道与朝堂中忠君观念的统一，而为使其深入民心，统治者在天命与人性、修道与教化之间建立了密切联系，即《中庸》所谓"天命之谓性；率性之谓道；修道之谓教"，促进了天命神意、君臣父子的封建礼法制度的稳固，也为礼仪教化在民间的普及奠定了社会基础。

在古代乡村教化体制中，对礼仪道德的推崇是一以贯之的。王国维曾指出："古之所谓国家者，非徒政治之枢机，亦道德之枢机也。使天子、诸侯、卿、大夫、士各奉其制度、典礼，以亲亲、尊尊、贤贤，明男女之别于上，而民风化于下，此之谓治。反是，则谓之乱。"③ 礼仪教化中宣扬的是天尊地卑的观念，并将封建的等级秩序和道德规范上升为天意。西周统治者在用天命思想证明自身统治合法性的同时，主张"敬德保民"，教导人民恪守统治者规定的礼仪道德。《周礼·地官司徒》规定，大司徒的主要职责是"率其属以掌邦教"，并将教化内容归结为十二

---

① 应劭撰：《风俗通义》（上册），中华书局1981年版，序第9页。
② 费孝通《乡土中国》，上海人民出版社2007年版，序第49页。
③ 王国维：《观堂集林》（上册），中华书局1959年版，第475页。

教:"一曰以祀礼教敬,则民不苟。二曰以阳礼教让,则民不争。三曰以阴礼教亲,则民不怨。四曰以乐礼教和,和民不乖。五曰以仪辨等,则民不越。六曰以俗教安,则民不愉……"大司徒"以乡三物教万民而宾兴之",所谓"乡三物":"一曰六德:知、仁、圣、义、忠、和。二曰六行:教、友、睦、姻、任、恤。三曰六艺:礼、乐、射、御、书、数。"无论是"十二教"还是"乡三物",在教化万民的过程中都将礼仪道德作为主体内容。春秋战国时期,孔孟从恢复周礼,施行仁政等角度出发,建立了儒家以孝悌为中心,从家庭父兄关系扩展到朝堂君臣关系的道德规范体系。自此,封建礼仪道德在整合古代中国人心向背与社会秩序,构建古代中国的人格理想与社会结构等方面发挥了重要作用,形成了把社会问题伦理化的传统文化特征。有学者把封建社会占主导地位的儒家伦理结构称为"道德理想主义与伦理中心的双旋式结构"[1],"以道德理想主义为核心的个体心性儒学和以伦理中心主义为核心的社会政治儒学水乳交融地构成一个思想体系的两面。前者以'仁'为核心指向个体的心灵秩序,即仁者为圣的精神追求;后者以'礼'为核心指向社会秩序,即等级和谐的礼治社会。'内圣外王'的价值理想则推动二者的有机沟通,即以为仁成圣的内在道德修为促进等级和谐的礼治社会目标的实现,从而实现人心秩序与社会秩序的关系整合"[2]。正因为儒家所要造就的是"君子",科举所要选拔的便不是专门的管理人才和技术人员,而是一种对于儒家的秩序观念深刻认同的文质彬彬之士。马克斯·韦伯对中西考试内容的分析,说明了它们之间的差异:"中国的考试,并不像我们西方为法学家、医师或技术人员等所制定的新式的、理性官僚主义的考试章程一样确定某种专业资格,……中国的考试,目的在于考查学生是否完全具备经典知识及由此产生的、适合于一个有教养的人的思考方式。"[3]

---

[1] 任剑涛:《道德理想主义与伦理中心主义》,东方出版社2003年版,第13页。
[2] 冯秀军:《教化·规约·生成:古代中华民族精神化育研究》,中国社会科学出版社2009年版,第76页。
[3] [德]马克斯·韦伯:《儒教与道教》,洪天富译,江苏人民出版社1993年版,第143页。

在中国古代，礼仪道德作为封建教化的主体内容融入人们的日常生活，对人们的思想观念和行为方式产生了极其深刻的影响。

（三）富民安邦

按照马斯洛的理论，衣食住行等生理需要是沿生物谱系上升方向逐渐变弱的本能或冲动，安全、社交、尊重与自我实现等高级需要是随生物进化而逐渐显现的潜能。中国古代的思想家已经充分认识到教化作为促进人类发展的基本手段，必须建立在满足人类生理性需要的基础上，也就是说只有在人民衣食充足、社会政局稳定的条件下，才能接受教化所产生的社会影响。所以，在古代教化思想的引领下，古代统治者都将富民安邦作为施行乡村教化的基础。

西周推行的"敬德保民"的教化思想将"惠民"和"裕民"作为"教民"的基础，西周统治者通过六项保安蕃息的政策护养万民："一曰慈幼，二曰养老，三曰振穷，四曰恤贫，五曰宽疾，六曰安富。"[①] 春秋时期的管仲认为"从民欲""顺民心"是"御民性"教化实践的前提。因为人民"仓廪实则知礼节，衣食足则知荣辱"，所以，他告诫统治者："凡治国之道，必先富民。民富则易治也，民贫则难治也。奚以知其然也？民富则安乡重家，安乡重家则敬上畏罪，敬上畏罪则易治也。民贫则危乡轻家，危乡轻家则敢凌上犯禁，凌上犯禁则难治也。"[②] 管仲任齐国上卿（即丞相）长达四十年之久，辅佐齐桓公"九合诸侯，一匡天下"，其"富民强国"的教化思想对后世产生了重要影响。孔子继承管仲的教化思想，将教化与经济紧密结合，对庶民、富民与教民之间的关系进行了论述。孔子到卫国，看到卫国人口众多，弟子冉有问："既庶矣，又何加焉？"曰："富之。"曰："既富矣，又何加焉？"曰："教之。"[③] 孔子认为人民富庶是教化的前提，为了巩固政权，统治者必须"省力役""薄赋税""使民富且寿"。孟子将孔子的富民思想进一步发展为"制民

[①] 崔高维校点：《周礼·仪礼·地官司徒》，辽宁教育出版社1997年版，第18—19页。
[②] 管仲：《管子（下）·治国第四十八》，远方出版社2006年版，第51—52页。
[③] 朱熹撰：《论语集注》，齐鲁书社1992年版，第130页。

之产"的理论,认为"民之为道也,有恒产者有恒心,无恒产者无恒心。苟无恒心,放辟邪侈,无不为己。"① 人民无恒产和恒心则必然导致社会混乱,教化无效。"是故明君治民之产,必使仰足以事父母,俯足以畜妻子,乐岁终身饱,凶年免于死亡。"② 在"黎民不饥不寒"的基础上,才能接受礼仪的教化。大一统的封建帝国建立以后,历代统治者都将富民教民作为重要的治国策略。秦采用法家思想,提倡耕战,重农抑商,以农致富,以战求强,尽管"以法为教"的措施过于极端,但富民教民的思想毕竟引领秦完成了统一六国的大业。汉代统治者频频发布诏令,劝勉农桑。西汉文帝诏曰:"农,天下之大本也,其开籍田,朕亲率耕,以给宗庙粢盛。"③ 东汉明帝下诏:"方盛夏长养之时,荡涤宿恶,以报农功。百姓勉务桑稼,以备灾害。吏敬厥职,无令怠堕。"④ 自汉代以后,富民安国的思想在思想者和统治者的治世方略中不时出现。西晋傅玄指出:"民富则安乡重家,敬上而从教;贫则危乡轻家,相聚而犯上。饥寒切身而不行非者,寡矣"⑤ 唐代统治者的治国思想很大程度上受傅玄的间接影响,"宣布德化、抚和齐人、劝课农桑、敦谕五教"⑥ 的乡村教化措施充分体现了富民安民的意识。明初方孝孺也认为:"天下何患乎无财,能养民而富安之,不求富国而国自富矣。"⑦ 清代著名思想家唐甄指出:"立国之道无他,惟在于富""夫富在编户,不在府库。"⑧ 古代思想家从不同的角度阐发了富民安邦的思想,引领着历代社会的乡村教化实践。

(四) 以校为本

学校历来是意识形态斗争的场域。阿普尔在对学校所保存的文化、

---

① 杨伯峻、杨逢彬译注:《孟子译注》,岳麓书社2009年版,第90页。
② 同上。
③ 徐天麟撰:《西汉会要》(下),上海人民出版社1977年版,第583页。
④ 徐天麟撰:《东汉会要》(下),上海古籍出版社1978年版,第421页。
⑤ 傅玄:《傅子·安民》,中华书局1985年版,第19页。
⑥ 李林甫等:《唐六典》,中华书局1992年版,第747页。
⑦ 方孝孺:《逊志斋集·送陈达庄序》,宁波出版社1996年版,第459页。
⑧ 唐甄:《潜书(下)·存言》,新疆青少年出版社2005年版,第35页。

传授的文化与拒绝的文化进行意识形态分析的基础上指出，课程作为官方知识，是受主流意识形态控制的，是主流阶级的权力意志、价值观念的体现和象征。这种意识形态控制渗透和体现在我国历代学校教育发展中。统治阶级为了使自身的思想观念内化到民众的头脑中，尤其重视学校的社会教化职能。在他们的心目中，学校是风化之源、教化之本、国家政务之先，学校甚至就是为实施社会教化而存在的。

我国的学校教育已经具有四千多年的文字记载史。"古之言学校者，皆重行礼视化，非重读书讲学问也。"① 原始学校的雏形出现于夏商周时代。《孟子·滕文公上》曰："设为庠序学校以教之，庠者养也，校者教也，序者射也。夏曰校，殷曰序，周曰庠，学则三代共之，皆所以明人伦也。"当时的庠、序、学、校是养老习射的场所，更是教化机构。汉代是中国封建教育制度初步建立的时期，建立了比较完备的中央官学和地方官学系统，并通过培养具有儒学治世思想的"贤士"来推行社会教化。即董仲舒所言："养士之大者，莫大乎太学，太学者，贤士之所关也，教化之本源也。"② 太学被视为社会教化的本源，而就乡村教化而言，与普通百姓关系更近的地方官学和私学则发挥着更重要的作用，"凡以教化不立而万民不正也。……古之王者明于此，是故南面而治天下，莫不以教化为大务。立太学以教于国，设庠序以化于邑。"③ 汉代的地方行政区划以郡、国为单位，下设县、邑、道，以下又分乡、亭、里，而各级地方官学称谓不同，其教育职能也略有侧重。平帝元始三年（公元3年）下诏"立学稷及学官"："郡国曰学，县、道、邑、侯国曰校；校、学置经师一人。乡曰庠，聚曰序；序、庠设孝经师一人。"④ 县、道、邑以上层次的学校主要由经师培养熟悉经纶纲纪的士阶层，而乡、聚层次的学校主要由孝经师对乡民进行孝悌礼教的训练。《后汉书·百官志五》记载："三老掌教化，凡有孝子顺生、贞女义妇、让财救患，及学士为民法式

---

① 吕思勉：《吕思勉说史》，上海古籍出版社2000年版，第154页。
② 班固撰，颜师古注：《汉书》（卷56），中华书局1962年版，第2512页。
③ 同上书，第2503页。
④ 班固撰，颜师古注：《汉书》（卷6），中华书局1962年版，第355页。

者，皆扁表其门，以兴善行。"随着封建官学体制的日益完善，统治阶级更加重视其官方文化的民间渗透。为强化地方官学对乡间之民的教化，元代还专设社学实施乡村教化。《元史·食货志》记载：至元二十三年（1286年），元政府规定，"诸县所属村疃，五十家为一社，择年高晓农事者立为社长。……每社立学校一，择通晓经书者为学师，农隙使子弟入学。如学文有成者，申请官司照验。"自此，地方官学中出现了专门负责乡村教化的机构。除地方官学以外，私学也一直承担着对民众进行礼仪教化的任务。在乡村开馆授徒的大都是乡儒名士，他们在向学生宣讲礼仪规范的同时，也使礼仪道德教育贯穿到乡民的社会生活中。隋唐之后科举制度的确立，特别是具有平等色彩的自由投考制度，为私学的发展创造了宽松的空间，许多名师硕儒如王通、孔颖达等是官学的博士却又私家授徒，更增加了私学的吸引力。宋明时期，由于理学和心学的出现，私学的发展达到了高峰，朱熹、陆九渊、王阳明等大儒也都依凭书院、精舍聚徒讲学。私学尤其蒙养教育的发展在一定程度上弥补了官学教化的乡村缺漏，提高了乡村社会的文明水准。

（五）政教合一

教化自古以来就是社会主流意识形态向民间渗透，以及民众内化主流价值观而成为符合社会政治需要的顺民的过程，即西汉贾谊所说："教者，政之本也；道者，教之本也。有道，然后教也；有教，然后政治也；政治，然后民劝之；民劝之，然后国丰富也。"[①]"统治阶级的思想在每一个时代都是占统治地位的思想。这就是说，一个阶级是社会上占统治地位的物质力量，同时也是社会上占统治地位的精神力量。支配着物质生产资料的阶级，同时也支配着精神生产的资料。"[②] 统治阶级对民众的精神支配在中国古代的乡村教化实践中表现尤为突出，统治者借助神意与天道来宣扬社会主流意识形态，使民众的个人意识在家国天下的价值排

---

① 贾谊：《贾谊新书·大政下》，时代文艺出版社2008年版，第129页。
② 《马克思恩格斯选集》（第1卷），人民出版社2012年版，第178页。

序中消弭于无形，个人只有按照统治阶级宣扬的道德观念"修身立德"，才能"齐家治国平天下"。如此，政治与教化合二为一，在塑造统治者需要的民众意识和思想行为的过程中，实现了维护社会稳定与国家安定的政治目标。

古代乡民依血缘关系而自然聚合为村落，并依氏族与宗法规约实行乡村自治。完备的乡村行政组织建立于西周时期。据《周礼》记载，周制一万二千五百家为乡，乡设乡大夫（卿之职）、乡师（下大夫）；两千五百家为州，州设州长；五百家为党，党设党正；一百家为族，族设族师；二十五家为闾，闾设闾胥；五家为比，比设比长。各级行政官吏在大司徒的统辖下，分级负责民众管理和教化事务。春秋战国时期，虽然各国的行政区划不一，但都将乡里作为国家政权的基层组织，并各设其长。乡里之长要为乡民做表率，"是故里长者，里之仁人也"，"乡长者，乡之仁人也"①。里长在行政事务上对乡长负责，"里长既同其里之义，率其里之万民以尚同乎乡长"②。秦朝建立了统一的中央集权国家之后，对乡民的行政管理也日益重视。"海内为郡县，法令由一统。"乡里组织在传统的教化职能之外，更加强化行政管理职能。明清时期在广大乡村设立了里甲、保甲等组织，为了强化教化目的，统治者在里甲之内设立了老人制，规定凡年龄在五十岁以上，有德行、有见识，而为大众所敬服者，每里推选三名、五名或十名老人，负责解决地方上的纠纷，督导人民勤务农桑，劝告人民谨遵圣谕。这种利用地方长老进行的教化活动，使封建伦理道德深入乡村的同时，也达到了将高度分散的乡民纳入中央集权的国家控制体制的目的。

（六）上行下效

自古以来，崇贤尚能就是封建社会的主流文化思想，贤人政治构成了中国封建政治体制的理想模式。古人"美化三代"，其中最重要原因就

---

① 汪祖辉：《学治臆说》，辽宁教育出版社1998年版，第49页。
② 同上书，第53页。

来源于对尧、舜、禹、汤等贤能之士的尊崇，如《尚书》所言："天降下民，作之君，作之师，惟曰其助上帝宠之。"后世历代治世思想都体现了对道德完善与治国才能集于一身的贤良之士的追求。在乡村社会，封建统治者通过选贤纳士，旌奖孝悌等方式来宣扬正统观念，维护社会秩序，而贤良之士作为封建伦理道德的代言人，在乡村社会通过言传身教发挥教化作用。中国古代的乡村社会是费孝通所说的"有语言而无文字"的社会，"这种乡土社会，在面对面的亲密接触中，在反复地在同一生活定型中生活的人们，并不是愚到字都不认得，而是没有用字来帮助他们在社会中生活的需要。"[①] 对古代乡民而言，文化的学习过程更多地带有耳濡目染的性质。"所谓学就是在出生以后以一套人为的行为方式做模型，把本能的那一套方式加以改造的过程。""习是指反复地做，靠时间中的磨炼，使一个人惯于一种新的做法。"[②] 所以，乡土社会的教化自有其特殊性，主要依赖贤能之士的言传身教使社会主导价值观念普及于民。古代乡村教化的开展就是上行下效、层层传导的过程，而乡村管理者的道德典范作用和人格感召力就成为推进乡村教化的前提和保证。

古代的贤能之士在追求理想人格的过程中发挥着在朝美政、在乡美俗的社会作用，古代思想者将贤能之士引领民众的理想社会描述为具有乌托邦色彩的"大同"世界，即《礼记·礼运》篇所言："大道之行也，天下为公，选贤与能，讲信修睦。故人不独亲其亲，不独子其子，使老有所终，壮有所用，幼有所长，矜、寡、孤、独、废疾者皆有所养，男有分，女有归。货恶其弃于地也，不必藏于己；力恶其不出于身也，不必为己。是故谋闭而不兴，盗窃乱贼而不作，故外户而不闭，是谓大同。"自周代教化思想初步形成并付诸实践之后，历代统治者不仅重视自身的人格修养和道德垂范，而且注重地方官吏及乡绅对乡民的教化影响。王国维将周人为政之精髓总结为天子、诸侯、卿、大夫、士做民之表率与制度典礼做道德之器的配合。儒家的经典教化思想崇尚内圣外王的理

[①] 费孝通：《乡土中国》，上海人民出版社2007年版，第22页。
[②] 同上书，第18页。

想人格,强调统治者"身教"对老百姓的感化与引导。即《孟子·离娄上》所言:"君仁莫不仁,君义莫不义,君正莫不正,一正君而国定矣。"而对于乡村社会而言,更直接的教化影响来自于地方官员与乡绅。荀子曾将教化之责列于各级地方官吏的政务之中,提出设置"司空""虞师""治田""乡师""工师"等管理者,分别管理水利建设、保护自然资源、监督农业生产、指导民政工作等。而管理者必须是贤良之人,"故仁人在上,则农以力尽田,贾以察尽财,百工以巧尽械器,士大夫以上至于公侯,莫不以仁厚知能尽官职。"① 在士农工商的四民社会中,乡绅为"一乡之望"。有责任心的乡绅凭借着对规范文化知识的占有,在"独占着社会规范决定者的威权的同时",也通过推行乡约、兴学与讲学等方式促进规范在民间的维持与推广。"官与民疏,士与民近,民之信官,不若信士。朝廷之法纪不能尽谕于民,而士易解析,谕之于士,使转谕于民,则道易明,而教易行。"② 地方官员和乡绅能够兼察民风与政情,在乡村社会享有特殊的威望,承担着由其社会身份赋予的教化之责。

---

① 《荀子·荣辱》,中国纺织出版社2007年版,第45页。
② 汪祖辉:《学治臆说》,辽宁教育出版社1998年版,第49页。

第三章

古代书院名师的为学之道

书院作为我国古代知识分子读书讲学的文化组织，肇端中唐，兴盛两宋，延续于元，普及于明清，历经千余载。即使处于乱世，士人并没有沉沦，或读书林下养性潜修，或结庐山中藏书，兴建书院，聚徒讲学，代代相继。书院推动了我国古代学术的繁荣昌盛，塑造和成就了一代代名师大儒，其为学之道，令人景仰、感慨和深思。

一 讲学传道，心怀家国

孟子曰："如欲平治天下，当今之世，舍我其谁也？"古代书院名师大儒具有孟子"天将降大任于斯人也"的强烈历史使命感和社会责任意识，心怀家国，志存高远，"为天地立心、为生民立命、为往圣继绝学"，入仕则兼济天下，匡救社稷，从道而不从君，淡泊爵禄，立志于道，不耻恶衣食，崇尚名节，出仕则读书治学，讲论典礼，教化乡里，移风易俗。唐陈珦，诗词文赋皆能，早年即举明经及第，授翰林承旨直学士，少年有为，不满朝廷昏乱，上疏请求归养，受聘主持乡校，建松洲书院，与士民论说典故。重入官场，剪除顽固势力，训导教诲士民，政绩卓著。后以年老上疏请辞获准，再入松洲书院聚徒讲学终老，百姓建庙祀之。北宋石介，貌厚而气完，学笃而志大，乐善疾恶，狷介耿直，精研孔孟思想，实践孔孟之道，为官敢言直谏，刚直不阿，针砭时弊，毫无顾忌，创徂徕山书院，身居徂徕，而心忧天下，以圣贤事业抗衡粗恶衣食，后人言其"生前谤议风霆震,死后文章天地齐"。宋周敦颐,自幼"信古好义,以名节砥砺",胸怀洒脱,有仙风道骨,有"道学宗主"之称,要求程氏兄弟体会颜回之乐,以求"道"为志,他本人则"官清赢得梦魂安"。程颢,为官以民为本,爱民如子,兢兢业业,克己奉公,仕途归隐后,"慨然有求道之志,泛滥于诸家,出入于老、释者几十年,返求诸'六经',而后得之"①。司马光曾评程颐"力学好古,安贫守节,言必忠信,动遵礼仪,年逾五十,不求仕进,其儒者之高蹈,圣世之逸民"②。朱熹,不依附权贵,不明哲保身,仕途多舛,但清正有为,恤民省赋,节用轻役,一生钟情书院,广召门徒,讲学论道,著述广博宏富,有综罗百代之学问。其师李桐赞扬朱熹:"颖悟绝人,力行可畏,其所诧难,体人切至,自是从游累年,精思实体,而学之所造亦深矣",说朱熹"进学甚力,乐善畏义,吾党罕有。"元吴澄,心正而量远,气充而神和,博考于事物之赜而达乎圣贤之蕴,致察于践履之微而极乎神化之妙,正学真传,深造自得,素以古之贤人自期,进退有道,著述甚丰。他虽多次为官,远非自愿,追求儒学道统的传续,钟情治学传道,诲人不倦。"出登朝署,退归于家,与郡邑之所经由,士大夫皆迎请执业,而四方之士不惮数千里,蹑履负笈来学山中者,常不下千数百人。"③ 明顾宪成,一生忧国忧民,寻求救国济世之道,反对空谈心性,为官不畏强权,敢于犯颜直谏,下野居家讲学,以天下为己任,以一介庶民抨击时政,匡正民心,正所谓"风声雨声读书声声声入耳,家事国事天下事事事关心"。他曾慨言"士之号为有志者,未有不亟亟时者也"。东林讲学志士诸君,面对无端攻击,能以"赤金在烈焰中借火之力得真色见于世"相勉,依然讲学自修,坚挺于世,成为正义之象征。《明史》载:"当是时,士大夫抱道忤时者,率退处林野,闻风向附,学舍至不能容。"④ 孙奇逢,建旗击鼓,置身家性命于度外,营救东林志士,率亲族抵制清兵,保全城

---

① 曹华清、别有亮:《中国书院的故事》,山东画报出版社2011年版,第68页。
② 同上书,第70页。
③ 同上书,第89页。
④ 邓洪波:《中国书院史》,东方出版中心2004年版,第396页。

池，立志不仕，以讲学为业。黄宗羲，有柳下惠之风，托病拒辞朝廷"以礼敦请"，誓不仕清，讲学以经世致用为宗旨，认为"经术所以经世，方不为迂儒之学"，猛烈抨击道学家空谈道德性命和文人不务实学之风。李颙，早年丧父，与母相依为命，无片瓦寸土，度日艰辛，发愤自学，终成一代鸿儒，对清之"隐逸"荐、"海内真儒"荐、"博学宏辞"荐等一概坚辞不赴，其遗逸风节之高，令人仰望，康熙曾御书"关中大儒"四字，予以表彰。清颜元，"宁为真白丁，不作假秀才"，在"非朱子之传义不敢言，非朱子之家礼不敢行"的社会情势下，无惧"身命之虞"，批判兀坐书房，居敬穷理，主张"实学"，分斋授课，重视"习行"，躬身实践，革故鼎新，开书院新风，培养匡世济民的实才实德之士。

二 身体力行，德性自证

朱熹在《四书章句集注·论语集注》中概言圣人之道："圣人之所谓道者，不离乎日用之间也。故夫子之平日，一动一静，门人皆审视而详记之。……于圣人之容色言动，无不谨书而备录之，以贻后世。今读其书，即其事，宛然如圣人之在目也。虽然，圣人岂拘拘而为之者哉？盖盛德之至，动容周旋，自中乎礼耳。学者欲潜心圣人，宜于此求焉。"古代书院名师大儒谨遵圣人之道，先慎乎德，有诸己而后求诸人，不戚戚于贫贱，不汲汲于富贵，涵养德性，修身以道，修道以仁，在心为德，施之为行，身体力行，知行合一，不教而教。胡瑗，分斋教学，提出明体达用，制定了严格的规章制度，身体力行，"瑗教人有法，科条纤细具备，以身先之。虽盛暑必公服坐堂上，严师弟子之礼。"范仲淹奏荐胡瑗"志穷坟典，力行礼义，见在湖州郡学教授，聚徒百余人，不惟讲论经旨，著撰词业，而常教以孝弟，习以礼法，人人向善，闾里叹伏"。周敦颐认为"君子以道充为贵，身安为富"，性情朴实无华，淡泊高洁，不慕钱财，酷爱莲花。因为在他看来，"水陆草木之花，可爱者甚蕃。菊，花之隐逸者也；牡丹，花之富贵者也；莲，花之君子者也。莲花出淤泥而不染，濯清涟而不妖，中通外直，不蔓不枝，香远益清，亭亭净植，可远观而不可亵玩焉"。莲花的品性正是周敦颐品格的写照，也是他追求的人生道德境界。程颢，"资性过人，而充养有道，和粹之气，盎于面背。门人交友从之数十年，未尝见其忿厉之容。遇事优为，虽当仓卒，不动声。"成语"如坐春风"即典出程颢。程颐，严于律己，居敬而行简，"衣虽布素，冠襟必整。食虽简俭，蔬饭必洁。致养其父，细事必亲。"其兄程颢曾言："异日能使人尊严师道者，吾弟也。"张栻，"表里之同然，勇于从义，无毫发滞吝，每进对，必自盟于心，不以人主悦辄有所随重"，为官十余载，体恤民生民情，"观稼穑之勤劳，而知民生之不易"，减徭役，削赋税，兴利除害，广泽乡里，造福于民。朱熹，取圣贤所以教人为学之大端，列五教之目、为学之序、修身之要、处事之要、接物之要而成《白鹿洞书院揭示》，与"诸君其相与讲明遵守而责于身焉"。陈文蔚，师从朱熹而作《双溪书院揭示》，以"讲明义理"为"为学之道"，反复申明，"愿与诸君共笃此义"。吴澄，推崇张栻为岳麓所定的"造就人才以传道济民"的方针，力主："仁，人心也。失此则无以为人。""仁体之大，如天之无穷，而其用之事物无处不在，迩之事亲事长，微而一言一行皆是也。"他审问于人，慎思于己，明辨而笃行，被誉为"皇元受命，天降真儒。北有许衡，南有吴澄。"许衡，"夜思昼诵身体力行，言必揆诸其义而后发"，其"不食无主之梨"的故事流芳后世。明王守仁，倡"君子之学，唯求其是"，重"慎独"，不假外求，知行合一，在临终之际，学生问他有何遗言，他说："此心光明，亦复何言！"湛若水和王守仁北京定交后，"共以倡明圣学为事"，"上欲以其学辅吾君，下以其学淑吾民，惓惓欲人同归于善，欲以仁覆天下苍生"。在王去世后，湛以老师宿儒挺然特立而成为"心学"的旗帜，"学禁方严"之时，与王门弟子"共主讲席，东南学者，尽出其门"。被称为"关西夫子"的冯从吾，"出则真御史，直声震天下；退则名大儒，书怀一瓣香"。其诗《七十自寿》是其人格的生动写照："太华有青松，商山有紫芝。物且耐岁寒，人肯为时移？点检生平事，一步未敢亏。"刘宗周认为，"君子之学，慎独而已矣。"在小人当道，党祸骤兴，国事日非之际，尚深刻反思"吾党与有罪焉"，"吾辈出处语默之间，亦多可议。往往从身名起见，不能真心为国家","既不能做济世之名臣,不妨做一个弘道之名儒",效法伯夷叔齐前后绝食两旬而去,以自己的实际行动成就了自己的高洁人格,为衰世做了表率。黄宗羲,学问渊博,思想深邃,著作宏富,主张"学贵履践,经世致用",面对死亡从容淡定,病中作《梨洲末命》和《葬制或问》,嘱家人丧事从简,"用棕棚抬至圹中,一被一褥不得增益","安放石床,不用棺椁,不作佛事,不做七七,凡鼓吹、巫觋、铭旌、纸幡、纸钱一概不用"。他概言自己一生:"总之,年纪到此可死;自反平生虽无善状,亦无恶状,可死;于先人未了,亦稍稍无憾,可死;一生著述未必尽传,自料亦不下古之名家,可死。"

三 举贤纳士,兼容并包

古代书院的学术繁荣与名师大儒无文人相轻之弊,心胸广阔,己欲立而立人,己欲达而达人,举贤纳士,兼容并包是须臾不可分的。张说,文有风采,武有韬略,文武兼修,无能及者,虽位极人臣,却秉君子之风,居上不骄,有絜矩之道,慧眼识才,提携后学。唐明皇曾御赞张说"德重和鼎,功逾济川。词林秀色,翰苑光鲜"。张说力荐才气逼人、诞放不羁的贺知章,学养深厚、贯穿经史的韦述等,使集贤书院人文荟萃,成为开元盛世的学术圣地。贺知章双喜临门时,宰相源乾曜对张说说:"贺公两命之荣,足为光宠。然学士、侍郎孰为美?"张说道:"侍郎衣冠之选,然要为具员吏;学士怀先王之道,经纬之文,然后处之,此其为间也。"范仲淹提携孙复,补以学职,授以《春秋》,激励他"安于学",留下了伯乐与千里马的一段佳话。石介,以师礼事孙复,胡瑗与孙复、石介志同道合,安贫乐道,便有了被朱熹尊称的宋初三先生。程颐"始冠,游太学",胡瑗以《颜子所好何学论》试诸生,得程颐之作,"大惊异之,即请相见,遂以先生为学职"。朱熹,致广大,尽精微,综罗百代,而他对张栻的评价则是"学之所就,足以名于一世",对吕祖谦的评价则是"使敬夫而不死,则其学之所至,言之所及,又岂予之所以得而知哉!"朱熹倡导格物致知,张栻主张"心即是理",陆九渊创"心学",

吕祖谦则以宰相之量，容他人之所不容，忍他人所不能忍，不名一师，不私一说，兼取其长，心平气和，不立崖异。清学者全祖望说："宋乾、淳以后，学派分而为三：朱学也，吕学也，陆学也。三家同时，皆不甚合。朱学以格物致知，陆学以明心，吕学则兼取其长，而复以中原文献之统润色之。门庭径路虽别，要其归宿于圣人则一也。"① 令人扼腕痛惜的是，天不假年，张栻英年早逝。朱熹在张栻主持的岳麓书院争论真理，探究微奥，"学徒千余，舆马之众，至饮池水立竭，一时有潇湘洙泗之目焉"，首开书院会讲，自由讲学之风，史称"朱张会讲"，成千古绝唱。正是吕祖谦以博诸四方师友之所讲，融洽无所偏滞的胸怀，搭建平台，促成了如空谷之音的"鹅湖之会"。袁甫，陆氏高足杨简门人，以倡导陆氏本心之学为己任，但对吕祖谦的"丽泽书院之法"十分尊重，以"竹虚中，虚乃实"与吕氏后学共勉，又"悉力振起"白鹿之教，以"正谊明道，不计功利"训士，并特举张栻、朱熹、陆九渊等前辈论辩天理人欲、义利之事，力戒"以口耳之学争夸竞胜"，批评朱陆后学"执言论辩说，以妄窥诸先生之门墙，而于其实德实行，植立修身，有益于人之家国者，乃不能取为师法，则不足为善学矣"，展现出不偏不党的广阔胸襟。顾宪成幼小即以"读得孔子才是乐，纵居颜巷不为贫"自勉，博览全书，涉猎百家，也不厚古薄今，周敦颐、程颢、张载、朱熹、陆九渊、王守仁等著述无不研读，讲学时博采诸家合理之言，避短扬长，不限一家一说，不执门户之见。

四 尊师继学，发扬光大

古代书院名师大儒尊师贵道，承继师说，发扬光大，促进了学术的绵延与繁荣。"宋、元、明、清时，学术思潮的演变与书院的发展是密不可分的，没有书院的发展，无论是宋代理学的大盛还是明代心学与清代汉学的大盛，都是不可思议的；一些重要的学术流派，如宋代的程朱学

---

① 曹华清、别有亮：《中国书院的故事》，山东画报出版社2011年版，第84页。

派、湖湘学派、金华学派、象山学派，明代的甘泉学派、阳明学派、东林学派，清代的乾嘉学派等，都是以书院为主要基地而形成或发展起来的。"① 石介偶遇孙复，敬其学识，拜其为师，谨执弟子之礼，而孙复当时只是一个落魄的秀才。程颢和程颐兄弟师从周敦颐，大程德性宽宏，规模阔广，以光风霁月为怀；二程气质刚方，文理密察，一削壁孤峰为体。其道虽同，而造德自各有殊也。杨时拜程颐为师，毕恭毕敬，便有了"程门立雪"的千古美谈。朱熹为拜李侗为师，精诚所至，步行数百里。朱熹讲学一生，桃李天下，他的学生以及学生的学生多继承其衣钵，以传道讲学为己任，即使在庆元党禁时期，他们也能归隐林泉，以书院为阵地，宣讲理学使考亭学派以书院为纽撒向更广大的社会空间。李侗是二程的三传弟子。张栻拜胡宏为师，胡宏师承二程。胡宏曾以"若用不以其才，则丑拙陈露，非所以成其美矣"婉拒宰相秦桧，兴复岳麓，与张栻相见恨晚，惺惺相惜。胡宏对张栻"顾其愚而诲之"，长善救失，言传身教；张栻则谨遵师诲"细绎旧简，反之吾身，寝识义理之所存"。吕祖谦曾拜林之奇为师，后又投入汪应辰和胡宪门下。林之奇是吕祖谦伯祖吕本中的弟子，继承了家学经史兼修的传统。汪应辰才华横溢，学识"博综诸家"。胡宪是胡安国的侄子兼弟子，学养深厚，恬淡温和，行止一丝不苟，胡安国师承孙复。吕祖谦的为人为学显然承继和融合了他多位老师的德性和学问。袁甫曾自称其创建象山书院，就是为了"宅先生之精神"，"揭本心以示人"，"嗣先生之遗响，警一世之聋聩"。书院建成作《祭陆象山先生文》言："先生之学得诸孟子。我之本心，光明如此。未识本心，如云翳日；既识本心，元无一物。"由此，足见其拳拳尊师继学之心。吴澄拜名儒程若庸为师，程若庸是朱熹的三传弟子。七旬老者董沄尊贤为大，拜王守仁为师，诚心正意，天地可鉴。王守仁弟子承继老师衣钵，将"王学"发扬光大，衍生了新的学派。如，王守仁高足邹守益、钱德洪、王畿等先后主教席，使姚江之学盛于水西，此后"各乡慕而兴起，莫不各建书屋，以为延纳有朋，启迪族党之所，其在台

---

① 樊克政：《书院史话》，社会科学文献出版社2012年版，第3页。

泉有龙云书院,麻溪则有考溪书屋,赤山则有赤麓书院,蓝岭则有蓝山书院。一时讲学水西诸前辈,会讲之暇,地主延之,更互往来,聚族开讲。故合则考德而问业,孜孜以性命为事;散则传语而述教,拳拳以善俗为心",蓬勃兴盛,水西之学名扬天下。① 王守仁去世,其门人不顾伪学之禁,聚会书院,麻衣哀屦,扶柩恸哭。湛若水师从陈献章于江门,悟出"随处体认天理"的心学方法,白沙先生视其为衣钵传人。湛若水以老师为道义之师,终身以父之礼事之,"平生足迹所至,必建书院以祀白沙"。黄宗羲阐扬恩师刘宗周之学问气节,恢复书院讲经会,以"表师门之学",开创浙东学派,薪火相传,历久不绝。李恭继承和发展颜元学说,形成了当时颇负盛名的"颜李学派"。

五 有教无类,普润乡里

古代书院名师大儒以天下教化为己任,入院讲学宣道,有教无类,泽及乡里,无论是山林布衣、乡村长者,还是平民百姓、蛮夷外族,只要一心向学,力行好修,都可以进院听讲,甚至登堂讲说。虞山会讲,来者不拒。"人皆可成尧舜,何论其类哉!凡我百姓,年齿高者,与年少而知义理者,无论乡约、公正、粮里、市井、农夫,无分僧、道、游人,无论本境他方,但愿听讲,许先一日或本日早报名会簿,俟堂上宾主齐,该吏书领入,照规矩行礼。果胸中有见者,许自己上堂讲说。"② 王守仁在赣州修复书院,发布社学教条,制定乡约,研师教子,歌师习礼,广施教化,达于委巷,"以启迪为家事,不但训饬其子弟,亦复化喻其父兄。不但勤劳于诗礼章句之间,尤在致力于德行心术之本,务使礼让日新,风俗日美。"王艮,以一介平民奋然崛起于草莽鱼盐之中,以道统自任,驾"蒲车","周流天下","沿途聚讲","入山村求会隐逸,过市井启发愚蒙",登台十余书院,使"天下之士,率翕然从之,风动宇内",

---

① 邓洪波:《中国书院史》,东方出版中心2004年版,第304页。
② 同上书,第308页。

其学五传而有弟子近五百，由师保公卿、疆臣牧令至士庶樵陶农吏，几无辈无之，但以民众为主，遍及海内，尤以泰州为多。布政使徐樾曾收不很识字的颜钧为徒，王艮在考察徐樾前后达十一年以后，乃于逝世前授徐以"大成之学"。王艮的次子王襞称：徐为其父"高第弟子，于父之学，得之最深"。颜钧，一生游侠仗义，讲学民间，常见于各地书院讲会，认为"人有男女之分，而见识高低则没有男女之别"，主张"以耕心樵仁为专业，以安身运世为事功"，"日用即道"，当"平日率性而行，纯任自然"，其讲学对象不分贵贱贤愚，市童、野叟、壮丁、仆人、农夫、樵者、陶匠甚至僧、道、庵人等亦多居中。韩贞，"生成难并衣冠客，相伴渔樵乐圣贤"，黄宗羲曾描述其一生"以化俗为任，随机指点农工商贾，从之游者千余。秋成农隙，则聚徒讲学，一村既毕，又之一村，前歌后答，弦诵之声，洋洋然也"[①]。博览群书，自经史至稗官、杂说无不淹贯的状元焦竑则向田夫夏廷美授学。徐光启对恩师焦竑做出了这样的评价："吾师澹园先生，以道德经术表标海内，巨儒宿学，百面人宗。"王时槐，为王守仁再传弟子，官至陕西参政，年五十告退讲学凡三十余载，游讲于各家书院，如时雨之普润，遍及郡邑之城镇与乡村，听讲者有御史、藩臬等官宦缙绅，也有上士、下士、野叟和童子，因材造物，终成九邑邹鲁之正果。萧雍，官至副使，学崇阳明而不妄议程朱，主上圣与途人同心，人皆可以为学，讲学赤麓以启迪族人及会中同志之语而成《赤山会语》一卷，作《赤山会约》，含遵逾、四礼、营葬、睦族、节俭、正分、广仁、积德、慎言、忍气、崇宽、勤业、止讼、禁赌、备赈、防盗、举行、黜邪、戒党、置产、恤下、闲家、端本凡二十三目，以期"维风范俗"而成"吾儒实学"，"挽浇靡而归之淳质"。书院名师大儒以其执着和热情，将圣人之道传于民众，范化为民俗与伦常观念，成百姓日用之学，雍雍渐成礼让之俗，维系和提升了我国古代乡村的道德与文明水准。

惜哉！痛哉！1901年光绪帝一纸诏令，书院陆续停办，或改为学堂，

[①] 邓洪波：《中国书院史》，东方出版中心2004年版，第319页。

或废弃不用，虽历经磨难而又绵延千年的书院消退于中国悠久历史的帷幕之中。胡适先生曾感慨："书院之废，实在是吾中国一大不幸。一千年来学者自动的研究精神，将不复现于今日。"抚今思昔，痛惜之余，置身于当下高等院校的我们可否以书院名师为镜观照一下自己的灵魂？

第四章

传统社会家族的解体

中国传统社会是一种典型的家族社会。家族是以家庭为基础的，在结构上包括家庭，是一个社群的社群。按照费孝通先生的理解，家庭在人类学上是指亲子所构成的生育社群，具体指父母双方及其所生的子女，是以两代为限的；而中国的家庭是沿着父系的路线而扩大，可以包括五代甚至更远的父系方面的亲属，从而形成了家族。[①] 家庭是同居、共财、合爨的单位，而家族则一般表现为别籍、异财、各爨的许多个体家庭的集合。"贾不假，白玉为堂金作马。阿房宫，三百里，住不下金陵一个史。东海缺少白玉床，龙王来请金陵王。丰年好大'雪'，珍珠如土金如铁。"《红楼梦》中的这一段俗谚描绘的就是贾、史、王、薛四大家族的隆盛地位和奢华生活。

一 家族的形态

在中国历史的不同时期，家族具有不同内涵，因而家族从来就不是一个凝固的、一成不变的概念。中国的家族历经了先后承继、递相蝉联的四种不同形式[②]：原始社会末期的父家长制家族、殷周时期的宗法式家族、魏晋至唐代的世家大族式家族和宋之后的近代封建家族。一般说来，父家长制家族是原始社会末期的家族制度，宗法式家族与奴隶社会相始

[①] 费孝通：《乡土中国》，上海人民出版社2006年版，第32—33页。
[②] 徐扬杰：《中国家族制度史》，武汉大学出版社2012年版，第16—17页。

终，而世家大族式家族和近代家族，则大体上相当于封建社会的前期、中期和后期。家族尽管在不同时期呈现出不同的形态和特点，但其在发展过程中日益成为中国传统社会的基层结构。郭沫若指出："中国尽管在改朝换代，但是生产的方法没有发生过变革，所以社会的组织依然是旧态依然，沉滞了差不多将近两千年的光景。"① 宋以后的家族主要有两种形态：一是由个体小家庭组成的聚族而居的封建家族组织；二是累世同居共财的大家庭。前者适应性强，能够抵抗政治风云的冲击，从而发展为一种较为普遍的家族组织；后者人口众多，关系复杂，矛盾容易激化，一旦瓦解或分裂，多数就转化为前者形态。因而，聚族而居的家族是近代封建家族的主要形态，近代的许多宗法关系包括家族的权力关系，主要也是从这种家族组织生发出来的。宋之后直到新中国成立前，同一个男性祖先的子孙聚族而居的现象，无论南方还是北方，都非常普遍。如毛泽东同志当年看到的井冈山地区，无论哪一县，封建的家族组织十分普遍，多是一姓一个村子，或一姓几个村子。②

"家有家长，积若干家而成户，户有户长，积若干户而成支，支有支长，积若干支而成房，房有房长，积若干房而成族，族有族长。"③ 实行严格的祠堂族长族权的统治，是封建家族组织结构的主要特点。祠堂族长的族权本质和核心是族长之权，房长、家长及其他家族势力的族权都是由族长之权派生出来并依附于族长之权的。族长是一族的最高首领，称呼不一，多数称为族长、族正、族首，少数称为宗长、祠长、户长。族之下依血缘关系的亲疏远近分为房或支，房有房长、房头，他们直接统领着一些个体小家庭。族长和房长由全族公推，择齿德俱尊、品学兼优者为族长，公正爽直、通达世理者为房长。族长之权包括主持祭祀祖先之权、管理族田收入和族中其他产业之权、主持族人分家及监督族人财产继承和过户等权力以及对族内户婚、田土纠纷、违约族人的初级裁

---

① 郭沫若：《中国古代社会研究》，科学出版社1960年版，第18页。
② 《毛泽东选集》（第1卷），人民出版社1991年版，第69页。
③ 林耀华：《义序的宗族研究》，生活·读书·新知三联书店2000年版，第74页。

判权和有限制的处死权。① 显然，族长之权是与祠堂、家谱和族田密不可分的，没有了祠堂、家谱和族田，家族就会瓦解，族权也就无法存在和发挥作用。可以说，祠堂、家谱和族田是族权形成的基础，也是族权实现的基本手段。

聚族而居的家族都有一个或几个祠堂，所谓"族必有祠"。"俗重宗支，凡大小族莫不有祠。一村之中聚族而居，必有家庙，亦祠也。州城则有大宗祠，则并一州数县之族而合建者。"② 祠堂的主要功能是祭祀家族列祖列宗，以敬睦宗族。"君子将营宫室，先立祠堂于正寝之东，为四龛，以奉先世神主。"民国《无棣县志》载祭祀礼仪："四时之祭……春则清明，夏则芒种麦熟，秋则八月望日，冬则十月朔。及忌日，皆荐以时鲜，拜墓致祭。凡乡会登科、入泮及褚职赴任，荣归敕封，展墓焚黄，皆有特祭。大夫家有庙者祭于庙，无庙者祭于寝，牲醴、肴醢、果核、香楮之属，量家之丰约为隆杀。族有祭田者，一人掌其租入供祭品，祭毕集少长序齿宴饮，享祭余，敦宗睦族之谊亦寓于此。"③ 祠堂是庄严而神圣的地方，因而也是宣读家法族规的课堂、实施家法族规的法庭和族众集会的场所。清代全祖望云："而宗祠之礼，则所以维四世之服之穷，五世之姓之杀，六世之属之竭，昭穆虽远，犹不至视若路人者，宗祠之力也。"④ 可见，祠堂是一个家族的中心，也是一个家族的象征。

"族之有谱，所以教尊亲、别支派、联涣散、垂后昆者。"每个聚族而居的封建家族必有一部以至数部家谱。谱者普也，谱载祖宗远近姓名讳年号。家谱，又称族谱、宗谱、家乘。由于家谱是区分家族亲疏关系的主要依据，因而所有家族都十分重视家谱的修撰。大多数家族规定续谱间隔时间为30年或三世，三世也即是30年。"谱必三代

---

① 徐扬杰：《中国家族制度史》，武汉大学出版社2012年版，第291—293页。
② 同上书，第294页。
③ 侯荫昌等修，张方墀纂：《无棣县志》，民国十四年（1925年）铅印本。
④ 《桓溪全氏祠堂碑文》，《鲒埼亭集》外编（卷十四）。

一修，恐世远年久，无不散失，乖离之弊，其所失为不小。"如果一个家族30年不修谱，会被认为不孝。"谱宜三十年一修，若不遵此，即属不孝。"① 孔氏家族历经两千年仍然行辈井然，支派有序，得益于孔氏家族严密完整的孔氏家谱。以孔子为首的孔氏家族族谱是中国历史上时间最长、内容最丰富、世系最完整的族谱。② 家谱不仅是确认族众血缘关系亲疏、防止血缘关系混乱的依据，同时还是束缚和管制族人思想和行为的一种重要手段。族人入谱要以严格的伦理道德为准绳进行筛选，若有不孝不悌、犯奸为科、玷辱家声、逆伦伤化者，是没有入谱资格的。

族田，又称公田，包括祭田、学田、义田等。族田是一个家族赖以存在的物质基础，族田的收入维系着家族活动的各项开支。所谓"百人之族，一命之官，即谋置祠宇祭田"，"每姓必建祠堂，以安先祖；每祠必公置产业，以供祭祀"，"祠内大族，多置义田以备荒歉"，无不说明族田对于家族的重要性及其设置的普遍性。③ 族田的来源，或为祖上的遗留，或为家族集体购买，或为富裕族人捐赠。族田收入除用于祭祀之外，济贫赡族是其重要方面。北宋范仲淹家族在苏州所设的"范氏义庄"对族人贫乏者"日有食，岁有衣，婚娶凶葬皆有赡。"明方孝孺《宗仪·睦族》即谓："睦族之法，祠祭之余复置田，多者数百亩，寡者百余亩。"这些都说明了置族田以济贫之义举是睦族的重要原则，因而也就有了"合族供才俊"的普遍现象。孔氏家族对于四氏学中的贫苦生员，按等分给学田用以供给赡养。《孔府档案》四八四二之一载："查学田之设，原以赡养贫士。钦承历代良法，培植学校，至优至渥。……卑学因经逐一确查，将现在贫生，第以极贫、次贫二等，计亩均分，务期各沾实惠。俟现种学田之生，秋收既毕，即各照册任种。"④

---

① 徐扬杰：《中国家族制度史》，武汉大学出版社2012年版，第299页。
② 王蕊：《齐鲁家族聚落与文化变迁》，齐鲁书社2008年版，第70页。
③ 徐扬杰：《中国家族制度史》，武汉大学出版社2012年版，第302页。
④ 王蕊：《齐鲁家族聚落与文化变迁》，齐鲁书社2008年版，第111页。

二　家族教化的内容与方式

作为中国传统社会的基层结构，家族是一个生产自给、生活封闭的单位，同时也是一个集政治和教化等多种职能于一体的中心。"中国社会中家族团体是各种制度配搭的中心。无论经济、宗教、政治、教育等制度，均以家族团体为主而结合在一起。……这种大家族生活的场所，不只是家庭，而且是工场、教堂、政府、学校之所在。中国人从生前到死后各方面的生活，均可以，或只能在这种大家族团体内顺利进行，求得满足。"① 家族实施的教化不仅体现在诸如祠堂祭祀、宣读家谱、济贫赡族等方面，还渗透在家族生活的各个环节，尤重家训族规和家塾教育。"其实，单凭封建国家所推行的教育制度来传递传统文化，其功能是非常有限的，何况社会教育思想亦非仅仅局限于制度化的学校教育之中。作为中国传统社会组织的基本单位，宗族组织的教化功能是学校教育无法替代的。"②

家有家法，族有族规。宋代袁采的《袁氏世范》指出："居官当如居家，必有顾籍；居家当如居官，必有纲纪"；明初曹端《家规辑略》有言："国有国法，家有家规，人事之常也。治国无法则不能治其国，治家无法则不能治其家，譬则为方圆者不可以无规矩，为平直者不可以无准绳。是故善治国善治家者，必先立法以垂其后"；清张伯行撰《正谊堂文集》中明确地把家规同国法并提："夫家之有规，犹国之有经也；治国不可无经，治家不可无规。"③ 家训是中国传统社会中一种独特的文献形式，主要是劝勉、训诫之辞，用来规范族人的思想行为和处理族人之间的关系。当家训的作用范围超出核心家庭而用于规范同姓家族，家训便成了族规。族规

---

① 费孝通、吴晗：《皇权与绅权（增补本）》，华东师范大学出版社2015年版，第84页。
② 丁钢：《近代中国宗族生活与宗族教育》，上海教育出版社1996年版，第14页。
③ 符得团、马建欣：《古代家训培育个体品德探微——以〈颜氏家训〉为例》，中国社会科学出版社2012年版，第189页。

是同姓家族为了维护本家族的生存和发展所制定的公约,是以家族为单元并借助于家族力量教化和规训族众,旨在建立家族血缘关系的尊卑伦序,维护家族内部和平共处、聚族而居的自律性秩序。比较而言,家训一般是劝诫性规范,重在言教,少有强制性措施;族规则多是禁止性规范,重在睦族,常有明文的惩罚规定。由于家庭是家族的基础,家族是家庭的放大,所以家训与族规便有着天然的内在联系,族规的出现在很大程度上往往不是为了"治国、平天下",而是为了使本族子孙们能世世代代"修身、齐家",不至于在艰难的世道中沉沦甚至灭绝,并能在维持香火的基础上兴盛发达,光耀祖宗。[①]

纵观中国传统社会的家训族规,无不以尊宗敬祖、崇儒重道、孝顺友爱、和睦邻里、勤俭治家、缴纳赋税为其主要内容,虽不能说"篇篇药石,言言龟鉴",但对家德家风建设和家国同构具有十分重要的作用。如,明万历年间曲阜孔氏家族的衍圣公制定颁布了同族必须遵守的族规《孔氏祖训箴规》,凡十条:(1)春秋祭祀,各随土宜。必丰必洁,必诚必敬。此报本追远之道,子孙所当知者。(2)谱牒之设,正所以联同支而亲一本。务宜父慈子孝,兄友弟恭,雍睦一堂,方不愧为圣裔。(3)崇儒重道,好礼尚德,孔门素为佩服。为子孙者,勿嗜利忘义,出入衙门,有亏先德。(4)孔氏子孙徙寓各州县,朝廷追念圣裔,优免差徭,其正供国课,只凭族长催征,皇恩甚为浩大,宜各踊跃输将,照限完纳,勿误有司奏销之期。(5)谱牒家规,正所以别外孔而亲一本。子孙勿得互相誊换,以混来历宗枝。(6)婚姻嫁娶,理伦首重。子孙间有不幸再婚再嫁,必慎必戒。(7)子孙出仕者,凡遇民间词讼,所犯自有虚实,务从理断而哀矜勿喜,庶不愧为良吏。(8)圣裔设立族长,给与衣项,原以总理圣谱,约束族人,务要克己奉公,庶足以为族望。(9)孔氏嗣孙,男不得为奴,女不得为婢。凡有职官员不可擅辱,如遇大事,申奏朝廷,小事仍请本家族

[①] 费成康:《中国的家法族规》,上海社会科学院出版社1998年版,第205页。

长责究。（10）祖训宗规，朝夕教训子孙，务要读书明理，显亲扬名，勿得入于流俗，甘为人下。这十条族规对全国各地的孔氏族人都有约束力，维系着孔氏家族内部和地方社会的秩序。各地的孔氏族人又制定出更为具体的家训族规，让族人遵守执行。福建建宁县巧洋孔氏族规规定："忤逆父母，凌辱尊长，及纵容妻妾辱骂祖父母、父母，一经闻族，开祠答责三十。甚，革胙除派。……纵容妻妾奴婢辱骂有服尊长，罚银一两，赔礼。"①正因为家训族规之于家族的重要性，家训族规常被载入族谱。"谱列家箴、家礼、庭训，立宗法实伸国法也。"在皇权止于县的中国传统社会，家法族规也可以说是国法的家族化。一些名门望族制定的家训族规，还受到皇帝的肯定和支持，成为"圣谕之注脚"，其法律效力非同一般。曲阜孔氏家族的族规就得到了明代朱元璋、明世宗、明穆宗的肯定和清帝乾隆的认可。虽说"家且不能保，又安能保国家"，但也只有效忠于国，才能保家收族。然而，正是这种家国同构，族权与皇权的紧密结合，确保了中国传统社会的长期稳定和延续。

家族大都建立私塾，延请塾师，教育子孙。"虽乡村数家聚处，亦各有师。"山东黄县丁氏家族把读书写入家训，教导家族子弟用心读书。为了让家族成员能够自幼接受良好的教育，丁氏家族办起私塾，专门修建了私塾楼。山东滨州杜氏家族购置了滨州当时的风景名胜之地卧佛台，在台上建起房舍，办起私塾。明末到清末，杜氏家族子弟中的佼佼者，都是从这座私塾中走出的。为了家族子弟有一个读书学习的良好环境，牟氏家族先后开辟悦心亭、净明山房、西轩、嘉树草堂等。悦心亭是牟国珑解职归田、绝意仕途后所建，位于栖霞城西门里住宅东。牟国珑是两袖清风的好官，悦心亭是他的学生们捐资建成的。牟国珑宅院东边本来有个园子，于是他就地建亭，与南山相对，环境幽雅，风景宜人，因此取名"悦心亭"。清人李任的《悦心亭记》载："宅东隅有园，就其地构一亭与南山对，草色岚光，时时在目，先生悦之。亭之前凿一池，池

---

① 王蕊：《齐鲁家族聚落与文化变迁》，齐鲁书社2008年版，第99—100页。

泉甘冽可烹茗。中蓄金鱼十余尾,常游泳水面上,先生悦之。池周围砌砖为槛,槛上置梅兰二三盆,槛下栽竹一丛,菊数本。风晨月夕,竹影花香,清幽可爱,先生悦之。……亭上有古史数卷,常评点之。倦则焚香静坐,或与子侄讲学论文。"①

家族开办私塾的主要目的自然是培养家族子弟科举应试,出仕为官,以显亲扬名,光宗耀祖。明文渊阁大学士金善曾言:"学校之教无他,其性则仁义礼智也,其伦则君臣、父子、夫妇、兄弟也,其书则易、书、诗、礼、乐、春秋也,其道则尧舜禹汤文武周公孔子之相传也,其学则颜、曾、思、孟、周、程、朱、张之授受以相讲明者也。千载而下,为师者则资此以为教,为弟子则资此以为学,固未有舍此而可以为教、学者也。"②明清时期,家族私塾教育的教材主要是儒家经典和体现官方哲学的宋明理学著作以及应付考试的时文,有《三字经》《百家姓》《千字文》《论语》《孟子》《大学》《中庸》《诗经》《易经》《左氏春秋》《礼记》等。此外,家族子弟还要选读《日用杂字》《幼学琼林》《朱子治家格言》《千家诗》《古文观止》等。当然,并非所有的家族都是如此。有一些家族认为,"官可不做,书不可不读",将读书视为人生最光荣的事情。杜氏家族杜彤光《述训》第二十六则:"天生我而得为读书之人,幸矣;且予以尚能读书之资,又幸矣;无酬应之乱意,无饥寒之迫身,家世儒素、庭训禀承、师友之功具于门内,又大幸矣。及此时而不自力于学,老大无成,何待问哉?尝忆少时萧瑟之晨、寂寞之夜,心清致远,读书情景如在目前;其壮年以后,人事纷杂,都不省记。此盖真境故久而不忘,幻境故过而即灭也。若夫役役于妻子仕宦,逐逐于饮食宴乐,言则不由衷之言,行则不自主之事,东奔西走,朝不辨朝,夕不知暮,老而回首,若竟未曾度此岁月,后人历数岁月,亦若并无此人。若此者,累累是也,悲夫!"③还有一些家族认

---

① 王蕊:《齐鲁家族聚落与文化变迁》,齐鲁书社2008年版,第223—224页。
② 高时良:《明代教育论著选》,人民教育出版社1990年版,第65页。
③ 王蕊:《齐鲁家族聚落与文化变迁》,齐鲁书社2008年版,第262页。

为，读书旨在修身养性，立志成德，敦民化俗。山东牟氏《体恕斋家训·笃学》载："修德立业，史博经明。居今稽古，斯迈斯征。勿图温饱，匪仅功名。咨尔小子，敦伦为首。"这些家族认为，一个人只有通过读书求学成为圣贤之人，之后，才有资格教化风俗，为国尽忠。如果一个人利禄熏心，即使科举中第，也不知化民成俗，尽职报国。《述训》第二十四则："古之学者，为己不专在读书。读书，其为学之一事也。今则专以读书为学矣。然圣贤微言大义具在简编，所以读之，亦欲因此求其心源，而得其施于家国天下之道。……幸而得之，则不识化民成俗尽职报国为何事；而不得者，则羡慕惭恨以终其身。于是其人才尽坏，而家风日替矣。"① 即使在今天，这种对读书求学的认识也是值得我们深思的。

三　传统家族的解体

在中国传统社会，自给自足的自然经济无疑是家族生存与发展的经济前提。然而，自明代中叶以后，由于商品经济的发展和资本主义的萌芽，封建家族开始呈现出衰落的征象。特别是鸦片战争以后，资本主义的迅速发展，破坏了农村小农业和家庭手工业相结合的自然经济结构，也极大地冲击着耕读为本的传统思想观念。笼罩在家族关系上的温情脉脉的面纱被撕下了，一些固定的僵化的关系以及与之相适应的素来被尊崇的观念被消除了。于是，大批家族成员脱离了祖祖辈辈聚族而居的村落，背本就末，负贩他乡，或者以一技之长，流动觅食，家族势力无法控制这部分族人，久而久之，他们与家族的联系断绝，血缘关系不清，造成了差序格局的破裂和家族的离散。乾嘉时期，山东高密单氏家族成员单可垂忆古追昔，感慨万分，述及他髫龄时，先人及前辈每月必相聚一两次，以古今人嘉言懿行规勉后人，而现在族人则"终日营营，惟声色货利是谋，形势奔走是趋，而于宗族乡党间月不一会"，

---

① 王蕊:《齐鲁家族聚落与文化变迁》，齐鲁书社2008年版，第265页。

"是以路人视之"。①

中国传统社会的家族与科举密切相关。家族的经济和教育更容易使家族子弟获得科举上的成功，而家族子弟科举入仕，又可以提高家族地位，扩大家族影响，促进家族的发展与壮大。因而，一些因科举入仕而兴盛的家族常被称为科举望族。在科举制度臻于完善的明清时期，新城（山东桓台）王氏以其颇具特色、卓有成效的家族教育，崛起为一个历经明清两朝、兴盛达二百余年的科举望族和文化世家。②山西洪洞韩氏由河南安阳移居，系宋代丞相韩琦的后裔，至明朝成化年间户部尚书韩文时家族兴盛，产生了一大批士大夫。韩氏家谱始修于韩文，此后不断续修，现存清代洪洞韩氏家谱记载表明，洪洞韩氏是典型的因科举成功而昌盛的家族，该家族承载着传统文化赋予的精神力量，也有必要的经济保障。洪洞韩氏因科举与仕宦的成就盛于明代，清代有所衰落。③有学者还利用朱卷、履历，对清代北方地区的科举世家进行了研究。④通过大量事实说明，以读书为"世业"科举世家，不仅本家族在科举中人才辈出，而且也成为地方教育的重要师资来源，他们充分利用家族社会声誉、行政权力和人才优势，积极参与地方教育，填补了清代地方学校的匮乏，也满足了广大民众特别是乡村民众的教育需要。

1905 年，清廷令"自丙午科为始，所有乡、会试一律停止，各省岁科考试亦停止"，沿袭千年之余的科举制度宣告废除。不久，长达两千余年的封建帝制也宣告终结。科举制度的废除和皇权的终结，中断了家族成员科举入仕的道路，直接导致了家族势力主体即乡绅阶层的分化。尽管如此，真正彻底地消灭近代封建家族制度的则是全国

---

① 单可垂：《族会说》，《高密县志》卷六，《艺文志》，清光绪二十二年（1896 年）刻本页。

② 何成：《明清新城王氏家族教育探析》，《学海》2002 年第 1 期。

③ 常建华：《明清时期山西洪洞韩氏——以洪洞家谱为中心》，《安徽史学》2006 年第 1 期。

④ 张杰：《清代科举世家与地方教育——以北方地区为例》，《中国文化研究》2002 年第 3 期。

范围的土地改革运动。① 在土地改革运动中，祠堂被征收了，家谱被焚烧了，族田被没收了，作为近代封建家族制度的形态结构的三个基本特点消失了，这就标志着家族制度被彻底摧毁了。

封建家族的解体是历史发展的必然，也是20世纪现代知识分子的期盼。"五四"新文化运动的先驱曾对家族制度进行过猛烈的批判，认为家族制度是"万恶之首"，是"洪水猛兽"，是妨碍中国社会前进的"梗阻"，揭开"社会革命"的序幕，必须从家族的革命开始做起。然而，家族的解体带来的并不仅仅是人的自由和解放，同时还有人的失落与彷徨。作为封建社会最基本的单位，家族是灌输伦理道德和传授文化知识、生产技能的场所，也是伦理规范的重要执行单位。狂者自歇，歇即菩提。伦理是人的存在表征，人在根本上是伦理的存在。毫无疑问，封建家族有其不可忤逆的威严和绝对权威的宰制，有其家族成员等级森严的僵化和冷漠，有泯灭人性的愚昧和落后，但也积淀了绵延流长的传统优秀文化，有建立在血缘基础上的出入相友、守望相助，以及由此带给家族成员的安全感和情感归依。青年毛泽东曾鲜明主张："现在国民性惰，虚伪相崇，奴隶性成，普成习性。安得有俄之托尔斯泰其人者，冲决一切现象之网罗，定展其理想之世界。行之以身，著之以书，以真理为归，真理所在，毫不旁顾。前之谭嗣同，今之陈独秀，其人者，魄力颇雄大，诚非今日俗学所可比拟。"他还主张，应"将唐宋以后之文集诗集，焚诸一炉"，又主张家族革命，师生革命，"革命非兵戎相见之谓，乃除旧布新之谓"。② 后来，毛泽东对新文化运动的偏激做法和形式主义之危害进行过冷静的分析。

时代的变迁割断了封建家族的延续，但家族传统文化并不会因此销声匿迹，因为传统不是一尊不动的石像，而是生命洋溢的，有如一道洪流，离开它的源头愈远，它就膨胀得愈大。不论社会发展到什么程度，人都不应是无根的存在。一个社会不可能完全破除传统，只能在旧传统

---

① 徐扬杰：《中国家族制度史》，武汉大学出版社2012年版，第430页。
② 《毛泽东早期文稿》，湖南人民出版社2008年版，第575页。

的基础上对其进行创造性的改造。如果社会陷入疏离的困境，缺乏必要的纽带与诉诸集体行动的希望，人们就不得不独自承受个人生命历程中的各种风险。既然"家族制度是中国社会的根底，中国的一切社会特性无不出自此家族制度"①，那么采取极端否定的态度对待家族传统文化就是不理性的，也是不负责任的。

---

① 林语堂：《吾国与吾民》，宝文堂书店1988年版，第161页。

第五章

传统社会乡绅的衰落

中国传统社会是以乡村为基础，以乡村为主体的。如果说广大乡村始终是中国传统文化的浩瀚大海，那么几千年来的城镇不过是这浩瀚大海中散落的岛屿。费孝通在《乡土中国》中曾说过，"中国社会是乡土性的"。尽管中国城镇化的进程在不断加快，乡村依然是中国社会整体结构的重要组成部分。从中国历史的发展看，乡村的文化传统和生活方式在很大程度上代表了中国历史的传统，而在中国传统的乡村社会中，乡绅具有举足轻重的地位。

一 乡绅的性质

绅为一邑之望，士为四民之首。"在传统的社会结构中，绅士是封建社会的主干力量，尤其在地方社会中，绅士阶层居于不可动摇的统治中心。"[1] 中国封建社会是高度集权化的政治体制与高度分散的小农经济的统一，封建政权（皇权）事实上很难直接介入分散的、彼此隔绝的乡村社会，这就为乡绅提供了发挥作用的广阔空间。皇权是神圣的，但不是万能的。韦伯在研究中国的官僚体制时曾进行了这样的表述："可以毫不夸张地说，中国的治理史乃是皇权试图将其统辖势力不断扩展到城外地区的历史。但是，除了在赋税上的妥协外，帝国政府向城外地区扩展的

---

[1] 王先明：《中国近代社会文化史论》，人民出版社2000年版，第115页。

努力只有短暂的成功，基于其自身的统辖力有限，不可能长期成功。这是由统辖的涣散性所决定的，这种涣散性表现为现职官吏很少，这决定于国家的财政情况，它反过来又决定财政的收入。事实上，正式的皇权统辖只施行于都市地区和次都市地区。"[1] 当然，这并不是说专制皇权放弃了对乡村社会的统辖，乡村完全是一个自主自治的社会。在专制皇权统治的大多数时期里，皇权向乡村的渗透力都是非常强大的，正所谓普天之下，莫非王土，率土之滨，莫非王臣。事实上，皇权恰恰是通过乡绅这一中介实现了对乡村社会的控制。

"乡绅"者，乃"在乡缙绅"之谓。作为一个特殊社会阶层，乡绅既不同于魏晋时期的门阀郡望，也区别于近世的地主土豪，其形成大约在明朝中叶。"隋唐开始用科举取士来冲击打击门阀贵族势力，中央逐渐控制了地方政权。但唐的藩镇制又导致了中央与地方的许多问题。宋朝冗官冗兵，把持地方权力的都是地头蛇似的幕吏之人，科举虽然起作用，但它没有同官僚制度结合起来……直到明清，科举制才与官僚制度结合起来，并通过中国家族制度和社会经济制度造就了一个重要的社会集团。"[2] 按照岑大利的研究，乡绅阶层形成的原因有三：一是流寓之风渐息，人皆归于本籍；二是学校之制建立，士多居于本籍；三是退休之规颇严，官皆还于本籍。乡绅又可分为下层乡绅和上层乡绅，前者一般由通过初级考试的生员、捐监生和其他一些有较低功名的人组成；后者则由学衔较高的以及拥有官职——但不论其是否有较高的学衔——的人组成。在整个乡绅阶层中，下层乡绅所占比例远远大于上层乡绅，而且上层乡绅也多来自下层。所谓的上层乡绅不过是乡绅向城镇单向流动的结果，他们依然怀有浓厚的乡土情怀，散发着天然的乡土气息，大都以其祖祖辈辈生于斯、长于斯、老于斯的家乡故土为其安身立命之所在。[3]

乡绅一般都拥有相当的财产，其中最重要的是土地，这是其确保地

---

[1] [德] 马克斯·韦伯：《儒教与道教》，洪天富译，江苏人民出版社2003年版，第77页。

[2] 杨力伟：《士绅的产生、衰落与消亡》，《社会学与社会调查》1991年第5期。

[3] 岑大利：《中国历代乡绅史话》，沈阳出版社2007年版，第23—30页。

位的基本前提。"土地是最重要的财富,因为它属于子孙后代,其内涵远远不止是一块耕种庄稼的泥地。……在村庄中,家庭地位很大程度上取决于其拥有的土地的多寡,土地的数量表明了家庭对其过去和未来的责任的关心程度,以及他们奉行的虔诚程度。拥有土地也给了农民家庭独立人格、精神鼓舞和自由的感觉。"① 尽管如此,土地并不是构成乡绅地位的决定性因素,因为"绅士地位的取得,取决于是否获得功名,而不是是否拥有土地。事实上,很多绅士根本上没有土地,或只有少量土地。同时,作为一般规律,新的绅士多出自没多少土地直至完全没有土地的家庭。我们发现,通常是在成为绅士之后,最常见的是在成为官员之后,人们才能兼并大量地产。同时,除非世代有子孙成为上层绅士和官员,否则,已经拥有大量土地的家庭也很难将它们世代相传。中华帝国由男性后嗣分家析产的习俗,致使在几代以后很难保持成片的田产"②。无论是上层乡绅还是下层乡绅,其地位一般也都是通过取得功名、学品、学衔和官职而获得的。"绅出为官,官退为绅",非常准确地说明了乡绅地位获得的渠道。乡绅当中,有的是大地主或大商人,有的也是"身无半亩""舌耕糊口"的寒士,他们之所以皆被称为乡绅,也是因为他们具有一定的功名或身份。大致说来,明清时期的乡绅有两类人:一类是致仕、卸任甚至作废的回乡官员,以及现任官员家乡的亲戚子弟;一类是府州县学的生员、国子监的监生,以及在乡试、会试中及第的举人和进士。这两类人虽然与现任官员不同,但是都与"官"有密切的联系,前者是曾经做过官的人,后者则是将要做官的人(进士大多例外)。③ "士绅的成员可能是学者,也可能是在职或退休的大官。传统士绅的资格是有明确规定的,至少必须是低级科举及第的人才有进县和省衙门去见官的特权,这就赋予他作为官府与平民中间人的地位和权利。"④ 因而,人人都

---

① 杨懋春:《一个中国村庄:山东台头》,江苏人民出版社2001年版,第48页。
② 张仲礼:《中国绅士研究》,上海人民出版社2008年版,第302页。
③ 岑大利:《中国历代乡绅史话》,沈阳出版社2007年版,第8页。
④ 周荣德:《中国社会的阶层与流动——一个社区中士绅身份的研究》,学林出版社2000年版,第5、113页。

羡慕和渴求乡绅的身份和地位。顾炎武在一篇关于生员的文章中说："一得为此（指生员），则免于编氓之役，不受侵于里胥，齿于衣冠，得以礼见官长，而无笞捶之辱。故今之所愿为生员者，非必其慕功名也，保身家而已。"① 根据张仲礼的研究，在19世纪前半期，乡绅总数已达100余万，加上其家族成员，总数可达550万，相当于总人口的1.3%；到19世纪末，乡绅及其家庭成员的总数增加到700万以上，增长幅度超过34%，在总人口中的比例从1.2%增加至1.9%。②

许多绅士虽已为官，但在家乡，不论他们在家中还是身在遥远的任所，他们仍然保持着绅士成员的地位，对家乡施加各种影响。梁漱溟说："在中国读与耕之两事，士与农之两种人。其间气脉浑然，相通而不隔。"③ 总体来说，中国传统社会的绅士都是乡绅，我们也正是从这一广义上来界定"乡绅"的，不再在乡绅、缙绅与绅士之间做细致的区分。

二 乡绅的教化作用

乡绅贤愚优劣，固有不齐，但由于乡绅深受儒家文化浸润，他们大都认为自己理所当然地负有造福家乡的使命，具有完善、维持地方和宗族组织的责任。当然，我们从中也能窥见乡绅从事乡村社会公共事务的心理动机，而事实上广大乡民对他们也都有这样的热切期盼。山西乡绅刘大鹏曾言："人既有此身，纵莫能经天纬地，旋乾转坤，建大功，立大业，炫耀于一时，显荣于千古，而处一向一邑之间，身负闲居，亦当办几件公益，尽些须义务，豁免虚生之讥刺，俾此身为有用之身，不致成世间之废物焉，斯已矣！"④ 苏州乡绅潘曾沂表达了他的心迹："虽寂居一室，而经纶斯世、利济生人之愿，实无日不切切于怀焉。"他还说："康

---

① 张仲礼：《中国绅士研究》，上海人民出版社2008年版，第33页。
② 同上书，第113—115页。
③ 金耀基：《从传统到现代》，中国人民大学出版社1999年版，第22页。
④ 刘大鹏：《晋祠志》，山西人民出版社2003年版，第1132页。

济天下之愿无所失,则退而为善于一乡。"① 他不但这样说了,也这样做了。他在家乡苏州创建了丰豫义庄,荒年平粜,收养灾民,育弃婴,馈医药,去世时族人多哭之,疏远者也叹息,数年后犹思之不能忘。

"官如河水流,绅衿石头在。"乡绅和官僚与皇权之间,既有服从与统治之间的关系,又具有相互依赖和利用的关系。离开了乡绅和官僚的支持,皇权的统治就很难长久地维持。在这种复杂的结构中,皇权的合法性和有效性在很大程度上取决于它与乡绅及其家族组织的关系。乡绅虽不能离官府而治民,但官府也不能离乡绅而有为,因为乡绅下则领民向善,上则补官治之不足。"科举制度下的乡绅作为政府官员的后备人员,是官民之中介,是一个居于地方领袖地位和享有特权的社会集团,是基层社区系统中最主要的力量,各地兴革大事或地方事务均由其把持,甚至在一些绅士势力张扬的地方,地方官仅仅成为绅士的'监印',而无法直接插手地方公务。"② 张仲礼对晚清各个地方志中的绅士传记做了分析,将传记里反映的乡绅活动按职责分为八类:"为慈善组织和民间团体筹款""调解纠纷""组织和指挥地方团练""为公共工程筹款并主持其事""充当政府与民众的中介""为官府筹款""维护儒学道统"和"济贫"。③

实际上,对于散落在广袤大地的乡民来说,也离不开乡绅。在"穷陬僻澨,蠢如豕鹿,姓名不能书,条教不能读者,如林鲫也"的乡村社会里,"一个农民从生到死,都得与绅士发生关系。这就是在满月酒、结婚酒以及丧事酒中,都得有绅士在场,他们指挥着仪式的进行,要如此才不致发生失礼和错乱。在吃饭的时候,他们坐着首席,得接受主人家的特殊款待"。因为"等级制度和农耕社会的生存方式排斥着农民享有受教育和拥有文化的权利,也因此处于被治者的地位。在一个'礼法社会秩序中,只有'知书'才能'识礼',也才配'识礼'。对于文化和教育

---

① 岑大利:《中国历代乡绅史话》,沈阳出版社 2007 年版,第 245 页。
② 王先明:《近代绅士:一个封建阶层的历史命运》,天津人民出版社 1997 年版,第 52—53 页。
③ 张仲礼:《中国绅士研究》,上海人民出版社 2008 年版,第 176 页。

的占有，使得绅士集教化、伦理、法规、祭祀、宗教、一切社会职责与权力为一体，成为乡土社会的实际权威。"① 虽然乡绅的声望高低不同，好坏有别，不能一概而论，但从整体上看，乡绅以鲜明的政治、经济和文化优势赢得了乡民的推崇和服从，其言行均可成为乡民的法则。"大凡一方有一个乡绅，便为那一方的表范。乡绅家好刻薄，那一方都学得刻薄；乡绅家好势利，那一方都学得势利了。若还有一个乡绅俭朴淳笃、谦虚好礼、尊贤下士、凡事让人，那一方中，那个不敬重他、仰慕他。"② 尽管有些学者认为明清时代的乡绅常常打着"劝善归过""正人心"的旗号，确立乡约使人们从思想上、行为上自觉遵循封建秩序和封建道德规范，对人们思想的毒害和控制作用甚为深远。但是，乡绅通过乡约对乡民进行"德业相劝，过失相规，礼俗相交，患难相恤"的教化，对于提升乡村社会的道德文明水平具有积极的意义。明朝正德年间，王阳明为纠正南赣习俗中"愤怨相激，役伪相残"的恶习，曾命令各县族姓建立乡约，以使"人人皆宜孝尔父母，敬尔兄弟，教训尔子孙"，成为"善良之民"。明清统治者曾将乡约宣讲制度化，特地发布了以"孝顺父母，尊敬长上，和睦乡里，教训子孙，各安生理，毋作非为"为主旨的圣谕广训，由贡举出身的乡绅主持，定期于通衢人广之处宣讲。清代有人盛赞传统社会中的乡绅："世之有绅衿也，固身为一乡之望，而百姓所宜衿式、所赖保护者也。……一乡有善事则身先倡率，以行为筹划以成就一乡。一乡有恶人则设法劝予以改过惩治以警邪。有余之家或遇灾荒则捐资以相救无力之家，或有当兴之利则多方以赞成，或有当除之弊则多方以正规。乡皆如此。绅衿上可以济国家法令之所不及，下可以辅官长思虑之所未周，岂不使百姓赖其利、服其教、畏其神乎？及或偶有势恶、土豪，而公正贤良之士大夫不与伍。彼或少有知识、少有耻恶、少有畏惧，亦将遽然知返，居然能改，不致终为匪类。……至于刁劣绅衿则有大谬不然者，方其少也。"③ 这虽有过誉之嫌，但我们从中可以看到乡绅

---

① 王先明：《中国近代社会文化史论》，人民出版社 2000 年版，第 70 页。
② 岑大利：《中国历代乡绅史话》，沈阳出版社 2007 年版，第 74 页。
③ 《绅衿论》，《申报》1872 年 5 月初一日，第 22 号。

在传统乡村社会中起着不可小觑的作用。

　　因此，乡绅大都很注重自己的身份和行为，顾及自己的声望和名誉，讲究"面子"。费正清说："'面子'是个社会性问题。个人的尊严来自行为端正，以及他所获得的社会赞许。"[①] 刘大鹏在当时就是一个颇有"面子"的乡绅，他也因此有些自慰和自得："近年赋闲于家，不无窘困，现充调查会人员，稍得公费作为补助费，顷又充本县商会特别会董，则此身颇不闲矣，差堪稍济我困，此亦天助之厚贶耳。予之乡望尚可告乎，以予不贪财、不失信、不自是之故也，行此三者非一日矣，商界亦皆信之。"[②] "如果乡绅在行为上有失检点，严重违反这些道理，那么他在农民中的威望也就丧失了。……乡绅中的绝大多数都不乐意让自己的桑梓地的农民看不起。"[③] 为了区别于一般的乡村平民，标识自己的身份，乡绅大多非常讲究自己的穿戴和言行举止。晚明时期，"前辈两榜乡绅，出入必乘大轿，有门下皂隶跟随，轿伞夫五名俱穿红背心，首戴红毡笠，一如现任官体统。乙榜未仕者，则乘肩舆。贡、监、生员新贵拜客亦然。平日则否，惟遇雨天暑日，则必有从者为张盖，盖用锡顶，异于平民也。"[④] 乡绅与平民在日常生活的细节中不断地区分着彼此，从而共同界分和维系着各自的身份。"对于绅士来说，为了赢得和保持他人对自己的尊重仅仅具有财富和权威还是不够的。财富或权威必须显明易见，因为要表现得有钱有势，才能博得人们的尊敬。……绅士的穿着当然与农民不同。长袍是身份和权威的典型象征。它表现了绅士分子社会人格的一大部分。通过他们的衣服，绅士证实了自己，平民则可以认识他们。"[⑤]

---

① [美]费正清：《美国与中国》，张理京译，世界知识出版社1999年版，第125页。
② 刘大鹏：《退想斋日记》，山西人民出版社1990年版，第217页。
③ 张鸣：《历史的坏脾气：晚近中国的另类观察》，中国档案出版社2005年版，第233页。
④ 岑大利：《中国历代乡绅史话》，沈阳出版社2007年版，第204页。
⑤ 周荣德：《中国社会的阶层与流动——一个社区中士绅身份的研究》，学林出版社2000年版，第5、113页。

三 乡绅的分化

晚清以降，中国社会发生了重大变革，封建王朝面临着前所未有的危机。李鸿章在《复奏海防事宜疏》中曾用"数千年来未有之变局"与"数千年来所未有之强敌"概括了当时的情势："今东南海疆万余里，各国通商传教，往来自如，麇集京师及各省腹里。阳托和好之名，阴怀吞噬之实。一国生事，诸国构煽，实为数千年来未有之变局。轮船电报之速，瞬息千里，军械机器之精，功力百倍，炮弹所到，无坚不摧，水陆关隘，不足限制，又为数千年未有之强敌。"随着中外冲突的不断加剧以及接踵而至的惨败，特别是甲午战争的失败，以科举为核心的儒家制度受到了前所未有的冲击。

1905年，清廷令"自丙午科为始，所有乡、会试一律停止，各省岁科考试亦停止"，沿袭千年之余的科举制度寿终正寝。科举制度的废除是一件划时代的历史事件，"言其重要，直无异于古之废封建、开阡陌"，对中国社会具有极其深远的影响。科举制度的废除消除了传统社会系统的联系机制，传统社会系统因整合功能的失调而开始震荡，趋于瓦解。有学者认为，中国封建社会系统的解体，是分步进行的，而以科举的消亡为先行条件。[①]"科举制度曾经是联系中国传统的社会动力和政治动力的纽带，是维护儒家学说在中国的正统地位的有效手段，……它构成了中国社会思想的模式。由于它被废除，整个社会丧失了它特有的制度体系。"[②] 在我们看来，科举制度的废除最直接的后果是中断了乡绅阶层的继替，导致整个乡绅阶层的分化和衰微。

既然通向上层特权的途径被切断，失去了晋升的希望和制度屏障，乡绅便纷纷弃乡入城，寻求新出路，不再将乡村作为他们的最终归宿，

---

① 袁立春：《论废科举与社会现代化》，《广东社会科学》1990年第1期。
② [美]罗兹曼：《中国的现代化》，"比较现代化"课题组译，江苏人民出版社1995年版，第338页。

"轻去其乡的现象已一天比一天流行"①。他们或转入新学,或涌向新军,或投资办厂,或转向自由职业,或参入党帮,……既有乡绅职业的多元去向,表明乡绅作为一个相对稳定的阶层从此瓦解,尽管其消亡还延续了一段较长的历史过程。"虽然历史发展的转折并不只表现为一次,但对于历史时期一个阶层来说,造成该阶层走向分化的历史机缘却只能有一次。历史毫不留情:已经分化者,踏上新的道路;正在分化者,还在抉择前程;冥顽不化者,只能同历史的堕性合流并存。不过,作为一个封建等级的绅士阶层,却正在走向了灭亡。"②

到民国时期,有旧式功名的绅士留在乡村的已经极为少见了。"民国时期,作为清朝遗老遗少和具有科举功名的绅士已经随着社会变迁和时间的流逝而渐趋衰落,'绅士'一词却仍然流行,被用来指称各种在地方社会有声望、有地位的人士,其中既包括传统的绅士,也包括国民党政军新贵、新式商人和新文化人。显然,这一社会群体较之严格意义上的明清时期士绅阶层要宽泛。"③ 只要参与乡村事务,在乡村社会中具有特殊身份和地位并能够在国家与民间社会之间发挥中介作用的人均可称为乡绅。"时人回忆 1940 年河南嵩县的地方情况时,将曾在外做过高级官员的人士称为'首席绅士',做过县政府各科科长及保安团长、县银行经理、县党部书记、三青团书记的人士称为'中层绅士',做过区长、乡长、镇长、保安大队长的人士称为'乡镇绅士'。可见,具有相当学历、曾在政界、军界或本县担任公职、教职的人员即是'绅士'。"④ 费孝通描述过当时的情景:"传统城镇是绅士的所在地。绅士阶级象征着政治和财政的权力。对我出生的那个镇,我是很了解的,它主要是绅士的房子、米店、当铺、茶馆和私人花园所组成的。这里也有一些裁缝、木匠、铁匠、金银匠和其他手艺人。米店和当铺是财政来源。受到租税或其他危

---

① 潘光旦:《潘光旦文集》,光明日报出版社 1999 年版,第 371 页。
② 王先明:《近代中国绅士阶层的分化》,《社会科学战线》1987 年第 3 期。
③ 魏光奇:《国民政府时期新地方精英阶层的形成》,《首都师范大学学报》(社会科学版) 2003 年第 1 期。
④ 同上。

机威胁的农民不得不到镇上的店里来,以低价卖掉他们的米。有时,他们的存粮吃完了以后,他们又要到店里以高价去买米。因此,米店的性质像当铺。茶馆、大花园和出色的住宅是绅士的所有物。从早到晚,闲适的绅士们在茶馆里消遣。他们品茶、听书、打趣、赌博和抽鸦片。"①显然,这一时期的所谓乡绅已经与传统社会的乡绅有极大的不同,基于"士"的身份性和社会权威性特征明显弱化,蜕变为一个鱼龙混杂的群体,失去了往日对乡村社会的整合功能。

巴林顿·摩尔在《民主与专制的社会起源》一书中指出:"当无论是城市精英,还是地方精英,都纷纷放弃基层农村的时候,那里便成为了革命的温床。所有隐匿的豪杰、不法商人、匪盗之徒以及诸如此类人物都从地上冒了出来,填补目前统治者倒台所产生的真空。"② 传统乡绅阶层的瓦解,新学人才的流失,豪强、恶霸和痞子之类的人物就占据了乡村社会权利的中心。刘大鹏在他的日记写道:"民国以来凡为绅士者非劣衿败商即痞棍恶徒以充,若辈毫无地方观念,亦无国计民生之理想,故祸官殃民之事到处皆然。"③ 在军阀割据统治下,地方行政同乡民生活情况一齐恶化,地主统治阶级不再受孔孟之道以天下为己任的训诲,他们变得甚至比以往更加狭隘自私。周谷城在1927年观察到,乡村的政权组织纯为地主土豪的组织,与背负儒家道义的传统绅士完全不同,那些继起的"绅士"们乃终朝不脱鞋袜,身披长衣,逍遥乡井,以期博得一般无知乡民之推重。国民革命时代,提出的"有土皆豪,无绅不劣",虽有偏激,确也在很大程度上反映了当时的现实。④

"乡绅是乡村组织的基石,没有乡绅的村庄,很难有任何高度组织性的活动。"⑤ 传统社会乡绅阶层的衰落和消亡,不仅导致了整个乡村社会

---

① 费孝通:《中国绅士》,中国社会科学出版社2006年版,第113—114页。
② [美]巴林顿·摩尔:《民主与专制的社会起源》,拓夫、张东东等译,华夏出版社1987年版,第176页。
③ 刘大鹏:《退想斋日记》,山西人民出版社1990年版,第322页。
④ 周谷城:《周谷城史学论文集》,人民出版社1983年版,第402—403页。
⑤ Hsiao Kung-Chuan, *Rural China: Imperial Control in the Nineteenth Century*, Seattle: University of Washington Press, 1962, p. 317.

政权的痞化，恶化了乡村社会关系，激化和加剧了阶级的冲突，而且造成了乡村经济的凋敝，拉大了城乡差距。更为严重的是，加速了乡村文化的衰落，打破了城乡一体的传统文化格局。从此，乡村社会进入了全面的危机之中。儒学之衰，不在于圣人不出，硕学鸿儒之稀见，而在于乡村师儒早已绝迹于天壤之间。村夫子绝迹，乃真正儒学命尽运绝之时。今人或谓儒学未亡，非断然斩绝之谓，其要害实在于社会不需遵从其礼，不需参考其说，不需仰重其人。往时天下，知书之士，无不自命为儒。而今即在口倡儒说心摹手追之学者，亦不自承为儒。何况，反孔排儒思潮风浪，此起彼落。儒学消亡之事实，岂不令人触目惊心。有人曾说当时的乡村社会"无论从哪一方面去看——社会方面、经济方面、政治方面、教育方面都一点生气也没有，简直可以说已经死了一半或一多半"。[①]可是，"我们中国是一个农国，大多数的劳工阶级就是那些农民。他们若是不解放，就是我们国民全体不解放；他们的痛苦，就是我们的痛苦；他们的愚暗就是我们国民全体的愚暗；他们生活的利病，就是我们政治全体的利病。"[②] 所以，一批接受过新学教育的有识之士如陶行知、黄炎培、晏阳初、梁漱溟等提出了"到乡村去""到民间去"的口号，中国共产党开展了"打土豪、分田地"的斗争，将革命的重心由城市转向了乡村。

---

① 杨开道：《我国农村生活衰落的原因和解救的方法》，《东方杂志》1927年第24期。
② 李大钊：《青年与农村》，《晨报》1919年2月20—23日。

第六章

新式教育的乡村疏离

晚清时期，肇始于西方社会的新式教育开始萌动和发展，它是西学东渐的产物，是近代以来中国教育现代化的尝试。新式教育的"新"表现在多个方面，如载体从书院、塾馆变为新式学堂、学校，内容从传统的"旧学"或"中学"向"新学"或"西学"转换。新式教育在艰难的推进中，为我国教育革新做出了诸多有益探索，它在动乱、变革、战争中有停滞、复辟、徘徊甚至异化。今天，中西方社会发展模式或文明有越来越多的关联和相通，但文明体的结构差异和文化异质又必然会引起相互的冲突和抵牾。实际上，近代中国的新式教育并非全盘西化，完全游离乡村，但它确实存在很多问题，既有新旧交替、文化断裂、社会动荡等方面的客观因素，也有认识和方法上的主观原因，扼腕之余，更值得我们深思。

一 作为"他者"的新式教育

传统乡村社会的人们基本上过着自给自足的聚落生活。村落是一个有着浓厚血缘、宗族色彩的共同体，是一个较为完整的生态系统，私塾、社学和义学自然融入其中。承载新式教育的新式学堂或学校最初作为乡村社会生活的"他者"出现，不可避免地受到乡村社会的排斥和抵制。

（一）物理空间的远离

不同于旧时的塾馆，乡村学堂大多利用寺院、庙庵等既有的公共场所，部分学堂则由家族祠堂、义庄和私人住宅改建而成，它们多散落村外，距乡村生活居所较远。此类情形始于晚清，如光绪三十年（1904年），定县县长提倡"借庙办学"。定县的很多学堂起初借用民房，后来开始在村大寺、关帝庙设立学校或农暇识字会，从此坊间纷纷效仿"毁庙兴学"。① 钱穆回忆他小时候上的果育学校"乃假华氏一祠堂，屋有一大厅，四壁楹柱，皆遍悬联语。右边侧房为乐在斋，诸师长退课皆聚于此。乐在斋北左侧开一门，通大厅之后轩，广长舒适。朝北长窗落地，窗外杂莳花木，有假山，有小池，俨然一小园。"② 俞子夷在《二十年前乡村学校生活里的我》回忆他初到一所乡村学校任职的情形，那所学校："在庙的左邻，实在就是改造殿宇的一半成功的。进门一个院子，三间一进……东侧一门，可通庙里。也是三间大殿，东西两厢。庙内有一个看庙的老人，此外别无和尚。"③ 裴竹君在沙淤小学办学时提到，学校由旧庙改造而成："'三元宫'是庄上一座破败的和尚庙，有十间屋子，和尚住了三间好的，那其余七间破的，就给了我们。这七间破的，在里头抬头数得着天上的星星，梁柱和屋椽全都是东歪西斜的，墙头、窗户什么也没有。"④ 承载新式教育的学校孤立于村外，所占据的貌似是人们敬重之地，事实上，除非重大节日和特殊时期，这些地方是乡民一般情况下不愿意接近的。

英国传教士麦高温描写了当时我国乡村学校的大致境况："中国人对校舍的要求是不拘一格的，只要它不违背传统观念，就允许存在下去。这所学校只有一间孤零零的、毫不起眼的房子，没有丝毫美感可言。屋内的地面脏乱不堪，而且凹凸不平。没有人来消除这些长年累积起来的厚厚的污物，也没有人去打扰在角落里自得其乐结网的蜘蛛，它们自信任何时候都不会受到干扰。"⑤ 多数乡村学校远离村落，这是因缺乏财政

---

① 李景汉：《定县社会概况调查》，中国人民大学出版社1986年版，第173页。
② 钱穆：《钱宾四先生全集》（51），中国台湾联经出版社1998年版，第38—39页。
③ 《俞子夷教育论著选》，人民教育出版社1960年版，第210、231页。
④ 上海教育出版社：《老解放区教育工作回忆录》，上海教育出版社1979年版，第196页。
⑤ ［英］麦高温：《中国人生活的明与暗》，朱涛、倪静译，中华书局2006年版，第62页。

支持造成的。政府所能负担的小学多数集中设在县镇繁华区域,偏远乡村的学生基本无缘就读。平日里,这种学校大门紧闭,相对于村内"借庙办学",它们以更专业、封闭的姿态独立于乡村社会。所以,除了远离村落的乡村学堂,教育机构的城镇化和集中化也加剧了新式教育的乡村疏离。

(二) 心理距离的疏远

新式教育并非完全西化,虽然包含了西学的部分内容,但整体而言是中西杂糅的。即便如此,它与传统乡村社会仍存在着一定的隔膜。推行之初,新式教育常被人鄙视为"奇技淫巧"。旧知识人一时难以割断对旧学问的留恋,甚至发出"绅士去久矣,才人信当年"的喟叹。

费孝通指出,中国传统文化中没有产生科学,绝对不是因为中国人的心思不灵、手脚不巧,而是中国的匮乏经济和儒家知足教条使我们不重视人与自然的问题;现代技术所具有的破坏社会完整的力量在中国发生效果,未得其利,先蒙其弊,使中国人对传统失去信任,对西洋的新秩序又难于接受,进入歧途。① 赵望云曾经做了一幅名为"吃老豆腐的人们"的画并配文字说明,刻画了乡民的穷苦与对外来势力的仇恨。配文如下:"一锅老豆腐,三人围着吃,不但能卫生,比着别物还贱多,既柔软,又好喝。帝国主义的人们,看见我们国家好像老豆腐啊!"② 民国时期,香河县(今河北省香河县)曾经流行一首民谣,反映了民众对新学的看法:"大改良,上学堂,坐轿车,学外洋,行洋礼,开洋行,不种田,怎养娘。"③ 新式学校是学习西方列强的产物,多由教会学校、洋务学堂发展而来,在相当一段时间内不被理解,时常遭到乡民的异样眼神。"欧风墨雨,溧摇吾室家者,旦夕且至矣。"由之裹挟的新教育给乡民带来新异视野,也带来了对列强侵华的仇恨心态,二者兼具,乡民的心理复杂而微妙。

---

① 费孝通:《乡土重建》,上海书店1948年版,第10—15页。
② 黄宗智:《中国乡村研究》(第三辑),社会科学文献出版社2005年版,第213页。
③ 郝锦花:《新旧学制更易与乡村社会变迁》,人民出版社2009年版,第144页。

负责新式教育管理工作的局长、督学通常看不起乡村，轻易不下乡，即便走一趟，也是草草了事，敷衍塞责。新学校推广之初，乡民很难理解和接受这一新形式，宁愿信任私塾教育。有些学堂为了招收适龄学生，不得不到处张贴告示，广而告之。但等了很久，也没有几个人来报名。校董不得已，说服他们家族中有孩子而又有一定经济能力的家庭，送孩子去新学校读书。即使许诺不收学费，仍十有八九不答应，因为乡民害怕不收学费是诱饵，第二年就会以各种名义收费或者收捐。也有一些家庭碍于董事、校长等人的乡绅身份，以后还有很多地方需要仰仗他们，只得送孩子去新学堂。当然，也有一些乡村劣绅、劣董及其子弟败坏了新教育，他们甚至利用自己的影响力以及校董等名义任意支配、侵占校产，这令乡民十分愤怒，部分地区还因此出现了闹学、毁学等暴力事件，也就奢谈乡民的接受了。

（三）乡村生活的背离

科举制度的废除与新学制的确立虽然否定了旧式教育合法性，但一时间无力淘汰这老旧的教育形式，因为它早已在千年的演进中融入了乡村社会。普通的乡民显然不如放眼世界的新人物一般开化，他们在内心更加习惯旧的教育方式并视新教育为"洋务的""外来的"，与自己无关的。廖太初曾在研究中发现，当时山东汶上县的乡间找不到关于学堂、学校的说法，这不是日常用语，那里知道的只有"洋学"；乡民普遍认为"一天不吃饭不可以，一天不念书大可以。不缺吃，不缺喝，念书干什么的。"[①] 新式教育并没有根本改变乡民生活，或乡民根本就没有相关的概念，也没指望新教育能有如此大的效用。

毛泽东在接受斯诺采访时，回忆了他幼时受教育的情形，认为乡民对新教育不理解并对旧教育怀有一定感情。他说："我十三岁时，终于离开了小学堂，开始整天在地里帮长工干活，白天做一个全劳力的活，晚

---

① 廖太初：《变动中的中国农村教育：山东汶上县教育研究》，燕京大学出版社1936年版，序第3页。

上替父亲记账。尽管这样,我还是继续看书,如饥似渴地阅读凡是我能够找到的一切书籍,经书除外。这叫我父亲很生气,他希望我熟读经书,尤其是在一次打官司时,由于对方在法庭上很恰当地引经据典,使他败诉之后,更是这样了。"①民国教育家刘百川去好友贾明理家做客,贾先生也滔滔不绝地说了很多。贾明理说:"家庭里对于学校第一件事不满意的,便是在学校里学的,没有什么大用处;尽管在学校里笔算考了一个甲等,但是到了家里,甚至不会算五斗米或半斤油的价钱;尽管会做记事文、议论文,但是不能写出一封很通顺的书信。这都是学校太重视形式训练了。"② 此外,教材浪费,版本乱,质量差等问题也引起了乡民的反感。民国初年,山西五台县一个乡民道出了对教材"乱换"的苦恼与不满。大意是,民国的书房,真是令人讨厌!娃们念的书,今年这个样子,明年那个样子,换教材倒是很热闹,就是没见几个念成功的;看看人家前清时候,哥哥念的书,弟弟还能念,就是爹爹念了儿子还能念,爷爷念了孙子还能念。这种现象不能说明乡民的看法是对的,但他们的心情是可以理解的,因为教材编制者没有顾虑乡民贫困的生活现实。那时物资匮乏,人们爱惜笔墨纸砚。爱惜字纸的乡民发现孩子没用完的作业被教师收走了也不发还,甚至作业本出现在烧饼铺,都被卖给铺子里包烧饼用了,自然很是气愤,对新教育也就难有好感。

二 立场的分野与冲突

多数情况下,乡民对社会不抱太多幻想,只求沿袭传统、因循旧制,安安稳稳地重复着昨日的生活。虽然新式教育更为适应社会发展,但乡民多不这么认为,乡村塾师也有类似的看法。新式教师则在上层权力压制与下层乡民和塾师抵制的夹缝中生存。虽然新式教师在视野上相对有优势,但传统塾师中也不乏知识精英。加之,传统塾师治学严谨,很得

---

① [美]埃德加·斯诺:《西行漫记》,董乐山译,生活·读书·新知三联书店1979年版,第108—109页。

② 刘百川:《一个小学校长的日记》,华文出版社2012年版,第15页。

乡民信赖，反倒是新式教师的诸多弊端使乡民不信任或者不敢信任。抛开乡村泛起的革命氤氲，新旧知识人的立场分野也注定了新式教育的多舛命运。

（一）旧习俗的牵制

传统社会的学校教育主要为了"货于帝王家"或成为满腹经纶的"君子"，至少要将学生变成尊礼守法的"我们"而非特立独行的"我"。许烺光认为，传统教育目的是"以父母、祖父母，甚至远祖的模式来培养他们的后代，人们不让孩子自己发展，拥有各自独特的性格。他们关心的仅只是尽快使孩子成为符合传统规范的成人"[①]。许多乡民认为，在新学堂读书用处不大，与当官无缘，对教育的预期不高，也就没有相当的热情。大多数父母不重视学校教育，孩子们只有在家里不需要他们干活时才可能进学校读书，家里无论大小事宜均可成为孩子们告假的充分理由。曾有乡村教师这样说："乡下人的头脑太顽固了，对于新课程——尤其是体育，多有非议。一般小学教师们为势所迫，不得不讨好乡愚，有的于应有课程外，加授《四书》，《千字文》之类，或者简捷了当，除有国语一门敷衍教育局外，概授《四书》。一方面不使教育局问责，教育局发给的课程表仍照样贴出来；《四书》《千字文》并不列入课程表内，这样既免得教育局的质问，又迎合了乡民的心理。"[②]

新式教育的初衷是传授人生必需的知识，培养具有现代精神、独立人格的公民，但民国政府在推行上明显力不从心。黄炎培曾反问当时的教育虽有算术、理科、历史、地理等，其目的岂止是在文字之间？甚至批判当时的教学形式、教学内容，换汤不换药，如修身课、农科、商科，也就是教师教读几本教科书而已。这种偏向文字的积弊终将使新式教育转变成另类的科举教育。新学校虽也进行反迷信的教育，但所能起的效果微乎其微。乡村社会的美好生活在很大程度上还是寄托在祖先、

[①] ［美］许烺光：《祖荫下：中国乡村的亲属、性格与社会流动（修订版）》，王芃等译，中国台湾南天书局2000年版，第176页。

[②] 许玉洲、王景志：《做乡村教师的困难》，《教育短波》1935年第24期。

诸神的庇佑中，迷信思想大行其道。包括开明的乡绅在内的乡里人，很多时候宁愿迷恋神力也不愿信任新式教育。刘大鹏曾经抨击所谓的新党，不信鬼神，还宣传世间本无鬼神，不必尊崇土偶木偶，甚至将一切祭祀全部停止，即使是孔庙圣贤的牌位之下"也没有一块冷肉之可享"。1932年6月16日，乡绅刘大鹏记载一次祭祀活动，他说："关帝君大义参天，精忠贯日，庙寺遍天下，为人伦之师表，每当今日，赛会之处甚多，演剧之处纷如，似此纪念，天下曾有几人？……此为关帝之'磨刀雨'，将刀磨快，好斩现时之贪官、污吏、劣绅、土棍以及一切不孝、不忠、不信、无礼、无义、无耻、无廉之徒耳。"① 可以看出，新式教育无法进入乡村社会生活的内核，难以改变乡民积习已久的风俗。他们还是习惯从家庭生活、节日祭礼、地方戏曲等渠道获得知识和熏陶，在英雄好汉和奸佞之徒、正义和卑劣之间感受丑恶真善，沉浸在悲欢离合和怪力乱神的世界，这种教化带有明显的主观色彩，却影响笃深。

（二）旧塾师的抗拒

传统塾师多认可"君子不器"，认为学习就要读"圣贤书"，而不是学什么"鸡叫狗跳"的形而下的伎俩。而新式教育培养出来的学生尤其是高学历者的行为举止难以为乡民所接受，恰好给乡绅和塾师一个把柄。刘大鹏曾感慨："自设学堂以来，毕业之学生车载斗量，不可胜数，到处皆是学生，而人情风俗却被所扰，将古道指之为非，纲常伦理因之大坏，非但不知有君，而且不知有父，无父无君天下大乱……民国教育似乎有大进步，实则徒无益而有害之也。其害维何？维重科学，不读经书，不惜廉耻，五伦破坏，八德沦亡而已。"② 诸多负面言论使得乡民满腹狐疑，误认为学习体操就是在练习飞檐走壁，是为以后方便偷牛盗马；学习唱歌，是在练习吹拉弹唱，是为以后做优伶和艺妓做准备，甚至前脚将孩

---

① 刘大鹏：《退想斋日记》，乔志强注，山西人民出版社1999年版，第405页。
② 同上书，第291—395页。

子送进学堂后脚就大加贬斥。

传统塾师不乏知识精英，却又不得不直面时代变局。科举制度的废除，几乎全盘否定了该群体所学知识的合法性，使得塾师阶层失去了向上层流动的机会；更为严重的是，塾师阶层通过教书获得的赖以生存的束脩越来越少。如果找不到更好的谋生途径，他们拼力抗拒新教育、新教师的行为便无法避免，有些甚至聚集在一起抗议、造谣、诋毁新教育，蛊惑乡民闹学和毁学。民国初年，黄炎培在考察教育后在日记中记录鄱阳县（今江西省鄱阳县）某小学校长的话："前年下半年，学生百人左右，去年仅七八十人，今年又减。乡间颇谣传将复科举，故有在家预备应试文者。"其中还记录了类似的情形："皖南一带盛传将废学堂复科举，故到处有县知事四言告示声明，学堂永不停办，冲田村某店多问余将停学堂复科举信乎？为之，反复解释之。"①

（三）新式教师的困窘

乡绅和部分塾师为乡民所佩服，有着巨大的影响力和威慑力，如果他满腹经纶、道德高尚，那么他的话几乎成为号令，他就是传统乡村社会的真正的立法者、执法者和审判者。乡民每每遇到重大事件，如婚丧嫁娶、大型活动尤其是需要与文字打交道时都要宴请他们。民国政府对乡村教师曾寄予厚望，期待他们能肩负起乡村教育和乡村改造的使命，为保证教师的合法权益，相继颁布《教育部整理教育方案草案》《师范教育令》《师范学校法》《小学教员薪水制度之原则》《教员服务奖励规则》等政令。教育界也开始意识到乡村教育的重要性，并进行了积极的探索。甘豫源在其《乡村教育》一书中说道："乡村教师的使命，一是教育儿童，二是改进社会；乡村教师的修养，一要有充实的知识，二要有精熟的教学技能，三要有高尚的人格，四要有勤劳的身手，五要有领导社会的本领。"②然而现实是，乡村教师经常要面临各种挑战，他们的教育生活

---

① 《黄炎培考察教育日记》（第一集），商务印书馆1914年版，第112—134页。
② 甘豫源：《乡村教育》，中华书局1936年版，第87页。

第六章 新式教育的乡村疏离

并不顺利。

乡村教师常常受到这样的抨击:"昔日的学校塾师,他的教学内容虽远逊于现在,而一个学塾实系一乡村的信仰中心。今日情形,又是如何?你们要如何保存你们教员的贵重人格?"① 虽然原因很多,但这与当时教员得过且过、甘居人下的心理不无关系。当教员的没有优良成绩与别人看,半新半旧,一面应酬公事,一面又要顺应旧俗。这种模棱主义,是永远不能恢复教员的信仰的。也有教员痛陈自己在理想与现实夹缝中的危难:"对于一般儿童,为了国家的前途计算,是得用新的方法和新的思想来教育他们。不再用麻醉、说教的教训和读死书的方法来欺骗他们。你们想,这种环境是如何的发展吧!所以,常常为了教育方法,得了校董先生的指摘。但是,虽然我的理由充足,不敢向他们辩驳。为了什么原因呢?亲爱的读者,是饭碗啊!"② 从其叙述中可见,当时乡村教师待遇低微、工作辛苦、百病丛生却又没有应有的话语权和自主权的生存境况。也有乡民以很高的期待对待乡村里出现的新式教师,但这些教师们有时连基本的毛笔字、帖子都写不好,深层的礼仪知识更是匮乏,这难免让民众失望。还有人模仿八股文格式,用更加极端的口吻描写乡村教师的困窘:"凡为教员者,既无学识、又无经验,滥竽充数,内容不堪。此乡校腐败之所由来也。想其在师范之毕业也,或为本科,或为预科,取来一纸文凭,直视为吃饭之家伙。观其受官厅之检定也,何其正教,何者副教,经过几场考试,即作为合格之师资。然而有滑头之教员焉,别字连篇,胸中墨黑,官话乱说,格外蓝青,高谈解放改良,自诩当今之新人物。"③ 新式教师无论是在知识传授、乡村生活还是薪资待遇上都难以超越他们身边的塾师,困窘的学识和困顿的生活几乎吞噬了他们的自尊和自信。

---

① 刘金钊:《乡村教员怎样应付时代与环境》,《光华大学半月刊》1937年第7期。
② 李贺汶:《在乡村里》,《妇女生活》1937年第11期。
③ 金南屏:《乡校教员》,《消闲月刊》1921年第1期。

三 新式教育的乡村异象

将新式教育推及每个村落，地方上至少应该有相应的人才以及足够的财力。民国时期，政府财政基本无法惠及到村落，只能期望民众、乡绅、精英、地主的集资和捐助。在新学制冲击下，原本城乡一体的教育格局发生了转变，乡村教育变得被动和依附。在教育重心偏向城市、资金匮乏的现实下，新式教育在乡村社会出现了简单化、功利化、私利化、贵族化等异化现象。

第一，简单化。某乡村教师曾记载他任教一年的见闻与思考，他说校长是该乡乡长，校董半为农人、半为商人。校长、校董都不懂什么是教育，历来校务都是由所请的教员负责。因为校长、校董以及学生父兄都是农人或小商人，他们的办学目的只是要学生们读识几个字，将来能够回书、写帖、登记小账。所以平时学生只要肯天天到校，他们就绝对的满足。[1] 1926 年，澎湃在其《海丰农民运动报告》中指出，所谓的新式教育并无甚新意，不过是新八股而已。私塾先生教授老旧知识、八股文章，孩子们一个个面青、目黄、肢瘦、肚肿，不会念的就受罚跪、抽藤条、打手板、夹手指等酷刑，简直只有把这小孩们快点弄死罢了。新式教育增加了学生的学费，附加了什么农产品的捐税，今日教甚么算学，明日教甚么格致，再教甚么历史、地理、古文、体操，废止了野蛮的酷刑，再用文明的面壁、记过和扣分，表面上多么好看，结果使一般面青目黄的小孩们回想到念那'子程子曰''关关雎鸠'是没有这样多么麻烦和苦恼。这种绝不考虑病弱的农村小孩而硬施以费神费脑的教育大家，我说他是杀人不用刀！[2] 在贫困的乡村，新式教育的办学明显地走向了简单化和形式主义。

第二，功利化。20 世纪 20 年代末，俞子夷在《一笔教育的旧账》一

---

[1] 张天讨：《乡村小学教员底（的）一年》，《教育论坛》1932 年第 6 期。
[2] 澎湃：《海丰农民运动报告》，作家出版社 1960 年版。

文中提到:"各县只求报告小学的加多,把半私塾半小学的冒牌货来充数。结果,经费非常之少,师资非常之坏,因此不能取信于老百姓的假小学非常之多。不但没有把教育弄得好,反而使民众疑心教育,反对教育。"① 为了达成民众教育的目的或者提升乡民识字率,一些团体进行区域试验,常常借助政府的力量强迫成年人到民众学校学习,甚至不惜动用警力。冯国华曾记载一则案例,提到警察到家里催促一位农妇读书的事情。这农妇说:"我年纪这样大了,你们倒拼命的促我读书,我的儿子,初级小学毕业了,要进高级,因为手头少了几个钱,学校就不让他进去!唉,小孩要读书没有书读,我们是没有用的人了,反要催迫我们读书。"② 警察则不听其哭诉,还是硬拉农妇上学,农妇依然不去。警察便将此事报告到试验区,教育局长闻之,慨然特许小孩免费入学,那农妇也就入了民众学校。如此看来,包括政府所属的办学机构或团体往往只顾及自己的任务,而缺乏相关合作,忽略了教育的系统性和复杂性,出台的方案本是为了保障新式教育的顺利实施,却在无形中被主观设定的目标所规限。

第三,私利化。自上而下的行政命令自顾颁布,乡村的新式教育依然举步维艰,与地方政府、精英、民众"各怀鬼胎"并相互掣肘有关。"尽管新学校是利用那些大家族为了加强本家庭和宗族的声望而捐赠的资金修建起来的,然而新的教育总不免介绍一些与传统相背驰的新观念。有关这一点,乡邻们没有直接说明。实际上,他们很不愿意承认这一事实。"③ 据陶钝回忆,民国初年动荡不安,自家生意难做也没有支撑,找到诸城北乡的绅士,他们给出了一致的答案:办学校。"这个世道光有钱没有人没有势不行,应该办个小学校,培养几个懂维新的人才好。为了对抗邻家马三的小学,我家早有办一处小学校的意思。本来想叫四叔去县城东关的单级师范养成所学习后回来当教员,四叔不去。因为社会传

---

① 《俞子夷教育论著选》,人民教育出版社1960年版,第210、231页。
② 冯国华:《从经济观点论今后之民众教育》,《教育与民众》1933年第4期。
③ [美]许烺光:《祖荫下:中国乡村的亲属、性格与社会流动(修订版)》,王芃等译,中国台湾南天书局2000年版,第201—202页。

言将小学教师比作驴，活重草料坏……向县教育科报告学校成立，并请介绍教员，他们要学校自己去请。祖父得了个捐资兴学的奖状，其作用至少是马家无可如何。"① 可以看出，很多地方精英、大家族办学的初衷可能是为了加强他们在本地的声望，也可能是为了拉拢政府，寻找靠山。

第四，贵族化。黄炎培曾指出，科举制度虽耽误了国家发展、科技进步，但它在教育的平民化上还是做得较好的。新式教育本应该更加平民化，却越来越带有贵族色彩，越来越多的收费项目和集中于城镇的教育机构致使更多的家庭无力承受子女教育的费用。"科举制度的废除，截断了原有的社会流动机制，看上去新学堂的开设可以为更多的人提供上升的通道，但是由于财政上的问题，新学堂的数量还是很少的。以比较开放的湖北而言，在1908年只有一千二百所初等小学，这样算起来，每二万四千人当中，不到一所也许只配备两名教员的学堂。因此在新的教育机制之下，进入上流阶层地位的机缘，只对这样的人是适用的：他们的家庭，有能力把他们输送到城市里面去，供他们食物衣服和住宿津贴，并交付学费、书费和学校补给费用。经常有意见反映出来，新的教育制度降低了社会的阶级流动性，和旧式的科举制度比较，甚至更加有利于富人。"② 署名肇夫的人说："中国乡村破产的程度日益加重，以至于民生困苦，自己的生活都难以维持，况且对别种公共事务更无法顾及，所以现在乡村的小学多陷于破产凋零的状态。但在中国这高倡教育普及的呼声里，官方又绝不允许随意取消学校，所以有的村庄，便决定支应官方的视导，如果得到派人视导的消息后，便赶快召集学生，通知教员，整理校舍，以备应付。"③ 在那个时期，农民借粮、借钱的比例较大，他们基本生活在贫困线以下。即便有些乡民不惜变卖田产，举债度日，也仅仅是为培养"不复为乡村所用的人才"，期望子弟永远不要重回那贫困的乡村。

---

① 陶钝：《一个知识分子的自述》，山东人民出版社1998年版，第59—60页。
② [美]周锡瑞：《改良与革命——辛亥革命在两湖》，杨慎之译，中华书局1982年版，第177—178页。
③ 肇夫：《农村破产中的小学协作问题》，《教育短波》1937年第102期。

四 教化理想的乡村遭际

中国传统的乡村社会相对稳定,这与其族群生活、邻里守望以及基于族群的自治不无关系。尽管如此,乡村社会也难以承受强大外力的冲击。晚清以降的西潮、战火、革命等消解了既往的稳定结构,乡村濒临绝境。乡村权力结构的重组与文化断裂造成的环境变换难以保证井然的教育秩序,知识精英的教育理想又囿于方法论的困境,所有这些共同造成了新式教育在乡村社会的时代命运。

梁漱溟在其《北游所见略记》里写道:"有钱的人,多半不在村里了。这些年内乱的结果,到处兵灾匪患,乡间人无法安居,稍微有钱的人,都避到城市都邑。有能力的人亦不在乡间了,因为乡村内养不住他,他亦不甘心埋没在沙漠一般的乡村,早出来了。"① 柳亚子回忆说,他的叔父长辈很多都去过上海,见过大场面,觉得要做一点事业,还得到都市中去,至少要在城镇上住,生活更舒服、热闹,乡村淳朴的空气再也不能够吸引少年子弟的灵魂了。② 出离的乡村精英和游离于乡村的地主构成了驱离乡村的主流,造成乡村权力的真空状态与重新组合。"活跃的土地市场使不少村庄很难在村有定界的基础上进一步加强村庄权力,因为他们无法控制身居村外的地主,村庄渐渐失去了运用其权威的部分能力。更为严重的是,乡村政权与乡村社会文化网络的脱节以及来自政权内卷化的压力,使得多数权力落入那些贪求名利的'政客'手中。"③ 乡村权力结构重组与转换直接导致乡村教育在物质与智力支持上的匮乏和中断。乡村精英又常常被当作革命的对象,以至于无法栖身于乡村,被迫逃离。毛泽东曾描述了当时的情形:"在农会威力之下,土豪劣绅们头等的跑到上海,二等的跑到汉口,三等的跑到长沙,四等的跑到县城,五等以下

---

① 《梁漱溟全集》(第4卷),山东人民出版社1991年版,第896页。
② 柳亚子:《柳亚子文集(自传·年谱·日记)》,上海人民出版社1986年版,第99页。
③ [美]杜赞奇:《文化、权力与国家:1900—1942年的华北农村》,王福明译,江苏人民出版社1996年版,第200页。

土豪、劣绅崽子则在乡里向农会投降。"[①] 共产党人在农村领导土地革命，由之燃起的革命热情也使乡民暂时忽略、忘掉了新式教育。很多乡民被迫放弃土地、背井离乡，或混迹于城镇，或落草为盗寇。此后，接连不断的战乱使乡村处于水深火热之中，新式教育也就难以为继了。

尽管多数上层精英较早接受或适应了西潮与新潮的侵袭，地方精英也以务实的心态对待因之而出的新式教育，但普通民众却难以想通。在古老农业生活方式之下，民众并无充裕的财富积累供给适龄儿童学习，多认为读书是奢侈的追求，是有闲阶级的专利。所谓的书院、私塾、家塾也多是自助、自主办学，甚至很多乡民自己也认为没有钱可以选择不上学，孩子上不上学与别人无关，可选择空间较大。对待一反传统、极为陌生的新式教育，乡民自然惴惴不安，原本无力、无暇接受更多教育的乡民迫于威权不得不送子弟入学。乡村教育从散漫自发到政府强制推行，乡民自主空间变小，原有的生存文化逐渐被打破，张弛有度的社会生活变得紧张，一时难以习惯甚至将教育推广误读为政府牟利的借口，致使他们敌意重重。他们绝非眷恋单调、贫穷的旧生活，他们是对不确定的未来的恐惧，他们害怕连自己最后的、贫瘠的土地及其困苦的生活方式都保不住。"简单地说，让他们推翻乃至杀掉某个具体的皇帝并非难事，但去掉他们意识深处的皇权理念则难如撼山。当他们一次次力图以传统的道义来恢复被洋人、洋教扰乱了的生活与风习时，却每每莫名其妙地从有理变成了'无理'取闹，同时饱受先进分子的抱怨指责以及顽固的上层的背信弃义与唾弃时，他们已经领受了双重的价值失落。"[②] 由于长期形成的宗法社会开始解体，压抑个性、淹没自我、依附于群体中获得安全感的时代逐渐远去。如果说传统宗法社会形成的彼此关系是基于义务的，强调个体对他人、群体的义务，是儒家文化持续渗透的结果，而在近代权利意识觉醒和涌动中，伦理纲常渐露疲态，传统文化遭遇解构，文化重塑成为一种历史必然，而重组之前的文化裂痕及其造成的混

---

① 《毛泽东选集》（第1卷），人民出版社1991年版，第12页。
② 张鸣：《乡土心路八十年：中国近代化过程中农民意识的变迁》，上海三联书店1997年版，第11—12页。

乱似也在所难免。

权力阶层与知识精英掌握话语权和决策权，他们根据描绘的教化理想图景来制定计划并付诸实践。这也不难理解民国很多知识精英，奋然放弃城市生活，义无反顾地投入到乡村建设运动中这一行为背后的逻辑。尽管如此，乡村建设的现实还是处处暴露出权力阶层与知识精英的一种启蒙者的心态，以及由此显现出的方法论贫困。梁漱溟等人在开展乡村建设运动时发现，"号称乡村运动而乡民不动"，他们本以为这种工作对乡民有好处，然而乡民并不喜欢，至少彼此是两码事，大家没有打成一片。他说："本来最理想的乡村运动，是乡下人动，我们摇旗呐喊。退一步说，也应该是他们想动，而我们领着他动。现在完全不是这样。现在是我们动，他们不动；他们不惟不动，反而因为我们动，反来和他们闹得很不合适，几乎让我们做不下去。"① 乡村社会对新式教育的疏远是真切存在的，美好的教化理想似乎没有起到太大作用，反而在那个战火不断的年代里为乡村带来了更多的困扰和混乱。这一历史事实让我们充分地认识到，唯有民主政治的实施和强大的经济保障才可能为国民提供均等的教育机会。我们应当学习先进的教育思想，同时也应该尽力避免过度的教化欲望及其建构的图景可能带来的负面影响。

---

① 梁漱溟：《梁漱溟全集》（第2卷），山东人民出版社1990年版，第575页。

第七章

民国知识分子的乡村建设

社会激荡的时代往往也是思想活跃、大师辈出的时代。民国常被誉为中国历史上的"小春秋时期",因为无论从社会政局的动荡程度还是从思想观念的繁荣程度来看,民国都与春秋时期具有一定的相似性。在这种特殊的历史时期,由于社会转型导致各种问题频生,有识与有志之士纷纷为社会问题的解决思虑良策,而相对宽松的政治和文化体制又为思想的表达和文化的争鸣提供了自由的人文环境。民国时期,不同主张、不同派别的知识分子围绕着社会问题的解决进行思想斗争的同时,也通过社会实践推进和验证着自己的思想主张。其中,针对乡村破败的现实状况进行的以复兴乡村文化、进行民族自救为目的的乡村教育运动盛极一时。

一 乱世烽火中的乡村社会

民国时期在中国现代化的历史进程中占据着重要地位,民主政体初步建立,东西文化荟萃一堂,各种知识群体在探索中国现代化的道路和方案的过程中,愈益认识到中国社会的乡土本性和乡村建设对现代化的重要意义。"农村破产即国家破产,农村复兴即民族复兴"的认识在20世纪二三十年代的中国广为流传,而乡村凋敝的社会现实又进一步驱动着知识分子对乡村问题的深入研究和实践探索。

第七章　民国知识分子的乡村建设　91

（一）天灾肆虐，民不聊生

民国是中国历史上自然灾害最为严重的时期，可谓十年九灾，水、旱、风、雹、蝗、震等自然灾害轮番肆虐，受灾区域面积甚广。据统计，民国37年间，各类灾害总计造成16698个县受灾，即平均每年有451个县受到灾害的侵扰。按照民国时期的行政区划，全国共有县级行政区划2000个左右，也就是说，平均每年都有1/4的土地处于灾害的蹂躏之下。①仅1912年至抗战爆发前的1937年间，较大的灾害就达七十七次之多，计水灾二十四次，旱灾十四次，地震十次，蝗灾九次，风灾六次，疫灾六次，雹灾四次，饥馑两次，霜雪灾两次，受灾人口众多。②

频发的自然灾害导致农村生存环境极端恶化，天灾横行之处，农田干涸、水淹或虫疫，不仅导致灾年歉收乃至饥荒，还严重地影响了灾后的农业再生产能力，致使乡村经济全面破产。"灾荒发展之结果，非但陷农民大众于饥馑死亡，摧毁农业生产力，使耕地面积缩小，荒地增加，形成赤野千里，且使耕畜死亡，农具散失，农民与死为邻，自不得不忍痛变卖一切生产手段，致农业再生产之可能性极端缩小，甚且农民因灾后缺乏种子肥料，致全部生产完全停滞……灾荒最直接之结果，即造成整个农村经济之崩溃，使国民经济之基础根本颠覆。"③灾害给乡村居民的生活带来了极大的困难，由于灾后粮食的匮乏及粮价的高涨，导致大部分乡民食不果腹，"有力之家，初尚能以糠秕果腹，继则草根树皮均已掘食殆尽，朝不保暮，岌岌可危，每村饿毙日十数人……饥民率皆鹄面鸠形，仅余残喘，竟有易子析骸之惨。"④大灾之年人们背井逃荒，所到之处村落成墟、饿殍遍野。卖妻鬻子，人肉相食的惨状在民国历史上屡见不鲜。

---

① 夏明方：《民国时期自然灾害与乡村社会》，中华书局2000年版，第35页。
② 邓云特：《中国救荒史》，商务印书馆1998年版，第40页。
③ 同上书，第184页。
④ 李文海：《近代中国灾荒纪年》，湖南教育出版社1994年版，第566页。

(二) 人祸横行，贻害乡里

在人类发展史上，不同种类的社会灾害往往是相伴而生的，初始危机经由蝴蝶效应所引发的连锁反应屡屡验证着祸不单行的民谚俗语。大灾之年必有大盗，民国时期十年九灾的状况导致流民四起，饥民为生存所迫往往铤而走险，为兵为匪，为枭为盗，对本就破败的乡村烧杀抢掠，加之政局动荡，战乱频繁，各种人为因素对乡村所造成的危害程度甚至远远超越天灾。

民国时期祸害乡里的有土匪、军阀和外敌三种势力。民国时期的中国被称为"土匪王国""盗匪世界"，土匪遍布全国各地，"遍全国无一省没有盗匪的，一省之中，又无一县没有盗匪的，一县之中，又无一乡镇没有盗匪的。"[①] 匪患被国人看作是当时社会的三害之一："何为三害？曰军队，曰土匪，曰纸币，是三者于人民之身家性命、国家之经济政令大有关碍者，使不能除，休养于何有？生息于何有？"[②] 当时土匪人数规模和为害程度在中国历史上可谓空前绝后。据英国学者贝思飞的研究，1930年时中国土匪的人数保守估计为2000万左右。[③] 土匪大多携带武器刀枪，他们四处潜隐、打家劫舍、抢掳村庄，捉人勒赎，规模较大的匪帮甚至可以抗衡装备精良的官方军队，如起兵于河南的白狼曾经率众多次大败北洋政府军队的重兵围剿。土匪势力的大兴与军阀的连年混战不无关系。由于民国政局的混乱，大小军阀为了争权夺利，急切地招兵买马、穷兵黩武，据统计，"1912—1928年北洋军阀共有11次内战，时间总计为885天；而蒋介石在西安事变以前的10年间，内战进行了3650天。"[④] 战争加之管理松懈和粮饷不足等原因，导致很多士兵携带武器逃逸、溃散，沦为散兵游勇或土匪强盗。内宅不宁便朝堂堪危，混乱的政局和衰败的社会使得觊觎我国资源的外敌有可乘之机，日军侵华战争严

[①] 周谷城：《中国社会史论》（上册），齐鲁书社1988年版，第259页。
[②] 冷：《三年之三害》，《申报》1914年1月4日第2版。
[③] ［英］贝思飞：《民国时期的土匪》，徐有威等译，上海人民出版社2010年版，第1页。
[④] 祝彦：《"救活农村"：民国乡村建设运动回眸》，福建人民出版社2009年版，第9页。

重危及乡村居民的生活，使本就灾难重重的乡村又处于炮火连天、生灵涂炭之中，很多人不得不走上背井离乡的逃亡之路。

救亡图存是内忧外患的社会现实赋予民国知识分子的深刻命题，而乡村的破败和危机屡屡刺痛着知识分子脆弱而敏感的神经。他们深知，农村是中国社会的根基，没有占据全国人口 80% 以上的农村社会的发展，就不可能有国家的富强和民族的振兴。"无论从人口上着想或从经济上着想，唯有站在乡村的立场，侧重乡村，从乡村工作入手，以复兴民族，方不会走错了路子。"① 于是，具有不同社会背景但同样具有社会良知的知识分子，从自身的学术使命和社会责任出发，通过研究乡村教育问题和开展乡村教育实践来拯救国民心理，发展民族精神，进而挽救国民经济，试图从教育救国的角度引领中国社会走上复兴之路。

二 学高品洁的民国知识分子

20 世纪二三十年代是乡村建设思想和乡村教育实践最为繁荣的历史阶段。此时，研究乡村问题、着手乡村教育的知识分子群体主要有以梁漱溟、黄炎培、江恒源、吕振羽、尹仲材、杨开道、梁仲华、彭禹廷等为代表的国内知识精英和以晏阳初、陶行知、高阳（践四）、赵叔愚、俞庆棠、瞿菊农、傅葆琛等为代表的留学归国人才，他们的学识广博、德行高洁、矢志教育，济世为民，其不计名利、德高品洁的士人风骨，令人景仰。

（一）贯通中西，学养深厚

民国时期的知识分子大多受过严格的封建旧式教育，或幼秉家学，或少入私塾，大多取得了初步的功名，又入新式学堂，留学国外，视野广阔，贯通中西，学养深厚。蔡元培，少年在绍兴古越藏书楼校书，先后中举人和进士，授翰林院编修，数度赴德、法，深研哲学、美学、文

---

① 王衍康：《乡村教育·附录》，中国台湾正中书局 1946 年版，第 15 页。

学、心理学和文化史，出版了我国近代第一部伦理学史专著《中国伦理学史》。黄炎培，早年以松江府第一取中秀才，后入南洋公学，中江南乡试举人，游历美、日、菲律宾和南洋各地，其文章峭拔清健、傲岸不群，一生笔歌墨舞、酣畅淋漓。晏阳初，自幼深受儒家文化的熏陶，在基督教内地会创办的西学堂习新学，就读于香港圣保罗书院，后转耶鲁大学主修政治经济获学士学位，在普利斯顿大学研究院获历史学硕士学位。陶行知，聪敏而好学，幼读蒙馆，后入歙县基督教内地会创办的崇一学堂，考入南京汇文书院后转入金陵大学，在美国伊利诺伊大学获政治硕士学位，再入哥伦比亚大学师从杜威、孟禄、克伯屈等研究教育，有《中国教育改造》《古庙敲钟录》《斋夫自由谈》《行知书信》《行知诗歌集》等著述。陈鹤琴，清华大学毕业后留学美国，就读于霍普金斯大学和哥伦比亚大学，获教育学硕士学位。朱经农，早年考入常德府中学堂，就读于日本弘文学院和成城学院，先入华盛顿大学，后转入哥伦比亚大学，获教育学硕士学位，颇具诗才。杨昌济，生于书香门第，幼年进馆发蒙，读于岳麓书院，留学日本主攻教育学，后去英国专攻哲学、伦理学。蒋梦麟，幼入私塾，就读绍兴中西学堂，考中秀才，赴美留学近十年，入加州大学先习农学后学教育，再入哥伦比亚大学师从杜威攻读哲学和教育学，获博士学位，著有《西潮》《孟邻文存》《谈学问》《文化的交流与思想的演进》等。张伯苓，生于秀才家庭，北洋水师毕业后服务于海军，曾赴日本进行教育考察，又去哥伦比亚大学研究教育，是我国奥林匹克运动的最早倡导者和奥林匹克精神的最早传播人。郭秉文，毕业于上海清心书院，获美国伍斯特大学理学士，在哥伦比亚大学获博士学位，是我国第一位留学美国攻读教育的博士，时有"新学巨子"之称。吴贻芳，先后在杭州女子学校和上海启明女子学校就读，金陵女子大学毕业后任教于北京女子高师，赴美深造于密执安大学，取得了生物学和哲学双博士学位，是我国教育史上第一位大学女校长，也是在《联合国宪章》上签字的第一位女性，获密执安大学为世界杰出女性专设的"智慧女神"奖。俞庆棠，就读上海圣玛利亚女校，先后入哈佛大学、哥伦比亚大学学习社会学和教育学，受业于杜威和克伯屈。郑晓沧，北京清华学校文科毕业后赴美留学，先后在威斯康星大学和哥伦比亚大学攻读教育学，获硕士学位，对中国古典文学和西洋文学很有造诣，著有大量诗词，翻译的美国作家奥尔珂德的著名教育小说《小妇人》《好妻子》和《小男儿》有很大影响。为纪念伽利略和牛顿三百周年祭，郑晓沧用英文写了《新时代的黎明》这一专著，曾应英国剑桥大学校长之请，寄了一份给该校图书馆珍藏。罗家伦，幼入私塾，上海复旦公学毕业后，考入北京大学文科成为蔡元培的学生，先后留学于普林斯顿大学、哥伦比亚大学、伦敦大学研究院和柏林大学，在史学、文学、哲学、教育、民族地理学等领域都有极高的涵养。梅贻琦，南开中学毕业后，入保定高等学堂，留学美国伍斯特理工学院，获电机工程硕士学位，虽工科出身，却具有很高的文学艺术修养。孟宪承，毕业于上海圣约翰大学，入华盛顿大学专攻教育学，获硕士学位，又赴伦敦大学研究院深造，通晓英语和法语，对文史哲有很深的造诣，是国民政府首批29位部聘教授中唯一的教育学科教授。马君武，幼入私塾，在桂林体用学堂接受新式教育，东渡扶桑，在日本帝国大学读化学，二度负笈德国，获柏林大学工学博士学位，精通英、德、日、法数国文字，文采斐然，能写一手好诗，是著名文学团体南社的重要成员，还是中国翻译界居功至伟的拓荒者之一。汪懋祖，少中秀才，就读于苏州中学堂和上海广方言馆，毕业于江苏中学堂，入天津北洋高等学校，后至哥伦比亚大学，师从杜威，获硕士学位，被哈佛大学聘为研究员。雷沛鸿，曾获府学第一，即补廪生，毕业于两广高等实业学堂，留学美国，入哈佛大学研究院研究政治学、经济学和法学，获哈佛大学文科硕士学位。梁漱溟，生于"世代诗礼仁宦"家庭，虽然中学毕业，也未留学国外，却被蔡元培邀请到北京大学讲授印度哲学，升为教授，其间撰写的专著《印度哲学概论》以及阐发"东方精神文明论"和新儒家思想的专著《东西文化及其哲学》奠定了其学术地位。著名学者林毓生认为，梁漱溟和鲁迅是20世纪中国最有创造力的思想家。邰爽秋，就读于扬州省立第五师范学堂和南京高等师范学校，先后入芝加哥大学和哥伦比亚大学，获教育学博士学位。俞子夷，先入私塾，后入上海南洋公学，又入爱国学社，曾赴日、美考察学习。

陈时，留学日本，先后在东京弘文书院、中央大学、早稻田大学、庆应大学学习，获法学学士学位。李廉方，少年秀才，青年中举，入武昌经心书院，留学日本弘文学院速成师范科。山东的鞠思敏和王祝晨，均中秀才，补廪，后入山东省高等学堂师范馆，虽未留学国外，但视野广阔，学识水平极高，皆终生献身教育事业。

（二）矢志教育，报效国家

歌德曾说过，人到底是在温柔的菩提树下成长，还是在刚毅的橡树下成长，情况不同，就会变成一种不同的人。自鸦片战争以降，西方的坚船利炮打破了中华民族天朝大国的美梦，特别是中日甲午战争之后，国力衰微，外强凌辱，有识之士无不忧思国家的未来，寻求救亡图存的道路。民国时期的知识分子正是在这样的背景下，心抱浓郁的家国情怀，矢志教育，培育人才，报效国家。民国元年（1912年），出任教育总长的蔡元培借鉴西方教育思想，结合国内社会现实，发表了文章《对新教育之意见》，提出了五育并举的教育主张，旨在废止忠君、尊孔、尚公、尚武、尚实的封建教育宗旨，"养成共和国健全之人格"。黄炎培认为，"教育为救国唯一方法"，"要救中国，只有到处办学堂"。他反思中国的教育："乃纯乎为纸面上教学。所学非所用，所用非所学"，改良之道"不独须从方法上研究，更须在思想上研究"，宜采取实用主义，发展职业教育，"使无业者有业，使有业者乐业"。为改革脱离社会生活和生产的传统教育，黄炎培将毕生献给了我国职业教育事业，是我国近代职业教育的创始人和理论家。有"世界平民教育运动之父""真正的哲学家和人道主义者"之称的晏阳初回国前，立志不做官，不发财，将终身献给劳苦大众，回国后即放弃都市优越的工作条件与舒适的生活环境，"走出象牙塔，跨进泥巴墙"，"和农民同起同居"，成为一名乡村的"科学布道人"。晏阳初认为，中国平民教育的重点在农民，中国农民问题的核心是愚、贫、弱、私。因此，他提出了"以学校式、社会式、家庭式"相结合，"以文艺教育攻愚，以生计教育治穷，以卫生教育扶弱，以公民教育克私"连环并进的农村改革方案，并进行了积极的实验探索。陶行知以巨大的热情投入教育改革，努力用平民教育为"中国教育寻觅新的曙光"，设想通过教育改善平民百姓的生活，创办晓庄学校、生活教育社和山海工学团。为培养有特殊才能的儿童，他创办育才学校；为推行民主教育，培养革命人才，他创办社会大学。陶行知就这样以赤子之情一生践行了他的教育思想，是真正伟大的人民教育家。陈鹤琴有感于我国传统教育脱离生活、死读书本的弊端和面临的民族生存危机，立志创新教育，提出旨在"做人，做中国人，做现代中国人"的"活教育"思想。他创办了我国最早的幼儿教育实验中心——南京鼓楼幼稚园，创立了中国化的幼儿教育和幼儿师范教育体系，领导了中国幼稚教育社和中华儿童教育社。朱经农参与创办中国公学和光华大学，与晏阳初、陶行知、黄炎培等发起成立中华平民教育促进会，与陶行知一起主编我国第一套平民千字课本。他在任湖南省教育厅长的十年多，推行小学义务教育，增设中小学和大学，使民国时期的湖南教育得到了前所未有的发展。杨昌济深感我国教育的落后和人才的匮乏，决心一生以教书育人为己任，"强避桃源作太古，欲栽大木拄长天"。他认为，教育的作用在于"倡民族之精神"，"救人心之陷溺"，图社会"根本之革新"。张伯苓亲历威海卫"国帜三易"，悲愤交集，痛定思痛，反复思索，认为要在现代世界中求生存，必须有强健的国民，要培养健全的国民，必须创办新式学校，造就一代新人。于是，他毅然退出海军，投身教育，历尽颠扑，艰辛奋斗，终生不渝，从传授新学的家馆开始，创办并形成了南开从小学、中学到大学的完整体系。郭秉文在哥伦比亚大学取得教育学博士学位后旋即回国，努力将所学教育理论应用于实践，所主持的国立东南大学被美国教育家孟禄称赞为"中国政府设立的第一所有希望的现代高等学府"，被人们誉为"东南大学之父"。吴贻芳认为，世界上最大的事莫过于祖国的强大，每个人都应该在各自的岗位上，对国家尽自己应尽的义务。她始终坚守这一点，将一生的心血倾注在我国教育尤其是女子高等教育事业上。俞庆棠认为，中国的传统教育只顾到一部分学龄儿童，踏进学校大门的，在城市都是中产以上的子弟，在乡村都是地主的子弟，至于劳苦大众和他们的子女，绝大多数被拒于学校大门之外。她将民众教育作为改造社会、复兴民族的途径,创办了以培养民众师资为目的的江苏省立教育学院,成立中国社会教育社,兴办民众学校,是当之无愧的中国民众教育的倡导者、社会教育的先驱,被誉为"民众教育的保姆"。罗家伦担任过多种公职,但他的志趣在教育和学术,其贡献最大也在教育。罗家伦认为,大学要对民族和国家尽到特殊的责任和使命,即为"中国建立有机体的民族文化",否则"便失掉大学存在的意义"。南京大学今天的校训"诚、朴、雄、伟",就是罗家伦当年提出的。孟宪承创建民众实验学校,并进行理论研究,有《民众教育》《民众需要的是什么教育》等论著出版,是我国民众教育的先驱之一。马君武认为,"教育者,一国之魂。欲其国不可侵不可攻不可裂不可亡,是非施国民之教育,不为功矣。"他毕其一生追求和实践"教育救国"的理想和目标,改造封建教育体制,探求"教育的真精神",与蔡元培同享盛名,有"北蔡南马"之誉。为培养健全国民,实现民本政治,扶植民族生命,梁漱溟辞去北京大学教授,以中国传统文化为根基,撷取西方文明,倾尽全力地发起和领导乡村建设运动,创造出乡村教育的新路子。陈时怀抱教育救国的理想,效仿福泽谕吉创办庆应大学的经验,毁家兴学,创办了中国第一所私立大学,他积极参与平民教育活动,不辞辛劳,排除万难,开办平民教育实验学校和平民夜校,时有北张(伯苓)南陈(时)之说,赢得了人民的敬仰。

(三) 筚路蓝缕,锐意改革

改革向来都是很艰难的,更何况在国力积弱、动荡不安的民国时期。然而,这一时期的知识分子肩负着国家和民族复兴的重任,有着坚定的教育信念,他们筚路蓝缕,宵旰图治,锐意改革,成效卓然。蔡元培任教育总长期间,主张采用西方教育制度,废止祀孔读经,实行男女同校,颁布了《普通教育暂行办法》,主持制定了《中学令》和《大学令》。蔡元培对教育制度的重大改革,改变了中国文化教育的面貌,深深影响了我国20世纪上半叶的教育发展历史进程,成为当之无愧的中国现代教育之父。他主长北京大学时抱定宗旨,纠正根深蒂固的"学而优则仕"的教育模式，其改革"包容博大，规模恢弘，影响深远，'思想自由，兼容并包'不仅成为近代大学一致追求的办学理念，也早已是'蔡元培精神的象征'"。① 蒋梦麟谨遵蔡元培之余绪，不遗余力地推动北京大学的改革，在风雨飘摇的战乱年代，使曾是革命活动和学生运动漩涡的北京大学，逐渐变为学术中心，将学术自由的风气维持不堕，实现了北京大学的中兴。张伯苓一直是大胆的革新者，早在主教家馆时，就敢于冲破封建教育的束缚，致力于提倡科学，宣传西方文化。从效仿日本，到师法欧美，再到"以中国历史、中国社会为学术背景，以解决中国问题为教育目标"的"土货化"方案的提出，张伯苓不断地推进着南开的教育改革，与时俱进，彰显了南开的鲜明办学个性。张伯苓曾说："人生当如拉马车之马，左右两眼被蒙着，只许往前走，而前面又是走不完的路！……40多年以来，我好像一块石头，在崎岖不平的路上向前滚，不敢作片刻停。南开在最困难的时候，八里台在愁云惨雾中，甚至每棵小树好像在向我哭，我也咬紧牙关未停一步。一块石头只要不断地滚至少沾不上苔霉，我深信石头愈滚愈圆，路也愈走愈宽的。"② 这正是张伯苓一生办学、锐意改革、自强不息的真实写照。梅贻琦积极推行集中领导的民主制度，成功建立了由教授会、评议会和校务会议组成的行政体制，严格遴选和延揽人才，广施通才教育，奠定了清华大学的校格，开创了清华大学的黄金时代。郭秉文力主高等师范学校应并入综合大学，使综合大学兼有培养师资的功能。在他的努力下，南京高等师范学校并入东南大学，使其"寓师范于大学"的理念变为现实。茅以升曾做了这样评价："东大寓文、理、农、工、商、教育于一体，此中组合为国内所仅见，意义深远。"吴贻芳主长金陵女子大学，将"厚生"定为校训，致力于培养为社会献身、为社会服务的人才，积极课程和教学改革，提出了直观教学和实际应用相结合与循序渐进和快速教学相结合的教学方法，留下了为祖国、为人民、为事业奋斗献身的"金陵精神"。马君武在以

---

① 丁钢：《中国教育的脊梁：著名教育家成功之路》，高等教育出版社2010年版，第11页。

② 同上书，第131页。

"贫民窟"著称的南疆一隅，呕心沥血，惨淡经营，"一木一石，一瓦一椽，一几一席，悉心擘画，手胼足胝，岁在疾中，未尝少息"①，使广西大学快速发展成蜚声国内的综合大学。郑晓沧主政浙江大学龙泉分校期间，围绕大学教育的"两种理想"——一为君子，重品行，一为学者，重学问，大力开展教育改革，广揽人才，充实图书设备，鼓励学术自由，倡导文理融合，师法朱熹的书院传统，使龙泉分校蒸蒸日上。汪懋祖辞去大学教授之职，回家乡创办苏州中学，广延名师，对教材、德育和学生身心发展进行研究，成效显著，学校声望日隆。雷沛鸿四度出任广西教育厅厅长，将民族传统教育与西方教育合理因素结合起来，从宏观上对教育进行整体改造，创办广西普及国民基础教育研究院和西江学院，全力推动广西教育体系改革，形成了广西国民教育的特色，令国人瞩目，以致有"功盖梁晏""名齐黄陶"之说。鞠思敏创办私立正谊中学，兼任省立第一师范学校校长，为改变山东教育的落后局面，大胆改革，曾拟定"山东省教育改良计划"，提交省府和北洋政府教育部，得到高度重视，教育部称此计划足以"引起山东教育界之觉醒"，被称为"山东的蔡元培"。王祝晨是在山东中小学废除"经学"课，推行白话文教学，提倡男女同校，聘请女教员，用白话文和标点符号印刷教材与刊物的第一人，引起社会民众和教育界的震撼。他上呈北洋政府教育部《普及教育意见书》，成为"第一个向新的中国提出普及教育的规划"的人，并自费在家乡创办学校，使农民子弟学习文化知识，为普及教育做出了表率，被教育部称为山东教育界的泰斗。

（四）德高品洁，士人风骨

蒋梦麟曾说："有真学术，而后始有真教育；有真学问，而后有真教育家。"民国时期的知识分子不仅有真学术、真学问，更重要的是，他们胸怀宽广，不计名利，德高品洁，有士人风骨。蔡元培为学兼容并包，

---

① 丁钢：《中国教育的脊梁：著名教育家成功之路》，高等教育出版社2010年版，第54页。

为师爱护学生，为人宽容友善，为了教育理想，他殚精竭虑，鞠躬尽瘁，被毛泽东同志誉为"学界泰斗，人世楷模"。黄炎培素有清名，不肯做官，两次拒绝出任教育总长，他口才好，善筹款，能募捐，不贪不占，两袖清风。即使在困境中，黄炎培也始终坚守他做人做事的原则。张伯苓不以办学为赚钱门径，不以办教育为进身阶梯，多次放弃为官的机会，谨守南开讲台，引领南开师生一致为公，自己身先士卒，率先垂范，尊师爱师，关爱学生，任人唯贤，用人公正，作风民主，以身作则，清正廉洁，坚持操守，将毕生心血献给了教育事业。晏阳初"捐款千万，不染一文"，一生清贫，永远是一个不褪色的平民。陶行知辞去大学教授之职，拒绝北洋军阀政府任命的武昌高师校长，谢绝出任河南教育厅长和金陵大学的校长之职，将个人利益置之度外，全心全意地投入乡村教育事业，真正做到了"捧着一颗心来，不带半根草去"。郭沫若曾深为感叹："古人说，'经师易遇，人师难逢'。……有学问的人比较容易找，而有人格修养的人实在是凤毛麟角。陶先生就是凤毛麟角当中的一位出色者。"陈鹤琴始终秉持"要做事，不做官"的原则，谢绝出任教育部教育司司长之职，毕生奉献于中国的幼儿教育事业。梅贻琦有寡言君子之誉，被视为清华精神化身和做人楷模，不仅仅是因为他的教育思想和民主作风，更是因为他廉洁奉公的美德。"他长母校几十年，虽然清华基金雄厚，竟不苟取分文。在贪污成风的社会，竟能高洁、清廉到这样地步，真是圣人的行为。只这一点，已足可为万世师表。"[1] 杨昌济拒绝为官，集经师与人师于一身，严于律己，宽以待人，以其崇高的人格、廉洁的节操和严谨的治学精神赢得了学生的敬仰和爱戴，毛泽东曾言其是"给我印象最深的老师"，"一个道德高尚的人"。在梁漱溟看来，个人的道德修养是个人呈现良知、成圣成王的必要功夫，更关系着国家民族的安危盛衰。也许正是肩负着以天下立身的重大责任，梁漱溟恪守儒家道德规范，对自己要求尤为苛刻，一直过着清教徒般的生活。陈时不谋官禄，

---

[1] 丁钢：《中国教育的脊梁：著名教育家成功之路》，高等教育出版社2010年版，第25页。

毁家兴学，生活简朴，有"清苦教育家"之誉。他不畏艰险，保护师生，拒绝在日本内阁担任要职的重光葵的劝说和邀请，坚守正义和民族气节。蒋梦麟本性纯厚，为人宽容，富有同情心。他以儒立身，以道处事，以墨治学，以西办事。胡适曾言其是一个"有魄力、有担当"的理想的校长。吴贻芳曾两次拒绝了国民党政府要她担任教育部长的邀请，为了培养人才事业，她没有结婚，把自己的青春和幸福全部献给了金陵女子大学。"吃野草下去，流鲜血出来，点滴都付于人民，人民群众之保姆；把任务完成，置生命不顾，死生为了教育，教育工作的典型。"这是俞庆棠去世时政务院文教委员会的一副挽联，充分概括了她的高贵品质和精神风貌。鞠思敏平生勤俭，从不置办家产，关心和资助贫苦学生，在贫病交加之际，断然拒绝日伪当局要他出任山东省教育厅长的请求，深受社会人士和学生景仰。季羡林先生在《怀鞠思敏先生》一文中称赞鞠思敏先生是"我永远难忘的人"，说每当回忆起鞠思敏先生在朝会上的讲话，"心里就油然升起幸福之感"。王祝晨性格爽直，待人接物，开门见山，肝胆照人，刚正不阿，他不怕非议，不惧淫威，义无反顾地推进教育改革，体现了高尚的道德品格和崇高的民族气节。

三 蓬勃而兴的乡村教育实践

心怀家国天下的民国知识分子深知乡村的稳定对国家发展的重要性，而面对乡村破败的现实他们又深感忧虑，为挽救乡村社会，发展乡村经济和教育，民国知识分子积极进行乡村问题的研究和乡村改革试验。他们或著书立说，研讨乡村问题和乡村发展方向；或组建团队和研究机构，培养乡村建设人才，扩大乡村教育思想的社会影响；或躬身乡间并建设实验区，追求教育理论与实践的完美结合。

（一）研究乡村问题，指引乡村发展方向

民国期间，知识分子所提出的乡村教育思想大都来源于对乡村危机的体认。梁漱溟将同治帝、光绪帝以后的中国近百年史看作是一部乡村

破坏史，认为前半期"是跟着近代都市文明的路学西洋而破坏了中国乡村"；后半期"是跟着反近代都市文明的路学西洋而破坏了中国乡村"。[1]结果"新路未曾走通，而所靠唯一吃饭的道儿——乡村农业——又毁，问题就大了"[2]。晏阳初将中国社会的病症归结为"愚、贫、弱、私"，认为医治四大病症，实现民族再造的最有效的方法就是教育。他也对中国教育固守传统与抄袭国外的发展路径提出了尖锐的批评，指出，"中国式的古董教育，与民族生活不相干，只能造成三家村的乡学究；西洋式的舶来教育，与民族生活不相应，只能造成外国货的消费人。只有实验的改造民族生活的教育，才能造成国家中兴发强刚毅有作为有创造的民族。"[3] 正是基于对民国时期乡村社会问题的体认和省察，众多学者提出了从教育乡民入手改进乡村生活、推进乡村建设的思想。"主张用教育力量，推进乡村、组织民众，为政治、经济、文化等多方面的建设……最后目的，在改进社会，复兴民族。但下手功夫，不得不由下而上，由小而大"[4]。在各种乡村教育思想的引领下，民国知识分子致力于建立乡学、村学组织、建设乡村师范和培养乡村教师、发展平民教育和职业教育等，以各种不同的形式推动着乡村社会的发展。

（二）组建团体和机构、培养乡村建设人才

民国时期的知识分子对从事乡村教育的困难有足够的认识，并清晰地认识到诸种困难的解决绝非几个学者个人的力量所能成就，而必须集众人之力量，群策群力。高阳（践四）对于培养团体力量发展乡村民众教育的意义进行了阐释，提出"团体是经，事业是纬，无团体则事业不能举"[5]；陶行知说"服务社会，一人之力不如一团体；一团体之力不如

---

[1] 梁漱溟：《乡村建设运动由何而起》，载李帆《民国思想文丛》，长春出版社2013年版，第76页。

[2] 同上书，第77页。

[3] 宋恩荣：《晏阳初全集》（第1卷），湖南教育出版社1989年版，第297页。

[4] 高阳、陈礼江、俞庆棠、赵冕：《我们认识中之乡村建设问题》，《教育与民众》1933年第1期。

[5] 高践四：《乡村工作今后应取的路向》，《教育与民众》1936年第1期。

各团体联合会"①。在这些学者的号召下,许多在乡村教育问题上志同道合的人集合在一起,或致力于乡村教育问题的学术研讨,或致力于乡村教育方案的试验推进,从而成就了滕尼斯所说的建立在"精神的基础"之上的最完善的共同体。"最完善的共同体的'结盟'可以说是友谊:精神的共同体是建立在共同的事业或者职业之上的,因此是建立在共同的信仰之上的。"② 在这种基于共同信仰的精神基础的鼓舞下,从事乡村教育的团体蓬勃发展起来。梁漱溟、晏阳初、高阳(践四)等人组织成立了全国乡村建设学会,并创办《教育与民众》月刊,对民众教育的理论与实践进行深入研究。高阳(践四)倾其家产,创立无锡中学,以为乡邦培育青年;接任中央大学区立民众教育院,筹设劳农学院,并将两院合并改组为江苏省立教育学院;与俞庆棠、赵冕等发起组织中国社会教育社。"在数大学内,更新产生'乡村建设讨论会''地方自治讨论会'等等,其目的无非集聚多人共同讨论中国乡建问题及实施办法。"③ 据统计,参加三次乡村工作讨论会的团体和机构共有一百多个,"集中了当年乡村建设运动中最活跃、最有思想和纲领、最有成就者"④。

(三) 躬身乡村教育实验,引领乡村建设运动

教育是一项复杂的社会实践活动,模仿西方教育的模式和方法,未必适宜于中国的国情;对教育现实的批判是容易的,而改造却是困难的。民国时期的知识分子对此深有体会,因此他们不是仅在理论上进行思考,而是结合当时社会实际状况,积极开展教育实验,探索通过改造教育进而改造社会的途径和方法。黄炎培认为,中华民族的教育必须针对着中华广大民众最迫切需要解决的要求出发,而中国最大、最主要、最困难、

---

① 华中师范学院教育科学研究所:《陶行知全集》(第8卷),湖南教育出版社1992年版,第67页。

② [德]斐迪南·滕尼斯:《共同体与社会:纯粹社会学的基本概念》,林荣远译,北京大学出版社2010年版,第217页。

③ 乡村建设讨论会:《乡村建设实验》(第1集),中华书局1935年版,第6—7页。

④ 王景新、鲁可荣、刘重来:《民国乡村建设思想研究》,中国社会科学出版社2013年版,第17页。

最迫切需要解决的是人民的生计问题,因此职业教育要与平民教育合作,实施平民职业教育,从事农村教育实验,建立农村改进实验区。从1917年到1949年,黄炎培领导的中华职业教育社建立了30处农村改进实验区。① 晏阳初反对中国近代教育盲目仿古和搬用外国教育模式的做法,认为中国的严重问题在农村,是农民缺乏教育的问题,主张要创造一种中国教育,用中国药来医治中国病。为此,晏阳初举家迁至河北定县,进行了长达11年的乡村平民教育实验,其规模宏大,组织严密,在当时教育界影响很大。"每年约有120多人从全国各地奔赴定县实验区。其中,曾在国外留学、学有专长的专家和国内大学毕业生占50%,七年内参加过实验区工作的有400人左右。"② 陶行知主张,乡村学校要做改造乡村生活的中心,乡村教师就是改造乡村的灵魂。他脱下西装,穿上粗布衣,戴上斗笠,挽起裤腿,下决心造就一百万所学校的"有农夫身手、科学头脑、改造社会精神"的教师,来改造一百万个乡村,培植最有生活力的农民。为实现这个理想,他创办了南京晓庄学校,倡导"教学做合一",实验"生活教育论"。陈鹤琴为了建立中国的幼儿教育理论,发展适合中国国情的幼儿教育事业,他先在自己家里办了一所幼儿园,在此基础上正式创办了南京鼓楼幼稚园,设计了中国幼儿园的教育内容和设备,实验了幼儿园课程编制的方法,提出了办中国化幼儿园的原则。梁漱溟认为,中国是"伦理本位,职业分途"的特殊社会形态,要改造社会,就必须从乡村入手,以教育为手段。他成立了乡村建设研究院,指导乡村建设的实施,选定山东邹平为实验区,进行了七年的实验,取得了很大的成效,使邹平成为当时瞩目的乡村建设实验基地,其经验曾被称为"邹平模式",实验区迅速扩展到整个鲁西南地区。俞庆棠认为,传统教育的最大弊端在于学校教育与社会隔绝,与实际生活相脱离,而她倡导的民众教育是让每个人都有接受教育的机会和权利。在她看来,民主教育是失学的儿童、青年、成人的基础教育,也是已受基础教育的儿

---

① 高奇:《黄炎培职业教育思想研究与实验》,《教育研究》1998年第5期。
② 吴洪成:《晏阳初的定县乡村平民教育实验述评》,《临沂师范学院学报》(社会科学版)2005年第2期。

童、青年、成人的继续教育和进修。民众教育的最高理想是全民众在整个社会中，知能道德的前进和向上。为此，她创设了多个民众教育实验区和民众教育学校，广泛开展民众教育实验，并创办刊物《教育与民众》，以交流民众教育经验，推广民众教育实验研究成果，探讨民众教育理论。孟宪承认为，民众教育就是使民众能适应其继续不断的生活的教育，提出了培养民众的基本力量进而实现民族复兴的民众教育目标，从事城市和乡村民众教育理论研究和实践探索长达八年，先后创办了浙江省第一所培养民众教育师资学校——浙江省立民众教育实验学校，主持江苏无锡北夏普及民众教育实验区，开展以一个自治的区域为单位的民众教育实验。雷沛鸿尤为重视教育科学研究，以教育学术推动教育改革，他成立了广西普及国民基础教育研究院，聘请专家和学者，从事研究普及国民基础教育的理论和实践。为取得经验，划定周边24个村庄、两个市街，方圆20里为实验中心区，开办国民基础学校11所，分校4所，作教学实验基地，还筹办了劳动生产实践的实验基地。[①] 邰爽秋坚持以劳苦大众为教育对象并为劳苦工农民众服务的方向，竭力提倡民生本位教育，并在上海、重庆等地农村开展民生本位教育实验达十余年之久，产生了很大的社会影响，曾与晏阳初、梁漱溟、陶行知并称为"中国教育界四大怪杰"。从学习移植的单级教学实验和设计教学实验到独创的算术教学实验和算术教育测验的编制，从大单元教育实验的推广到单项小问题教育实验的问世，俞子夷开展了大量的教育实验，他是中国最早研究小学数学教育的学者，也是中国算术教学法的奠基人。曾被誉为"中国的裴斯塔洛齐"的李廉方以中国社会经济和语言文化为出发点，立足小学和国民教育，开展教育实验，改造教学和课程，创立富于创造性的、操作化的、适应国情的"廉方教学法"，时任教育部长的王世杰专函垂询实验情形并决定由部向各省市实验区及实验学校介绍应用。

总之，在20世纪二三十年代的乡村，以教育为手段致力于乡村改进

---

① 韦善美、马清和：《雷沛鸿文集》（下册），广西教育出版社1990年版，第435页。

的试验活动风起云涌。"据实业部调查,至 1934 年 10 月,全国有六百多个团体从事农村工作,有一千多处从事实验。"① 很多大学设置了乡村建设试验区,如金陵燕京大学社会学系清河试验区、北平师范大学乡村教育实验区、齐鲁大学山东历城龙山镇农村服务社等,大部分试验区都具有完备的组织机构。截止到 1934 年,金陵大学农学院"在本京附近有各项试验场,计共一千七百余亩,理念毕业生达三百余人,农业专修科学生达二百八十九人,悉分布于国内各农林机关,从事实际工作"②。

四 经邦济世的价值追求

知识分子在任何社会都是社会良知和道德理想的化身,"是那些运用专业知识,运用接触专门知识的优势以及使用符号的能力来为更为广泛的公众谋利益的人,并且知识分子应该是社会人物,他们促使社会思考和讨论共同的问题,引领这种讨论文明的进行,而且打破那些禁锢人们思想的世俗陈规和意见"③。民国时期内忧外患的社会现实赋予知识分子深刻的救亡图存的社会责任感和使命感,他们从知识分子的为学之道出发,在危机四伏的时代里勇敢地担当起匡时济世的匹夫之责,通过教育实践去挽救民族的命运和国家的前途。比起书斋中的"两耳不闻窗外事"的学究,他们以民为本、勇于担当、笃于实践的入世精神更值得尊崇。

(一) 民为邦本思想

民本思想是中国传统文化宝库中的重要思想资源。《尚书》有言:"民为邦本,本固邦宁。"深受传统文化浸润的民国知识分子对此有深刻体认,并据此阐释自身的思想主张。"到民间去"是 20 世纪二三十年代出现在报刊中的一个高频语句,也反映了青年知识分子在当时历史条件

---

① 乡村建设讨论会:《乡村建设实验》(第 2 集),中华书局 1935 年版,第 19 页。
② 乡村建设讨论会:《乡村建设实验》(第 1 集),中华书局 1935 年版,第 93 页。
③ [美] 杰弗里·C. 戈德法布:《"民主"社会中的知识分子》,杨信彰译,辽宁教育出版社 2002 年版,第 45 页。

下对自身社会使命的认识转型。费孝通对中国社会的乡土本色进行了深刻阐释，认为"从基层上看去，中国社会是乡土性的"。章士钊等学者以《甲寅周刊》为理论阵地极力宣讲"以农立国"的思想主张。陶行知为从事乡村工作的同志制定了这样的"信条"："要把我们的心献给三万万四千万的农民，我们要向着农民'烧心香'，我们的心里要充满那农民的甘苦……我们必须有一个'农民甘苦化的心'，才配为农民服务，才配担负改造乡村生活的新使命。"[1] 在这些学者的号召下，持有各种乡村教育主张的知识分子分别以不同的形式深入民间，走向田野，身体力行地验证自身的学术思想，力图为中国农村找到一条切实可行的现代化道路。

"走向民间"的知识分子出身迥异，但志趣趋同。有的是出身于乡村的士绅，如米迪刚、米阶平、王鸿一等人，他们自幼目睹邻里乡亲的寒苦状况，对中国乡村社会的衰落有切身的体会，"深觉天地间不平之事莫大于此"，出于无法割舍的乡情，立志以自身的学养和社会影响力实现乡村社会的改造；有的是接受过新思想熏陶的国内知识精英，如梁漱溟、黄炎培、江恒源、吕振羽等人，他们在接受新式教育的过程中形成了锐意进取的社会性格，出于对中国未来发展和民族前途的考虑，将民族复兴的希望寄托于乡村建设和乡村教育等路径之上；有的是留学海外的知识精英，学成归国后曾为高等学府的知名学者，如陶行知、高阳（践四）、陈筑山、熊佛西、瞿菊农等人，他们拥有"天之骄子"的学术资本和"高官厚禄"的远大前途，却出于拯救最贫苦的文盲同胞的目的，毅然决然地投身于中国乡村，以赤子之心为乡村社会变革尽绵延之力，颇有"敝屣贵族的尊荣，也去与农民为伍"[2] 的"托尔斯泰"之高风。

（二）家国天下情怀

民国被称为"天地不仁，视万物为刍狗"的时代，置身于民族危亡的关键时刻而目睹黎民百姓不能自救，家国天下的人文情怀促使知识分

---

[1] 陶行知：《我们的信条》，《新教育评论》1926年第3卷第2期。
[2] 吴觉民：《中国的农民问题》，《东方杂志》1922年第19卷16号。

子不得不担负起救世济世的社会重任。梁漱溟曾感于军阀混战、民不聊生的状况而怅言："吾曹不出如苍生何？"这是知识分子在挽救社会危难之时表达的舍我其谁的使命感。梁漱溟誓为天下苍生拔济此厄，树立"我愿终身为华夏民族社会尽力，并愿使自己成为社会所永久信赖的一个人"的宏伟志愿。被誉为"国际平民教育之父"的晏阳初在1918年赴法国为劳工服务之时就确立了推行平民教育的理想，他回国后在全国多地开展平民教育运动，为贫苦的文盲同胞服务；在抗战爆发时组织农民抗战教育团进行抗日宣传；并在50年代将平民教育运动推向世界，在"中美委员会"执行委员会议上提出援助落后地区计划，后来接受了联合国教科文组织的邀请，担任国际平民教育运动促进委员会特别顾问。黄炎培曾一心投入职业教育事业，却在国难之时奋勇投身抗日救亡的潮流中，创办《救国通讯》杂志，宣传抗日救国思想；组织"抗日救国研究会""上海市民地方维持会"；更在抗战胜利后发起成立中国民主建国会，为和平建国而奔走呼号，将中华职业教育社的使命定位于"以最高的积极性参与抗战建国的努力"①。

民国知识分子从一乡村入手，拯救国难、兼济天下的社会行为给知识分子"修齐治平"的伟大宏愿做了最好的注解。尽管从事的是远离政权的相对独立的教育事业，但强烈的政治责任感和社会关怀意识促使他们不得不走上教育救国的道路。他们把教育看作是拯救民族文化、挽救民族危亡、实现民族理想的最有力的工具，希望通过自下而上的途径实现乡村改造、民族复兴的大义。

（三）求真务实精神

自古以来，知识分子的为学处世方式不外"内向修身"的体悟之途和"外向经世"的致用之道。余英时对柏拉图以来的西方文化史做了"静观的人生"（vita contemplative）和"行动的人生"（vita activa）的划分，认为西方知识人在18世纪启蒙运动以后才转而重视"行动"和"实

---

① 尚丁：《黄炎培》，人民出版社1986年版，第28页。

践"。与其不同的是,中国知识人自始便以超世间的精神来过问世间的事,用"道"来改变世界。① 民国知识分子的乡村教育实践为这种积极作为的人生态度提供了很好的佐证。晏阳初等人在开展乡村教育的过程中,大到整套乡村教育方案的制定,小到农民识字课本的编撰等各种工作,无不建立在社会调查、实验研究、表征推广的基础之上。黄炎培在山西开展乡村职业教育时,"先调查其地方农产及原有工艺种类、教育及职业状况,为之计划",然后再"划定办理期间与成绩标准,依次考核,试办有效,再推广于各地"②。社会学家李景汉在留美之时便立志"要把所学得的现代社会调查法结合中国之实践,创出一套适合中国实际的调查方法,切实反映中国之情,给立志改革中国社会的志士仁人提供材料"③。他的夙愿在后来河北定县的乡村教育实践中得以实现,他率人对定县农村 1927 年至 1935 年的各种状况进行了逐年系统调查,在调查所得到的准确信息的基础上,以四大教育(文艺教育、生计教育、卫生教育、公民教育)、三大方式(学校式、社会式、家庭式)为基础逐步推进平民教育的"六年计划"才得以产生,在乡村教育领域创造了中外瞩目的"定县模式"。20 世纪二三十年代各种报刊刊登了大量的乡村社会调查报告,《东方杂志》曾经出版过"农民状况调查专号",登载了来自全国各地的近 40 篇乡村调查报告。在全面调查乡村状况的基础上,知识分子通过有步骤、有计划、有组织的教育实验来推广自身的教育主张。

民国时期的知识分子大多是在远离乡村实际需求的"新教育"的影响下成长起来的。如晏阳初所提到的农学院教授,留美学农八年,还在意大利国际农业院做过研究,在大学讲授多年的农业课程,却从来没去过农村,后来受到定县平民教育事业的感召,才立志从事实际的农业研究。④ 更多的学者是在学术研究的过程中确立了深入实践、学以致用的目

---

① 余英时:《中国知识人之史的考察》,广西师范大学出版社 2004 年版,第 11 页。
② 中华职业教育社:《黄炎培教育文集》(第 2 卷),中国文史出版社 1994 年版,第 427 页。
③ 李济东:《晏阳初与定县平民教育》,河北教育出版社 1990 年版,第 446 页。
④ 晏阳初:《农村建设要义》,载李帆《民国思想文丛》,长春出版社 2013 年版,第 259 页。

的，他们不仅坐而学，而且起而行，并因为在国难时刻的挺身而出成为名噪一时的深谙民族大义的知识分子。民国知识分子的背影已渐行渐远，而其教育影响却历久弥新。美国知名女作家赛珍珠在20世纪30年代中期为林语堂的《中国人》英文版所作序言中说："年轻的知识分子开始重新认识自己的人民，他们发现在农村小镇、小村庄里的生活才是真正的中国人的生活……"[①] 人们如今所关注的并不是他们在村庄、在小镇的行动结果，乡村教育实践的得失成败最终都将淹没在历史的海洋中，最具教育价值的是他们深入民间、求真务实、勇担大义的知识分子精神。尤其在当今社会，学术研究越来越与市场逻辑趋同，越来越多的读书人一心为稻粱谋，在获取某一领域专家称号的同时放逐了公共知识分子的社会责任意识，甚至为了争名逐利而放弃基本的学术道德。今天，回溯民国知识分子的乡村教育实践和价值追求，或许能够启迪和警示更多的读书人固守本心，砥砺言行，方不失于学者风范。

---

① 林语堂：《吾国吾民》（英文版），外语教学与研究出版社2006年版，序言第16页。

第八章

苏维埃地区的乡村教化

国共第一次合作失败之后，中国共产党人以乡村为主阵地领导武装斗争，乡村教化被纳入革命体系抑或依附于土地革命运动，有其历史的必然。五四新文化运动开启了新民主主义革命的进程，这一过程便不自觉地将文化革命的触角伸向了乡村社会，乡村民众逐渐成了未来革命的主力，自然也就成为文化革新的重要对象。既然如此，如何教育和发动乡民进行"新"民主主义革命就成为共产党人的重任，也预示着乡村教化将成为后来苏维埃地区文化建设的主要任务之一。共产党人在苏区领导乡村教化的方式极为灵活、务实，这种做法在广大苏维埃地区展现了旺盛的生命力并产生了广泛影响。可以毫不夸张地说，苏区的乡村教化上承新文化运动并下启解放区以及新中国的文化教育事业。老一代共产党人在残酷生存环境中大胆探索，传播革命却不忘乡村教化，有其成功的典范，也不乏失败的教训，这对当代乡村教化和乡村教育亦有巨大镜鉴作用。

一 革命体系中的乡村教化

国共第一次合作后期，两党分歧严重、相互扞格，最终兵戎相见，这使得中国共产党人更为真切地认识到建立政权的必要性和紧迫性。1927年9月19日，中共中央政治局做出决议，不仅要宣传苏维埃思想，还要在革命斗争的新高潮中成立苏维埃。红军撤退至偏僻的乡村后，掀起土地改革运动,破坏原有权力结构,建立小范围苏维埃政权;他们还成立新型农民组织并与地方武装力量紧密联系,不断用宣传、教育等乡村教化工作改造农民思想,以辅助革命斗争工作。

(一) 确立乡村的革命地位

20世纪20年代末,中国共产党领导的城市起义屡遭失败,红军主力连连受挫,红色革命陷入低谷,全军弥漫着悲观情绪。1929年2月7日,中共中央根据共产国际书记布哈林的指示起草《中央给润之、玉阶两同志并转湘赣边特委信》,俗称"二月来信"。信中不赞成中共在乡村扩大武装斗争和土地革命,要求毛泽东、朱德回到中央,并要求他们将所在队伍编成小股部队,散入湘赣边境继续发动革命。但因毛泽东、朱德、彭德怀等人反对,命令未执行,但其影响依旧较为消极。同年底,林彪在给毛泽东的私人新年贺信中持同样悲观的态度,并追问"红旗到底能打多久"等问题。毛泽东针对林彪等党内和军队中弥漫的悲观情绪写了一封长信,并印发各大队的党支部。在信中,毛泽东批评了林彪等人没有建立赤色政权的深刻观念尤其是他们对时局的悲观态度,也批驳了苏共中央的观点,提出"农村包围城市"的理论形态并以"星星之火,可以燎原"为全军鼓舞士气。尽管历经诸多波折,中国共产党人的革命之路依然在磕磕绊绊中前行。

经过多次秘密会议与精心筹备,中华苏维埃第一次全国代表大会于1931年11月7日至20日在瑞金叶坪召开。该年12月1日,中央执行委员会发布第一号《布告》,宣布中华苏维埃共和国成立,确定其政权性质是无产阶级领导的反帝反封建的新民主主义革命的人民民主专政。正如毛泽东所认为的,革命不是请客吃饭,不是绘画绣花,不能那样雅致,革命是暴动,是一个阶级推翻另一个阶级的暴烈行动。甚至不惜"将地主打翻在地,再踏上一只脚"[①]。他还指出,闹革命光跑来跑去也是不行的,要有一个"家";敌人没打过来,就练兵、发动群众,敌人来了,军

---

① 《毛泽东选集》(第1卷),人民出版社1991年版,第12页。

民就靠这个"家"和敌人作战。而这个"家"就安在国民党统治力量薄弱的农村、山区等地。很快,苏维埃政府就实行了较为激进的土地政策,来博得广大农民群众的支持。苏维埃中央颁布《中华苏维埃共和国土地法》,引导苏区土地革命,决定将所有封建地主、豪绅、军阀、官僚以及其他私有地主的土地没收。被没收来的土地,经由苏维埃政府再分配给贫下中农。被没收土地以前的所有者(豪绅、地主等),没有分配任何土地的权利。乡村逐渐成了共产党领导革命的有力支撑,其中贫苦大众则成了革命力量的主要来源,宣传、鼓动、教化则成了唤醒民众的主要方式。

(二)明确乡村教化的方针

战略重心转移至偏远乡村、山区后,共产党人期待通过学习、运动等形式,从文化、教育、心理层面改变乡民,以支持、辅助土地革命运动。然而,村民久居乡里,宗法观念、迷信思想、守成思维等较为普遍,且这种文化心理已经内化为他们的人生观、价值观和世界观的一部分,推翻地主阶级、军阀势力的压迫并不能完全清除农民身上的桎梏。作为"三座大山"之一的封建主义并非完全由他人强加,也有乡民自然选择的结果,他们所拥有的心理状态、思维方式、文化性格、行为习惯等都构成了对自身无形的束缚与压迫。

毛泽东曾经对农民生活及其运动进行过调查,他从中得出支配中国乡村社会的三种力量。这三种力量分别是国家强制权力;宗族、士绅的文化权力;祖先、偶像、诸神的神权。针对这三个问题,毛泽东分析应该以斗争、教育和宣传手段打破传统宗法、封建势力,建立农村工农民主政权,然后扩大革命,打破国民党的统治,实现真正意义上的解放。当然,也有些地方因为家族势力、宗法观念等问题使得阶级划分的任务不能完成,增加了土地革命的难度。为了强化宣传效果,共产主义思想影响下的知识精英选取乡村中的恶霸、土棍作为典型散播,在话语表述中将乡村生活问题和阶级矛盾放大,激发中下贫农的愤慨情绪,唤起最大的革命热情和力量。

虽然共产党人对被压迫的乡民进行辩护，但他们清楚地知道该群体的局限性。"农民作为私有者和劳动者，既是资产阶级民主革命的主力军，同时由于他寓于封建宗法群体之中，浸染着浓厚的封建色彩，因此本身也是革命将要改造和教育的对象。这样，作为封建文化核心的宗法农民文化意识是新民主主义文化建设中所必须破除的主要障碍。可以这么说，对农民文化反思的目的是反封建；对农民文化改造的目的更是反封建。"[①] 尽管确立了乡村教化服务于土地革命的总方针，但在面对剧烈的土地革命运动之时，还需承认地方文化的连续性和稳定性，借助乡村教化以逐步改造乡民，维护革命成果。

（三）成立相关的组织机构

中华苏维埃共和国虽已草创，但其辖区内政治昏暗、经济落后、文化封闭等流弊现象非常严重，乡村教化的大权几乎操纵在豪绅、地主等封建权贵阶级手里，广大乡民及其子女少有机会接受教育，即便有机会，也多是封建残余、党国政治的思想灌输。为了加强共产党对基层政权的领导与建设，中共中央颁布了《地方苏维埃政府暂行条例》，几年后又修正公布了《中华苏维埃共和国地方苏维埃暂行组织法（草案）》。乡苏维埃是中华苏维埃共和国最基层的机关，其编制不超过3人，工作人员原则上不脱产。为了加强乡苏维埃与乡民的联系，有些地方还创建了代表主任制度。即按照乡民居住情况，每30—70人为一组，乡长指定一人为村苏维埃代表主任。村代表主任在乡苏维埃领导下，传达各种决议和通知，指导各代表的工作，完成政府对乡村的教化、管理和控制。

在中华苏维埃共和国境内，不论是土地革命还是乡村教育都是在其基层苏维埃政权（县、区乡苏维埃）上进行的，并由苏维埃代表大会选举产生。为了加强政府对苏区文化教育建设的全面领导，中央临时政府设立了人民委员会教育部，各省苏维埃政府下设文化部；县、市苏维埃

---

① 王予霞、汤家庆、蔡佳伍：《中央苏区文化教育史》，厦门大学出版社1999年版，第19页。

政府设文化科。中央政府还颁布了《省、县、区、市教育部及各级教育委员会的暂行组织纲要》，规定：各级教育部门的任务"是正确执行中央关于文化教育的政策、计划、命令、训令，领导广大的工农群众，用教育与学习的方法，提高群众的阶级觉悟、文化与政治水平，打破旧社会习惯传统，动员群众起来加入战争，深入阶级斗争，参加苏维埃各方面的建设，以争取苏维埃运动在全中国的胜利"①。苏区的广大工农群众尤其是乡村民众肩负着参军、参战、支援前线与乡村建设的任务，他们的素质水平直接决定了这些工作的成效。1934年4月，中央教育人民委员会修正了《教育行政纲要》，确立教育部的基本组织为乡教育委员会，设主任一人，在乡村主席团领导下执行乡里的教育工作。"乡教育委员会最好每村一个，以便直接管理各村教育，乡教育委员以不脱离生产为原则。而乡苏维埃所设的常驻人员之中必须有一人负责教育事宜，领导乡里的教育委员会。"② 乡教育委员要按照各村分工，每隔两天或三天检查各自负责的学校教育、社会教育情况，检查学生、乡民识字情况并将结果报告给教委主任。原则上，乡教育委员要每周开会一次，总结过去工作，计划以后工作，相关人员都要出席。每个月的最后一次会议，要召集列宁小学校长、夜校校长、教员、俱乐部主任以及相关工作人员参会，做一个月的总结和计划。凡此种种组织和机构，为共产党人在苏区践行乡村教化奠定了基础。

二 苏区乡村教化的内容与方式

中国共产党在苏区主导的乡村教化及其文化形态是以新民主主义论为基础的，它不可能在旧有体制下独立、完好地生存，它需要以崭新的面貌甚至颠覆性的形态为起点，这就迫使共产党人以革新运动、宣传、教化的方式，寻找合理路径。然而，苏区整体上较为落后，大部分地区

---

① 王予霞、汤家庆、蔡佳伍：《中央苏区文化教育史》，厦门大学出版社1999年版，第123页。

② 陈元晖：《老解放区教育资料（一）》，教育科学出版社1981年版，第71页。

文盲率在 90% 以上，地方出版、宣传、体育等公共事业更是难有建树，所以共产党人的重要任务之一便是通过乡村教化进行"扫盲"。苏区的教化方式灵活多样，展开工作的形式大致可从两个层面进行阐述，即学校教育和社会教育。相较于先前的城市罢工、起义，共产党人在农村领导的土地革命及其宣传和教化等行为的影响更科学、灵活，也更有针对性。

（一）学校教育

由于国共两党之间意识形态的紧张和敌对，中央苏维埃政府对其管辖之内的学校教育有严格规定，即学校不准读古书和国民党编印的教材、书籍，只能读苏维埃政府许可、印发的课本。然而，较高要求的背后是校舍、教师、教材、资金等教学资源严重匮乏的现实，共产党人只得因地制宜。值得庆幸的是，"当中华苏维埃运动拉开了革命的序幕后，整个文化教育情况发生了翻天覆地的变化，苏区文教卫生事业的发展，不仅给偏远的山区带来了文明进步的种子，而且为革命队伍，培养出许多具有一定文化知识、科学技术、文学艺术的专门人才，他们政治素质高，革命斗争坚决，是党的事业不断发展的骨干力量"[1]。概括来看，苏区的学校教育在建立新校、改造旧学，更新教材并丰富教法，优待教师等方面做出了尝试。

1. 建立新校，改造旧学

中华苏维埃共和国的教育应该是与封建教育、国统区教育有所区别的，一系列教育方针和政策充分体现了苏区教育为民众谋取利益，建立和巩固新政权服务的性质。苏维埃政府成立宣言中就提到，工农群众，不论男女，在政治、经济、社会和教育上，享有同等的权利和义务，儿童有享受国家免费教育之权。苏区建立后，政府随即致力于工农文化的普及工作，到 1933 年 10 月，中央文化教育建设大会，通过了《目前教育工作的任务的决议案》，认为在战争的环境下，也不能放松学校教育；

---

[1] 唐志宏、谭继和：《中华苏维埃共和国史稿》，成都出版社 1993 年版，第 371 页。

鉴于实际情况，大会同意把义务教育缩短为五年，前三年为初小，后两年为高小。

共产党人在苏区建立小学校，最初称为劳动小学，后称列宁小学。劳动小学、列宁小学招收6至14岁儿童入校读书，并推行免费义务教育。学校的课程涵盖国语、算术、音乐、体育、常识、演讲、劳动、政治、园艺、自然、绘画、商店、地理、共产主义浅说等。"列宁小学一般以自然村为主，一村尽可能设立一所学校，每个县、区都办有一所模范小学；每县设立一所列宁高级小学。学生不能脱离生产。"① 例如，皖西苏区列宁小学发展较为迅速，多个县都设有列宁模范小学，乡、村普遍设立初等列宁小学。最初的设想是初小和高小一起设置，但由于战争频发、条件艰苦，多数的初小都是单独设立于自然村的，小的村落则联合设校，数量上要比高小多很多倍。

据《六安县委报告》中记载："六安六区（金家寨）十五个乡就办了二十二所列宁小学，每校学生平均七八十人，其中最多者一百七十人，最少者亦有五十人。到一九三二年春，霍山县一百多个乡，乡乡有列宁小学，六区（闻家店）计有六十一个村，村村都办了列宁小学，活动在皖西的红十二师也创办了列宁小学。"② 与清末民初的"毁庙兴学"运动一脉相承，很多的庙宇、祠堂都被改造成列宁学校。曾有小学国语课文《菩萨没有用》写道："木菩萨怕火，泥菩萨怕水，纸菩萨怕火又怕水。菩萨有嘴不会说，有耳不会听，有眼看不见，有饭不会吃，有衣不会穿。菩萨、菩萨，你有什么用？"③ 因此，很多地方的老师带领学生一起砸坏或搬走神像，腾出空间作为校舍。

中共中央苏维埃政府要求各地要坚持教育与政治斗争相联系，与生产劳动相统一，与当地革命历史、乡土风貌结合，并注重儿童的生理特点与学习相结合，列宁小学所培养的学生要会识字，会耕田，又会革命。

---

① 路海江：《鄂豫皖苏区的文化教育事业》，《史学月刊》1994年第6期。
② 王志怀、舒寿仁：《皖西苏区的列宁小学》，《安徽史学》1985年第1期。
③ 温锐、刘强：《中华苏维埃史话》，社会科学文献出版社2000年版，第129页。

列宁小学还"特别重视劳动教育,把'劳作实习'作为一门重要课程,并规定了初级小学每周6小时,高级小学每周6—8小时的劳动课,学校与附近的农场或者与市圩的工场(厂)联系,有计划地领导学生参加生产劳动。有的城镇列宁小学还设有儿童工场(木工、铁工、泥水工等);农村学校普遍建立了儿童园地,种植蔬菜和稻麦,有些还附设儿童肥料所。学生们还要参加'共产主义星期六',为红军家属砍柴、挑水、拔草、打扫卫生、积肥等义务劳动"①。在不妨碍家庭生产的条件下,组织学生进行集体生产,如开荒、种菜、饲养、学习手工业。有的学校为了解决儿童学习与生活上的困难,组织了儿童自己的合作社。当时的学校教育不拘于形式,较为开放、灵活,诸多举措也使贫苦子弟有了更多受教育的机会。

2. 更新教材,丰富教法

苏维埃政权建立后,之前的教材被认为充斥着三民主义、孔孟之道、耶稣教会、资产阶级思想,必须统统废掉。为了适应新民主主义教育的需要,中共中央决定自编教材,并责令县乡苏维埃积极配合,规定学校必须使用以马列主义为指导的新教材。中共中央教育部内设以徐特立为主任的教材审编委员会,以马列主义为根据,审查下级编辑的材料、教材,不允许使用旧社会流行的教材尤其是国民党政府及其相关部门编写的与共产主义或新民主主义相冲突的教材。

苏区列宁小学教材紧密结合革命斗争与地方生活实际,意欲达到内容丰富、有趣、通俗易懂,乡土味浓,目的性和革命性强的效果。编纂者同时注意结合儿童身心发展特点,尽量适应儿童接受水平,一些辅助读物还采用山歌、儿歌、故事、戏剧、顺口溜等形式。例如,有些地方改编"三字经"作为夜校的课本,将"人之初,性本善"等传统教化方式改为"天地间,人最灵。创造者,工农兵。男和女,都是人。一不平,大家鸣"。闽西苏区还编写《四字经》,如"党外无党,帝王思想,党内无派,千奇百怪;提高党权,罪恶滔天,以党治国,放屁胡说;党外教

---

① 唐志宏、谭继和:《中华苏维埃共和国史稿》,成都出版社1993年版,第412页。

育，专制遗毒，清党反共，革命送终。"①等更具时代特征和意识形态的话语。苏维埃政府明令禁止体罚学生，倡导启发式、谈话式等教学方法，强调教材教法要理论联系实际，遵循从具体到抽象的原则，教学要富有启发性并适应儿童发展，适当组织学生参与社会活动。

当时，闽西苏维埃政府在小学教材、教法等问题上走在前列。1930年8月6日，闽西苏维埃文化部教育委员会开会讨论小学教育问题，决定由陈俊昌编写《教学法》。《教学法》在当时较有新意，出版后逐步作为师范教材和在职教师必读书籍。陈俊昌首先从"教"和"问"两方面阐述其对教学的理解。他认为"教式"是教学时的形式，主要有注入式（示教式、示范式、讲演式）和启发式（发问式、对话式、课题式）；在谈到"发问法"时，他从发问的种类、注意事项、缺点以及需要注意的地方等方面阐述。在后来的一系列教育会议上，一些与会者提议改良教授方法，认为教授儿童绝非死板地教几个字，一定要多用启发式和表演式；灵活运用讲授方式，加强学生课外教育等。新编《教授法》也提出了很多可供学校改良教授法的意见。如"在学生自愿原则之下进行教育是重要条件之一，教员应充分了解学生过去和现在的社会情形与教育程度，学生自身要有相当的预习，养成学习的兴趣；教学生的主体是科学不是学生的自然（自发），教学之前要有充分准备，也要依靠工具帮助；实质陶冶与形式陶冶结合，即教授一般的日常生活技能与阶级斗争知识，但要使学生能够活学活用，防止离开实际环境成为一种抽象的思考。"②毛泽东对教授法有自己的看法，他认为教授应该注意运用启发式，废除注入式；由近及远，由浅入深，通俗易懂。

1934年4月，中央教育人民委员会颁布《小学课程教则大纲》，对中小学教学法进行了原则上的规定。一是小学教育与政治斗争的联系。苏维埃小学的教育，同地主、资产阶级的儿童教育绝对不同；公开承认教育政策是发展阶级斗争和革命战争的一种武器；教育在于养成儿童的共

---

① 谢济堂：《闽西苏区教育》，厦门大学出版社1989年版，第129页。
② 同上书，第130—137页。

产主义道德、阶级友爱、互助精神、坚定意志、刻苦耐劳、遵纪守法等；苏维埃的教育必须养成儿童的自治能力，领导少年儿童参加社会工作。二是小学教育和生产劳动的联系。苏维埃的教育要在不久的将来消除智力劳动和体力劳动之间的分别，扫除读书同生产脱离的寄生虫式的制度残余；应当以马克思列宁主义为基础，消灭理论与实践的分离；小学生的学习应该劳作与实习相结合。三是小学教育及儿童创造性的发展。苏维埃的教育必须采取启发式，多利用实物、参观、游艺等，引起儿童兴趣，禁止强迫威吓，甚至体罚；教育应当采用混合统一的方法，以整体现象为基础，探索各部分联系，不提倡将知识琐碎化；小学教授提倡从具体到抽象，注重儿童知识和能力的综合发展，成绩检查也应该以学生的自动能力和创造性的发展为标准。

3. 优待教师，扩大队伍

受革命斗争影响，一些老师流落他方或参加革命或从事其他工作，乡村社会本就匮乏的师资更显紧张。为了更好地促进苏区教化事业的发展，苏维埃政府出台措施加强教师队伍建设，制定了一系列的政策、规章与优惠措施，以优待教师，扩大教师队伍。

首先，给予教师政治上的信任和生活上的关怀。中央临时苏维埃政府曾多次下发文件，规定教师是劳动人民的一分子，是自己的同志。一些地方为了减轻教师生活压力，找到"互助社"帮他们耕田，使教师有更多的精力投入到教育教学中。也有一些村庄的村民、学生家庭集体捐赠柴米给代课教师。甚至还有地方苏维埃政府派专人挑担子、做生意赚钱供养教师，待遇一般不低于乡苏维埃的公务人员。

其次，加强新教师的培养与吸收工作。通过各级师范学校与短期训练班，分轮、分批培训各类教师。到1934年，苏维埃政府又制定了相关章程，使得师范学校互相衔接，形成了较为完整的师资培训体系。通过培训新教师、改造旧塾师、吸收先进知识分子参与教育教学等方式，迅速扩充了教师队伍，壮大了苏维埃地区的教育力量。

再次，尽可能吸收、转变受过新教育的年轻人任教，并严把思想、政治关。为了人尽其才，毛泽东指示干部懂多少就教多少，能做多少就做多少，认为塾师、医生等有些知识的人可以做教师，也可以邀请一些有经验的老农或赤贫者做报告。但是，像道士、传教人员、反动学究等若是思想顽固不化，则不允许担任教师。苏维埃政府对参与乡村教育、教化工作的教师给予充分的优待，但也有严格的要求。如：没有反动嫌疑与富农思想；没有封建思想及宗教迷信；没有恶劣嗜好；有劳动能力；有阶级觉悟，信仰共产主义；能通语体文字；能吃苦耐劳；能略知儿童心理；明白学校管理等等。① 在苏区，教师还可以成立自己的组织，组成赤色教师联合会并订有章程、开办刊物。在集体和组织中，教师可以进行教学研究、交流以及革命思想的学习与探讨，发展、巩固教师队伍，完成乡村教化相关任务，促进革命火种快速传播。

(二) 社会教育

为了尽快提高乡村民众的文化程度和政治素养，中共中央指示地方苏维埃政府应该着力加大社会教育工作。1933年10月，中央文化教育建设大会指出，社会教育是苏维埃共和国的重要任务，是吸收红色战士、人民群众参加革命工作的有力武器；社会教育的发展必须提到新的高度，必须获得普通工艺教育发展的帮助。中央人民教育委员部鼓励地方成立扫盲协会，发展夜校或半日学校、识字班、庄户学、冬学、问字所、读报团、剧团，组织人员编写识字材料、印发识字课本等，这在当时都是非常有必要的。普通学校在正常教学秩序之外还肩负着扫除文盲、教化民众的任务，社会教育当然也要以普通学校教育为基础，应该因普及教育而获得更大帮助。乡村教化工作即是将普通教育和社会教育联合起来，将文化教育和生产劳动结合起来，使得政府部门、社会团体、普通学校与乡村生活有机融合、相互促进。

1. 夜校或半日学校

夜校办学多选在人口密集或者村庄聚集的地方，以便学员就读。② 夜

---

① 唐志宏、谭继和：《中华苏维埃共和国史稿》，成都出版社1993年版，第402页。
② 半日学校与夜校办学方法基本相同，凡是夜间不方便入学而白天有闲暇的人，可以进入半日学校学习。

校以晚间上课为主，教学内容结合当地的生活、事件，如民国政府官员贪污受贿、地主劣绅欺凌乡民、地方军阀压榨百姓、流氓土匪泛滥等；课程尽量按照气候、节气进行设计，这种教学离乡民生活较近，为他们所熟识，也更易于识记。其组织形式类似普通学校，有专门的校长和教员。校长主要负责管理工作，也多有教学任务，教员主要进行识字教育、知识传播、革命宣传等。夜校教学工作多由普通小学教师负责，也吸收共产党信任的知识分子。

毛泽东曾经调查苏维埃政府工作的模范乡——兴国县长冈乡。该乡有九所夜校，共约三百学员。男性约占百分之三十，女性约占百分之七十。全乡大多数青壮年都进了夜校，"四十五岁以上的'老同志'也有少数来读的，说'夜学顶好'。各校均分甲、乙、丙三班。灯火，少数是自己带去，四人五人共一盏灯。多数就夜学设备的一盏木油灯，十几二十人共在这盏灯下读，每月每人出二个或三个铜钱。书纸笔墨自备。每校一校长，一教员。校长可不识字，只要热心即可"①。夜校所需资金支持主要由主办团体或机关负责津贴，地方基金适当支持，也可发动群众募捐一部分，尤其是桌椅板凳等物品多由群众提供。夜校所需的文具书籍以自备为原则，贫苦而无力自备者才由夜校负责供给。因为教化对象多数为成年人，夜校教学方式与教学内容相较日校有所不同。扫除文盲虽为首要目的，但进行思想、意识形态、革命思维的教育则贯彻始终。

夜校创办之初，为了动员成年乡民参加学习，宣传甚为火热，也有很多歌谣流行。但是，实际效果并不理想，夜校入学率极低，大部分学员是青年妇女，成年男子较少。这是因为，当时农业生产效率低下，消耗劳力较多，男性生存压力大，无暇也无心参加夜校学习；在"妇女解放"号召下，年轻女性对接受教育的要求更为强烈，她们入学更为积极。为此，有些地方苏维埃政府调整政策，规定不识字的青壮年（如30岁以下）男子必须参加夜校学习；也有的地方及时改变教学方式，建立识字

---

① 《毛泽东农村调查文集》，人民出版社1982年版，第286页。

班等，迎合乡村生活实际。

2. 识字班、问字所、识字板

县、乡苏维埃政权成立不久，便动员乡村教师等知识分子开展识字运动，直接或间接地对广大群众进行教化。乡村中因农忙、孩子拖累等因素使得很多成人因故不能到夜校学习，因而形式更为灵活的识字班便应运而生。识字班因地制宜，以几个到十几个生活、兴趣或文化程度接近的人为一班，普通学校教师、学生等识字者兼识字班的教学任务。乡村识字班的组织相对灵活，可以在田间、地头、麦场等地利用休息、闲暇时间划地写字，边教边学、边学边干。识字班学员都有自己的识字本，可以将每日所学、所记的字、词、句写在上面。识字的方法也极为灵活多变，可以个别教学，也可以三五人一个小组教学；所学知识为生活日用所必备的词汇。

识字班很少受到教学场地、教材、教具的限制，方式较为灵活且不妨碍群众的生产和生活，深受广大乡民欢迎，参加的人数也比夜校、半日学校的人多，苏维埃政府亦较为重视这种形式。例如，闽浙赣省苏维埃还下发《关于识字班工作的通知》，指出："识字班所担负的任务，要比列小（列宁小学）、工农补习学校还要重大得多。因为它是用最灵活的方式吸收在各种工作万分忙碌中的最大多数的革命群众。它在扫除文盲运动当中，应当是最精悍最有效的一支军队，在完全扫除文盲运动过程中，它将是一个最有力量者。"[①] 识字班的工作方式也有具体规定，如果它是借列宁小学、夜校或俱乐部的地方，有一定的组织形式，应该按照学生的程度进行分班，进行分别授课或者"复式教学"；识字班主任可以利用一些学习程度好的学员为助手，类似于"小先生制"；很多乡民会因农忙等事情无法参加学习，可以制作一些小卡片等，在闲暇时候温习；识字班的教材尽量做到简单易懂、贴近生活，以利于乡民接受。闽西各县苏维埃政府较早提议并建立了"问字所"，它由乡村每十户、街道每十铺设立。"问字所"并非等着不识字者去问字，

[①] 陈元晖：《老解放区教育资料（一）》，教育科学出版社1981年版，第262页。

而是有计划地安排识字活动,并通过建立识字牌、读路条、写家书等实用技能提升乡民的学习效果。有些地方还用木板制成"识字牌"或"识字板",挂在人流密集之处,供大家学习。这多由普通学校或夜校老师负责,每天或隔天写几个生字;先教会站岗的,再由站岗的人考问路人,若是路人不认得,便教路人识记。苏区一些地方还利用休息时间进行识字竞赛游戏,或举办知识竞赛,给予成绩优秀者以奖励,推动乡村教化的发展。

苏区识字运动的首要目的是扫除文盲,并兼带政治宣传、革命动员工作。为了提高教学效率,苏维埃政府鼓励村民"互助",老公教老婆、老弟教老兄、群众教群众等,并让他们练习写一些常用的词语、句子。以读报团或者读报小组为例,政府指定专人负责读报,规定教化对象以工农为主;同时还规定,单位、军队、学校应该坚持群众自愿,报刊要选择《红旗》《红报》等革命报纸。一些地方还在群众聚集的地点设置读报栏、看图识字栏,鼓励群众识字、读报、订报。

3. 乡村俱乐部

时任中华苏维埃共和国教育部代部长的徐特立曾签发中央教育人民委员会第二号令,督促各级政府建立、健全俱乐部的组织和工作。文件指出,为了提高广大工农群众的文化水平和政治水平,在一切乡村、城市、机关、部队中广泛进行文化教育工作并成立俱乐部。因为俱乐部可以利用各种教育方法、机会吸收广大群众、干部参与到学习中。乡村俱乐部不但是娱乐中心还应是知识学习的中心,但当时的俱乐部多偏重娱乐,忽略政治、文化、教育工作,里面只有少数的改良旧戏,甚至直接演封建旧戏,墙报极少见;读报、政治演讲、政治讨论更是几乎没有。为此,政府指示大力加强乡村俱乐部建设,改变俱乐部运作模式,发挥俱乐部的教化、宣传作用。

经过一段时间的努力,乡村俱乐部的风气有所改善,识字、读报、演讲,演出红色戏剧、节目等逐渐增多。曾有记载,俱乐部里"每晚都有人做政治报告,有人讲故事、说笑话、演新剧、唱歌、喊口号等,十分热闹;乡村俱乐部坚持农忙少学、农闲多学、战时抽空学、平日抓紧学；创办阅报室，组织群众读报、识字，宣传党的方针、政策"①。俱乐部（包括乡村俱乐部）多是按照生产、机关、学校、乡村进行组织，并有属于他们自己的会员。

后来的"庄户学"也是延承了苏维埃时代的乡村教化形式并在其基础上创建而来，它在原有群众教育的基础上，对教学内容与教学形式做了一系列的调整，教育与生产劳动结合得更为密切，军队与群众的联系更为加强，教化效果更为理想。

下面一首"快板"② 简要地道出了庄户学等教化形式的主要作用与特色：

  庄户学，真正好；群众办，党领导。
  边识字，边拾草；庄户活，误不了。
  又写算，又读报；天下事，都知道。
  大组大，小组小；看忙闲，看老少。
  子教母，姑帮嫂；自动学，互相教。

为了加强对俱乐部的管理，中央教育人民委员部颁布《俱乐部纲要》（简称《纲要》），规定俱乐部是苏维埃地区社会教育的重要组织之一，是广大群众"自我教育"的组织；集体娱乐、学习和经验交流等所有工作，该组织应当动员群众来响应中国共产党及其领导的苏维埃政府的号召，应当是为革命战争，为反对封建、抗击外侮而战斗的。《纲要》还规定了俱乐部的设置、会员、经费、工作日程、组织形式、领导责任等。例如，要求演讲股要联系当时政治斗争和乡民旧习俗等进行有计划、有目的的反封建、迷信斗争，用最通俗的语言、日常的方法让乡民接受，帮助政府完成改革风俗、改良卫生、研究生产任务；游艺股要尽可能收集体育、音乐、戏剧、表演等方面的材料，通过加工、改编，使之转化为新的、

---

① 庞振宇：《论苏区文化建设中的乡村俱乐部运动》，《江西社会科学》2012年第1期。
② 上海教育出版社：《老解放区教育工作回忆录》，上海教育出版社1979年版，第78页。

宣传革命思想的、普及科学知识的活动；文化股则负责编辑墙报，布置图书馆，协助消灭文盲协会发展各类消灭文盲小组、识字班，甚至开办短期训练班、夜校、半日学校等。

4. 文艺与宣传

在苏区开展的乡村教化不拘泥于形式，利用文艺戏曲的熏陶亦是当时所不可或缺的一项活动。这些活动有的是借鉴了外国的歌剧、戏剧形式，也有的是采取传统的呈现方式，但其传播的内容、思想却是新的、革命的。例如，苏区的革命剧团、宣传队通过创作、改编等形式编演话剧、歌剧、舞剧宣传革命思想，控诉剥削与压迫，以形象、逼真的演出激发群众的抗争情绪。中华苏维埃政府成立前，一些宣传队为了配合红军战斗和巩固革命根据地就有类似尝试。红四军宣传队编演《活捉萧家璧》《打土豪》《毛委员的空山计》《二七惨案》《两个面孔》《豪绅末路》等话剧、活报剧、小歌剧等。[①] 苏维埃政权建立后，工农剧社开始组建、发展，分社与社员不断增加。

然而，事情并非一切顺利。在新剧没有普遍推广之前，很多地方开始禁止群众演唱传统的戏曲、节目，这引起了一些反抗，甚至有乡民说："你要拿我锣，我们就要打（你）。"因此，想办法大力发展苏区的文艺事业，满足苏区民众的娱乐、文化需求是极有必要的。乡村教化中的种种困难，促使共产党人不断改进、创新，以寻求适合那个年代的教化方式。

苏区的戏剧从幼稚、粗糙逐渐走向成熟、细腻，这得益于戏剧工作者不断创新且不忘挖掘民间艺术的表现形式。例如《我——红军》《最后的晚餐》《敬礼》《送哥哥上前方》《义勇军》《亡国恨》等较前期的戏剧则更为精致、实用。苏区戏剧运动在同封建旧戏的斗争中逐步发展，也促进了群众对讲白话、闹革命、反封建热情的逐渐高涨。除此之外，苏

---

① 王予霞、汤家庆、蔡佳伍：《中央苏区文化教育史》，厦门大学出版社1999年版，第55页。

维埃政府辖区内一些小学还建有儿童团和宣传队。每逢开会或重大集会时宣传队都要演唱歌曲宣传革命，有时还走村串寨演出。他们演唱《送郎当红军》《炉火红通通》《红军到了十万坪》等歌曲，还编演一些小戏剧，如《红炮弹》《踏着血迹前进》《勇敢的人》《土地回老家》《红色政权》等，丰富了苏维埃政府的乡村教化方式。

三 苏区乡村教化的特点

苏区的文化教育追求与革命斗争相联系，与工农群众实际相联系，劳动与知识相联系，可以说它有社会化、政治化、实际化、劳动化等倾向。① 也有研究者总结出了苏区教育的四大特点：军事化、革命化、大众化、国家化。② 相较于教育事业，苏区乡村教化面对的群体更复杂，范围更广泛，任务也更艰巨，这使共产党人在普通文化教育的基础上尝试开展目标统一、形式灵活、内容实用、方法直观的乡村教化工作。

（一）目标统一

根据地建立之后，中共中央及其苏维埃政府亦非常重视科学、知识的学习与教育，他们深知教育对民众思想倾向、意识形态转变的重要性。1933年4月15日，中央苏维埃教育人民委员部在《目前的教育任务》中概括共产党人在苏区的教育目标，即：启发人民群众的阶级觉悟，提高群众的文化水平与政治水平，为苏维埃政府的建设服务。1934年1月，毛泽东在中华苏维埃代表大会上做报告，他指出苏区教育的总方针是："在于以共产主义的精神来教育广大的劳苦民众，在于使文化教育为革命

---

① 江西省档案馆、中共江西省委党校史教研室：《中央革命根据地史料选编》（下册），江西人民出版社1982年版，第584页。
② 王予霞、汤家庆、蔡佳伍：《中央苏区文化教育史》，厦门大学出版社1999年版，第191页。

战争与阶级斗争服务,在于使教育与劳动联系起来,在于使广大中国民众都成为享受文明幸福的人。"①

苏区教化工作在传播文化知识之余,主要为扩大红军和根据地服务,为夺取政权和巩固政权服务。川陕省委第二次工农兵代表大会曾经通过《目前形势与川陕省苏维埃的任务》,要求川陕苏区各地要大力发展文化教育,"工作重心应当是发展社会教育,各处都办工余学校、俱乐部、识字班、读书班,加紧识字运动,使苏区工农大众能识字,有计划地建立各地列宁小学……大批地出版共产主义的书籍"②。有条件的地方还另外组织红星俱乐部以及剧社,向农民介绍、解释一些革命名词和阶级观点,以启发农民的阶级意识。苏区乡村教化的方针极为明确,即进行较为广泛的马克思、共产主义的教育,以满足革命战争的需要和群众动员的需要,尽快夺取政权。

(二) 形式灵活

由于南京国民政府对苏区进行多次"围剿"并实行经济封锁,根据地的生活非常艰苦,学习用的纸笔都相对短缺,相关教学用品更是难以充足供给。为了克服物质方面的困难,毛泽东曾号召大家"手指头当笔,地皮就是纸",这一号召在军队以及各种识字班中得到广泛响应。在驻军、休息或农暇时,几乎每个人都用一支树枝削成的木笔,在田野里、山冈上练习写字。③ 为了进一步解决师资问题,苏维埃政府积极将乡村教师吸收进革命队伍,改造、改良传统知识分子使之适应乡村社会的文化教育工作也是当时比较流行的做法。

红军建立的根据地多数处于各省之间的交界地区或者偏远山区和乡

---

① 李晓波、陆道坤:《思想演变与体制转型——中国教师教育回眸与展望》,江苏大学出版社2012年版,第111页。

② 西华师范大学历史文化学院、川陕革命根据地博物馆:《川陕革命根据地历史文献选编》(上),四川大学出版社2012年版,第110页。

③ 陈元晖:《老解放区教育简史》,教育科学出版社1981年版,第21页。

村，如鄂豫皖、湘鄂西、湘鄂赣、闽浙赣、赣南、闽西、皖西、川陕，国民党政府在这些地区的统治力量相对薄弱，敌后工作易于进行。共产党人，"打得赢就打，打不赢就跑"，战术体系灵活多变，这也使得共产党人及其领导的苏区教化具有一定的开放性。

中国共产党领导的武装力量在乡村受到的攻击相对国民党军队要小很多，在练兵之余，他们就参与生产劳动并发动群众。例如，1932年2月8日，《中华苏维埃共和国人民委员会关于春耕问题的训令》中提到，"春天到了，春耕在即。苏维埃政府要努力领导广大工农群众解决春耕中的各种困难，改善民众生活并充分供给红军给养，以帮助革命战争。"[1]临时中央政府人民委员会指示各级苏维埃政府应该加大宣传力度，动员大众彻底了解发展生产与加强革命力量的意义，并用知识竞赛、宣传讲演、典型事例等多种形式教化群众。

（三）内容实用

为了达到更好的效果，利用口号、标语来做宣传工作，也是共产党人在当时的重要手段，并形成了一定的特色。沿河县伪邮政局长戴德初曾给贵州省伪邮局一份报告，介绍贺龙部在后坪的情形。报告中提到贺龙部精悍异常，"局长见势可危，始将票据捆藏身上，偕同家小逃出战区，局长甫与家小逃至大龙坡下，共匪千余已由捷径包围而来，此时进退维谷，遂与家小暂遁入山。纵横二三十里皆被共匪所占，局长所藏林外即为贺龙军部所扎。时有牧牛小孩突来山上，见其手持一纸，阅之，知为共匪宣传标语。见有红军之任务和纪律，一见有保护邮政及邮差一条。该局长故而毅然下山，找到贺龙说明遭遇，贺龙认为局长是受片面宣传所致，遂放行。他还说共军士卒强悍，得城不守，着意宣传，标语之多满街满衙，大有赤化黔北之势。"[2]

---

[1] 中国现代史资料编辑委员会翻印：《苏维埃中国》（第2集），中国现代史资料编辑委员会1957年版，第210—211页。

[2] 湘鄂川黔苏区革命文化史料汇编编辑小组：《湘鄂川黔苏区革命文化史料汇编》，中国书籍出版社1995年版，第70—71页。

与正式的教育宣传活动相比，口号、标语更加贴近人们的生活，具有简洁易懂、便于识记等特点，对于文化水平普遍不高的农民而言，效果更加明显。如在禁种鸦片、破除迷信、妇女解放、开办学校、普及新知识等活动中，宣传队在街口路边、墙头大量张贴"标语"，主要内容是打倒帝国主义、铲除封建势力、实行土地革命。李一之曾在《剿共随军日记》中记载，共产党军队所到之处，必在墙壁涂遍标语或粘贴文字宣传，字迹不拘大小优劣，五花八门。如："反抗豪绅、地主、富农、高利贷者收课逼债！""谁秘密还课还钱给地主、富农，谁就是帮助地主、富农来反抗革命！"[1] 共产党人在其力量较为雄厚的地方进行公开宣传、鼓动；在力量薄弱甚至是国统区则分散队伍，伪装成小商贩等进行秘密串联、传播；在意识形态和阶级意识对立的宣传上较为成功。

（四）方法直观

相对于较为严肃的宣传鼓动与机械的口号灌输，利用文艺表演等方法宣传、教化民众则更为形象、生动。为此，苏维埃政府组织专人改编歌谣、撰写文学故事或称创造无产阶级文学，将阶级对立的现象置于新的语境中，运用生动、形象、夸张的手法唤起底层民众的阶级仇恨，以达掀起波澜壮阔革命运动之目的。

歌谣是我国民间的传统艺术形式，朗朗上口却又针砭时弊。红色歌谣即是在传统歌谣基础上形成的，这种方法不是中国共产党人的首创，但将之大量运用于宣传、教育工作中并进行专业、系统的创作乃是他们在宣传工作上的一项重要举措，并使之成为革命工作中不可或缺的一部分。例如川陕省第二次工农兵代表大会对乡村各阶级进行划分并编成"五言歌"[2] 以便乡民记忆。如下：

---

[1] 李一之：《剿共随军日记》，第二军政训练处1932年版，第102页。
[2] 中共渠县县委党史工作委员会：《川陕革命根据地渠县苏维埃资料选编》，1988年，第62页。

无产阶级
空着两只手，什么都没有；
专替人做工，才能糊了口。
贫农
自己有点田，不够吃和穿；
还卖劳动力，生活很艰难。
中农
他不剥削人，人不剥削他；
他受谁压迫，豪绅和军阀。
富农
自己有田种，还有田出租；
又放高利贷，还请长活路。
豪绅地主
田地非常多，自己不耕作；
收租又逼课，农民受剥削。
身份比人高，政权握在手；
压迫工农们，封建的代表。

中国共产党重视红色歌谣的创作与运用，特别是古田会议之后，毛泽东起草的《中国共产党红军第四军第九次代表大会决议案》将歌谣作为政治宣传与乡村教化的手段，其重要性被着重提及。中华苏维埃政府成立后，也指示各地苏维埃加强文艺宣传工作，各地都十分重视歌谣的搜集、加工和运用。苏区歌谣主题较为鲜明，选材非常广泛，是当地军民生活、斗争的真实记录，生动描绘出了人民革命战争胜利和苏区人民新生活的图景，在传播革命、取得民心、博得同情、教化民众、鼓舞斗志等方面发挥了巨大作用。[①] 有人形容当时的贫苦农民生活："穷人头上

---

① 周少玲：《浅谈苏区的红色歌谣运动》，《党史文苑》1995年第1期。

第八章 苏维埃地区的乡村教化 133

三把刀,租重、税多、利息高",为了宣传人民生活的困苦与遭受的压迫,地方人士将之编为民歌。例如,《十骂反革命》①《送郎当红军》《小放牛》《白军士兵的泪》等。红色歌谣极具时代感染力,充满革命性、战斗性和群众性。高尔基曾言,民歌是与悲观主义绝缘的,尽管里面反映了很多残酷的生存环境,但劳动人民依然借此表达出了美好的生活愿景。

闽西苏区客家人也有类似民歌②:

(一)

朝晨野菜昼边糠,
夜幕稀粥照月光;
日里无粒喂鸡米,
夜幕有颗老鼠粮。
穷人唔讲唔得知,
夜幕有被盖蓑衣;
蓑衣拿来样般盖,
缩手缩脚像鲮鲤。

(二)

斗字不识苦连天,世世代代受欺骗。
政府号召学文化,情深义重记心间。

---

① 歌谣全文:一骂反革命国民党,军阀豪绅并流氓,压迫穷人受苦楚,屠杀工农真可痛。痛呀,苦呀,屠杀工农真可痛。欺骗士兵打冲锋,打到湘赣下武汉,伤亡士兵千万万。伤呀,亡呀,伤亡士兵千万万。二骂反革命在广东,投降帝国主义者,捕杀工农不留情。捕杀呀,杀呀,捕杀工农不留情。三骂反革命打南京,打倒南京反革命,拥护中国共产党。拥呀,护呀,拥护中国共产党。四骂反革命汪精卫,勾结黄唐张发奎,大开庐山分赃会,商议压迫工农计。商呀,议呀,商议压迫工农计。五骂反革命实猖狂,三六九军被缴枪,贺龙叶挺上广东。六骂反革命打贺叶,贺叶用兵如神鬼,藏着枪支海陆丰,造成工农大暴动。暴呀,动呀,造成工农大暴动。七骂反革命围井冈,江西两杨打财仗,枪支火炮都被缴,杨贼如轩带了伤。带呀,伤呀,杨贼如轩带了伤。八骂反革命蒋中正,统带人马打北京,打下北京说缴兵,改良欺骗放狗屁。改呀,良呀,改良欺骗放狗屁。九骂反革命白士兵,敌人朋友要认清,工农群众大团结,莫要穷人打穷人。士呀,兵呀,莫要穷人打穷人。十骂反革命杀人王,看你横行到几时,工农群众团结起,推翻反动的统治。推呀,翻呀,推翻反动的统治。

② 谢济堂:《闽西苏区教育》,厦门大学出版社1989年版,第5页。

白天无空晚上学，老师不够学生兼。

一教十来十教百，贫苦农民掌文甜。

再如，共产党人将之与革命紧密衔接，在精神上给予了广大民众美好的希冀。红军在第五次反"围剿"失败以后，在一些地方流传着期盼红军重新打回来的歌谣。如，曾在渠县广为传颂的《铁树总要把花开》①：

反动派，你莫歪，红军迟早要转来。

红军走时留下话，三年五年就回来。

过了三年等五年，五年过了从头来。

等上十个三五年，铁树总会把花开。

红色歌谣内容主要以控诉国民党统治下乡民遭遇的不幸，揭露剥削阶级的丑恶面孔，歌颂苏维埃、歌颂共产党的英明领导，宣传军民鱼水情深，和宣传抗日救国等为主。共产党人的革命思想通过简单、直观、通俗的歌谣表达，具有强烈的鼓动性、冲击性、革命性，使得妇孺皆知、老少咸宜，这一教化方式在传播革命文化、宣传、动员群众方面发挥了不可忽视的作用。闽西苏区创始人之一的邓子恢指出，政策加山歌，是提高群众觉悟的最好武器。事实亦是如此，红色歌谣的加入使得共产党人的乡村教化效果激增。

四 乡村教化的成效与教训

在苏区，中国共产党人深入到乡村民众当中，发扬勤俭办学的作风，开展教化工作，努力使处于穷乡僻壤的乡民获得受教育的机会并尽最大可能转变乡民群体的思想观念。最终使得适龄儿童入学率倍增，乡村文

---

① 中共渠县县委党史工作委员会：《川陕革命根据地渠县苏维埃资料选编》，1988年，第90页。

盲率降低，他们在普及义务教育、推动社会教育等方面做出了一定贡献。但不容忽视的是，苏区的乡村教化一定程度上走向了偏激、狭隘的道路，甚至一度脱离乡民实际生活，种种因素叠加也使得教化出现形变，产生了一些不良影响。

（一）教化的成效

苏区的乡村教化在一定程度上是成功的，如共产党人在推行义务教育、减少乡村文盲、改变乡民恶习、提升女性地位、宣传革命思想等方面成绩卓著，他们在苏区乡村教化方面做出的积极探索也取得了一定的成就，具体表现为以下几个方面：

一是教育普及、文盲减少。例如，1934年1月，中华苏维埃中央执行委员会与人民委员会对第二次全国苏维埃代表大会的报告中提到，赣、闽、粤赣（苏维埃时期的一个省区）三省的2932个乡中，设立列宁小学3052所，学生89710人；夜校6462所，学生94717；识字组（此项统计不含福建省）32380个，组员155371人，俱乐部1656个，工作员49668人。[①] 苏区的学龄儿童入学率将近60%，较国民党统治时期的10%，有了巨大进步。学生、乡民识字率大幅提升。

二是乡民文化素质与政治修养提升。乡村识字运动委员会在推动群众学习知识、文化等方面做出巨大努力。每个县苏维埃政府都在乡里设识字运动总会，在村里设识字运动分会，分会下面还设识字组，层层推进，为顺利完成大规模的扫盲、宣传、教化工作提供了巨大保障。例如，1933年全苏文化建设大会上还提出消灭文盲的决议案，建立消灭文盲协会这一广泛的群众性团体，并组成消灭文盲临时委员会以督促各基层组织开展工作。在那个艰苦的战争年代，共产党人扫盲、育人、传播文化，推行乡村教化的决心极为强大，尽管因第五次反"围剿"失败而不得不战略转移，但他们的影响已经深深刻入乡民的日常生活和思维方式中。

---

① 毛泽东：《中华苏维埃共和国中央执行委员会与人民委员会对第二次全国苏维埃代表大会的报告》，1934年1月，转引自《江西社会科学》1981年第S1期。

三是女性地位逐步提高。女性群众入学热情更为积极，她们在夜校、识字班中都占据绝大多数，而且很多识字的女性还做夜校校长、教员等工作，女性地位得到提高。在有女性群众组织的乡村，她们也曾为争取自身的权利与本地绅士做过斗争。如《东江革命根据地史料汇编——潮澄饶澳苏区》记载，一次因绅士要封闭妇女所税之店，开店的女性群众纷纷组织起来进行反抗并取得了最后的胜利，这在以前是难以想象的。"此店是过去店主倒闭的，该店见该绅士之欺，所以绅士要封闭该店。妇女则大堆的起来向绅士吵闹，做过数次（原文说：三个妇女当破铜锣，意指大肆吵闹）；结果，店封条被绅士之弟撕去，绅士退让表示错课，妇女欢喜可算胜利。"① 该类事件在苏区乡村不胜枚举，女性权利回归、地位提升明显。

四是有效引导乡民参与革命斗争。苏维埃政府紧紧围绕土地分配、阶级压迫问题动员乡民开展革命运动，乡村教化作为有效的宣传手段自然不可或缺。时任苏维埃共和国教育部代部长的徐特立曾要求各地加紧文化教育工作，提高广大群众的政治文化水平，发动群众参与查田运动。为此，各级政府、组织、机构及教育工作者应该利用多种形式为学生、乡民讲解为何要查田、查阶级，以及如何查等。这是因为，苏区的文化教育事业不是和平的建设事业，它是非常时期战争动员中一个不可或缺的力量，相关的教化工作是依附于革命斗争而展开的。他们的积极投入也逐渐唤起了广大乡民的革命热情和激情，加速了土地革命运动的进程。

南京国民政府击败红军收复皖西重镇金家寨并重新设立县治，这个当时被大肆渲染的新设县，县城只有一所国民小学，经费由县府政费拨发，教员由县府职员兼任。麻埠、流波村各有国民学校一所，都没有稳定的经费，更匮乏教育人才，失学儿童，遍地都是。调查者于是大发感慨，认为"在昔赤党占据时期，每一村落，据闻皆有列宁小学，而收复之后，竟未能广设学校……终属难掩之疚憾"② 不单是调查者唶叹连连，

---

① 中共广东省委党史研究委员会、东江革命根据地党史资料征集编写协作组、潮澄饶澳苏区党史协作组：《东江革命根据地史料汇编：潮澄饶澳苏区》，澄海印刷厂1987年版，第170页。
② 何友良：《中国苏维埃区域社会变动史》，当代中国出版社1996年版，第118页。

就连当地官绅,谈到此类事情时,也都面露愧色,自惭不如!

(二) 教化的教训

理想的教化图景必须直面乡村生活现实,否则,就可能出现相应的冲突或形变,乡村教化的本真意义将会受到削减。苏区乡村教化过程中出现过度的政治化、教条化、激进化等问题也是不容否认的事实,需要今人正视和反思。

1. 政治化

乡村教化工作中出现的政治化倾向是整个苏区文化教育的典型特征。受时代环境等因素制约,或许在共产党人的心目中,教育就是要为革命服务,这一点在当时的教育方针中体现明显。在苏区推行教化的过程中,"左"倾主义所带来的危害已然显现。毛泽东曾对党内出现的一股极"左"力量及其造成的消极影响甚为不满,他认为这使得共产党人非但没有在苏区获得广大群众的支持,甚至还有被孤立的危险。"左"倾不可避免地会对苏区的教育事业产生不良影响,尤其是在对待知识分子的政策上,不正确地"反富农",严厉审查教师的所谓"富农思想",残酷斗争,无情打击,错杀了一批知识分子;在教条地贯彻阶级路线时,不准地富子女入学或向其收取高额学费;在确立教育的基本原则时,超越了应该坚持的新民主主义原则,实行共产主义原则;等等。[1] 这都不同程度地妨碍和破坏了苏维埃教育事业的发展。

苏区教育工作存在着政治化的倾向,一些地区的宣传牵强附会,脱离生活实际,某种程度上造成了不良影响。"学校与群众对立,接受新教育的年轻人不愿做农民者,也有看不起庄稼人,造成相互之间的敌视。"[2] 过于强调文化教育为革命工作服务,是苏区教化的一大极端表现。很多时候,教育内容转以革命宣传,与边区的群众生活实际相脱节。这又难免不让传统统治阶层借口说新式学校、乡村教化等乃是共产党传播革命

---

[1] 唐志宏、谭继和:《中华苏维埃共和国史稿》,成都出版社1993年版,第415页。
[2] 李华兴:《民国教育史》,上海教育出版社1997年版,第171页。

思想的手段之一，共产党的宣传是在麻醉青年、教员，劝学子不要"误入歧途"。共产党人在苏区的乡村教化多数时间都在为革命宣传服务，基本不顾及学生、乡民的需求，也没有很好地尊重教育、艺术的内在逻辑，地方艺术、戏剧被大肆打压，乡村文化遭遇颠覆性破坏。

2. 教条化

共产国际执委会工作人员有一种普遍的倾向，即期望把在苏联共产党对俄国革命经验诠释基础上形成的评价和结论照搬到中国。他们试图借助于俄国经验进行分类（"富农""中农""贫农"等），以此来描述农民遭遇的经济困境与阶级压迫，他们将之运用到中国多半不是以社会差别而是简单以财富多少来加以区别。没有地产或保有少量地产的农民被划为"农村无产者""雇佣工人"和"半无产者"的行列。其中相当部分的无赖、流氓、地痞都被划归"农村无产者"，其身份认同与社会地位随着成分划分一跃而上，农村权力结构出现重大转变甚至波动。这种倾向本身就有经验主义及教条主义的狭隘，加之，他们对中国乡村社会的经济制度、阶层问题缺乏研究，致使他们夸大其词地形容农村资本主义关系及其激烈矛盾。这一转变带来了民众革命积极性增加的同时也被一些不法者利用，颠倒黑白，造成农村生活的动荡。

另外，由于城市与乡村生活的"城乡对立"现象，一些住在城里的豪绅长期打压乡民，使得很多乡民将矛头指向城区地主、豪绅，甚至逐渐扩展至所有城里人。《闽西革命文献资料》中曾记载了永定县城区周边乡村甚至出现"杀尽城内人""烧尽城内屋"的口号。本是进行革命行动的农民队伍，进城之后一哄而上，烧杀抢掠，形势大乱；致使城市地主、豪绅利用这些现象掀起市民对乡民的仇恨，并组织武装力量进行反扑。

3. 激进化

附丽于苏区革命运动的乡村教化，是激进政治的产物，给村民生活造成巨大冲击，并一定程度地影响了乡村社会的结构和秩序。自上而下的专制方式，让理想图景在实际执行中走了样、变了形。在苏区的革命宣传中存在许多夸大其词的现象，比如，在针对乡民的宣传和教育中，常常传达给他们这样的观点：人口占少数的土豪、劣绅、地主拥有70%至80%的土地，而贫雇农要向地主交一半甚至70%的谷物。但实际上，苏区农村权贵阶层掌控的土地在30%左右，向农民收取利谷的比例也占30%左右。毛泽东在江西寻乌县调查后写下《寻乌调查》，认为当地公田占40%，地主拥有土地占30%，农民所有的土地占30%；其他地区的实地调研与国民党的统计数据基本如此。

苏区的"肃反"工作出现扩大化、激进化现象，这对乡村教化的推进造成了毁灭性打击。执行极左路线者，把知识分子一律视为阶级异己分子，很多人被冤枉甚至以"阶级异己分子罪"杀害；一些军队没有认真执行起义投诚政策，肃反扩大化期间一些投诚的干部、士兵被无故处死或秘密杀害；肃反工作人员办案方法不当，甚至假公济私，用听口音、看走路样子，看手脚有无茧子等断定是否为知识分子、敌人等，甚为荒唐。湘鄂西苏区是肃反扩大化受害最严重的地区，该区红三军中总计进行了4次大规模的"肃反"。经过4次"肃反"后，曾经两万多人的红三军，人数下降到3000余人。另据《蕉平寻苏区史料汇编》显示，因肃反工作扩大化，苏区内耗严重，加之国民党军队猛烈反扑，致使红军损失惨重，地盘不断缩小。具体如：

（1931年秋）由于王明"左"倾错误路线的危害，国民党反动派的残酷"围剿"，县委主要领导人错误执行肃反扩大化的政策，以AB团的罪名冤杀了大批革命同志，致使革命力量遭到严重损失……

（刘泮林回忆）寻乌地区是1931年开始杀AB团的，杀得很惨，先杀县里的领导，接着杀区、乡干部、知识分子，最后波及到革命群众。这样一杀，革命力量损失很大，区、乡政权均处于瘫痪状态。寻乌南面红区也逐渐收缩，往北推移。

（据刘钦云回忆）梁锡祜受"左"倾路线严重影响，他采取怀疑一切，打倒一切的错误做法，排斥打击革命力量，以反AB团的名义，把大批在寻乌土生土长的干部当作AB团分子抓起来，对一般参加革命早的群众也不放过。他们的手段是残忍的，不重证据，不调查研究，也不走群众路线，想抓谁就抓谁，抓起来以后，就用绳子把被抓人的两个大拇指绑起来，逼他们承认。如不承认，就用"破肚挖心""斧砍刀割""四肢钉板"等残酷手段……当时，在农村的村代表，苏维埃政府主席，绝大部分都被抓去杀了，很少有幸存下来的。全县以 AB 团名义被无辜杀害的共有三千五百多人，仅留车一个区就杀了一百五十一人。①

中国共产党之所以通过革命的形式实践理想，多为形势所迫，是无奈之举，但"运动式"的做法在实践中的确伤害到部分无辜之人的感情甚至生命，造成了不可挽回的政治认同缺失和损失。英国政治哲学家威廉·葛德文曾经一度对革命赞赏有加又责难革命所带来的摧残，他认为，革命产生于大众对暴政的愤怒，革命怒火越大，压迫者的崩溃就越迅速；但革命不是人类进步的全部，它带来的强暴力量也有很强的摧毁性，使用暴力是一种令人遗憾的事情。

五 教化意义的消减与反思

"失败"总是一件令人不悦的事情，回望历史，这不过是共产党人"从胜利走向新的胜利"的插曲或磨难而已。苏区乡村教化的形式与内容相互脱节，方法与目的背离，都使其作用、意义被削弱甚至消解。其直接后果就是导致共产党人在农民群众心中的形象受到损害，随即影响党员的组织认同，继而又影响到党员、干部行使乡村教化的欲望和积极性，最终的效果大打折扣，先前的雄伟目标并没有如期实现，甚至还起到了反作用。共产党人在后来所面临的种种打击与之不无关系，然而，相应的实践与教训也使其获得了更多的执政、管理经验。对于一个务实的、成熟的政党来说，失败中汲取教训，胜利中提取经验才是紧要的。所以，

---

① 中共梅县地委党史办公室、中共赣州地委党史办公室、中共蕉岭平远寻乌县委党史办公室：《东江革命根据地——焦平寻苏区史料汇编》，1987 年，第 46、142 页。

第八章　苏维埃地区的乡村教化

苏区的乡村教化至今仍有巨大的镜鉴意义。

走农村包围城市，武装夺取政权的道路，是共产党人的历史选择。"但这并不意味着农村就是建立政权的完备场所和成熟的历史舞台。中国几千年来长期受封建专制的统治，毫无民主可言。在农村，更由于基本上保持着封建家长制和宗法制的统治，民主意识和民主传统更无从谈起，而且这种状况短时期内很难改变。相反，封建时代独裁专断的恶习深入于群众乃至一般党员的头脑中，一时根除不干净。"① 虽然县、区、乡各级苏维埃政权建立了，但其社会、政治、经济、文化形势都不容乐观，剧烈的革命运动与激进的教化工作难免不出现问题。

苏维埃境内，贪污腐败、以权谋私、道德败坏等现象依旧层出不穷，生产效率也不比以往，群众积极性受到削弱。例如，有人陈诉："乡苏罗主席、秘书威风很大，赤卫队长非常恶，专门打人。罗主席穿得很好，专偷别人老婆。"② 苏区成立的一些合作社并没有给入社群众提供太多的帮助，反倒是当地苏维埃政府人员先得到东西，却往往欠债赊账，办不到多长时间就本利干枯而倒闭。所以，当时的很多不法分子与投机分子利用革命情绪的狂热和兴奋，大造声势、浑水摸鱼，致使地方生产力再度下降，经济下滑，民众生活、学习更加难以为继，赋税更为严苛。种种消极现象引起很多乡民的反感，"扩红""收税"等现实令农民苦不堪言，很多人逃到荒山躲避红军的税收、征兵政策。以群众为基础的军队，一度失去群众的信任。苏区农村出现的权力颠覆现象较为普遍，不单单是地主、士绅等所谓的剥削阶级的权力丧失，包括祠堂族长的族权、庙宇神权、家长男权等统统遭到威胁。苏区农村的阶级对立与经济困境并不似宣传中那样的恶劣，甚至引起很多村民的误解与反感，这在一定程度上削减了共产党人的声誉和宣传效果。

党内部分领导意欲一劳永逸地完成革命的企划是天真而冒进的，正

---

① 王予霞、汤家庆、蔡佳伍：《中央苏区文化教育史》，厦门大学出版社1999年版，第3页。

② 黄道炫：《张力与限界：中央苏区的革命（1933—1934）》，社会科学文献出版社2011年版，第110页。

因如此，也付出了沉重的代价，苏区革命的最终失败就是最有力的证明。教化效果的不尽如人意，造成共产党人的社会基础不稳，这也可以看作后来国民政府"围剿"成功的重要影响因素。还未等共产党人立稳脚跟，国民党军队就汹涌而至，苏区激进的土地革命也引起地方豪绅的反扑，形势难谈乐观。中共虽然躲过前四次"围剿"，却无力面对国民政府第五次真正意义上的"围剿"。苏维埃多处根据地失守，红军被迫转移或撤退，共产党人领导的苏区教化也基本宣告终结。虽然苏区革命、教化因国民政府的强力打击而失败，但共产党人在农村革命的印痕已经深刻存在，他们在短短的时间内积攒了丰富的执政经验，找到了发动群众扩充武装的方法，并在艰苦跋涉之后保留了革命的火种也在抗日战争期间养精蓄锐，快速成长，为其后来改造农村生活、取得革命胜利打下了坚实基础。

总之，年轻的中国共产党人在苏区的乡村教化有失败的教训，也积累了很多的斗争经验。他们在苏区的教化策略因其极强的表达能力或者技巧而引起了共鸣，也因偏离了教化所本该具有的社会性和实用性而受到排斥。所以，当代中国，应该珍惜和平的发展环境，坚持本真的教育目的，在刺激经济增长的同时不忘反哺乡村社会，加强基础教育、提升农民素养、改善其生活水平。不同于革命年代，当代中国的乡村教化、宣传等努力不应再围绕政权斗争，而应以民生为本，以促进农村经济、社会、文化等全方位发展为旨归。

第九章

乡村社会秩序的重建

自中华人民共和国成立至"文化大革命"以前的十七年，是中国共产党开展社会秩序重建的十七年，其中包括社会主义改造的七年和社会主义全面建设的十年。新中国成立初期，由于社会结构复杂，城乡差异显著，共产党对乡村与城市采取了不同的秩序重建方略。在乡村社会，中共中央把工作的重心放在了土地改革和阶级成分的划分上，以此来确立党在乡村的执政地位，建设、巩固其在各地的基层结构，利用功能性整合、制度性整合与认同性整合的优势互补，完成了社会秩序的重建。概括来讲，这种全方位的垂直领导式的建构过程表现在四方面：以土地改革以及集体化运动为载体的经济配置；以政策制度倾斜为手段的政治调控；以社会组织方式为中介的行政干预；以社会意义建构为依托的文化启蒙。

一 乡村社会的现实格局

新中国成立初的中国乡村具备众多新旧交替社会的特点，不管在物质结构上，还是在精神文化上皆呈一盘散沙的状态。新中国成立前，饱经战争摧残的、薄弱的乡村社会在风雨中飘摇，乡民的生活贫困交加，这给共产党人即将展开的建政工作带来了极大的挑战。

（一）社会秩序散乱

在新中国即将成立之际，各种与新政权不相匹配的因素并没有自行消失，极大地干扰着人们的社会生活，加剧了转型时期的混乱无序。在乡村，不管是老解放区还是新解放区都遭到了土匪武装、国民党特务分子等反动势力不同程度的破坏。与此同时，乡村社会的贫富差距、两极分化问题也不容忽视。根据国家统计局1952年的调查统计资料，土地改革前，乡村3.79%的地主占据了38.26%的耕地；而57.44%的贫雇农却只占有14.28%的耕地，就土地平均占有率而言，地主是贫雇农的40余倍，人均占有率也达近30倍。[①]

所以在新中国成立之后，为了巩固新生的政权，共产党人不得不采取一系列措施来积极应对。一方面，广泛深入开展社会主义思想宣传教育和坚决有力的社会治理，镇压各种反革命活动，纯化社会环境；另一方面，在经济、文化、教育等领域进行必要的恢复和改造，加强国家意识形态建设，培养广大农民的政党认同。农民作为无产阶级革命的主力军，是共产党的主要依靠力量，只有通过耐心细致的教化将他们凝聚起来，才能从根本上稳固社会主义。对于那些长期处于水深火热中的广大农民来说，现世安稳是其安身立命的基本条件，也是他们对执政党的朴素要求，这些条件与要求的满足与否至关重要，不仅影响着农民的政治情感，而且还决定着建政工作与教化实施的最终效果，因而保证社会的稳定与繁荣是党的乡村治理工作的首要任务。

（二）生产技术落后

新中国成立之前，农民的生活极度贫困，生活水平极低，经常食不果腹，"糠菜半年粮"是他们生活状况的真实写照。长期的战争给国家带来大量的军费开支，连年巨额赤字，通货膨胀愈演愈烈。至1949年新中国成立时，国民经济已经处于崩溃的边缘。那时，全国工业总产值与抗战前的最高年份相比降低了一半，且结构畸形发展，分布极不合理；农业产量降低两成以上。[②] 整个乡村社会生产停滞，生活封闭，发展十分缓

[①] 杜润生：《中国的土地改革》，当代中国出版社1996年版，第4页。
[②] 柳随年、吴群敢：《中华人民共和国经济史简史教程》，高等教育出版社1988年版，第5—6页。

慢。加之自然灾害频繁等多种因素的影响，大部分地区的农民不仅生产要素匮乏，而且仍旧沿袭着传统农业经营模式，依靠人力和牲畜进行劳作；农业生产技术更新缓慢，因循守旧，技术水平整体落后；技术推广空间逼仄，农业生产效率低下。

　　面对如此严峻的经济状况，共产党人开始有计划地建立新的经济秩序：一是恢复发展国民经济；二是全面实行以合作化运动为重点的改造与建设并举的社会主义改造；三是大力创办人民公社，统一整个社会的管理与资源配置，努力打造一个和谐安稳的理想社会。

（三）教育基础薄弱

　　与乡村经济的窘迫状况相一致，乡村文化教育的发展几乎陷入停滞。在南京国民政府统治时期，特别是1938年以后，由于政治局势的动荡和政府的不作为，国民教育迅速走向衰败。据国民党政府教育部的统计，1947年全国高等专科以上学校仅有207所，有在校学生15.5万人；1946年中等学校共计5892所，在校学生数为187.85万；小学共有289000所，在校学生约为2368.34万人。[①] 6岁至11岁的学龄儿童约有6200万，全国学龄儿童的平均入学率只达20%左右。由于教育资源与投入有限，加之受经济和生活条件的限制，劳动人民的子女很少有机会进入学校接受教育，儿童失学现象相当严重，部分地区的失学率高达90%以上。基本的受教育权得不到保障，文化素质普遍较低。[②] 正规教育尚且如此，非制度化的社会教育更是令人担忧。国民党统治时期，只有少数地区设有寥寥可数的民教馆、图书馆和民众学校，而且大多只是装点门面，甚至还进行一些反动宣传，除此之外，根本就没有什么像样的群众教育组织机构。[③]

　　中华人民共和国成立以后，国家对教育进行了一系列的接收、整顿

[①] 《中国教育成就统计资料（1949—1983）》，人民教育出版社1984年版，第1页。

[②] 中共中央党史研究室：《中国共产党历史（1949—1978）》（第2卷），中共党史出版社2001年版，第87页。

[③] 董纯才：《东北区工农业余教育工作初步总结报告》，《东北教育》1950年第7期。

与改造工作,兴建了一批社会主义的新型中小学,实现了办学与管理体制的重大转变。随着国家权力重心的下移,在乡村社会,学校作为"村落中的国家"的合法地位得以确立,在后来的各种政治运动与经济建设中,发挥了重要的推动作用。

(四) 价值观念封闭

经济的落后和教育的停滞,导致乡村文化贫瘠,民风愚昧,当时的贫雇农不仅文化水平不高,阶级觉悟和社会主义积极性也较低。他们没有为了共同的利益,必须要团结起来反对地主阶级的合作意识。大多数农民第一次听到共产党的阶级分析理论时,觉得这套理论是外来的,感到很新奇。[1] 而且,一般来说,工人阶层与资本主义的利益是直接对立的,社会主义积极性较高,但农民却不同,小私有者的性质与传统决定了他们具有自发的资本主义倾向。因而,切实教育改造农民,提高他们的政治觉悟和社会主义积极性,鼓励他们走互助合作、共同富裕的社会主义道路,是在中国这样一个农民占大多数的东方大国实现社会主义的必要前提。[2]

中国社会素以乡村为基础,以乡村为主体,农民的文化素质对整个社会主义改造与建设起着奠基性的作用。对于新生政权而言,乡村社会的落后状况是一个严峻的挑战,制约着国家工业化进程。社会主义的现代化归根到底是教育和人的全面现代化,只有培养出具有现代素质的新式农民,乡村社会才能成为国家工业化建设的推动力量。对于中国农民的特点,有很多研究者都曾讨论过。从梁启超的缺公德,到陈独秀的家族本位;从鲁迅的狭隘守旧、麻木愚昧,到胡适的自欺自慰,安命不争;从梁漱溟的私德、安分,到林语堂的因循守旧;从潘光旦的自私自利、公私不分,到费孝通的家观念、重人伦。[3] 各种描述关涉宽泛,但概括来

---

[1] [美]麦克法夸尔、费正清编:《剑桥中华人民共和国史》(下卷),俞金尧等译,载《中国革命内部的革命(1966—1982年)》,中国社会科学出版社1992年版,第623页。

[2] 何晓明:《知识分子与中国现代化》,东方出版中心2007年版,第288页。

[3] 沙莲香:《中国民族性(一)》,中国人民大学出版社1989年版,第92页。

看，大体可以将中国传统农民的价值观念总结为四点：平均、保守、功利、封闭。[①] 这些传统加剧了农民对于土地以及封闭自然经济的依赖，到新中国成立以后，这一状况并没有发生实质性的改变，土地问题始终还是农民问题的核心，是其赖以生存的主要依托，也正是这一特点为中国共产党在新中国成立前后在新老解放区推行土地改革提供了空间。

随着中华人民共和国的成立，共产党的社会角色由革命党变为执政党，其肩上的根本任务也随之发生变化，在经济建设上要发动一切可依靠力量，恢复与发展国民经济，将过去半殖民地半封建的经济转轨为"公私兼顾"的新民主主义经济，[②] 把中国从落后的农业国建设成为先进的工业国；在政治及政权建设上要继续肃清反动残余力量，稳固社会秩序，为新生的人民政权打实根基；在社会建设上要深入广泛开展民主改革运动，清除旧社会的痼疾和遗毒，净化社会环境，使整个社会景象向积极方向转变。

二 土地改革与乡村社会结构的改造

新中国成立初期一般是指1949—1953年这段时间，是我国由新民主主义社会向社会主义社会过渡的重要时期。在这一过渡阶段，社会的各个领域皆呈现出多样性的特点，政治、经济与文化建设局面格外复杂。在乡村社会，由于农民封闭、守旧的性格特点，加剧了问题的严峻性，在面对政权更迭以及政策变动时，他们在价值观念与行为方式上皆表现出一定的滞后性，不愿接受形势的变化。为了解决这一问题，中共不断根据现实状况调整党的执政方略，试图在短时间内将这些潜在的力量发动起来，增进社会整合。具体而言，在中华人民共和国成立的最初岁月，国家主要从农民群体入手，依靠"阶级"和"集体"的逻辑重构乡村社

---

① 周晓虹：《传统与变迁：江浙农民的社会心理及其近代以来的嬗变》，生活·读书·新知三联书店1998年版，第68—79页。

② 中共中央党史研究室：《中国共产党历史（1949—1978）》（第2卷），中共党史出版社2011年版，第112页。

会，实现对"新中国"乡村社会的整合，通过连续不断的"政治运动"达到国家对乡村的管控。

（一）土地制度与社会改造

重建乡村社会秩序的关键在于如何把这些乡村中离散的个体凝聚起来，让他们成为推动社会进步的新式农民，这不仅是一个有关民生的社会问题，也是一项关乎国计的政治任务。总的来讲，组织与动员群众的途径大致有两条：一是政策宣传、示范引导的温情教化路线，但这种做法需要较大的时间成本，而且就乡村社会而言，乡土文化中所存在的愚昧与保守等先天痼疾决定了仅靠这种"软"的方式效果并不理想；二是自上而下利用政府权力垂直领导，即通过行政权力和运动的方式把底层民众在短时间内迅速调动、组织起来。在现实中，这两种路径不是截然对立的，共产党人往往根据现实的情况把二者结合起来，以增进执政效果与效率。

利用土地的相关政策对农民进行掌控、管制就是这种整合路径的具体实践。在乡村社会，土地是人们赖以生存的命脉所在，对农民的意义非凡，因而以土地这一农民利益焦点来开展组织动员工作，在效果上必然事半功倍。但带有权威性色彩的社会整合，往往由于触动一部分人的既得利益而陷于被动，从而导致认同的缺失，所以刚性的制度变革常常需要与柔性的教化相配合，才能相得益彰。新中国成立后的十七年中，乡村社会的土改、合作社以及人民公社运动都是沿袭了这种刚柔并济的整合路径：以刚性的变革为基础，用柔性的教化来推动，改造社会、以政变俗。由于这个具体的整合过程是以阶级划分为起点，以阶级性改造为手段，力图构建一个阶级同质化、价值一元化的大同社会，所以我们用"阶级同化"这一概念来勾勒这一时期乡村社会秩序重建的核心特征。具体的讲，"阶级同化"是将"阶级"从客观存在转变为主体意识的思想建构过程，这种改造主要是以发挥政治、经济与教育这三个领域的社会整合功能为框架，在此基础上广施教化：一是通过政治上的土改"划成分"，是对乡村社会结构进行阶级成分上的归类，以农民的日常生活为切入点培养阶级意识，为最终的阶级同质化提供现实基础和可靠力量；二是通过经济上的集体化管控，利用各种形式的社会活动启发农民的政治觉悟，热爱集体，热爱国家；三是通过文化教育上的政治宣讲，激发农民的劳动热情，进一步增进其对国家与集体的价值认同，成为具有无产阶级价值观的新式农民。所以说，对农民进行阶级划分是推进土地改革的必要前提，在新中国成立后十七年的乡村中，一切规训、教化活动都是以阶级确立为基础而展开的，对农民的阶级性改造是认同构建的客观基础，阶级性质改造的表征背后实则指向的是农民思想观念与价值取向。从这个意义上讲，农民阶级同化的过程其实就是政治认同的建构过程，它集阶级划分、思想改造与价值观形塑于一身，在现实的社会实践中，这其中的三个部分是同步进行不可分割的，并存在内在的逻辑关系：阶级划分是基础，思想改造为过程，价值形塑乃目的。

这样看来，新中国成立初期的土地改革，尽管是为改善农民生活而提出，并且也在恢复和发展乡村经济方面起到了一定的作用，但其在巩固工农联盟，加强无产阶级领导，稳固新生基层政权等方面的政治意义则更为根本。正如中央人民政府内务部部长谢觉哉在第一届全国民政会议上所指出的："我们不要把土地改革与建政打成两极，那样将走弯路、费力多，而应该是土地改革过程即建政过程。"[①] 事实上，从政权建设的角度讲，土地改革时期正是中共对乡村进行大规模社会改革、构建基层政权体系的时期，土地改革的过程就是挖除乡村旧政权的统治根基、奠定乡村新政权社会基础的过程。[②]

（二）土地改革与阶级观点的确立

土地改革运动实际上是分两个阶段进行的。第一个阶段是新中国成立前（1946—1949年）老解放区的土地改革；第二个阶段是新中国成立以后（1949—1952年）广大新解放区的土地改革。新解放区的土改，一

[①] 《关于人民民主建政工作报告》，《人民日报》1950年9月12日第1版。
[②] 刘文瑞：《建国初期中共农村基层政权建设的理论与实践（1949—1958）》，博士学位论文，中国社会科学院研究生院，2013年。

般是经过发动群众、划分阶级、没收与征收、分配土地财物、土改复查等五个阶段。划分阶级时，通常包括"讲阶级""评阶级""通过阶级""批准阶级"四个步骤。① 阶级划分可以加深农民对阶级的认识，在此基础上运用群众以苦引苦的方式来发动后进，大力强化阶级的观点。

1950年6月28日中央人民政府委员会第八次会议通过了《中华人民共和国土地改革法》，规定了土地改革的总则就是要"废除地主阶级封建剥削的土地所有制，实行农民的土地所有制，借以解放乡村社会生产力，发展农业生产，为新中国的工业化开辟道路。"② 这一任务是根据当时乡村社会的具体情况和中国共产党在老解放区多年的探索经验而提出的。早在1948年4月1日，毛泽东就发表了著名的《在晋绥干部会议上的讲话》（简称《讲话》）。在《讲话》中，毛泽东第一次明确地提出新民主主义革命的总路线，"新民主主义的革命，不是任何别的革命，它只能是和必须是无产阶级领导的，人民大众的，反对帝国主义、封建主义和官僚资本主义的革命"。并进一步提到了土地改革的总路线，即"依靠贫农，团结中农，有步骤地、有分别地消灭封建剥削制度，发展农业生产"。③ 这一情况到了新中国成立后并没有发生实质性的改变，"依靠贫农，团结中农"依然是新解放区土地改革的基本方针。《中华人民共和国土地改革法》的颁布，标志着轰轰烈烈的土地改革运动在新解放区拉开了序幕。土地改革是一场触及乡村社会每个成员实际利益的社会变革，它不但会使乡村社会各阶级阶层的经济关系发生根本性的变化，而且还将改革各阶级阶层的政治地位。④ 地主阶级被推翻，整个冲击并改变了中国乡村原有的社会联系，其中，首当其冲的是乡土社会的宗族血缘关系……传统血缘群体的主导地位被颠覆，农会、乡村基层政权组织以及后来的合作社、人民公社等超宗族血缘关系的新型组织的普遍建立，以及对阶级成分的强调，使得原先的血缘群体的认同感和宗族血缘意识大

---

① 罗平汉：《土地改革运动史》，福建人民出版社2005年版，第375—380页。
② 《中华人民共和国土地改革法》，《人民日报》1950年6月30日第2版。
③ 罗平汉：《土地改革运动史》，福建人民出版社2005年版，第242页。
④ 同上书，第365页。

为减弱。①

为了更好地贯彻土地改革政策和法律，中国共产党注意利用各种形式，如成立土改委员会，组建、集训土改工作队等办法，广泛宣传土地改革的必要性。1950年7月6日，华东军政委员会发布关于土地改革宣传的指示。指示规定：各级人民政府、人民团体，各机关、学校、部队，应有准备地、有计划地组织全体人员，对《中华人民共和国土地改革法》和刘少奇《关于土地改革问题的报告》进行学习；并应有准备地、有计划地组织对人民群众的土地改革宣传。湖南、湖北、江西三省各级人民政府和各级党委，各民主党派和人民团体，均曾发出指示和通知，要求组织学习和宣传《中华人民共和国土地改革法》。江西省书店在一个月的时间里就售出《中华人民共和国土地改革法》50万册。该省还组织各级学校的教师和青年学生4500多人，在暑假期间下乡进行《中华人民共和国土地改革法》的学习和宣传活动，仅南昌市就有27所中小学教师、学生组成的暑期下乡工作队，在该市附近乡村地区进行《中华人民共和国土地改革法》的宣传。②

中国革命能够取得伟大胜利的最宝贵经验之一就是通过"均地权"的形式，吸收广大贫下中农参与到革命中来，从而争取革命的最后胜利。新中国成立以后，共产党人结合已有的经验来进行乡村建设，并走上了农业集体化之路。集体化的思想渊源我们可以从毛泽东早期对新社会的畅想中管窥一斑，"合者之新家庭，即可创造一种社会。新社会之种类不可尽举，举其著者：公共育儿院、公共蒙养院、公共学校、公共图书馆、公共银行、公共农场、公共工作厂、公共消费社、公共剧院、公共病院、公园、博物馆、自治会。合此等之新学校、新社会，而为——'新村'。"③ 这一思想体现"天下大同"的基本理念，为新中国成立后实现中央到基层、城市到乡村的全方面权力渗透，埋下了伏笔。新中国成立以后，

---

① 周晓虹：《传统与变迁：江浙农民的社会心理及其近代以来的嬗变》，生活·读书·新知三联书店1998年版，第159页。
② 罗平汉：《土地改革运动史》，福建人民出版社2005年版，第370页。
③ 《毛泽东早期文稿》，湖南人民出版社1995年版，第454页。

从土改、合作社，再到人民公社制度的确立，这一系列的政治运动都反映了毛泽东的这一思想，也在客观上为大同思想的落实找到了立足点与突破口。新中国成立前，在解放战争过程中，一些老解放区已经实行了土地改革。新中国成立后，国家决定进行全国范围的土改。1950年6月14日，刘少奇在人民政协全国委员会第二次会议上的讲话中指出了旧中国的土地制度的不合理性。1950年冬季开始，全国各地开始根据中央新颁布的《土地改革法》实施土地改革。经过三年的努力，到1952年底，除西藏等少数地区外，土地改革胜利完成。在整个土地改革期间，全国大约有3亿农民参与分配了7亿多亩的土地，近一半的土地所有权发生了变动。

土地改革的实质就是通过阶级同化来实现国家对乡村社会的秩序重组。当时中共的领袖把阶级斗争理论作为中共理论的核心，通过阶级划分、政治分层来建立党在乡村社会的基层政权结构，并依据阶级出身的相关理论来启发农民的阶级意识和阶级觉悟。根据这一理论，在土改的同时必须进行阶级成分划分。1950年8月政务院公布了相关的规定，划分阶级成分，按占有土地的比例，大致分为六个阶级：地主、富农、富裕中农、中农、下中农、贫农，不同的地区可以根据实际情况，再酌情细化。此后，一直到"文革"结束的多次政治运动中，共产党始终把"阶级身份"作为各项工作的重要依据，用阶级的观点与阶级分析方法来处理社会问题。在当时的时代背景下，阶级观点确立的历史意义非同凡响，它是国家在短时间内迅速实现社会整合的前提条件，也是乡村社会进行集体化建设的必经之路。尽管在新中国成立后的十七年里，阶级观点随形势的发展几经变化，在20世纪60年代初、中期成为新政治文化中的强势意志，造成广泛的社会歧视现象，对人们的生活和社会的进步产生严重的阻碍作用[1]，但并不能把那些教训全部归咎于阶级观点本身，实际上，后来阶级斗争的极端化发展是由多方因素共同促成的，不能简单化的对阶级观点予以全盘否定。

---

[1] 高华：《身份与差异：1949—1965年中国社会的政治分层》，香港中文大学出版社2004年版，第2页。

（三）乡村社会阶级结构的重组

从历史的角度看，自新中国成立以后伴随着土地改革，在阶级理论的指导下，"阶级"这种新的身份系统，在乡村社会的秩序建构中日益符号化和象征化，成为判定农民群体对党和国家是否忠诚的重要标识。身份标签的背后是社会地位与物质待遇等方面的差异，它倒置了乡村社会原有的金字塔结构，地主与农民的社会地位发生了前所未有的逆转。

土地改革是根据"依靠贫农、雇农，团结中农、中立富农，有步骤有分别地消灭封建剥削制度，发展农业生产"的总路线进行的，[1] 这就规定了土地改革之后的中国乡村的社会结构和各阶级阶层的政治关系格局是一种全然不同于1949年以前的社会结构。这种社会结构和经济结构与先前的最大区别在于它开启了均值化的设计趋向，也就是说，在财产的剥夺和再分配过程中尚留存了一部分给地主，但在政治权力的剥夺和再分配中，原先的权力金字塔顶端的人则变得一无所有。其实，地主阶级在土改中失去的还不仅是财产和权力，他们失去的还有代表一个阶级社会地位高低的声望。以前养尊处优、八面威风的生活一去不复返了，他们在土改中权威失落、财产被分、声望扫地，成为批斗的对象、指责控诉的对象，以及管制和镇压的对象。[2] 在新的身份系统中，只有具备了贫下中农阶级的身份标识才会顺利通过进步阶级（无产阶级政治）的价值过滤，为党所信、所用。在"越穷越光荣、越穷越革命"，"依靠贫雇农"，"均贫富"等政治文化的浸染下，贫雇农阶级的政治与经济社会地位迅速提升，而原来位于社会顶层的地主、富农阶级的地位则在财产让渡中迅速跌落。贫穷不再是一种耻辱，而是一种光荣。贫穷在道德上意味着某种正面的价值，开始只是因为它意味着不剥削人，反而受别人剥削，后来则附加上去大多数的优秀品质，诸如正直、勤劳、善良、朴实

---

[1] 薄一波：《若干重大决策与事件的回顾》（上卷），中共中央党校出版社1991年版，第119页。

[2] 周晓虹：《传统与变迁：江浙农民的社会心理及其近代以来的嬗变》，生活·读书·新知三联书店1998年版，第158页。

等等。①

因而，在土地改革的实践中乡村社会结构出现由两头向中间聚拢的趋向：最底层的贫农阶级随着生产资料的获得逐步迈入中农的行列，而原有的地主、富农阶级在财产的再分配过程中，经济地位受到严重削弱，普遍沦落为中农、甚至贫农。这样，新晋的贫雇农阶级与落魄的地主、富农阶级进一步壮大了中农阶级。一项对广东省63个村庄的抽样调查显示，土改以后乡村社会各个阶层的比例发生了很大的变动，贫下中农占73%，中农（包括上中农）占17%，富农4%，地主2%，由于数据来源不同，具体的数字可能会有小幅度的出入，但是社会整体的结构基本如此。②整个社会呈现出阶级同质化的趋势，原本处于社会两端的地主、富农和贫雇农在贫富拉平的过程中普遍中农化。

社会结构及阶级的同质化不仅是一种政治变革，而且也带来了农民经济地位的趋同，乡村社会的贫富差距被拉平。土改以及集体化的过程就是采取向下拉平的方式来实现社会平等的过程：地主及富农的财产被重新分配给那些原本经济地位处于乡村社会最底层的人们。处于金字塔顶端的传统权贵阶层与处于金字塔底端的贫雇农阶层发生了根本的置换。

从土地改革、合作化，再到后来的人民公社运动，伴随着一轮接一轮的政治运动，阶级这种象征化、标签化的身份系统，及其形成的阶级文化深刻地改变了乡村社会的秩序结构。新的阶级秩序通过重构乡村社会关系，瓦解了乡土伦理及其伦常作用，并扎根于农民的物质及精神世界之中，由政治斗争带来的阶级文化代替了传统社会的礼俗文化。这是一种政治的教化，更是一种革命的教化，十七年中整个集体化的过程，都是在这种新的阶级斗争理论的指导下进行的。集体化是一个相对的概念，是针对个体化而提出的。自秦以降的中国乡村社会便开始实行一家一户的生产经营方式，这在客观上决定了乡村社会的分散化和对政治的

---

① 张鸣：《乡村社会权力和文化结构的变迁》，广西人民出版社2001年版，第149页。
② 卢晖临：《集体化与农民平均主义心态的形成》，《社会学研究》2006年第6期。

离散化，乡村社会也因此而被视为"一盘散沙"，农民被视为是一袋无法抱团的"马铃薯"，不仅乡村成员之间缺乏组织联系，而且国家也很难进入乡村社会。①新中国成立后，新的政权亟须扭转这一局面，基于对乡村社会现实的考虑，针对其经济结构与阶级结构的不平衡特点，中国共产党决定通过土地问题的解决来争取大多数的支持，通过阶级化的方式动员、组织农民，完成对乡村社会的政治与经济整合。从这个意义上讲，土地改革就是要解决乡村社会结构的阶级分化问题，土地改革的实践过程就是阶级性质改造与阶级价值同化的过程。从土改、合作化，到人民公社的建立，就是一个穷富拉平、阶级同化的故事：土改是故事的开端，它分别摧毁和削弱了地主和富农的经济优势之后，提升了贫雇农的经济地位；合作化是故事的深化，它在削弱土改时期没有触动的广大中农相对于贫雇农的经济优势之后，进一步摧毁了富农的优势；公社化是故事的高潮，它荡平了中农与贫雇农之间的差别。②至此，一个同质化的集体社会实现了。

三 乡村社会组织形式的政治强化

农业合作化运动是社会主义改造阶段继土地改革之后，国家在基层社会实行强制性制度变革的主要方式和手段。土改完成后，农业发展问题并没有完全解决，"以农促工"式的发展仍然是乡村社会的主要任务，以农业合作化实现对个体小农经济的改造和国家的工业化是合作化运动发起的两个主因。为了进一步巩固土改所建立的乡村社会新秩序，国家决定开始农业合作化的土地制度，通过互助合作的形式将生产资料私有制为基础的小私有经济改造成生产资料公有制为基础的合作经济。农业合作化先后经历了具有社会主义萌芽的互助组（至1953年底）、土地入股的半社会主义性质的初级社（1954年至1955年）和土地、耕畜、农具

---

① 徐勇：《阶级、集体、社区：国家对乡村的社会整合》，《社会科学战线》2012年第2期。

② 卢晖临：《集体化与农民平均主义心态的形成》，《社会学研究》2006年第6期。

等折价归集体所有的高级社（1955年至1956年）三个阶段。① 当然，由小农经济到集体经济的转变，不是自发形成的，与前期的土地改革一样，这依然是一个国家强制性的制度变革，为了争取广泛的社会认同，加强对农民进行思想以及生产、生活等方面的行政干预和教育引导是必不可少的。

（一）互助与合作的组织形式

互助组是农民在土改过程中自发组建的小型集体劳动组织，它在本质上仍属于个体经济，从类型上看，有临时性和季节性的互助组，也有比较固定的常年互助组。与单干相比互助组只是以换工和互利的形式将农民的生产活动关联起来，它不涉及生产技术方面的变革，土地和生产资料的所有权也仍然归农民个人所有。从1953年起，随着国家经济建设步伐的加快，供求关系紧张的问题开始出现，农业的发展跟不上建设速度，这导致农业副产品的供给不足以维持乃至促进整个国家工业化的进程。虽然工人阶级领导农民成功推翻了封建土地制度，但很多问题并没有完全得以解决，国家领导层认为农民身上仍然存在着劳动者和私有者的两重性质，这将不可避免地在乡村社会产生了社会主义和资本主义两条发展道路的斗争，而且根据预计，随着农业经济的恢复和逐步好转，这两条发展道路的斗争会越来越明显。1953年12月16日，中共中央通过了《关于发展农业生产合作社的决议》，到1955年1500万农户成立了近60万个农业生产合作社，出现了"农村社会主义高潮"。

初级社是在互助组的基础上发展起来的，将社员的土地及主要农耕财产交给合作社统一使用和支配，但仍然在最基本和最大程度上保留了其社员的土地及其他生产资料的所有权，以土地、农具入股分红，统一经营为原则，每个社员按照土地的数量和质量从合作社的总收入中获取相应的报酬。高级合作社是农业合作化运动的最后阶段，是个体经济和

---

① 王丽华：《中国农村土地制度变迁的新政治经济学分析》，博士学位论文，辽宁大学，2012年。

集体经济的一个转折点。高级社是一种以集体所有制为基础的农民合作的经济组织，取消初级社时的入股分红制度，社员的私有土地、耕畜以及大型农具皆被无偿地归为集体所有，完全实行按劳取酬，已经具备完全社会主义性质。生产资料的集体化之后，乡村的合作社就完全成为一种适应国家生产需要的劳动组织，其所获得的收益主要用于扩大再生产，发展国家生产力。

总的来讲，从互助组到后来的初级社，以及高级社，这是一个国家权力不断集中的过程，个体被湮没在集体之中。国家通过互助与合作的组织形式，实现对基层社会的总体管控。如果说互助组和初级合作社，只是在劳动力和生产资料上采用协作互助的方式，农民的私有产权仍是被承认的，那么到了高级社以及接下来的人民公社，情况就截然不同了，绝对的平均主义，让农民失去了所有的生产资料，所以抵触在所难免，农业的大幅度减产就是这种反抗的直接后果。毫无疑问，这种从私到公的变化触动了大多数农民的利益，很多农民是心存不满的。所以在集体化的道路上也经历了几次反复与紧张，如冒进与反冒进辩论、农民"闹退社"等。

（二）倾斜与补偿的政策导向

土地改革之后，乡村社会的社会主义改造有两翼：一翼是合作化，另一翼是粮食统购，两翼相辅相成。[①] 粮食统购实际上与合作化相伴随、相始终，互为因果、相互促进，共同完成了社会主义建设伊始的政治强化和秩序巩固工作。1953年我国提前终止新民主主义路线向社会主义过渡，在乡村社会开始了以否定私有制为目的的集体化运动。这场向集体化过渡的运动开始于土地改革结束后的互助组，历经初级合作社和高级合作社，最后终结于1958年底建立的人民公社。在整个过程中，国家通过各级地方行政组织的干预，如财产分配、阶级划分、粮食统购等将每一位农民都划归在相应的社会阶层与位序中，极大地维护了社会秩序的

[①] 《杜润生自述：中国农村体制变革重大决策纪实》，人民出版社2005年版，第40页。

稳定。其中，粮食统购是农业合作化期间国家为了保证乡村社会农业经营体制改革所采用的非常典型的政治治理手段。

国家在乡村地区所大力推行的农业合作化与集体化运动等农业活动与农村社会主义改造运动不仅改变了农业经营体制，更重要的是它改变了乡村社会的文化图景和精神风貌，使小生产者和小私有者的农民在短短的时间里放弃了自己以往所秉持的价值观念，完成了从私到公的历史性转变。合作化与集体化在乡村社会之所以能够顺利推行是与"统购统销"政策密不可分的。1953年是中华人民共和国历史上的一个分水岭，在这一年，中央废止了新民主主义路线，宣布向社会主义过渡，在社会大环境方面，国家开始了大规模的经济建设，计划经济体制初步确立。但与此同时，国家对人们经济和社会生活的控制也在日趋加强，在政治和意识形态领域，各类批判运动接踵而来，革命专政正在不断被强化。[1]

统购统销政策就是在这样的背景下推行的，它是促进合作化运动顺利开展的重要因素，通过政治压力与行政干预将农民纳入到国家的管控之下，减少了改革的阻力，稳定了乡村社会秩序。乡村社会的首次粮食统购是从1953年底开始的。1952年，国民经济的三年恢复期满，土地改革也基本结束。在农业生产方面，1952年与1949年相比，乡村地区收入增加了48%，粮食生产增加了36%。但也是在这个一切向好的1952年，粮食购销出现了问题。尽管粮食产量3278亿斤，相当于战前最高水平，但有几个因素发生了变化：一是城镇人口的增长，城市消费量增加；二是乡村返销粮增加，有1亿农民缺粮；三是分散储备增加，农民惜售，商人囤积，上市粮食相对减少。这些变化都在不同程度上加剧了粮食供应市场的紧张。结果1952—1953年国家粮食收支产生了40亿斤的赤字。[2] 面对这一情况，国家领导层提议实行有计划地统购统销，即乡村统购、城市统销。统购统销在乡村社会的推行发生于1953年11月，并且在

---

[1] 高华：《身份与差异：1949—1965年中国社会的政治分层》，香港中文大学出版社2004年版，第29页。

[2] 《杜润生自述：中国农村体制变革重大决策纪实》，人民出版社2005年版，第38—39页。

农业合作化"高潮"到来之前,它就已经成为乡村工作的一个中心,几乎伴随着合作化运动相始终,对整个合作化运动起着不可估量的推动作用。

　　截至1952年底土地改革完成以后,乡村社会完全成为小农经济的天下。作为一种手工经济,它的形式分散,力量薄弱,既有现实困难,也存在诸多的思想顾虑。针对这样的现实情况,当时的中央领导层认为,农业经营体制必须要向互助合作方向前进,由私向公引导,走集体化之路,但要充分考虑小农经济的现状,因势利导,不可操之过急,即农业合作化势在必行,不搞不行,太急也不行。1953年4月,全国第一次农村工作会议召开,会上确立了合作互助运动"稳步前进"的方针,认为农民的基本出路只能是社会主义,从互助组,经由初级社过渡到高级社。1953年12月16日,中共中央发布了《关于发展农业生产合作社的决议》,这一决议的发表标志着农业合作化运动的全面铺开,发展成为乡村工作的主要任务。土改以后新的农民问题就是农业合作化问题,小农经济增产不多,为了解决当时紧张的粮食问题,必须加快合作化的脚步,毛泽东和一些中央领导人坚信,小农个体经济增长潜力有限,只有实现集体合作才可能大增产,才能保障工业化对粮食、棉花、油料等主要农产品的需求。所以,尽快把个体农民改为集体所有制,在当时被视为是一种投资最少、收益最大、收效最快的农业增产办法,只有把小农的经营改造成农业生产合作社,才有可能使我国农业由使用畜力农具的小规模经营跃进到使用机器的大规模经营。"个体农民,增产有限,必须发展互助合作"。[①] 1955年10月,中共七届六中全会召开。会上主要批判了合作化运动中的"右倾机会主义"错误和"小脚女人走路"等倾向,确立了要大办合作社,以农代工、以农促工的指导方针。大会之后,广大乡村地区很快积极响应,并掀起了"社会主义的高潮"。在这之前,全国只有14%的农户入社,几个月内,剩下的80%多的农户就一涌入社。入社农户占全国农户比重:1955年10月为32.5%,1956年3月为80.3%,

---

① 《毛泽东选集》(第5卷),人民出版社1977年版,第117页。

1956年4月为90.3%，1956年12月为96.2%，除西藏和几个省区牧区外，实现了全面"合作化"。① 原本计划15年要完成的任务，现在3年就完成了。如此高效的改革，有农民支持的原因，更有国家政策的导向作用，比较而言，后者是更为关键的因素，关系着前者的产生与否，粮食统购政策之于农民的心理认同就是这样一种存在。

从经济的角度讲，加入合作社的农民在贷款和购买生产资料等方面都可以享有优惠。在财产分配上国家对率先成立的合作社往往会有适当的补偿，以资鼓励，尤其是在合作社运动初期，为了稳定社员情绪，大多实行"少扣多分"的分配原则，较多地照顾社员改善生活的心理和要求；没入社的农户在粮食的统购数量上明显多于已入社的农户，很多基层干部在鼓励农民入社时会明确指出，入了社的农户在统购粮食时可以适当少于不入社的农户，"入社＝少交粮"的政策倾斜，让处于观望状态的中农和富农倍感压力。正是抓住了农民经济上的计较心理，中国共产党才有了"让中农来敲门"的自信，结果也正如预料的那样，粮食统购之后，很多地方的乡村都出现了"哭哭啼啼入社"的景象。所以从利益的角度分析，贫下中农更愿意参与互助组和合作社，因为这是他们实现个人富裕的一个捷径。黄宗智在松江调查中就发现1955年西里行浜有18个农户是为了能够少卖粮而加入了联星合作社的。②

从政治的角度讲，承续了土改时的阶级划分，入了社的农民在政治地位上更有优势，更有底气，而没入社的农户，特别是处于中间位置的富裕中农阶层，入不入社是其政治立场的直接表现，政治压力是不言而喻的。在权力集中的背景下，粮食统购之后农业合作社担负征购任务，行为上带有国家化的色彩。为了保障粮食生产和粮食收购计划，不得不控制劳动力和播种面积，限制各种家庭副业。这既是对农民经济的全面控制，其实也是对生活的全面控制。总之，从1954年开始，这些后果反过来影响合作化和集体经济的运作，导致集体经济在许多方面成为控

---

① 《杜润生自述：中国农村体制变革重大决策纪实》，人民出版社2005年版，第62页。
② ［美］黄宗智：《长江三角洲小农家庭和乡村发展》，中华书局1992年版，第175页。

农民的工具。① 对富裕中农而言，不入社有可能会被归入富农和地主的阵营，所以在入社时就产生了由贫到富的逻辑，有研究者称之为入社过程的"赶车"效应。② 在阶级斗争气氛浓郁的环境中，由于先入、后入及是否能入合作社成了一种政治和身份评价，成了先进和落后的标志，因而贫下中农及富裕中农因怕落得地主、富农一样的境地而积极要求入社；地主、富农则希望能享受到和贫下中农一样的"待遇"而"痛哭流涕哀求入社"，结果，在入社过程中产生"赶前不赶后"的追逐心理。③

（三）动员式的宣传网络

在当代中国，大众传媒不仅是政治社会化的载体，更被视为是舆论阵地，是阶级斗争的主战场，它对民众政治心理的形成和发展产生着深远的影响。在新中国成立初的乡村社会，由于文盲数量过多，口耳相传是国家在巩固政权时的重要宣传方式，于是各种宣传队和基层会议成为最重要的大众传播媒介。④

在合作化时期，共产党人早期帮教式的宣传经验得到了延续，国家政治社会化的成功实现除了行政强制和政策引导以外，宣传动员同样也是促使广大农民积极入社的重要原因之一。通过自上而下的行政渠道进行大张旗鼓的合作化运动宣传——大谈合作社的好处及趋势。澄明合作的经营方式不仅是农业发展的必经之路，而且集体化程度与生活质量成正比；许诺入了高级社生活自然会发生极大改善；鼓励农民响应国家的粮食统购政策，并将其与整个国家的工业化建设联系起来，利用共产党人已经建立的权威和农民的心态，如平均主义、自私实用、分散保守、

---

① 《杜润生自述：中国农村体制变革重大决策纪实》，人民出版社2005年版，第42—43页。
② 温锐：《理想·历史·现实——毛泽东与中国农村经济之变革》，山西高校联合出版社1995年版，第191页。
③ 周晓虹：《传统与变迁：江浙农民的社会心理及其近代以来的嬗变》，生活·读书·新知三联书店1998年版，第171页。
④ 李俊：《"熔炉"：中国政治社会化的机制与绩效（1949—2009）》，博士学位论文，华中师范大学，2011年。

被动依附等，激发农民的政治热情。革命运动本身就包含了通过斗争转变秩序的内涵，在运动中人们被运动携带的目标和氛围仪式性的动员起来，借助宣传、讲解、灌输等形式，可以事半功倍地将阶级观念渗透到民众的日常生活当中。[1] 乡村社会结合不同阶段的时事工作重点成立了各种形式的宣传网，如层出不穷的文艺宣传队、工作队、宣传员制度等，这些组织与机构共同构成了传播网络体系，宣传领袖意志、讲解国家政策、灌输阶级观点与革命知识等。教育性是其最显著的特点之一，通过摆事实，讲道理，树典型等方式指导农民理解、接受国家的决策。

中国共产党执政以后，非常重视对宣传网络的管控，把宣传工作看作是赢得民心的主要途径。如何建立一个自上而下的行政渠道来加强宣传效果，是保证革命成功的重要环节，这一点党有着丰富的经验和共识。在农村粮食统购政策颁布以后，如何向广大农民群众讲清楚统购粮食的道理，成为中央及各地方政府所不得不考虑的一个问题。1953 年 10 月 31 日，中共中央专门下发的《关于统购粮食的宣传要点》主要是供各级报告员在宣传粮食统购政策过程中使用，并不直接发给农民，由报告员负责向农民宣讲要点。讲解的过程侧重思想引导和动员，争取让农民在理解的基础上自觉响应党的号召。除了利用宣传队"分散到群众中去"的方法，中国共产党还经常通过基层会议的方式把农民组织起来加以教育，或者把分散与集中的方式结合起来共同实现对农民思想观念的改造。会议式的整合是在中国共产党主导下依靠国家政权力量进行的一种强制性整合，通过不断的大会、小会和各种不间断的组织活动，把农民高度动员起来，形成了一股凝聚性力量，农民对于政治知识的学习、理解可以说在很大程度上来源于这种组织、运动和会议的动员模式。[2] 基层会议作为乡村社会组织、传播的主要形式之一，是联系国家与乡村社会的重要纽带，它肩负着上传下达的政治使命。基层会议主要有传达性会议、部署性会议、动员性会议和总结性会议等类型。[3]

---

[1] [美]黄宗智：《中国乡村研究》（第 2 辑），商务印书馆 2003 年版，第 116 页。
[2] 张鸣：《乡村社会权力和文化结构的变迁》，广西人民出版社 2001 年版，第 151 页。
[3] 章兴鸣：《论建国初农村政治传播的组织形式》，《天府新论》2006 年第 3 期。

毫无疑问，开会是国家有效发动群众、改造思想的一种行政手段，不仅有助于国家的行政管理工作，而且对农民深具教育意义，是农民群体获得政治知识，了解国家政策的主要渠道之一。自中华人民共和国成立起，特别是土改以后，伴随着频繁的政治运动，各种性质的大会、小会名目繁多，开会已经成为乡村社会公共生活不可或缺的一部分，很多时候不管村民愿意与否都得参加。因为各级政府通过广泛的群众运动与反复的宣传，对乡村社会的每一个成员构成一种舆论与道德压力。"当在地方的每一级进行协调时，所有这类机构都能给每个人造成一种具有说服力和势不可挡的公共压力。"① 不参加会议本身事小，但如果上升到政治的高度，则是阶级觉悟的问题，因而大部分村民都会认真对待。宣讲会加诉苦会的会议形式往往用阶级话语对农民进行革命意识形态的灌输和政治动员，唤醒农民的阶级意识，使诉苦、斗地主和划成分成为党塑造农民阶级意识的重要仪式。通过阶级教育，农民认识到人是具有阶级性的，地主是剥削阶级的，而农民则是被剥削阶级的，我们过得不好并不是命运的安排，而是源于地主的压迫。从某种程度上讲，新中国成立后十七年中党在乡村社会建构的革命的、阶级的价值观，主要是通过各种性质的基层会议的生动宣讲来实现的。

四 人民公社与乡村社会意义系统的建构

1958年5月，中共八大二次会议通过了"鼓足干劲、力争上游、多快好省地建设社会主义"的社会主义建设总路线，号召全国人民，争取在10到15年，或者更短的时间内，在工业上赶超英美。不久之后，全国范围内就迅速掀起了"大跃进"和人民公社化的高潮，各个领域皆以追求高速度、高指标为目的，"多、快、好、省"成为响彻全国的口号。1958年8月9日，毛泽东到山东省进行了视察，在听取各工作情况汇报时说："还是办人

---

① [美]费正清：《中国：传统与变革》，陈仲丹等译，江苏人民出版社1996年版，第125页。

民公社好，它的好处是，可以把工、农、商、学、兵合在一起，便于领导。"① 谈话在《人民日报》发表后，全国各地区纷纷出现联乡并社转公社的热潮。同年 8 月中下旬，中共中央政治局扩大会议在北戴河召开，会上确定了一批工农业生产的高指标，作为实现"大跃进"的重要步骤。例如，提出了到 1958 年底，钢产量要比前一年翻一番的预期目标，也正是这一目标的提出，才有了后来的全民炼钢和"以钢为纲"的口号。为了使共产主义理想成为现实，毛泽东和党中央又萌生了借助乡村基层组织结构的改革来推行"人民公社"的想法，提出农业生产合作社要实行小社并大社，并在会上讨论和通过了《关于在农村建立人民公社问题的决议》，决定在全国乡村地区普遍建立人民公社。决议指出，"人民公社是建成社会主义和逐步向共产主义过渡的最好的组织形式。"会后，配合着工农业的"大跃进"，乡村社会再次出现了筹建人民公社化运动的高潮。

（一）指导思想的阶级化

1956 年在合作化取得胜利之后，以毛泽东为首的中央领导层认为农业已经算是过关了，原来是小农经济拖工业的后腿，现在则是工业拖农业和整个国民经济的后腿了，所以国家将建设的重心移向了工业，开始推行"促进"运动。②"大跃进"和人民公社就是在这样的背景下发起的，作为合作化运动的新高潮，它们首先是一个生产大发展运动。事实上，国家也迫切需要组织一支农业大军，发展生产力，以促进国家的工业进程，但问题在于，这一决策在推行中被"左"的指导思想所异化，陷入"阶级斗争"的困境。1958 年的八大二次会议不仅提出了社会主义建设的总路线，而且还对我国当时的社会主要矛盾做了新的分析，否定了一次会议中关于国内主要矛盾问题的正确说法，认为当前社会的主要矛盾是无产阶级同资产阶级、社会主义道路同资本主义道路的矛盾，这

---

① 《毛泽东视察山东农村》，《人民日报》1958 年 8 月 13 日第 1 版。
② 《杜润生自述：中国农村体制变革重大决策纪实》，人民出版社 2005 年版，第 75—76 页。

第九章 乡村社会秩序的重建　　165

实际上是阶级斗争在党内扩大化的一个信号。基于这样一种认识,"大跃进"和人民公社运动不可避免地要带有"政治挂帅"的色彩,出现"左"倾与冒进也是必然。人民公社建成以后,由于权力的高度集中,阶级斗争也日益紧张,党的领导体制呈现出高度集权化的趋向。正如邓小平后来所概括的,权力的高度集中,是当代中国政治的一个显著特点:在横向上政治权力高度集中于各级党组织,在纵向上高度集中于党中央,又尤其集中于领袖人物之手。①

人民公社集行政、经济、教育及医疗等功能于一身,将所有农民整合在其强大的权力网络之下,在中国历史上,从来没有一个政权能够如此深入地控制农民的日常生活。② 随着社会主义改造的完成和"人民公社化"的实现,国家完全控制了全社会的经济资源配置权力,整个国民经济的发展完全处于政治意识形态的总体性控制之下。在人民公社时期,人们的社会关系越来越被政治意识形态化,前一阶段经过根本性的制度变革而形成的阶级阶层结构、位序关系及意义系统被凝固。③ 人们的日常生活完全被政治意识形态所笼罩,无不打上了革命与阶级的烙印。

社会意义系统是由象征符号构成的,比如知识、道德、法律背后的文化意蕴,伦理秩序和价值取向等,一般通过传媒、教育以及生活中的人际互动等途径发挥作用。在"大跃进"和人民公社时期,社会意义系统被阶级斗争理论全面侵占,其他的价值要素都被革命化的内容所消解。自反右斗争扩大化,特别是1958年在中共八大二次会议上对我国社会的主要矛盾做了重新估计,否定了八大关于主要矛盾的论断以后,"阶级斗争"的弦就愈绷愈紧。1959年,庐山会议上的反右倾斗争被定性为是一场阶级斗争;1962年,在党的八届十中全会上,毛泽东认为在整个社会主义社会始终存在着两个阶级、两条路线的斗争,并由此指出阶级斗争必须要年年讲,月月讲的必要性;紧接着在1963年的中央工作会议上,

---

① 《邓小平文选》(第2卷),人民出版社1994年版,第327—328页。
② 黄树民:《林村的故事:1949年后的中国农民变革》,素兰等译,生活·读书·新知三联书店2002年版,第18—19页。
③ 陆学艺:《当代中国社会流动》,社会科学文献出版社2004年版,第51—52页。

毛泽东在总结各地的社会主义教育运动的经验时，又给出了"阶级斗争，一抓就灵"的提法，并号召全党千万不要忘记阶级斗争，一切以阶级斗争为纲，以社会主义革命为纲。"以阶级斗争为纲"的结果就是运动的高度常态化，政治运动成为社会整合的一种主要方式，改造着人们的价值取向。有研究者统计，1957年之后至"文革"结束以前的中国，几乎每年都有比较大的政治运动，甚至有时一年中大大小小的运动就达十余场。这些运动，从参与者的数量看，人数越来越多，从最初的几百万到后来的上千万到最后甚至有几亿人；从年龄区段看，年龄跨度越来越大，从最初的只有成年人参与，到后来的全国范围下至小学高年级学生，上至退休工人、干部和无职业的老年人全都卷入了运动。而且参与者的职业与地域分布，也都呈现出越来越广和不断扩大的趋势。① 在一轮紧于一轮的政治运动中，人们的思想领域和生活领域的阶级化趋势也在不断增强。

（二）理想主义的心灵重构

任何一种组织方式的建立都无法规避社会认同问题，而且它必然依托于一定的社会心理，在很大程度上是人们某种既有的价值观念在制度上的反应和确认。在20世纪五六十年代的中国，阶级分类制和人民公社制等的建立及其有效运作正是因为它们在一定程度上迎合了中国人千百年来形成的平均主义诉求，虽然这些制度本身并不完美，甚至还存在很多高压与强制的倾向，但它们的成功之处在于以已有的民众心理为依托来完成建制过程，并且通过各种重要资源高度集中的计划分配，促成了高度一致的社会认同。但需要强调的是，"认同"只是一种最终状态，它并不意味着人们在认同过程的选择和建构方面是完全自由的。② 革命的理想主义就是在高度认同的基础上产生的，在具体的社会实践中它通常表现为盲从、信任和乐观。"大跃进"期间的"农业卫星"和"大炼钢铁"

---

① 李俊：《"熔炉"：中国政治社会化的机制与绩效（1949—2009）》，博士学位论文，华中师范大学，2011年。

② 李友梅等：《社会认同：一种结构视野的分析（以美、德、日三国为例）》，上海人民出版社2007年版，第25、122页。

都是盲从与信任的集中表现。农业生产追求高效，导致"浮夸风"盛行，在"人有多大胆，地有多大产"的口号声中，各种充满荒诞色彩的宣传画和壁画层出不穷，如《亩产万斤》《千斤重的萝卜》《农业卫星》《以钢为纲》等，类似的艺术形式比比皆是。还有各种对联、口号、民歌、民谣等，虽然形式不同，但都是作为宣传的载体，以"贴近生活、通俗易懂"为原则，在重构农民价值观念的过程中潜移默化地起着作用。从1957年以来的反右、农村社教，干部承受着多于普通群众的政治压力，奉命带头响应，农民也只得盲目地"随大流"。人们在一定条件下产生的"从众心理"实乃无权者的机会选择，或曰"羊群效应"。当人们对事情下不了判断时，或者以"两害相权取其轻"作为行为方向时，盲从就很容易产生，只要有人干、我也干；你入社、我也入社；你造假、我也造假；你浮夸、我也浮夸。[1] 真真假假，很多时候恐怕连当事人自己都已经很难辨别，陷入认知失调的盲区。

  有农民回忆说，1958年底，政府宣布要成立人民公社的时候，大家精神高昂，大概还有点兴奋。前两年的大丰收，更使得农民个个眉开眼笑。那些原先对党还持保留态度的人释怀了，原先不愿加入集体农场的人也不再坚持。上面下了命令说以后没有私人的田地，也不在家里吃饭的时候，没有人觉得惊讶，人人都要放弃残余的个人利益。一切的生产工具，包括土地、农具、家畜都变成公有，每个人都到公社田地上去耕种，而且"吃饭不要钱"。开始推行公社的时候，政府有一句口号叫"一大二公"，意思是如果我们能扩大集体农场的规模，大到全国成为一个不分阶级的公社，便能一次性完成社会主义过渡，成为一个真正的共产主义社会。[2] 时任中央政治局候补委员的康生在当时还拟写了一副经典的对联："共产主义是天堂，人民公社是桥梁。"劝诱人民先把人民公社这座桥梁架起来，过了桥就是共产主义的天堂了。

---

  [1]《杜润生自述：中国农村体制变革重大决策纪实》，人民出版社2005年版，第78—79页。

  [2] 黄树民：《林村的故事：1949年后的中国农民变革》，素兰等译，生活·读书·新知三联书店2002年版，第53—54页。

"共产主义是天堂"的畅想是农民革命乐观主义精神的直接表达。共产党执政之后，人们生活的各个方面确实都发生了一定程度的改善，而且共产党自身的廉政建设工作也一直没停止过，所以农民对共产党有着基本的信服，乐观地认为中国共产党一定会带领工农阶层实现共产主义。"一天等于二十年，共产主义在眼前"等这些耳熟能详的口号，就是当时人们社会心理的直接反映。今天来看，当时媒体上的乐观情绪几乎可以说是荒诞的："人人进入新乐园，吃喝穿用不要钱；鸡鸭鱼肉味道鲜，顿顿可吃四大盘；天天可以吃水果，各样衣服穿不完；人人都说天堂好，天堂不如新乐园。"①

革命的乐观主义精神还表现在人们对"人定胜天"的过分强调，夸大了人的主观能动性，进而否定了规律的客观性。"大跃进"时期有一首陕西民谣《我来了》，在全国广为传诵，表达了人们改造自然的决心和勇气：

天上没有玉皇，

地上没有龙王，

我就是玉皇！

我就是龙王！

喝令三山五岳开道，

我来了！

在1958年开始的"大跃进"运动中，常常表现出人类无所不能、无往不胜的气势。为了促进农业和工业的生产，无视科学与常识，在"改天换地""人定胜天"等的标语口号下，人们狂热地投入到了工农业创收活动中。客观地说，"大跃进"和人民公社化运动的重要性首先在于通过生产与组织等主要规训方式，实现了对农民的管控和改造。而且，在这

---

① 罗平汉：《天堂实验：人民公社化运动始末》，中共中央党校出版社2006年版，第189页。

一革命化秩序建构过程中,农民的政党认同有增无减,中国共产党创造性的政治控制策略恰恰在于此。但历史的教训告诉我们,政权建设仅仅有认同是不够的,失去理性基础的认同,注定不会持久。与1958年以前粮食产量稳步回升、生活水平日益提高相比,"大跃进"以后,工农业生产和社会发展都受到了毁灭性的破坏。对此,邓小平后来直言不讳地承认:"从1957年下半年开始,我们就犯了'左'的错误。总的来说,就是对外封闭,对内以阶级斗争为纲。"[①] 这种阶级化的指导思想给社会主义建设带来了极大的损失,严重阻碍了社会进步。

(三) 生活方式的同质化

1958年8月29日,中央政治局讨论通过了《中共中央关于在农村建立人民公社问题的决议》(简称《决议》),《决议》认为发展人民公社是社会主义建设的必然趋势。《决议》中提到,人民公社要实现"组织军事化、行动战斗化、生活集体化",这一提法标志着集体化时代的全面到来,也加剧了国家意志对人们日常生活的宰制。生活集体化的具体实施办法是通过建立公共食堂、各式学校、卫生所以及养老院等机构,将农民组织、纳入到人民公社的体制中。在人民公社制度中,生产大队作为民间一种新型的基层组织,它的成立是执政党对乡村社会一元化领导的具体体现,经由这一基层组织,国家对农民的生产、劳动与分配实现了直接管理。

从权力结构的角度讲,生产大队处于全能主义政治形态的最末端,牢牢地把控着乡土社会的各种资源,通过强制与教化的交互运用着力培养社员必备的阶级意识与集体意识,让农民凝聚成为一个具有向心力的社会共同体。可以说,它既为乡村的集体化之路铺设了制度的地基,也为其顺利完工提供了必要的人力与思想资源。因为,在乡村社会推行集体化需要转变的不仅是组织形式,更关键的是人们集体观念的塑造。在

---

① 《邓小平文选》(第3卷),人民出版社1993年版,第269页。

我国，乡村社会自古就是依循家户方式的进行生产，这在一定程度上造成了乡村社会的原子化状态：不仅国家的行政权悬浮于县级政权以上，就是乡村成员内部也缺乏必要的组织联系。也就是说，乡村社会在横向与纵向上皆没有普遍联系的基础。"集体化意味着传统村庄经济秩序的深刻变化，这种变化表现在土地所有权、劳动组织经营、产品分配形式等三个方面的变化。而以土地的集体化为标志，实际上意味着农村传统的家户经济向国家经济的转变"[1]，农民与国家的关系日益紧密，对集体的依赖也逐渐增强。

集体化的生活方式是培养集体主义价值观的重要方面，这种生活本身就对人们有一种环境渗透的作用。在集体劳动的背景下，那种"日出而作，日落而息"的传统家户劳动方式被具有严格时间控制的联合劳动所取代。何时出工、何时收工都被统一组织管理，具有严格的制度规定。在这种规范化、标准化的时间控制下，社员的身心都发生了由私到公的变化。从家户主义到国家集体主义，这反映了人民公社制度的强大形构能力，在基层社会的阶级性改造的过程中，不仅有效地控制了人们的生产活动，让经济生产共同体取代了传统乡村社会中的伦理共同体，而且也在集体化的过程中成功地改造了其社员的思想与观念。据一位亲历20世纪50年代合作社的同志回忆，自互助组成立，在农民的思想里就开始有了"挣工分"的概念了。国家通过"工分"这种计酬方法来把控每一个社员的生产活动：

我有一个侄女。当时她也就十一二岁，读小学，也要去出工。因为小，她的工分是两分。她不想去，大人就骂："没有工分，吃啥？去给我挣点工分回来。"记得有一次锄地，她实在锄不动，累得直哭。别人说，干不动，回去嘛。但她就是不走，说："计工的还没来。"当时，每天到快收工之前，村里的记工员就会到各处看一下，今天谁出工了，就记上名字。如果记工员没来，你走了就等于白干。等记工员一走，大家就立刻收工走人。这个情况，大伙都心知肚明，但也没有什么好办法，也懒

---

[1] 吴毅：《村治变迁中的权威与秩序》，中国社会科学出版社2002年版，第117页。

得说什么。①

　　生产、生活方式与过程的政治化、仪式化改变乃至重塑了人们的观念领域和精神世界。在人民公社中，绝大多数农民相互间不存在任何差别：在社会身份上，他们从事着相同的职业，都是人民公社的社员；在经济收入上，身体好的和不好的、干活卖力的和不卖力的也不会有多少差别；在文化教育上，他们听同一种广播（人民公社时期传播媒介的最大成就之一是建立了遍布乡村社会每家每户的有线广播系统，而有线广播的听众是无法选择听什么的）、唱同一支歌曲、看同一部电影、上同一所学校；最后，在日常生活上，他们也在食堂里吃同一种饭菜，在提倡"组织军事化、生产战斗化、生活集体化"的公社初期，晚上甚至还睡在同一张床上。② 在严格的控制与规训下，集体主义价值观成为乡村社会的理性选择，不支持集体化就意味着政治不正确，在政治地位上很容易被混同于地主和富农阶级，对于经历过或见惯了批斗场面的农民来说，这其中的利害关系孰轻孰重还是能够分清楚的。

　　新中国成立后十七年中，与高度集中的计划经济体制相适应，国家逐步形成了垂直领导结构，即中央—地方纵向管控的行政管理系统，在一定程度上确保了乡村社会秩序的恢复发展。社会主义改造与建设是一项宏大而系统的工程，也是新政权对全社会进行统合的一种必要方式。自新中国成立以后，中共领导层通过在乡村基层社会发动与推行土地改革，合作化运动，以及后来的人民公社运动等，建立并夯实了社会主义新中国的地基。其间运用思想动员、行政干预、政策倾斜和教育引导等方法有效地改变了农民的观念与行为。在改造过程中所践行的自上而下、全民参与的运动方式，使中国的社会动员达到了前所未有的广度和深度，国家权力也以全方位渗透的态势急速向社会各领域扩张，在扩大和强化政治权威的同时极大地加强了民众对政党的认知与服从。这些"方法"

---

　　① 魏登峰、王翔、段应碧同志口述：《我所亲历的农村变革（2）50 年代农业合作化的沉浮》，《农村工作通讯》2014 年第 10 期。

　　② 周晓虹：《传统与变迁：江浙农民的社会心理及其近代以来的嬗变》，生活·读书·新知三联书店 1998 年版，第 182—183 页。

与"路径"的紧密结合,深刻改变了中国社会的面貌,使新秩序在乡村社会得以确立。[1] 此后,传统的血缘和宗族共同体为社队共同体取代,农民与国家实现了前所未有的紧密联系。

农业与农村社会主义改造以及政治社会化过程,涉及甚广,不仅改变了乡土社会的政治结构,变革了农业经营体制和组织系统,更使得广大农民的社会心理发生了改变。中国共产党通过一系列政治运动,一步一步地将外在于政治的广大农民整合到国家政权体系之中,从而实现了中国历史上第一次国家对乡村社会真正而有效的控制。[2] 但问题也同样存在,例如政权改造的方式存在高压与强制性的倾向,直接以政治运动的方式强化秩序,教育农民的方式简单粗暴。土地改革中存在打击范围与程度过大的问题,合作化过程中产生硬性达标和"征过头粮"等问题,后期的人民公社化运动更是出现了对农民要求过高,急于求成的问题。这种强制的改造方式,严重打击了农民的生产积极性,使他们的政治情感受到伤害,给新中国整体的发展带来负面的影响。通过加强对农民的组织管理和教育引导来促进农业发展与秩序稳定,是历史留给我们的宝贵经验。但是,对基层政权的建设与巩固务必要注意方式和方法,只有以社会客观规律和民众心理认同为基础,才能从根本上巩固党的领导,营造乡村社会健康向上的生活图景。

回顾这一段历史,有成功的经验,也有值得吸取的教训。对历史的铭记与反思是当下我们规避重蹈覆辙的有效方式,国家在考虑农村发展问题,制定农村相关政策时,应该以史为鉴,吸取教训,做好顶层设计,处理好整体与部分的关系。虽然要秉持大局观,以国家整体的发展为旨归,但也要兼顾到乡村社会和农民自身的利益,以及农业发展的承受能力,如果不能克服"以农促工"式的思维,一味地把乡村定位为"牺牲的对象",只会加剧乡村社会与农民群体的边缘化处境,间接地扩大城乡差异,不利于乡村社会的可持续发展。

---

[1] 李潇雨:《改造的政治》,《二十一世纪》2016年第3期。
[2] 王立胜:《人民公社化运动与中国农村社会基础再造》,《中共党史研究》2007年第3期。

第十章

新秩序中的乡村教育

新中国成立后的十七年是国家权力向基层社会逐步渗透的特殊时期，在这一阶段，教育的意识形态与政治功能备受关注，成为中共权力运作的重要手段和载体。结构功能主义理论认为，社会实际上是一个具有基本需求的特殊系统，它的每个部分都可以被看作能够满足其某种需求的功能系统，这些子系统的运作方式与过程密切影响着整个社会的存在和运行。[①] 新中国成立初期，在新政权的确立过程中，乡村教育作为基层社会系统的子系统，对整个乡村社会的秩序建构发挥着极为重要的作用。

一 教育宗旨与学制改革

新中国成立之后，在新民主主义向社会主义过渡的前七年，文化教育领域面临着三项主要任务：一是改变旧教育半殖民地半封建的性质，使之成为人民民主专政下的新民主主义教育；二是确立新的教育体制，使教育为工农群众服务；三是配合集中统一的计划经济体制，把教育转入为社会主义计划经济服务的轨道上来。[②]

[①] [美]乔纳森·特纳：《社会学理论的结构》，邱泽奇等译，华夏出版社2006年版，第34页。

[②] 黄仁贤：《中国教育史》，福建人民出版社2003年版，第500页。

(一) 为工农服务的教育宗旨

五四运动以后,一直到新中国成立之前的 30 年里,中国教育的基本诉求是把教育独立、民族复兴以及个性解放结合起来,以国家的力量为主导,建立了从中央到县一级的教育主管机构,结合社会力量兴办各类教育,最终形成了以学校教育为主,以职业教育和社会教育为辅的教育网络。[①] 这 30 年的教育之路是艰难曲折的,虽然在有识之士和教育工作者的共同努力下,教育取得了不小的成就,特别是高等教育和初等师范教育皆对社会进步起到了相应的推动作用,但问题并不比成就少,其中教育公平问题尤为突出。受当时教育体制和经济条件的制约,教育发达地区主要集中在城市和沿海,内地以及乡村社会的教育相当薄弱,文盲数量占大多数,而且乡绅文化和私塾文化盛行,很多方面与国家工业化和现代公民素养等要求相去甚远。

新中国成立之初,面临着一个很重要的问题便是转变以往的教育方向,通过教育快速实现教育公平,实现国家工业化,从依靠精英专才教育,转向全民普及教育。这一转向是在全面学习苏联的过程中实现的。1922 年壬戌学制虽然开启了我国教育迈向现代的进程,但它以美国的"六三三制"为蓝本,以强调精英教育和学生个性培养为突出特征,并不能很好地适应新中国成立前后的社会状况。新中国成立之初的中国在经济和文化教育等方面能且只能向苏联学习,这是由特殊的历史环境决定的。当时的一个基本的共识认为,无产阶级的教育就是要为无产阶级的解放而斗争,所以当务之急新中国的教育应该面向广大的工农群众,把对农民的革命动员和思想政治宣传放在显要位置,同时也务必把理、工、农、医等实用性学科列为教育的重点。

1949 年 9 月 29 日,中国人民政治协商会议第一届全体会议通过了《中国人民政治协商会议共同纲领》(以下简称《共同纲领》)。其中在第五章"文化教育政策"中确立了教育为人民大众服务的方针和立场。新

---

① 高华:《历史笔记Ⅰ》,牛津大学出版社 2014 年版,第 566 页。

中国成立后的十七年中，教育方针根据现实的政治及经济发展需要发生过几次调整，但总的来说，教育为工农服务、为生产建设服务、为无产阶级政治服务的大方向始终没变。为了贯彻这一新民主主义教育方针，1949年12月23日，全国第一次教育工作会议在北京召开。会议一致认为，新中国的新教育应该能够反映当下的政治经济，应该是巩固和发展人民民主专政的有力工具。为了进一步解释、落实这一教育宗旨，钱俊瑞在《当前教育建设的方针》一文中针对当时"为工农服务，是不是有点偏心？"的质疑予以了澄清。[①] 1950年9月20日，马叙伦部长在第一次全国工农教育会议的开幕词中又进一步提出要把工农教育当作一项政治任务来对待。同年12月，中央人民政府政务院就批准颁布了《关于开展农民业余教育的指示》，这一系列的讲话与指示，为乡村教育战略地位的确立提供了有力保障。

（二）向工农开门的学制改革

新中国成立以后，社会阶层及利益格局都发生了显著变化，中国共产党根据以往的革命经验、现实形势和执政理念对文化教育事业做出了相应调整。旧的教育学制系统中工农教育没有受到足够的重视，工农的受教育机会过少，不能适应新社会的发展与需求，这在当时是一个共识性的观点。所以，在新的改革中，必须以提高劳动人民的文化水平为重心，让教育充分发挥促进社会主义建设的功能。

1949年12月23日马叙伦部长在第一次全国教育工作者会议上致开幕词，提出新中国要通过改革旧学制，发展工农教育和改革课程设置和教学内容等方式，有计划、有步骤而且谨慎地对教育事业进行整顿与改革，预计到1952年底基本完成改革任务，文教事业面貌一新。[②] 1951年8月10日政务院通过了《关于改革学制的决定》，建构了中华人民共和国的第一个学制系统。这是新中国建立以后正式颁布实施的第一个学制。

[①] 何东昌：《中华人民共和国重要教育文献（1949—1997年）》，海南出版社1998年版，第18页。

[②] 同上书，第6—7页。

与1922年的学制相比,这个学制具有几个突出特点:第一,突出了学校面向工农的方针,保证了工农群众和工农干部的受教育机会,也为有各种需求的在职劳动者提供了必要的再教育。第二,确立了各级各类技术学校在整个学校系统中的重要位置,缓解了国家建设之初实用型人才紧缺的问题。第三,在普通教育方面将小学由此前的"四·二制"改为"五年一贯制",缩短了小学修业年限,便利于广大劳动人民,尤其是农民的子女能够受到完全的初等教育,为乡村教育的普及与发展提供了重要条件。但因师资、教材等准备不足,"五年一贯制"在很多地区难以实行。1953年9月教育部决定暂停五年一贯制的推行,仍维持"四·二制"。① 新的学制颁布以后,教育部又陆续颁布试行了《小学暂行规程(草案)》和《中学暂行规程(草案)》,分别详细地规定和提出了中小学教育的任务、宗旨。总之,1951年学制的颁布实施,标志着新中国学校教育制度的基本确立。自此,教育活动的开展开始有章可依,新中国的学校教育走向规范化。

新学制确立了三类主要学校、多种办学形式的教育体制。第一类是全日制学校,学生全天在校学习,利用课外时间参加生产劳动;第二类是半日制学校,也称半工(农)半读学校,学生一边学习,一边在工厂或乡村劳动;第三类是业余学校,在业余时间对有教育需求者进行知识和技术教学、理论与实践指导。新学制中首次将工农速成教育、业余学校、识字学校、各类政治学校和政治训练班等纳入了正规的学校系统,可以说这种多形式、多渠道的教育形式,突出了"为工农服务"的教育方针。② 将工农业余教育以法令的形式纳入教育体系中,确立了农民业余学校在教育中的地位,明确了对各级各类业余学校的要求,在制度上保障了劳动人民的受教育权利;各种学校教育在整个教育系统中都能够互相衔接,从初等教育到高等教育,形成了全民教育的一条主线。③ 至此,完整的业余教育制度已经形成。为了使教育事业真正成为人民大众的教

---

① 黄仁贤:《中国教育史》,福建人民出版社2003年版,第506—507页。
② 杨东平:《新中国"十七年教育"的基本特征》,《清华大学教育研究》2003年第1期。
③ 《为什么必须改革学制》,《人民日报》1951年10月3日第1版。

育，各级各类学校都尽量给工农青年提供入学方便，特别创办了工农速成初等学校、工农速成中学、工人政治学校和中国人民大学等，广泛吸收工农干部和产业工人入学。总之，在新的学制系统中，确立了农民教育的合法地位，多元的教育形式与教育机会，让更多的农民子女拥有了受教育的权利。

为了进一步加快普及小学教育的进程，充分考虑到乡村受教育群体的复杂性和特殊性，根据情况，区别对待。1952年3月18日教育部颁发试行《小学暂行规程（草案）》，规定各地为适应特殊需要，得采取举办二部制的小学和季节性的小学，或在小学内酌设早班和晚班等；举办半日制的小学和巡回制的小学；小学得附设幼儿园或实习班等。[①] 在这些相关政策、制度的指导下，新中国的教育进入了健康发展的快车道，虽然在接下来的十多年中根据不同情况时有调整，但总的指导思想和主体结构基本没变。

（三）乡村教育系统的构成

乡村教育是一个多维的体系，主要由普通教育、职业教育和农民教育三大部分共同构成。普通教育主要是指乡村全日制的中小学教育，它是以知识的普及与增长和升学为主要目的的基础教育或学历教育。职业教育主要侧重于培养、提高农民的生产技能，是一种以促进农业生产为目的的实用型、技术型教育。农民教育有广义和狭义之分，狭义的农民教育主要是指农民实用技能的培育，基本可以与农民的职业教育相等同；广义的农民教育则是一个社会教育的概念，除了包括一般意义上的基础教育、学历教育之外，还包括农民的综合素质教育、科学精神普及、思想观念形塑、乡村文化建设等社会以及家庭教育形式，集政治、经济与教育功能于一身，是乡村教育的关键所指。

从乡村教育与乡村社会的关系来看，乡村教育又是乡村社会结构的重

[①] 何东昌：《中华人民共和国重要教育文献（1949—1997年）》，海南出版社1998年版，第142页。

要构成。宏观意义上的乡村社会结构囊括了政治、经济、文化以及教育结构等各个方面。在新中国成立以后的乡村社会重建工作中，我们应该把整个乡村社会视为一个有机体，由政治、经济、文化等子系统交互建构而成，这些组成部分基于其自身的结构特点发挥着不同的功能作用，共同维系着乡村社会的发展变化。教育作为乡村社会系统的一个重要组成部分，是新中国成立之初社会主义改造与建设过程中不可或缺的一种构成。

乡村教育之于乡村社会的功能和意义是整体性的，其内在的各部分、结构之间相互影响，共同推动着乡村社会的发展。从功能主义的角度讲，乡村教育是"村落中的国家"，作为社会意义系统的主要中介和载体，它以维系与发展的方式作用于乡村社会，以农村、农业和农民为主要服务对象，在文化知识启蒙、国家意识形态传播、生产力水平提升与价值观念转变等方面皆起着无可替代的作用。

二 乡村学校教育的调整

新中国成立以后，党和政府十分关注教育的作用，把对旧有的乡村学校接管和改造工作看成是整个社会主义改造与建设的重中之重，应社会与农业发展的需要，在各级各类教育中进行了大刀阔斧的改革。十七年中，随着大规模的经济建设，教育文化事业也有了较快的发展。虽然中间历经了大跃进的"虚假繁荣"，但总体而言，这段时期的乡村学校在中国共产党的接管、改造之后有了新的发展和突破，为我国后来的教育事业发展提供了不少有益的经验。

（一）普通教育的恢复与发展

与整个国家的发展形势相适应，从新中国成立之后到"文革"前这段时期的乡村教育，可以大致划分出曲折发展的三个阶段：接管与改造；承续与发展；调整与巩固。

1. 接管与改造

新中国成立之后，党开始了教育上的接管、改造与建设工作。1950

年1月第一次全国教育工作会议召开,会上讨论了关于私立学校的领导、管理与改造问题,考虑到私立学校所占比例过大的现状,会议决定除了对个别反动特务学校加以取缔外,一般的应采取保护维持、加强领导、逐步改进的方针。1951年的第一次全国初等教育会议指出,限于地方的财政力量,发展小学教育应采取政府统筹与发动群众办学相结合的方针。1952年11月15日教育部发出《关于整顿和发展民办小学的指示》和《关于接办私立中等学校和小学的计划》,其中指出,"人民政府应有计划地将全国私立学校自1952年下半年到1954年全部接办,改为公立"①。但在新中国成立初期,国家的财政压力很大,乡村教育所摊得的经费也自然有限,所以在整顿和接办教育的过程中,国家不得不根据实际采取鼓励多种形式办学的方针,动员组织群众筹措经费、积极办学。1953年5月17日,毛泽东主持召开中共中央政治局会议,在讨论教育问题时曾谈了关于学制要灵活,允许民办教育的问题。1953年11月26日政务院通过了《关于整顿和改进小学教育的指示》,鼓励多种形式办学,提倡民办小学,充分发挥群众自己办学的积极性,并明确规定,"自1954年1月1日起,各地应按小学的行政领导关系分别列入各级预算……乡村公立小学校舍的修缮、修建以及增添设备,由各该县人民政府统筹解决,如有不足,得在群众自愿的原则下筹款备料,或采取群众献工献料等办法加以解决"②。

根据这些相应的政策要求,乡村地区的公立学校、私立学校和教会学校陆续由国家接管,与此同时,随着人们生活水平的改善和教育热情的提高,一批新的村小也在乡村大地上建立起来。很多村落利用破旧的祠堂、废弃的房屋因陋就简地办起小学,有条件的地方抽调教师,没条件的则由村民推选一个可以胜任的文化人来任教……这些做法为教育的普及起到了巨大的推动作用。在多方面的共同努力下,我国乡村教育事业发展迅速,工农成分的学生数量迅速增加。到1952年,乡村小学的学

---

① 何东昌:《中华人民共和国重要教育文献(1949—1997年)》,海南出版社1998年版,第181页。

② 同上书,第264页。

校数与学生数均有显著的增加,全国初等学校学生中,工农成分已达到八成以上。

2. 承续与发展

截至1956年,我国基本上完成了社会主义改造,随着过渡时期的结束,社会主要矛盾以及很多领域的任务都发生了变化。教育的接管、改造目标达成之后,是对教育的承续与发展。1956年开始,我国的社会主义建设步伐明显加快。1956年5月16日,教育部《关于1956年普通教育和师范教育的工作计划》指出,为了适应农业合作化高潮和国民经济建设高潮的形势,1956年的普通教育和师范教育工作要按照毛主席的指示,遵循"全面规划,加强领导"和"又多、又快、又好、又省"的方针,加快小学教育的发展与普及。① 随着普通教育发展速度的加快,经费和师资状况与教育发展规模不匹配的问题也随之出现,大力提倡群众办学势在必行。1957年3月18日到28日第三次全国教育行政会议在北京举行,"会议认为,小学教育的发展必须打破由国家包下来的思想,在城市里,要提倡街道、机关、厂矿企业办学;在农村,要提倡群众集体办学……总之,是多办学校比少办学校好,能识字比不识字好"②。同年10月25日,中共中央公布了《1956—1967年全国农业发展纲要(修正草案)》,其中再次指出:"农村办学应当采取多种形式,除了国家办学以外,必须大力提倡群众集体办学,允许私人办学,以便逐步普及小学教育。"③ 在这一系列政策文件的指导下,从1957年开始,我国开始掀起群众办学的热潮。

1958年,教育事业的"大跃进"开启,乡村教育的发展不可避免地也陷入"跃进"状态。1958年3月,第四次全国教育行政会议召开,教育部副部长董纯才在讲话中指出:"这次会议要反对保守思想,促进教育

---

① 刘英杰:《中国教育大事典1949—1990》(上),浙江教育出版社1993年版,第321—322页。

② 《全国教育行政会议闭幕,着重讨论了今年教育事业的安排,认为政治思想教育是学校教育的灵魂》,《人民日报》1957年3月29日第1版。

③ 何东昌:《中华人民共和国重要教育文献(1949—1997年)》,海南出版社1998年版,第786页。

事业的'大跃进',即促进教育事业的大发展和大改革,使全国儿童和成人都能受到社会主义教育,变成有社会主义觉悟的有文化的劳动者。"[1] 1958年9月19日,中共中央、国务院颁布了《关于教育工作的指示》,提出了计划用三到五年的时间,基本扫除文盲,普及小学教育,大力发展中等教育的目标。从此,教育事业开始了全面的"大跃进",从中小学的普及,到民办教育事业的发展皆呈现出"左"的倾向。据统计资料显示,1957年小学在校生总数达到6428.3万人,而到1958年,在一年的时间里小学在校生人数就增加了2212万,达到8640.3万人,其中仅民办小学在校学生数就增加了2190.3万。[2] 同年11月1日《人民日报》发表了社论文章《党的教育方针的凯歌》,文章认为,在党的教育和生产劳动相结合的方针指导下,劳动人民的社会主义出现了"乡乡有学堂,村村都读书,家家有文化"的新景象,这是党的教育方针和群众路线的必然结果。[3]

3. 调整与巩固

步入20世纪60年代以后,"大跃进"的经济后果开始显现,国民经济陷入困境,与此相适应,教育的规模也由扩张向收缩调整,国家对教育革命以来的盲目办学现象进行了反思,对教育进行了适当的调控和整顿,教育规模大幅削减。1961年2月7日中共中央通过了《关于1961年和今后一个时期文化教育工作安排的报告》,在客观分析了1958年"大跃进"以来的总体情况后认为,为了适应文化教育事业的大发展,"当前文化教育工作必须贯彻执行调整、巩固、充实、提高的方针"。[4] 经过一轮调整之后,1962年5月25日中共中央又颁发了教育部党组《关于进一步调整教育事业和精减学校教职工的报告》,报告认为,1961年的教育调整后,仍然存在教育规模与国民经济的负担能力不匹配的情况,所以必

---

[1] 《适应生产发展改革教育制度,第四次全国教育行政会议开幕》,《人民日报》1958年3月26日第7版。
[2] 刘英杰:《中国教育大事典1949—1990》(上),浙江教育出版社1993年版,第322页。
[3] 《党的教育方针的凯歌》,《人民日报》1958年11月1日第1版。
[4] 何东昌:《中华人民共和国重要教育文献(1949—1997年)》,海南出版社1998年版,第1208页。

须根据中央关于增产节约、精兵简政的方针,进一步对教育事业坚决地进行调整,① 以提高教育质量,改变国家对教育包办过多的状况。会议认为,为了减轻国家负担,发挥人民办学的积极性,具体建议乡村的中小学由"公办学校部分的改为民办公助"。② 经过调整,整个国家教育工作进入质量优先状态,一些条件比较差的乡村小学被撤并或停办,全国乡村小学在数量上降幅明显。

但20世纪60年代初的教育调整成效刚刚初显,就被60年代中期的又一轮教育跃进所取代了。1964年2月13日,毛泽东在春节座谈会上的讲话中就课程、考试和学制等存在的问题发表了意见,他认为以升学为目的中小学教育问题很大,不但不重视劳动,而且失学的贫下中农子女也增多,因而要求中小学应该继续贯彻两条腿走路方针。紧接着,在同年3月6日,国家就召开全国教育厅局长会议,会议反思了毛主席在春节座谈会上关于"路线正确,方法不对"的总批评,要求在今后的工作中要进一步贯彻"教育为无产阶级政治服务,教育与生产劳动相结合"的方针,以培养"有社会主义觉悟的有文化的劳动者";要坚持阶级路线,贯彻执行两条腿走路的方针,"抓两条腿走路。先着重从农村作(做)起,在农村首先抓小学教育"③。1965年4月29日刘季平在中小学改革座谈会的总结发言中说:从主席去年春节指示到现在,快一年半了。在这段时期内,全日制中小学的教学改革有成绩,也有问题。在还需要解决的问题中,他强调要加强思想政治教育,适当安排劳动,加强劳动教育④。同年7月14日中共中央发布了《关于半农半读教育工作的指示》,要求实行农村全日制和耕读小学两条腿走路的方针。此后,小学教育飞速发展。至1965年全国小学在校生人数达11620.9万人,学龄儿童入学率已达84.7%,其中,村小数量高达162.5万所,民办小学在校生数量

---

① 何东昌:《中华人民共和国重要教育文献(1949—1997年)》,海南出版社1998年版,第1095页。
② 同上书,第1096页。
③ 同上书,第1254页。
④ 同上书,第1348—1349页。

为 4752 万人，占小学在校生总数的 40.9%，[①] 创下了中国历史上乡村小学教育发展最高值。

新中国成立后的十七年，政府在接管改造教育的同时，也根据实际情况极力倡导并鼓励群众办学，利用党的威信，动员社会力量，创建了大量的公办和民办村小。整个普通教育的发展规模呈现一种"两头高中间低"的状态。新中国成立初期，受社会主义改造的牵引教育开始向高处走，到 1958 年教育大跃进，达到波峰，后经 20 世纪 60 年代初的调整回归平均线，速度放缓，再到 60 年代中期，伴随着经济的复苏和学龄儿童的增加，教育发展规模又一次跃上波峰。

（二）农民业余教育

因应当时乡村社会的实际情况和发展需要，农民业余教育构成了整个乡村教育的主体，各种业余文化学校是乡村教育普及的重要力量。农民业余教育主要有两大任务，一是文化知识的学习，二是政治觉悟的提高，可以说是兼具了乡村普通教育和社会教育的功能，又介于基础教育与职业教育之间。在乡村社会，它以青壮年群体为对象，通过冬学、民校、速成学校和红专学校等形式，广泛开展扫盲和文化传播活动。

1. 冬学和民校

冬学、速成识字班和民校作为扫盲和农民业余教育的重要形式，是乡村教育普及工作的主要力量。1950 年 9 月 20 日第一次全国工农教育会议召开，马叙伦部长在开幕词中提到："我们这里所指的工农教育，主要是指在生产战线上的广大青年和成年男女工人和农民的教育问题以及培养工农知识分子的问题。这是属于一个新的教育范畴……正确地开展工农教育乃是全国人民，首先是我们教育工作者的一个重大的政治任务。"[②] 新中国成立之后，工农教育问题受到了空前的关注，有计划、有步骤地

---

① 刘英杰：《中国教育大事典 1949—1990》（上），浙江教育出版社 1993 年版，第 323、329 页。

② 何东昌：《中华人民共和国重要教育文献（1949—1997 年）》，海南出版社 1998 年版，第 58 页。

开展农民业余教育，提高农民的文化水平，是当时我国文化建设上的核心任务之一。在共产党的经验中，冬学运动是团结教育农民的有力武器。为了更好地开展冬学工作，国家要求各地政府组织成立冬学运动委员会，统一领导、管控乡村社会的识字、扫盲工作。而且，随着教育的不断发展、壮大，冬学转民校的要求也被提上日程。1951年2月28日，在教育部《关于冬学转为常年农民业余学校的指示》中提出，要抓紧时机，集中力量争取完成1951年全国有500万农民坚持常年学习的任务。① 这充分体现了国家对农民教育的重视和努力，也为乡村社会的教育发展指明了方向。

　　由于党和政府的正确引导和积极构建，扫盲教育取得了巨大成就，成年农民参加冬学的人数也逐年增多，而且不少冬学迅速发展为成年农民的常年补习学校。1951年，农民业余学校入学人数为1400万人；乡村冬学的入学人数，达到4200余万人。② 1958—1960年参加全国业余学习的人数超过4.32亿，扫除文盲9000多万，全国文盲已由解放初的80%以上减少到43%。③ 总之，农民业余教育是正规教育的重要补充，其主要任务就是对农民进行文化教育和政治教育，冬学和民校是农民业余教育的典型形式。冬学作为解放区传下来的成功经验，它以乡村生产生活中的冬闲时节为契机，将成年农民组织到一起，实施一定的文化教育和时事政治教育。一些有条件的冬学在农闲过后仍继续保留，成为常年业余学习民校。不管是冬学还是民校，都切实地推动了农民的识字运动和政治学习，不仅提高了人们的文化水平，而且还激发了他们的爱国热忱，为社会主义建设奠定了文化基础。

　　首先，扫盲教育为农民学习文化知识提供了便利，成为乡村社会走

---

① 何东昌：《中华人民共和国重要教育文献（1949—1997年）》，海南出版社1998年版，第82页。

② 马叙伦：《中华人民共和国三年来的伟大成就——三年来中国人民教育事业的成就》，《人民日报》1952年9月24日第2版；廖鲁言：《中华人民共和国三年来的伟大成就——三年来土地改革运动的伟大胜利》，《人民日报》1952年9月28日第2版。

③ 刘英杰：《中国教育大事记1949—1990》（下），浙江教育出版社1993年版，第1831页。

出文化贫困的第一步。1952年，扫盲识字运动在全国范围内展开，整个社会形成了"读书声声响，处处是课堂，互教又互学，师生大家当"的氛围。一年时间，乡村地区就扫除文盲308万，足以见得当时的扫盲力度与成效。除了文盲率的下降和生产率的提高，扫盲的良好效果还在于，通过知识的普及和迷信的破除，改变了农民的生活方式。"民校不但可以开展识字运动，提高生产卫生科学常识，而且可以使农民形成新的生活方式……他们打钟下地生产，打钟上课学习，带上书本下地读，妇女带上书本下灶房，这种情况，在中国历史上从来没有过。这种生活方式将不可避免地引起意识形态上的变化，将会产生移风易俗的效果。"① 有了知识之后的农民，不仅有了一定的读写能力，而且学习已成为他们的生活习惯，学习文化已成为农民的普遍要求。当时的农民普遍意识到，"没有文化，就当不好家"；"不学文化，怎能更好地为人民服务"；"上课好比吃饭，一天不上课，一天不得过。"②

其次，农民学习了文化，为接受科学道理打开了大门，为他们提高生产技术准备了条件。许多农民在学习后懂得了肥料的要素——氮、磷、钾，并且知道哪种肥料适合哪种土壤。村里的农业技术研究小组经常阅读"农业技术"和其他书报，他们在生产中吸收其他地区的丰产经验，推广了"等距宽播"等耕作方法，纠正了"增产到顶"的思想。过去在乡村推广新农具，曾遇到不少困难。例如步犁是很好的新农具，但有的村子买了之后，因为没人能够看懂使用说明书，不会使用，只好把它挂在墙上，成了"挂犁"。扫盲之后，农民有了知识，"挂犁"都下地了，③节省了人工，人畜力都获得了解放，极大地提高了农业生产效率。

最后，业余教育的重要作用还体现在其对农民的政治教育和引导方面，从根本上形塑了农民新的精神风貌。1954年8月6日至16日，第一次全国农民业余文化教育会议在北京召开，会议认为，农民业余教育必须特别注意以社会主义思想教育农民，提高农民的阶级觉悟。除文化课

---

① 王中青：《民校工作中的几个问题》，《人民教育》1950年第7期。
② 《太湖边上的文化村》，《人民日报》1952年6月20日第3版。
③ 皇甫瑾：《五年来的工农业余文化教育》，《人民日报》1954年9月23日第3版。

要贯彻政治思想教育外,冬学、民校中都应当设置政治课,结合乡村工作和农民思想情况,具体深入地向农民继续进行总路线和宪法的教育,主要包括互助合作的政策,发展生产的政策,社会主义工业化和工农联盟的政策,并结合时事教育,增强爱国主义和国际主义的思想。[1] 这样,农民业余教育其实是集文化教育与阶级教育于一身。虽然与正规教育相比,农民业余教育具有较大的自由度,形式也灵活多样,但它们的教育宗旨却是统一的,即在提高文化的过程中完成农民的阶级性改造,为农业社会主义改造和农业生产服务。

业余教育对农民的政治渗透主要是通过教材内容、教学过程与政治形势紧密结合来实现的。20世纪50年代的乡村业余教育工作主要是围绕现实的政治生活和乡村的中心工作来展开,如土改、合作社、统购统销、抗美援朝等。业余教育的内容并不是固定的,而是随着时势与乡村工作中心发展变化。1949年教育部下发的《关于开展1949年冬学工作的指示》指出1949年冬学政治教育的基本内容"应当是向农民宣传中华人民共和国诞生的伟大意义,解释人民政协的共同纲领,解释目前中国的军事政治经济形势和劳动人民的任务",主要以《共同纲领》为教材;1950年12月经中央人民政府批准,教育部发出《关于开展农民业余教育的指示》,明确提出农民业余教育要配合时事、政策教育和生产、卫生教育;1951年教育部发出《关于加强今年冬学政治时事教育的指示》,指出:"今年全国各地的冬学均应普遍和深入地向农民群众进行抗美援朝爱国主义教育,推进增产节约和爱国公约运动,并结合当地情况,进行关于土地改革、民主改革、生产互助以及婚姻法等政策教育。"

农民业余教育的开展,不仅配合了土改,培育了农民的阶级意识,启发他们的阶级觉悟,更在继承乡村优秀文化遗产,移风易俗等方面起到了积极的作用。例如,山西长治琚寨村在土地改革以后,农民随着生活的改善,产生了资本主义的自发倾向;有些干部放松了对互助合作的领导,使村里发生了阶级分化,出现了雇佣长工和卖地、卖房等不良现

---

[1] 新华社:《农民业余文化教育会议闭幕》,《人民日报》1954年9月1日第1版。

象。当地党支部依托民校，向农民进行政治引导，并培养模范互助组，以先进带动后进，经过一年多的反复教育，干部和农民中间的资本主义的自发倾向便扭转过来了。1951年组织起来的农户达到了全村农户的85%，第二年大批互助组即转为农业生产合作社。这时又在民校适时宣讲了苏联集体农庄的美满生活，大大鼓舞了农民走合作化道路的信心和决心，他们自编的一首快板，反映了这种情绪："单干不如互助好，社比小组更要高，生活要想更美满，集体农场是目标。"①

2. 红专业余学校

红专业余学校是在红专大辩论和教育大跃进的共同作用下产生的，1958年随着扫盲高潮的再起，加之"两条腿走路"以及"教育必须与生产劳动相结合"的教育方针的影响，红专学校如雨后春笋般在全国各地纷纷涌现。农民业余红专学校，就其本质而言，是扫盲运动的升级和转型，伴随着大跃进的始末。大跃进是农业的跃进、工业的跃进，也是教育的跃进。这一时期，农民业余学校在冒进中产生了新的形式，招收政治面貌相对较好的青壮年农民，以政治宣讲为主，技术提升为辅来完成教育的普及工作。

1958年以后，随着全国范围共产风、浮夸风的蔓延，许多地区纷纷将大量的冬学、识字班、民校等增设政治课，升级为业余小学、中学、各类技术夜校和红专学校，同时完成政治、技术与文化的学习，实现技术革命与文化革命的结合。1958年2月29日，第一所干部培训班性质的红专学校出现在河南登封县三官庙乡。1958年3月13日《人民日报》第7版对这一事件予以报道——《河南"干部红专学校"遍地开花》，此后，各地纷纷开始大放"红专学校"的卫星，仅就河南省，到6月12日"干部红专学校已发展到近五千所，入学人数近二十万"②。几个月后，全国大量出现由扫盲识字班、民校转成的红专学校。根据不完全统计，仅浙江一个省所办的农业技术夜校就有一万五千六百多所，黑龙江、辽宁

---

① 《五年来的工农业余文化教育》，《人民日报》1954年9月23日第3版。
② 《为了领导千百万群众实现总路线，做一个红透专深的干部，河南干部红专学校遍地开花》，《人民日报》1958年6月12日第7版。

两省和河北省部分县为扫盲毕业的人开设的业余小学和中学有二十一万五千一百多所（班）。据《人民日报》报道，参加各种业余技术夜校、业余中小学等学习的工人和农民，仅黑龙江、河南、浙江、湖北、安徽、辽宁、河北、山西、上海、天津等十个省、市和另外几省四十六个县，就有一千八百三十四万人。① 1959 年 3 月，陆定一在全国教育工作会议上指出：在业余学校中，将政治、文化、技术结合起来是很重要的。办法现在有两种：一种是一揽子的，叫红专学校、红专大学等。另一种是分级的，是业余小学、业余中学等，不叫小学、中学，就叫初级、中级。② 可见，所谓的红专学校，就是政治、文化、技术一把抓，不但加强对农民政治觉悟的提升，突出意识形态教育，而且实行政治与技术结合，"生产上需要什么，红专学校就解决什么"。

1958 年底 1959 年初，教育领域内开始了纠"左"的工作，1959 年初，中央决定对教育领域实施"巩固、调整和提高"。教育规模缩减后，业余学校发展受到了影响，有的地方红专大学、红专学校的名称不敢再叫了。③ 总之，从 1960 年以后，受到经济衰退和教育调整的影响，农民教育进入了低谷期，遍布全国的红专学校也陷入停顿。

（三）半农半读的农业中学

"大跃进"以后，响应社会主义建设必须"两条腿走路"的号召，教育的发展也日益多元，特别是在乡村社会，普通教育与职业教育相结合，全日制与半日制相结合，公办与民办相结合……半农半读的农业中学就是在这样的背景下产生的。农业中学是由人民公社创办的农村职业学校，与普通中学的目标一致，都是要为人民公社培养有社会主义觉悟、有文化的劳动者，只是形式不同，各有侧重。相对而言，农业中学更侧重实

---

① 《村村办学校，户户读书声，各地迅速发展成人教育网巩固扫盲成绩》，《人民日报》1958 年 6 月 26 日第 1 版。

② 何东昌：《中华人民共和国重要教育文献（1949—1997 年）》，海南出版社 1998 年版，第 882 页。

③ 同上书，第 929 页。

用的技术与管理知识，招收不能升学的高小、初中毕业生和农民社员，既解决了乡村学生受教育的需要，也满足了农业生产的技术需要。

1958年2月11日，教育部副部长董纯才在第一届全国人民代表大会上做了《加强思想教育、劳动教育，提倡群众办学，勤俭办学》的发言，在讲话中，他主要根据毛泽东1957年2月27日在国务会议上所提出的"我们的教育应该使受教育者在德育、智育、体育几方面都得到发展，成为有社会主义觉悟有文化的劳动者"等指示和一年来教育的发展情况，总结认为，中小学教育发展途径有三条：国家办学，群众办学和勤俭办学、勤工俭学。在今后的工作中，要把三条途径结合起来，共同推进教育的普及和发展。① 1958年3月19日，陆定一在农业中学问题座谈会上做了发言，他同样以"培养有社会主义觉悟有文化的劳动者"和"勤俭办学、勤工俭学"两个口号为指导，以江苏省率先出现的农业中学为案例，认为农业中学是"大跃进"的重要一项，三年之后，农业中学比普通中学还要多，并计划要"苦战三年"大办农业中学。② 几天后的第四次全国教育行政会议上，董纯才再次提出了相似的任务：积极发展工农业余中学和小学；大力举办农业中学、工业中学和手工业中学；根据毛主席提出的培养有社会主义觉悟有文化的劳动者的教育方针来改革教育制度、教育内容和教育方法。③

农业中学作为教育大跃进的一个重要构成和表现形式，以坚持群众自办、半耕半读、勤俭办学为原则，由于与当时国家提倡的"勤工俭学、勤俭办学"的口号相吻合，一经产生就引起全国的关注。第一个农业中学1958年3月10日出现在江苏省海安县双楼乡，紧接着江苏省其他县也开始陆续创办农业中学。为了推广办学经验，3月17日，中共江苏省委专门召开了民办农业中学问题的座谈会，陆定一应邀参加了会议。4月21

---

① 何东昌：《中华人民共和国重要教育文献（1949—1997年）》，海南出版社1998年版，第801—802页。

② 同上书，第809—810页。

③ 《促进文化革命，在普及中提高，第四次全国教育行政会议提出教育任务》，《人民日报》1958年4月10日第7版。

日,《人民日报》对农业中学的发展情况进行了报道,统计发现"仅仅一个月左右的时间,民办农业中学就有了很大的发展。据江苏、浙江、福建、河南、辽宁五个省不完全的统计,已开办农业中学八九千所。江苏已有五千六百多所农业中学开学,招收了二十一万多名高小毕业生和农业合作社的社员入学"。① 1958年9月19日中共中央、国务院在《关于教育工作的指示》中进一步强调了"教育为无产阶级政治服务,教育与生产劳动相结合"的教育工作方针。随后,教育界立即掀起了学习和贯彻这一指示的热潮,一批农业中学、共产主义劳动大学等各式各样的半工半读,半耕半读学校迅速成立,较好地解决了农村生产方面的知识与技术需求。

20世纪60年代以后,加强阶级教育、劳动教育成为各级各类学校的共同倾向,农业中学也不可避免的受到影响。农业中学开辟了教育与生产劳动相结合的新方向,克服了升学与生产、生活的脱离问题,但问题在于乡村教育发展的新导向本身带有矫枉过正的偏差,从一个极端走向另一个极端。片面强调劳动实践,完全忽视基础知识教育和基本技能训练,导致教育质量下降,在农民中产生了"读书无用"的负面影响。当时在乡村地区流行一个这样的顺口溜——"农中农中,吃粥劳动",在农民看来,在学校干活是劳动,在家生产也是劳动,如此,还不如离开农中,回家劳动。另外,乡村地区还普遍缺乏创办农业中学的条件,没有校舍、教材、教师、没有办学经费,甚至没有合格的学生,这样的农业中学很难长期维持。②

三 社会主义教育的开展

没有社会主义新农民,新的社会制度的巩固和发展就无从谈起,所以农民群体的政治社会化的教育过程其实就是建政的过程。众多的社会

---

① 《大量发展民办农业中学》,《人民日报》1958年4月21日第1版。
② 曹锦清等:《当代浙北乡村的社会文化变迁》,上海人民出版社2014年版,第391页。

组织与机构，如家庭、学校、大众传媒、同辈群体、宗教机构以及各种社会政治组织，都是社会化功能发挥的有效载体，其中，家庭、学校、大众传媒、政党等起着更为关键的作用。它们以不同的方式，直接和间接地、正式和非正式地、明示和暗示地、有意和无意地、自觉和不自觉地影响着"政治人"的形塑。

（一）无产阶级政治的社会教育

新中国成立后，为了重建社会秩序，实现阶级同化，加强对乡村社会的管理，中共开始按照自己的政治与道德理想，通过一系列制度化与非制度化的组织和宣传来形塑农民，增进他们的社会适应，因为制度必须与人事相契合才能有效地发挥作用。

1. 以无产阶级政治为主的教育内容

无产阶级政治是对中国共产党执政中所秉持的路线、方针和政策等的统称，新中国成立后乡村社会的教育活动都是在其指导下进行的，与显性的文化知识普及和思想政治教学不同，作为一种国家意识形态，其成功的关键在于依托于非制度化的形式，无形地渗透在乡村社会的日常生活之中，利用人们的无意识完成政治引导和道德感化，是正规教育的重要分支。通过无产阶级政治的宣传，让农民了解社会主义的本质；懂得只有社会主义才能发展中国；知道社会主义作为一种社会制度，是共产主义的必经阶段。通过新旧社会制度的展示和对比，使他们了解新旧社会的本质，意识到社会主义改造与建设给乡村社会发展带来的巨大变化，使他们直观感受到社会主义区别于封建主义和资本主义的优越性。在具备了与社会主义计划经济相适应的文化知识和思想观念的基础上，利用榜样从正面鼓舞和引导，学习、践行社会主义所提倡的价值观念，形成良好的社会风气，进一步巩固社会主义制度。

无产阶级政治的宣传在形式上主要依靠群众会议、报告和榜样学习等方式对农民进行传达和宣讲。宣传内容主要是对政策阐释、路线介绍、制度优越性表述等。以过渡时期总路线宣传为例，1953年12月，中共中央宣传部发布《为动员一切力量把我国建设成为一个伟大的社会主义国家而斗争——关于党在过渡时期总路线的学习和宣传提纲》。此后，在中央的号召下，各地纷纷展开了总路线的宣传工作，形成新中国成立后第一次全国范围内的社会主义教育运动。以下是1953年山东省的总路线宣传报告形式：

一般都首先指出革命胜利带给农民的好处，然后联系一部分农户放债、买地、囤积粮食等资本主义自发倾向，指出其危害性，使到会干部认识了只有走社会主义道路才是康庄大道。在此基础上，着重地讲解互助组、农业生产合作社，是对农业实行社会主义改造的具体道路。指出乡村必须办好农业生产合作社带动互助组，增产粮食，支援国家经济建设。经过反复讨论，大家明确认识到：党和国家在过渡时期的总路线是照耀着一切工作的灯塔，国家对农业、手工业逐步地实行社会主义改造的重要性和农业生产互助合作的方针、政策。同时，他们还明确认识了农业生产与工业生产的关系，以及增产粮食支援国家经济建设的重要意义。①

通过类似的无产阶级政治宣讲使农民了解、认识社会主义的现实与未来；意识到自己的主人翁地位，自己的生产劳动、综合素质关系到整个的社会主义建设；懂得对农业实现社会主义改造必要性及其与社会主义工业化之间的联系；明白"抓革命、促生产"的政治意义，树立劳动光荣的观念，努力增产粮食为国家建设做贡献。除此之外，无产阶级政治宣传的教育功能还在于它为农民提供了生活和生产的意义系统，从而使农民可以从生产和生活中获得意义感。对社会主义及其未来走向有了基本的认知，从而觉得自己的生活有价值、有目标、有尊严。这种宣传无形中调动了农民的内在积极性，提高了农民的综合素养，在很大程度上促进了农业生产，为国家工业化建设起了推动作用。②

在集体化的中后期，壁画运动与民歌运动成为政治宣传的新生形式。初期的农民画，大都是采用壁画形式，这也是各地文化馆站为配合运动、

---

① 《广泛宣传国家过渡时期总路线》，《人民日报》1953年12月4日第3版。
② 王绍光、贺雪峰等：《共和国六十年：回顾与展望》，《开放时代》2008年第1期。

以宣传为主要目的而开展的群众艺术活动。画炼钢、画生产、画阶级斗争、画理想,是当时农民画的主要表现题材,流露出民间艺术淳朴美的特质。在1958年文艺界所放"卫星"中,以当时开展的"新民歌运动"和"新壁画运动"最为引人注目。一时间,全国乡村"歌声遍田野,壁画满山墙"。①

在农民文化翻身的过程中,可谓有声有色,不仅有画作,也有歌声:有民歌,更有诗歌。在20世纪60年代有一首风靡一时的《不忘阶级苦》的民歌,较具典型性。

不忘阶级苦,牢记血泪仇,
世世代代不忘本,永远跟党闹革命,永远跟党闹革命;
不忘阶级苦啊,牢记血泪仇,
不忘阶级苦啊,牢记血泪仇。

在土改之前的乡村社会,宿命论以及封建迷信的观念大有市场,人们世世代代认为"生死有命,富贵在天"。有钱人之所以有钱,是因为他们吉星高照;而穷人之所以穷,是因为他们一出娘胎就生不逢时。"富人发财是因为他们的祖宗墓址选在山、水、风都很吉利的地方。穷人受苦则是因为祖宗葬错了地方。"②经过阶级教育,农民的政治觉悟得到启发,意识到自己的被剥削状态,斗争情绪被调动起来,不仅转变了传统的命运观,而且也能联系实际经验,主动争取自己的利益。

总之,集体化开始之后,应国家相关政策和各地政府的要求公社组织开展了许多群众性文化活动,虽然在人民公社中的文化活动带有强烈的政治性色彩(如壁画、民歌及诗歌),但也确实在客观上丰富了人们的闲暇生活,影响了人们的思想观念。

---

① 林耀华:《土地改革是广泛而实际的教育》,《人民日报》1951年6月5日第3版。
② [美]韩丁:《翻身——中国一个村庄的革命纪实》,韩倞等译,北京出版社1980年版,第52页。

2. 以大众传媒为载体的教育方式

中华人民共和国成立以后，随着经济的恢复与发展，中国共产党日益关注乡村宣传网络的建设，借助广播网络、电影上山等形式，广泛传播无产阶级政治，进行社会主义教育。由于乡村社会识字率普遍不高，相对削弱了书籍和报纸的教育效果，而广播和电影则成为最受欢迎和最为普遍的宣传方式。乡村广播在很大程度上提高了无产阶级政治宣传的速度和质量，让时事政治的宣传更加便捷。同时，广播在乡村社会有其独特优势：不仅可以弥补乡村社会交通不便、文盲率高等缺陷，而且传播迅速、成本低，覆盖面积广、接受方式简单，更加符合农民认知特点。中央政府决定把广播网络作为乡村社会政治宣传与生产指导的主要载体，具体通过把私营广播电台收归国营的方式，初步建成了以中央人民广播电台为中心的四级广播网。到1954年底，全国共有县广播站547个，中小城镇广播站705个，有线广播喇叭49854只。① 自此，乡村广播成为国家指挥生产、宣传中央方针政策和对群众进行思想教育的重要工具，极大地推动了中心工作的开展。各地市党委在中共的领导下，主动、积极利用广播的宣传作用，扩大教育范围与效果。在兴修水利、春耕播种、扫盲、除四害、绿化造林等运动中，先后多次召开和举办广播大会和专题广播，使得在过去需要十天半月才能做到家喻户晓的工作措施，几十分钟内就传遍全省。此外，乡村广播网对改变农民政治面貌和提高农民思想认识，也起着很大的作用。通过即时性言简意赅的表达帮助农民对时事资讯加以了解，潜移默化地改变了农民的思想观念。譬如，在延寿县高台乡玉山农业生产合作社，1957年夏季连续两个月没有下雨，在几个没有广播喇叭的生产队里，有人想求雨；在装有广播喇叭的生产队，队员们听到了广播大雨预告消息，就把想求雨的农民劝止住了。几天以后，果然下了大雨，打破了求雨的迷信思想。② 因而，很多农民把广播称为"活报纸"和小先生，普遍反映广播有五好：一可以听上级指示，二

---

① 赵玉明：《中国广播电视通史》，北京广播学院出版社2004年版，第225页。
② 焦化东：《农民坐在炕头上，天下大事全知晓——黑龙江省普及乡村广播网》，《人民日报》1958年8月6日第7版。

第十章 新秩序中的乡村教育

可以听国内外新闻,三能听天气预报,四能交流经验,五是男女老少都能受到教育。①

除了广播,融视听为一体的电影也是乡村教育的有效载体。在当时,电影的功能首先在于宣传、教育,娱乐、审美的功能只是衍生性的,因而电影的题材和播放人员的选拔都是有政治要求的。电影放映员必须"具有一定的宣传能力",而且上岗之前也要进行集训,培训的原因是考虑到农民的文化程度偏低、语言不通(不懂普通话)等问题,因此在电影放映过程中,电影放映员需要配合介绍、讲解,并加以适当的思想引导和提升。在十七年中,农村电影放映队配合乡村中心工作开展的大辩论,在向农民进行社会主义教育方面发挥了积极的作用。他们依据不同时期的政策要求,挑选具有现实教育意义的影片四处巡回放映,运用多种多样、通俗易懂的形式宣传讲解,帮助农民明辨是非,增强农民走社会主义道路的信心和勇气。

浙江省平湖县第一放映队在配合当地农村反瞒产(私分粮食)运动中,选映了《智取华山》《沙家店粮栈》和《苏联的一个集体农庄》等影片。在放映中,他们根据《智取华山》《沙家店粮栈》等影片内容,着重宣传了中国人民解放军艰苦的战斗精神,以及老区人民为了支援解放战争,忍饥挨饿把粮食缴给国家的重要意义,有力地批判了当地某些人瞒产积粮的错误想法。许多人看了影片后都很感动地说:"老解放区人民在那样艰苦的情况下,还踊跃交公粮,今天国家根据三定政策,并且订出了合理价格来收购粮食,如果我们还要积粮不卖,那实在太不对了!"在放映《苏联的一个集体农庄》时,放映队员们又着重阐述了苏联的今天就是我们的明天的道理,给农民群众指出了社会主义合作化的远景和奋斗的道路。

农村电影放映员们在和群众接触中或通过会议了解到情况后,经常应用这些资料编写成宣传材料或绘制成幻灯片,配合影片进行宣传。如平湖县第一放映队访问了翻身农民褚正荣以后,就自画了一套幻灯片将

---

① 伯衡:《云南广播事业有很大发展》,《人民日报》1957年2月15日第7版。

褚正荣的新旧生活做了一番对比,并且配上通俗的顺口溜解说,使得农民通过褚正荣的情况明确地认识到合作化的好处。又如江苏省句容县的放映队了解到当地有些农民认为粮食吃得太少,生活太苦等思想情况后,就利用幻灯片帮农民算了三笔账,又放映了《口粮标准是否低》的幻灯片,指明不要浪费粮食,应该有计划地用粮。因为这些材料都是就地取材,和当地实际情况结合得很紧,很能打动人心,对农民的启发帮助很大。①

可见,新中国成立之后,伴随着各种政治运动的开展,广播、电影等大众媒体坚守为政治服务、为社会主义建设和社会主义改造服务、为工农兵群众服务的基本方向,成为农民了解无产阶级政治的重要窗口,收效显著。

(二)阶级斗争的扩大化

1957年以后,党的指导思想出现了"左"的错误,导致政治运动的不断升级。在乡村社会,伴随着农业合作化和集体化的进度,对农民的教育问题也体现了阶级斗争扩大化的倾向,"教育为无产阶级政治服务"成为教育有且仅有的一项社会功能。在教育的功能定位上,"为无产阶级服务"实际上已经演变为"为政治运动服务"。遵循这一价值导向,"以阶级斗争为纲"的社会秩序正在形成,教育为无产阶级政治服务开始走向异化。一直到"文革"结束以前,随着阶级斗争的扩大化,教育的取向渐趋泛政治化。

乡村地区的社会主义教育一直是与农业合作化、集体化运动相关联的。在1955年农业合作化运动时,毛泽东就在《论人民民主专政》中提出了"严重的问题是教育农民"的著名论断。开始进入高级社时,土地所有权的变更使全国不少地区的农民对农业合作化产生了抵触情绪,在1956年末至1957年初曾发生过一次大范围的拉牛退社风潮,辽宁、安徽、浙江、河南、河北、江西、四川、陕西八个省的农村工作部普遍反

---

① 许崇义:《电影放映队帮助农民辨明是非》,《人民日报》1957年12月21日第7版。

映存在退社和闹社的问题。例如，浙江的宁波专区，已退社的约占社员户数的5%，想退社的占20%左右。随后中央针对这种情况连发了几个文件调解，提出"向全体农村人口进行一次大规模的社会主义教育"①。1957年8月8日，中共中央发出了《关于向全体农村人口进行一次大规模的社会主义教育的指示》（简称《指示》）。《指示》在分析了当前情况的基础上，认为在乡村进行一次大规模的社会主义教育十分必要，并对这次社会主义教育的目标、内容以及方式做了具体规定。对于怀疑粮食的统购统销政策和从事破坏活动的地主富农和反革命分子，在辩论中予以揭穿。总之，这场整风要批判乡村社会中的"资本主义道路"，努力提高农民群众和乡社干部的社会主义觉悟，纠正党内的右倾机会主义思想。② 1959年庐山会议后，随着政治局势的变化，中央对人民公社化运动中"富裕中农"的资本主义倾向问题更加重视，为了"保卫党的总路线、保卫大跃进、保卫人民公社的群众运动"，多次强调要在乡村社会开展一次广泛的社会主义教育运动，一次整社、整风运动，并要求运动中应该把解决两条道路的思想斗争摆在首要的位置。可见，1957年以后，特别是1958年至1959年的"大跃进"和人民公社化运动中，社会主义教育运动以反对"资本主义道路"和农民的自发倾向为主要内容，阶级斗争扩大化的倾向已经显现。自1960年起，各种形式的社会主义教育仍然不断进行，但就其主要内容和对象看，则已经很不相同了，"左"的倾向日益突出。③

（三）社会主义教育运动的强化

社会主义教育的根本目的是要培养广大民众爱国主义、集体主义的价值观念，确立为社会主义建设事业而奋斗的政治意识。广义的社会主义教育包括新中国成立十七年中全国城乡地区开展的各种政治运动。这

---

① 《杜润生自述：中国农村体制变革重大决策纪实》，人民出版社2005年版，第84页。
② 《中共中央关于向全体农村人口进行一次大规模的社会主义教育的指示》，《人民日报》1957年8月10日第1版。
③ 郑谦：《社会主义教育运动的过程与体制性分析》，《中共党史研究》2006年第2期。

些具有思想教育功效的运动是党和国家在建政时期的重要策略和手段。随着不同时期党的中心工作的变化，社会主义教育的内容也不断调整，但在不同的阶段又具有内在的连续性。回顾整个十七年，既是一个教育力度不断加强的过程，也是社会主义教育不断政治化的过程。

随着政治形势的变化，到20世纪60年代，我国教育事业的政治取向日益强化。早在1958年9月，在中共中央、国务院《关于教育工作的指示》中就明确提出，要把阶级教育作为向学生进行马克思主义政治教育和思想教育的重要内容之一，以使教师和学生树立无产阶级立场，提高无产阶级觉悟，同资产阶级进行斗争。[①] 1960年11月3日中共中央发出了《关于农村人民公社当前政策问题的紧急指示信》（即"十二条"），要求在全国乡村发起整风整社运动。1962年9月，党的八届十中全会在北京召开，会上毛泽东发表了《关于阶级、形势、矛盾和党内团结问题》的讲话，这一讲话把我国社会一定范围内存在的阶级斗争扩大化和绝对化，认为在整个社会主义历史阶段中，资产阶级一直存在，且具有复辟的危险性。针对当时的"单干风"（指包产到户）等情况，提出要在实际工作中开展社会主义教育。1962年底到1963年初，大部分乡村地区都开展了整风整社、社会主义教育和小"四清"工作，在群众中深入开展社会主义理想信念和信心教育，调动广大党员干部和人民群众参与社会主义建设的积极性。在1963年2月的中央工作会议上，毛泽东又对阶级斗争和社会主义教育问题提出了相关意见，并要求各地要认真对待。随后，中共中央根据会议精神分别在同年5月和9月制定了《关于目前农村工作中若干问题的决定（草案）》（即"前十条"）和《关于农村社会主义教育运动中一些具体政策的规定（草案）》（即"后十条"）。两个文件在对阶级斗争形势做出初步分析的基础上，重点突出了"以阶级斗争为纲"的路线，并对社会主义教育运动的方针、政策以及方法等做了全面规定。此后，中央和地方各级机关陆续派出工作队，在试点地区和部分县、社

---

① 何东昌：《中华人民共和国重要教育文献（1949—1997年）》，海南出版社1998年版，第859页。

展开了大规模的社会主义教育运动。

首先,"三史教育"与忆苦思甜。1963年开始的一场阶级教育运动在全国掀起,其主要内容是开展"三史"教育,以激发广大干部群众对旧社会的仇恨和对新社会的热爱,即所谓的"忆苦思甜"。1963年5月8日,毛泽东在对东北、河南两个报告的批示中指出,用讲村史、家史的方法教育农民群众这件事,是普遍可行的。此后,各级各类学校普遍开展了访贫问苦,请老贫农、老红军做忆苦思甜报告,通过社会调查写村史、家史等活动,向农民群众开展社会主义教育。大规模的"忆苦思甜"运动在全国各地开展,运用正反典型示范,引导群众忆旧社会的苦、思新中国的甜,引发群众产生对旧社会、旧制度的痛恨和对新社会、新制度的热爱与向往。配合阶级教育,各地开展举办阶级斗争展览——"不忘阶级苦,牢记血泪仇",并掀起了"大讲革命故事,大唱革命歌曲,大演革命现代戏"的热潮。[1] 1964年初,《人民日报》又发表了《对子女进行阶级教育是父母的革命责任》(1月3日),《校外教育是社会主义教育的一个重要阵地》(2月8日)等社论文章,这既是对正如火如荼的社教运动的一个反映,也反过来推动了运动的持续深入。

其次,学习毛泽东著作。20世纪50年代后期至60年代初,全国各地干部群众学习毛泽东著作逐渐成为一种自觉行为。1958年至1963年全国各地纷纷组织采取多种形式学习毛泽东著作,除了记笔记和写读书汇报以外,还成立了专门的毛泽东著作学习小组,现场交流会、座谈会以及积极分子大会等,有的地方还办起了共产主义夜校,广泛开展学习毛泽东著作活动。主要学习毛泽东的阶级斗争学说,并争取做到用毛泽东思想来改造自己的主观世界。在政府的号召下,广大农民普遍反复学习了毛泽东的《为人民服务》《纪念白求恩》《愚公移山》(简称老三篇)和《实践论》《矛盾论》等论著。

---

[1] 高华:《身份与差异:1949—1965年中国社会的政治分层》,香港中文大学出版社2004年版,第53—54页。

最后，学习雷锋精神。雷锋同志于1962年8月15日执行任务时，不幸因公殉职。1963年2月7日，《人民日报》刊登了雷锋的生平事迹，介绍了雷锋崇高的共产主义品格和伟大的革命精神。之后各地在政府的组织领导下发出了"学习雷锋革命精神，人人当争'五好'青年（思想好、学习好、生活好、工作好、作风好），做共产主义事业优秀接班人"的号召。作为回应，各地结合正在开展的阶级教育，采用多种形式开展学雷锋活动，认真学习雷锋生平事迹和《雷锋日记》，以雷锋精神对照检查自己的思想、工作、学习和生活。同年3月5日，毛泽东"向雷锋同志学习"的亲笔题词一发表，便在全国范围进一步掀起学习雷锋的热潮。表扬先进人物和先进事迹，插红旗，树标兵，通过学雷锋活动鼓舞工农群众的革命干劲和劳动积极性。学习雷锋爱憎分明的无产阶级立场——对待同志像春天般温暖，对待敌人像秋风扫落叶般残酷无情；学习雷锋全心全意为人民服务的品德，毫不利己、专门利人的共产主义风格；学习雷锋永不忘本、艰苦朴素的工作作风，努力学习毛泽东著作，不断自我改造的积极向上精神。

四 乡村日常生活的政治渗透

中华人民共和国成立后乡村社会发生的各种政治运动，都是党和国家按照革命意图与道德理想对农民全面形塑的过程。对于新政权而言，需要建构与同化的不仅仅是制度与行为，只有基层的行政单位与民众行为上的"听话与服从"是远远不够的，更重要的在于完成农民在价值观念上的体认，成为名副其实的社会主义新农民，奉行爱国主义、集体主义的无产阶级价值观。制度与服从只是表面的，一种新的政权要建立、巩固、落实必须要以民众的价值观念与文化心理为逻辑起点。所以说，以阶级划分与改造为开端的社会秩序重建只是乡村社会文化运动的定向与基调，它拉开了十七年教育的序幕，至于究竟如何广施、善施教化，必须还要从农民的日常生活中寻找切入点。

(一)"新年画运动"的指导思想及其政治意蕴

1949年之后伴随着国家权力的下放，基层社会中的方方面面，如科、教、文、卫等各部门皆纳入到国家的直接管控范围内。为了加强基层管理、统一农民思想，形式灵活，内容庞杂的民间文艺工作受到了国家层面的关注。民间文艺工作成为国家实现民间控制的有力工具，国家的意志决定着它的内容与形式，调控着它所传播的思想与价值观。

"为工农服务"的指导方针的确立。中国共产党从创立之初就非常重视宣传工作，把宣传教育看成是党的基本工作，并在长期的革命斗争中积累了丰富的宣传动员经验。年画作为民间艺术的一种重要表现形式，由于它的亲民性与生活性，受到了国家文化与宣传部门的青睐与重视。1949年11月23日，毛泽东审阅并批示了《关于开展新年画工作的指示》，这是国家指导美术工作的第一份重要文件，并在27日由《人民日报》公开发表。根据这一指示精神，将旧年画改造成为合乎中国共产党执政理念及新民主主义社会价值观的新年画，成为文化部门的重要任务之一。各地文教部门严格按照《指示》结合春节习俗把开展新年画工作作为文教宣传工作中的重中之重，遵循"深入生活，深入群众"的指导思想，对旧年画进行了清算与改造。

所谓的新年画运动是针对传统的旧年画而言的，与旧社会的年画相比，它增加了很多反映新社会的元素，从形式到内涵，在破除封建迷信、颂扬社会主义等方面皆具有积极的意义，极大地促进了国家政治文化传播与新文化普及。按照这种"新"的要求，新中国成立前上海出版的《二十四孝图》《裸体美女》等皆被列为需要改造的旧年画之列，被认为是封建主义和资产阶级作品的代表受到批判，而那些反映新社会、颂扬劳动人民的作品则受到喜爱和追捧，如《开国大典》（图10—1）、《劳动换来光荣》（图10—2）等。不得不承认，在当时"为工农服务"的艺术定位确实让年画的主流模式发生了转换和改造，在一定程度上摆脱了旧年画的抽象、僵化，转而走向生活化和民间化，欣欣向荣的憧憬与描绘深受广大农民的欢迎。其实发展到后来，"新年画运动"只是一种符号性

图 10—1 《开国大典》（董希文，人民美术出版社，1953）

图 10—2 《劳动换来光荣》（古一舟，1950）

的称谓，因为被改造与创作的范围不再仅局限于年画，很多其他画派都加入了"新年画运动"的行列。"从 1949 年至 1966 年间，不仅是年画画家，还有油画家、国画家、版画家、漫画家都踊跃参加新年画的创作，经过这批文艺工作者的不懈努力,创作出了大量与当时政治、经济相关的新年画。"[1] 总之,民间绘画艺术的风格皆发生了"新年画"式的转向,其"新"意主要体现在两个方面:一是新方针,新政策;二是新社会,新内容。

第一,新方针,新政策。作为一种民间文化载体的年画、宣传画,在"为工农服务"的指导方针下,其整个创作、生产与流通的过程都受到国家严格的监督与控制,这一点在《关于开展新年画工作的指示》中体现得很明显:中宣部(确定主题)—文化部、中国文学艺术界联合会、中国美术家协会(贯彻意图)—出版社、美术创作组、书院、美术学院等单位(生产创作)—印刷厂(生产印制)—新华书店、邮局、合作社、书报摊、百货公司、香炉店、货郎担子等(流通机制)。[2] 在这样的政治文化、艺术生产与流通消费的流程当中,文艺创作者与工作者没有太大的专业自由,民间绘画艺术已经被国家化、工具化,画什么,怎么画等问题也同样被政治化。出于阶级改造、思想灌输和社会动员等方面的政治需求,国家的形象、领袖的形象以及工农的形象都要受到严格的审查,一些不符合意识形态的内容被屏蔽,而另一些迎合政治形势的内容与元素又会在文艺作品中被有意夸大并强化。

第二,新社会,新内容。新年画的内容具有政治化的特点,具有政策宣传与说教功能。与时事政治和社会运动相配合,是新年画的显著特点。土改时期突出阶级性,建构社会各阶级的政治形象,凶神恶煞的地主,悲惨凄切的贫农;到了合作社、人民公社阶段转而描画村民、社员一起和谐劳作的场景,如著名的宣传画《妇女互助小组》《人民公社好》等。到了后期,"大跃进"时期,这类民间艺术作品又有新的发展,如壁画运动和民歌运动,人人争当文化先锋,很多地方出现了"诗画满墙"的场景:"墙上、门上、山岩上、树干上、电线杆上、商店柜台上、酒桶

---

[1] 李公明:《专制主义艺术中的身体与政治——1949年后中国大陆的政治宣传画》,《二十一世纪》2015年第4期。

[2] 同上。

上、磨盘上,到处都是诗和画。"①

在政治色彩浓烈的年代,文学艺术工作的社会定位不可避免地要被政治化,而且年画的草根性质又决定了它无法走向高端与抽象,在国家的意志中,它始终是作为一个传达民间诉求的中间环节。重新回到《福禄寿》《五子登科》以及神话传说相关的图像时代已是不可能,唯一的出路就是画好工农兵的新形象。② 农民是年画的主要受众群体,所以作为一种民间艺术,年画是通过艺术手法表达生活现实,这一点从年画的出版与发行上可以得到明显体现。根据1950年的不完全统计,全国23个地区共出版年画379种,印刷数量已知的676万余份,加上未知的应达700万份以上,表现农业生产的题材为最多,占31%,其中反映一般情况的最多,如春耕、增产、丰收、副业生产等等。其余题材中,庆祝中华人民共和国成立的占10%;庆祝胜利及表现对领袖热爱的占13%;反映军民关系的占10%;反映乡村丰足生活和解放战争的各占6%;提倡学习文化的占5%;反映民主政治的占3%;反映工业生产及工人生活的占3%;提倡卫生的占2%;反映中苏友好及国际团结的占2%;新旧故事画的占7%,其他(包括土改减租购公债等)占2%。③

总之,颂扬新社会,通过生产和生活,反映劳动人民的精神风貌是"新年画运动"的主旨。在社会主义政治文化的传播和教育下,爱国主义与集体主义逐渐成为农民群体主要的价值取向。

(二) 生活风俗的政治化改造

民间的绘画艺术对人们价值观的影响集中体现在农民的审美观与婚恋观等家庭风俗习惯的变化。"在高度集中的计划经济体制内,政治并不是经济的集中反映,相反是政治决定着经济,决定着黎民百姓的日常生活。"④ 新中国成立初期,在全能主义政治的主导下,乡村社会开始了政

---

① 江波:《大跃进时期的"新民歌运动"》,《党史纵览》2007年第5期。
② 姚玳玫、王瑨生:《面对"月份牌"的新年画》,《读书》2005年第8期。
③ 建菴:《一九五〇年年画的几项统计——并附个人几点意见》,《美术》1950年第2期。
④ 曹锦清等:《当代浙北乡村的社会文化变迁》,上海人民出版社2014年版,第407页。

治渗透式的生活，从年节习俗到衣食住行处处洋溢着政治色彩，为乡村社会的政治改造打下了深厚的文化与情感基础。

1. 春节习俗的文化变革

自新中国成立后，国家就力图加强日常生活的政治渗透工作，着力于对年节习俗的改造，希冀以政变俗，利用年节里的消费、娱乐活动来宣传无产阶级政治。

新年画运动对村民日常生活的影响与改造是从新中国成立后的第一个春节开始的，这一点在《关于开展新年画工作的指示》中讲得很清楚。而且在1949年12月21日，文化部联合教育部又发出了《关于开展年节、春节群众宣传工作和文艺工作的指示》，强调要凭借1950年新年因势利导，充分利用这个时机大力开展群众文艺活动，向人民开展宣传教育，宣传革命的胜利，宣传经济的恢复与发展。在中国，春节始终是作为一个全民性的庆典节日来被消费的，本着善教化的原则，国家巧妙地把这个传统节日转化成为一种政治宣传的手段与优势。通过年画、对联向广大民众直接进行政治宣教，利用春节期间民众的文娱活动，潜移默化地将国家意志渗透到民众中去，以节日为载体，通过民俗的力量进行政策宣传与政治教育。

过年张贴年画与门联在乡村地区是必可不少的传统文化习俗，用以寄托人们对生活的美好情感和对未来的完满期待。不管是传统还是现代，年画都是以"从教化，助人伦"为旨归，所谓的新旧区别在于年画的内容题材。传统年画的题材主要是以神话传说、历史典故或寓意吉祥的人、事、物为主，比如《牛郎织女》《白蛇传》《五子登科》《连年有鱼》等等。新中国成立以后，新年画所涉及的题材发生了很大的变化，描绘的重心放在国家的大政方针和农民的新社会生活。例如《开国大典》《热爱毛主席》《农民参观拖拉机》等。从教育的意义上讲，年画的作用不仅在于向人们展示的美好画面，在视觉上给人以美的享受，更重要的作用在于它的画面背后蕴含的是一种被倡导的价值观，给人以思想上的鼓舞与引导。所以，过年的时候贴上一幅喜庆的年画，在营造热闹吉祥的氛围的同时，也为人们找到了一种精神上的寄托。年画中所传递的价值观念往往会在潜移默化中影响着人们的思想和行为,间接地在维护社会秩序、树立社会风尚、丰富文娱活动等方面起到了积极的推动作用。除了年画,春联等民俗传统都成为国家政策宣传与思想引导的关注点。新中国成立后,人们顺应国家政策的要求,对传统的过年贴春联习俗进行了调整。春联的表述内容也与时俱进,增添了反映新时代且具有政治意义的新元素。如"跟毛主席走,听共产党话";"新生事物春满园,妇女顶起半边天";"食堂巧煮千家饭,公社饱暖万人心";"努力生产、丰衣足食"等。

年画、春联等传统文化习俗的改造其实是国家对乡村社会改造的一个侧面,通过这些家庭生活习俗的间接宣传,使农民对国家的政策与走向有了更多的接触和了解,在思想与观念上也与国家的主流价值之间缩短了距离,及时地加强了国家与乡村社会的关联。

2. 衣着发饰等审美观念的阶级导向

人们日常生活中的衣、食、住、行等方面不仅要受到政治因素、生产力发展状况的影响和制约,而且还会打上历史文化的烙印,是一定时期内人们价值观念与社会心态的外在表征。从这个意义上讲,社会生活的各个层次无形中记录了整个社会物质文化与精神文明的嬗变,反映着社会政治、经济、文化以及价值观的变化轨迹与内在规律,是了解与研究社会教化问题的重要落脚点。

20世纪60年代的《济南晚报》曾报道过市民关于职业与社会教化、移风易俗关系之间的讨论[①],从中可见人们在日常生活的衣着发饰的认识与选择上,已经具备了政治敏感性。其实不仅是城市中的人们如此,在乡村对这些方面的认识同样具有政治化的倾向,甚至有过之而无不及。这也从侧面反映了共产党社会改造的成功,人们不仅在行为上对党的领导拥护、服从,而且也在思想观念上认识到日常生活的政治属性。这种成功地政治教化在日常生活中主要是借助于民间文艺作品的艺术形式来实现的,通过温情的方式渗透在人们的衣食起居中,慢慢融入他们的思

---

① 《占领柜台阵地 做移风易俗促进派》,《济南晚报》1964年12月22日第3版。

想观念中。民间文艺作品对底层民众审美观念的影响，主要外在表现为衣着与发饰两个方面。

首先，从衣着上来讲，款式与颜色极具时代特色。20世纪50年代中期以后，中山服开始在乡村地区出现。这种中山服是在以前中山装基础上改进而来的，把传统略小的圆领改为阔而长的尖领，前阔、后背做得宽松一些，中腰稍微收敛，后片比前片略长，袖笼稍提，右边的暗兜上方多了插钢笔的小豁口。[①] 新式中山装成为毛泽东等国家领导人参加国事活动的正式服装，如宣传画《开国大典》（图10—1）中的人物服饰与形象。中山装大气、庄重、实用，样式中西合璧，既保守又时尚，流行起来后很快代替传统衣衫，成为最受全国男性欢迎的服装样式，农村青年甚至妇女、孩子也都逐渐穿着。因百姓的中山装是从干部装束学来的，又称"干部服"。与此同时，新式制服帽开始出现，由于这种帽子最初是穿干部服的人所戴，故又叫"干部服帽"。[②]

但受制于当时的物质条件，人们的着装颜色比较单调，主要是蓝、青、黑、白四种颜色。以20世纪50年代北京郊区乡村家庭生活情况为例，普通家族购用的衣用布颜色单调，"以青布为最多，白布和蓝布次之，再次为印花布、条布、格布等较漂亮些的品类"。[③] 乡村地区的青年妇女若穿上有格子、条纹或碎花的布褂子，也算是当时年轻妇女中最流行的服装了。但时尚、花哨的衣着在当时并不被社会主流看好，戴首饰的女孩子更是少之又少，因为在"越穷越光荣"的阶级斗争环境中，人们的审美观已经被政治标准所浸染。按照阶级斗争理论，时尚的衣着、艳丽的妆容以及象征财富的首饰都是资产阶级和封建主义作派的反映，理应受到新社会中进步分子的抵制与排斥。

其次，从发饰上来讲，新中国成立时女子流行绑长辫，单辫或双辫

[①] 王东霞：《百年中国社会图谱——从长袍马褂到西装革履》，四川人民出版社2003年版，第169—170页。
[②] 山曼等：《山东民俗》，山东友谊书社1988年版，第76页。
[③] 李景汉：《北京郊区乡村家庭生活调查札记》，生活·读书·新知三联书店1981年版，第14页。

是女性最钟爱的发型。随着革命形势的变化，人们的审美趣味也发生了相应的转变。由于对女干部、女劳模的崇拜与模仿，很多乡村地区的青年女生都不约而同地剪掉了长发。青年女子留着齐脖短发，老年妇女则把头发盘成发髻别在脑后，这种一元化的女性形象成为1950—1960年乡村社会的独特景观。细究起来，女青年的短发形象并不是自发的审美趋向使然，而是与当时民间艺术绘画作品中的女性劳动模范、积极分子形象存在很大关联，如《劳动换来光荣》（图10—2）以及《群英会上的赵桂兰》（图10—3）等年画、宣传画作品。

图10—3　《群英会上的赵桂兰》（林岗，1951）

在20世纪50年代，不管是城市还是乡村，几乎每家每户的墙上都贴着一幅《群英会上的赵桂兰》的年画。画面上的劳模赵桂兰因保护公家的财产而光荣负伤，她的这种热爱集体、无私奉献的高贵品质得到毛主席的赞扬，并受到亲切接见。这幅年画与当时"热爱集体、热爱劳动"的意识形态十分吻合，极具思想教育功能，树立了人人争当模范的社会新风尚。与旧年画相比，女性形象经历了从"时髦女郎"到"劳动妇女"

的转变,"她"的教育价值压过审美价值,任何一位女性都首先是作为一个劳动力,作为社会主义生产力大军的一员来被看待的,至于她身上的任何形式美的特征都被忽略并消解掉了。

在 20 世纪 50 年代的乡村,这两幅宣传画中的女性形象深入人心,慢慢地,女性的短发形象在隐喻意义上具有了政治进步和吃苦耐劳等符号象征色彩,成为劳动阶级的典型形象。留短发不仅可以衍生出某种政治上的先进性与优越感,如朴素、踏实、能干等,所谓"女子也顶半边天",新中国成立初广为宣传的男女平等思想也为女性的短发时尚起到了推波助澜的作用。而且按照革命伦理,短发也确实比长头发具有更多的政治优势:一是省时间,既容易清洗,又省去梳长辫的时间,这样一来,短发不仅节省了资源,也间接地延长了劳动时间;二是干活灵活、方便,长辫子身前身后的晃动,不够利落,而且还容易分散劳动者的注意力。

3. 婚恋观的意识形态化倾向

新的政权通过行政组织与宣传教育的力量打破了乡村社会原有的秩序结构,把农民按照不同的阶级与利益重新组织起来,实现国家对基层社会的全面领导。伴随着改革的深入,传统社会的习俗与观念遭到否弃,在新政权的引导下,新的价值观念正在为农民所接受和践行。

20 世纪 50 年代初我国颁布了《中华人民共和国婚姻法》,主张婚姻自主,自由恋爱,反对父母包办,宣扬男女平等的思想,提倡结婚双方在婚前应当找机会互相接触、了解。《梁山县志》中就有响应新婚姻法的记载:男女成婚,必须征得双方同意。[①] 对婚姻法的宣传与教育工作有戏剧、电影及宣传画等多种形式,如《小二黑结婚》《王贵与李香香》以及《小女婿》等,这些都是反对封建婚姻的代表作品。观念的转变是一个长期的过程,相对而言,思想开放的青年人比较容易接受新《婚姻法》中的内容,当其与上一代人的婚姻观念发生冲突,而又不好直接忤逆时,往往会借助在自己屋中墙上张贴年画的方式来向父辈委婉地表达内心的想法。如年画《自由婚姻好》(图 10—4)。

---

① 梁山县史志编纂委员会:《梁山县志》,新华出版社 1977 年版,第 494 页。

图 10—4　《自由婚姻好》（朱石基，1952）

随着婚姻法宣传工作的深入，在乡村社会，与新婚姻法相冲突的一些人与事也失去了其存在的合理性，变得不合时宜。新婚姻法的施行，意味着"父母之命，媒妁之言"的时代已经成为过去，相应地，乡村地区专门给青年男女拉红线、点鸳鸯谱的媒婆也被视为是封建社会、专制主义的遗留，在历次的社会主义教育运动中首当其冲地成为斗争与批判的对象，被打入牛鬼蛇神的行列，成为当时粗风陋俗的主要代表者。

另外，在集体化期间的乡村，理想的结婚对象是人老实，脾气好，干活勤快，听长辈和领导的话。男女的标准稍有差异，姑娘在找对象时，很注意对方在政治上是否进步，是否是劳动模范，口碑如何，是否为村里的人所夸赞，工作能力和性情如何，也注意军人和工人的出身；而青年男子在找对象时，一般而论会依次注意到女方的性情是否合得来，换工分的能力如何，是否要求进步以及相貌如何等方面。[①] 此外，在选择配偶时，还有一个必须考虑的非个人因素就是家庭成分，由于成分是通过

---

① 李景汉：《北京郊区乡村家庭生活调查札记》，生活·读书·新知三联书店1981年版，第58页。

父辈传下去的，所以对男方比对女方的影响和要求多一些，至于那些想要在政治上有所作为的人，找对象时的政治标准就更高了。[①] 这些婚恋、择偶标准由于反映着农民的思想观念世界，得到了国家层面的关照，继而成为乡村社会移风易俗，思想改造的重要方面。

五 乡村教育的经验与启示

中华人民共和国成立初期，为了顺利完成农业社会主义的改造与建设，国家通过多种教育实践对农民进行文化知识和思想政治上的全面改造。这些教育活动对乡村社会政治稳定、经济发展以及农民综合素质的提高都起到了积极的推动作用，表现出鲜明的时代特征。

第一，政府主导，形式多元。在"文革"前的十七年中，中国乡村社会始终处于连续的政治社会化过程中，从土改、合作社，一直到1958年人民公社制度的确立，伴随着连续的社会主义改造运动，国家成功地构建起了一个多层次、多渠道的乡村社会教育体系，倡导多种力量办学。针对文化落后的乡村地区，除了大力发展正规教育，各级政府还纷纷响应中央的号召，大力培养理论干部以及报告员、宣传员，特别是派出宣传员到乡村对党的政策、理论与目标进行集中、系统讲解，在开展文化教育的同时进行政治教化、革命教育，以解决群众的思想问题。集中讲解之后，还要通过其他方式进行巩固和强化。如在宣传过渡时期总路线时，一般采取每隔一段时间集中宣讲一次的方式进行，这期间配合广播、宣传册、电影、展览会等各种形式对农民进行教育和动员。经过反复、多样的宣传，这些耳熟能详的内容悄然融入人们的潜意识当中，让民众无时无刻不被党的政治话语所包围，不知不觉间接受了无产阶级政治的观点与主张。受制于时代的局限，一些宣传带有反复的运动式特点，存在过度教化之嫌，在资源有限的条件下，不仅造成了大量的人力、物力

---

① 阎云翔：《私人生活的变革：一个中国村庄里的爱情、家庭与亲密关系：1949—1999》，龚小夏译，上海书店出版社2006年版，第88页。

浪费，也产生了一定的负面影响。但是，总体而言，还是利大于弊，在肃清新中国成立前的历史问题的同时，强化了国家对乡村的整合力度。通过教育活动的开展，确立了农民群体对新生政权的认同，激发了他们参与政治运动和国家建设的热情，从根本上扭转了社会风气，对于主流价值观的形塑和社会力量的动员发挥了巨大统合作用。

第二，人心所向，全民皆学。新中国成立之后，共产党根据以往的经验，依靠持续不断的政治运动在乡村社会展开教育活动，通过知识学习和阶级教育来培植广大农民对集体主义与社会主义的价值认同。毛泽东曾深刻指出，"谁解决了土地问题，谁就将赢得农民；谁掌握了农民，谁就将赢得中国"。在中国，土地制度一直是国家政治、经济和文化体制的基础，也是争取广大农民政党认同的切入点。当传统的小农经济已经不能满足国家工业建设和农民改善生活的需要时，对农业进行社会主义改造，彻底废除封建剥削的土地所有制，成为国家和农民的共同呼声。共产党领导农民开展土地斗争，没收地主的土地分配给无地、少地的农民，真正实现耕者有其田，满足了广大农民对土地的需求，充分地调动了他们的革命热情，使农业生产力获得了前所未有的解放。

生产力的解放与发展给农民带来了相应的教育需求，并最终改变了农民的生活方式，形成了全民皆学的社会风尚。为了更好地为社会主义事业做贡献，提高自己文化水平和政治觉悟，农民的学习热情普遍高涨。一时间，扫盲、识字班、夜校、技术培训、政治宣讲等各种形式的教育实践迅速增加，农民的生活方式发生了显著变化，从田间地头到厨房炕头一派读书、写字的学习盛况。

第三，手段灵活，因势利导。社会主义的历史就是在学习中不断改造的历史。在毛泽东看来，对农民的教育改造是一项重大的政治问题，思想文化的阵地，社会主义不去占领，封建主义、资本主义必然会去占领。基于这一判断，农民的教育问题被上升到思想战略的高度，农民的政治教育势在必行。突出政治是乡村教育总的指导思想，具体贯彻落实效果必须要抓住农民的思想特点，配合乡村社会的生产工作，根据他们的现实需求和切身利益来推进，做到因时因地制宜，与生产生活相结合，促进农民对新事物的认识与接受。农民的保守性决定了乡村社会的教育方式必须通俗易懂,利用既有的现实条件因势利导,将社会主义教育与农民的切身利益和实际经验联系起来,促进他们去了解、学习新技术、新思想。这样做,对农民来说,既容易理解,又提高了教育的实效性。

第四,农民本位,教学生动。无论是正规教育还是业余教育都必须要以农民为本,顾及学习者既有的知识结构和认知特点。在冬学课本中配有插图、连环画,并利用象形字、形声字帮助识记,在课堂上多采用实物展示、贴标签等具体、直观的方法进行辅助教学。相对来说,乡村教育偏爱直接的人际交流:讲授的效果要好于自学的效果;电影、广播的效果要优于书籍、报刊的效果;榜样示范的效果要高于标语板报的效果。教育方式的直接性、具体化有利于农民对所学的理解与践行。另外,刚刚解放后的乡村社会,一贫如洗,物质匮乏,人口众多,这些因素的因缘际会,决定了激发农民参与政治的手段不可能单纯地依赖于物质刺激,而是更多的借助精神上的鼓舞,实施榜样教育,引导农民确立积极的价值追求,通过生动具体的典型示范,让道德教育变得更加直观、具体,将思想与行动结合在一起,以上行下效的方式,激发他们的政治自觉和政治热情。

中华人民共和国成立以后的十七年,党对农民教育的开展是通过学校、生产、社会和家庭等组织机构的相互配合,以扫盲、增产、提高觉悟和破除迷信等乡村文教工作中迫切需要解决的问题为核心,运用农民喜闻乐见的方式来进行的,在清除乡村社会旧习俗、旧观念,启蒙农民思想与觉悟,巩固和扩大乡村社会主义教育阵地以及改造乡村文化等方面,具有十分重要的历史意义。

第十一章

乡村教化的变迁与转型

改革开放以来的40年,是我国社会持续转型的时期,随着国家政策的不断调整和改革开放的纵深推进,广大乡村在经济制度、产业结构、生产方式、生活价值与信仰等方面都发生了重大的变化。乡村民众的整体生活水平在不断改善的同时,其思想观念、价值取向和道德标准等也发生着巨大的变化。在这一过程中,乡村教化或主动或被动,或清晰或模糊,在不同时期呈现出不同的特点。大致说来,乡村教化经历了多措并举的短时复苏,市场经济冲击下的式微和城乡一体化背景下的再次复兴。再次复兴只是一个开始,在全新的乡村社会背景下,乡村教化应该如何发展,向何方发展,还是一个需要慎重思考和研究的重要课题。所以,从历史发展的角度考察乡村教化自改革开放以来的演变历程,分析其特征、问题与原因,有助于探索未来乡村社会教化的可行之路。

一 乡村教化的复苏

1978年的十一届三中全会,确立了解放思想、实事求是的指导方针,国家的工作重点从"以阶级斗争为纲"转移到"以经济建设为中心"上来。会议原则上通过了《中共中央关于加快农业发展若干问题的决定(草案)》,分析了农村所面临的严重危机。为了消除之前人民公社内部的平均主义和农业生产上严格的计划经济所造成的农民生产积极性不足的问题,从1978年开始,部分地区开始进行农村管理体制的改革,实行包产到户，在随后的三四年时间内，联产承包责任制迅速在全国的乡村推广实施。同时，国家打破计划控制一切农副产品购销的制度，在农村建立了市场经济机制，开放农村集贸市场，取消粮食的统购统销。这一系列改革制度解放了农民的生产积极性，生产效率大幅度提高，农村出现了大批的剩余劳动力。而在市场经济制度的推动下，乡村工业也得到了发展，一大批乡镇企业崛起，这批农村剩余劳动力很快转化为乡镇企业的职工。农业生产的增产增收和乡镇企业的工资收入使农民生活迅速富裕起来，农村出现了一批发家致富的"万元户"。在实现经济发展的同时，有中国特色的社会主义市场经济观念、科技教育观念逐步深入人心，"面向现代化，面向世界，面向未来"不仅是当时教育体制改革的方针，也成为社会各个领域发展的目标和方向。多种所有制共同发展与多种分配方式并存的社会环境不仅使人们脱离了改革开放前"生产生活凡事统一"的种种限制，给了人们更多自由，而且生活的富裕也给人们带来了更多休闲、娱乐和交流的机会，整个乡村呈现出目标明确、精神充实、干劲十足的良好社会风貌，乡村成为"希望的田野"。也正是在这一背景下，乡村教化开始复苏。

（一）改革开放初期的乡村社会

作为决定当代我国命运关键抉择的改革开放，首先从农村开始。在改革开放的前十年，我国乡村社会在改革推动下发生了天翻地覆的变化。

1978年11月10日召开的中共中央工作会议拉开了我国探索改革之路的序幕，紧接着的中共十一届三中全会正式提出实行改革开放的新决策，为我国的农村改革既奠定了思想基础，又指明了未来的发展道路。在1979年的十一届四中全会上，又通过了《关于加快农业发展若干问题的决定》，允许农民因时因地制宜，经营自主。这赋予农民较大的生产自由，在一定程度上调动了农民的劳动积极性。翌年，在总结一些地区土地承包经验，尤其是安徽省凤阳县小岗村包干到户的做法基础上，中共中央印发了《关于进一步加强和完善农业生产责任制的几个问题》的文件，认为包产到户"没有什么资本主义复辟的危险"。在国家肯定的前提下，各种形式的农业生产责任制在广大农村被迅速推广发展，到1983年，全国实行"双包"的生产队达到了93%，其中绝大多数实行的是包干到户。

包干到户的生产制度，打破了人民公社的大锅饭做法，恢复了以家庭为单位的农业生产模式，逐步形成了农村的市场经济机制，农村的产业结构也开始发生变化调整。在20世纪70年代的我国农村，虽然农村种植业在整个农村产业结构中一支独大，但这时已经出现一些小型加工行业和服务行业，这些行业数量少，在经济结构中所占比例小，主要由集体经营，发展缓慢。而改革开放后推行的一系列政策制度，一方面极大地调动了广大农民的生产积极性，另一方面也在很大程度上解放了农民的思想。改革开放后的几年，农村生产效率大大提高，农民的生活水平迅速改善，农村开始出现大批的剩余劳动力。这些剩余劳动力在国家鼓励农村兴办小型企业的搞活政策推动下，迅速转化为多行业的乡镇企业的生力军。到1987年，乡镇企业总产值已经超过农业总产值，成为农村经济的重要支柱。乡镇企业的发展活跃和丰富了农村经济，激发了农村经济的市场化导向，打破了单一的所有制格局，增加了农民收入。

在改革经济制度，促进经济发展的同时，为了弥补"文化大革命"造成的教育断层和缺失，1980年12月，中共中央、国务院颁布的《关于普及小学教育若干问题的决定》，确定了1990年前基本普及初等教育的目标和多种形式办学的发展策略。决定指出，鉴于我国经济、文化发展很不平衡，自然环境、居住条件差异很大，必须从实际出发，因地制宜，采取多种形式办学。力求使学校布局和办学形式与群众生产、生活相适应，便于学生就近上学。在办好全日制学校的同时，还应举办多种形式的简易小学或教学班（组）。这类学校的学习年限和教学要求，可以不拘一格，只要学好语文、算术即可。[①] 1986年，国家教委等部委《关于实施〈义务教育法〉若干问题的意见》重申了采取多种形式办学的要求，指出，"小学的设置要有利于儿童少年就近入学，小学除举办按教学计划开

[①] 郭福昌：《中国农村教育年鉴（1980—1990）》，山西教育出版社1999年版，第10页。

设全部课程的全日制小学外,也可在贫困、边远、居住分散的地区举办适当减少课程门类、适当调整教学要求的村办小学或简易小学。初级中等学校,除举办普通初中外,还可举办初级中等职业技术学校。小学、初级中等学校除国家举办外,鼓励集体经济组织、国家企事业单位、其他社会力量举办学校;对于个人依法举办学校,目前各地可进行试办"[1]。在这些政策推动下,20世纪80年代,我国农村的基础教育迅速发展。普通教育和业余教育一起抓的做法,在很大程度上适应了我国广大农村经济文化落后,居民居住分散的情况,"形成了乡、村分散办学、校点广布、低重心的农村教育格局。多种形式办学、举办非正规的村学、网点下伸,成为当时普及初等教育的基本经验。乡、村是农村教育的举办主体,将学校办到农民家门口,方便了农村儿童就近入学,有利于扩大农民子女的受教育机会,也有利于促进农村学校与社区的融合"[2]。在这一过程中,学校教育和乡村教师嵌入进乡村的日常生活,成为乡村社会的一部分,发挥了重要的乡村教化功能。

总之,在这一时期,经济迅速发展,农民生活富裕,教育与农村社区充分融合,农民的思想观念逐渐灵活开放,精神面貌普遍积极向上,整个乡村社会呈现出一片和谐景象。这一美好和谐的社会大背景,成为乡村社会教化的大熔炉,为乡村社会教化的开展创造了条件。

(二) 逐渐复苏的乡村教化

"当意识形态强大到足以'破除传统'的时候,某些传统的东西在村落生活的'场面上'销匿了;当意识形态的控制力减弱的时候,销匿了的旧传统重新粉墨登场。"[3] 1978年至20世纪80年代末,是我国从"文化大革命"阴影中摆脱出来,在政治、经济、文化等方面全面改革的时

---

[1] http://www.chinalawedu.com/news/1200/22598/22615/22794/2006/3/he908312442017360029156-0.htm. 2015-9-10.

[2] 杨东平、王帅:《从网点下伸、多种形式办学到撤点并校——徘徊于公平与效率之间的农村义务教育政策》,《清华大学教育研究》2013年第5期。

[3] 张乐天:《告别理想——人民公社制度研究》,东方出版中心1998年版,第105页。

期。这一时期，整个乡村社会都发生了天翻地覆的变化，乡村社会教化的内容和形式也随之多方面、多渠道地发展起来。

1. 家族文化的复归

家族制度是乡村社会发展历程中的重要制度，家族制度通过特定的社会实践氛围和一系列仪式性家族活动，监督规范族人的行为，发挥重要的社会教化功能，是维持乡村社会秩序和规范的基本方式。

在改革开放之前的二十余年，家族活动被明确定位为封建、落后、反动的活动而遭受到整顿、批判，乃至取缔。1963年，中共中央颁布关于在农村进行社会主义教育的文件《中共中央关于目前农村工作中若干问题的决定（草案）》，认定连宗续谱是复辟封建主义的活动，应该是阶级斗争的一项内容。在"文化大革命"中，广大乡村中的宗族祠堂、家谱家训无不受到严重冲击和破坏，同时禁止修订家谱，禁止信徒宗教活动，也禁止家族范围内的祭祀等活动。20世纪70年代后期，"文化大革命"的性质被重新界定，对家族活动的限制被取消，同时，伴随着新的社会经济体制的建立，人们的血缘情结和家族意识被重新激活，家族文化开始逐步复兴。

改革开放初期，受新的社会经济体制影响，农村生产包干到户，生产出现了以家庭为单位的"原子化"格局，农民在获得生产自由的同时，在以农业经济为主的生产背景下，单个家庭在劳动技术、劳动工具和劳动力方面经常会出现短缺现象。解决这一问题，最直接也最为有效的方式就是求助于与自己有着血缘关系的族人。正如费孝通先生所言，"血缘是稳定的力量"。[1] 血缘把一个大家族的成员联结成一个稳定的生活、事业、社会团体。统计数字表明，农民在经营中所想到的和实践的，能够进行帮助和合作的人，血缘亲属占据重要的地位，换句话说，基本上是血亲帮助农民实现家庭经济的经营。[2] 为了满足生产的需要，很多农民家庭在家族范围内形成了比较稳定的生产互助关系。20世纪80年代中后

---

[1] 费孝通：《乡土中国》，生活·读书·新知三联书店1985年版，第72页。
[2] 转引自冯尔康《中国宗族制度与谱牒编纂》，天津古籍出版社2011年版，第221页。

期，农村非农产业的发展，进一步强化了农村家族关系的重要性，很多农村乡镇企业的家族化现象明显，有学者于1991年在湖北、山东、河南等五省调查160家乡镇企业，发现85%的企业负责人之间有亲属关系，从父系方面看，67%的在五服以内。① "来自家族内部的帮助对这些企业的创办和发展壮大是最具关键意义的。来自家族成员的信息往往更及时、准确、可靠；家族成员……内部集资能够得到最合理的使用；家族成员提供的技术和劳力有效地帮助企业压低成本和小规模高效率地运转。"② 有家族关系的引荐、介绍或保证，企业运转的各方面便利条件更容易具备和满足。正因如此，乡村具有创业能力的农民更加重视家族关系及其维持。农村生产生活互助活动的经常化和人们物质生活的不断丰富，使我国乡村的家族关系不断被强化，一些在改革开放前被废止的家族活动开始逐渐恢复。

"自（20世纪）80年代以来，宗族已在越来越多的农村地区重建其组织。"③ 祭祖、续谱、修祠堂等家族活动在一些地区逐渐流行起来。尤其是在原来宗族活动比较活跃的东南地区，大量祠堂被重新修建，家谱被重新修订。④ 这一时期的家族活动在传统方式基础上复兴的同时，其自身也伴随着时代的发展而产生了一些变化。家族活动的主要内容有："少数建立机构，多数不选负责人，而有'无冕族长'，个别家庭实行代表大会或理事会制；修坟祭祖，在传统的清明扫墓之外，创新新年团拜祭祖仪式；续修家谱，编写时动员族众参与，修成后举行盛大祭谱典礼，展示家族力量；修葺祠堂，提供祭祖和家族活动场所；制定族规，明确族籍，续订辈字；家族协调族内人际关系，或干预族人生活，或实行互助，或调解纠纷；参与社区公共事务。"⑤ 随着人们在生产生活过程中家族意识的不断增强，很多农村地区的大量祠堂被重新修建，一些较大家

---

① 周伟等：《不可忽视的乡村家族势力》，《光明日报》1993年10月13日。
② 杨善华、侯红蕊：《血缘、姻缘、亲情与利益》，《宁夏社会科学》1999年第6期。
③ 肖唐镖：《农村宗族重建的普遍性分析》，《中国农村观察》1997年第5期。
④ 李强：《中国社会变革30年》，社会科学文献出版社2008年版，第83页。
⑤ 转引自冯尔康《中国宗族制度与谱牒编纂》，天津古籍出版社2011年版，第164页。

族重新修订家谱,并制定一定的家规供族人遵守。家族长老定期组织家族的重要祭祀活动,协调处理家族内部的一些生产生活关系,并对家族成员的观念与行为进行规范和引导。虽然在这一时期,传统意义上的家族已经丧失了经济上的公共族产和政府认同与支持的制度权威,但这些非正式的家族制度与活动仍然对乡村民众的社会教化发挥着重要的作用。

在当时的社会背景下,家族活动不仅具有一定的经济意义,更具有强大的象征意义。大家族的声望能够为族人带来附属的社会地位认同,增强个人的社会自信,而为了更好地获得和维持这种地位和自信,族人会在个人意识与行为方面自觉选择敬祖睦邻的价值取向。家族成员的责任意识、进取精神、大局观念等在良好的家族环境中逐步形成。而这些良好的品质一旦形成,就不仅对特定家族具有意义,而且对整个社会的发展也产生着重要而深远的影响。而且,很多家族文化本身就与国家的主流文化导向保持一致,家族文化也是形成国家凝聚力的一种重要力量。改革开放以来,很多家谱的编撰体现着对国家改革方针政策的拥护,一些家谱中写道:"爱祖国、尚科学""子孙努力发展民族优良传统,掌握现代化科学文化知识,为中华民族跻身世界之林多做贡献"[1] 等内容。家族文化中关于品德养成和人伦关系的倡导,对社会良好风气的形成也发挥着重要作用。也有一些家族直接参与社会公共事务,如组织社区娱乐活动、修桥补路、开办义学等。如广西玉林卢村小学校舍几十年没有维修,随时都有倒塌的危险,政府还没有维修计划。这时,蒋氏家族先开了族老会,接着召开户主会,决定自筹资金兴建房舍,每户每人出资5元、大米1斤,成立筹备组,分工负责营缮事务,于1987年利用暑期把校舍翻盖一新,一点没有耽误学生上课。[2]

这一时期社会政治与经济环境的变化推动了家族制度的恢复和家族文化的复兴。虽然家族文化中也存在一些陈旧、狭隘的思想和做法,但

---

[1] 转引自冯尔康《中国宗族制度与谱牒编纂》,天津古籍出版社2011年版,第368页。
[2] 王沪宁:《当代中国村落家族文化——对中国社会现代化的一项探索》,上海人民出版社1991年版,第413、506页。

大部分家族文化的价值取向是与国家的主流价值一致的，它们在加强国家认同，提高国家凝聚力和推动社会道德建设等方面发挥了积极作用，成为当时乡村社会中重要的教化力量。

2. 礼俗文化的再兴

我国素有"礼仪之邦"之称，"坐卧有礼，出行有礼，宴饮有礼，寿诞有礼，婚丧有礼，祭祀有礼，征战有礼，礼在传统社会无时不在，无处不有，礼是沟通天人的仪式，礼是贵族等级的标志，礼是乡里庶族的规范，礼是立身处世的准则。"① 礼俗作为礼的风俗，通过人的生活得以呈现。《礼运》中说"夫礼之初，始诸饮食"，也就是说，礼起源于人们的日常生活事项。"礼俗是一定区域社会里的人们在各种类型的生活中所形成的习尚之总和，它既指不同的生活内容有不同的礼（侧重仪式）的存在，也指在每一种礼的活动中心理、物质、制度、行为的统一。可见，礼俗并不仅仅指特定的宗教礼仪，也不单就人生之礼而言，它是一定社会区域的人们在与所处环境发生联系时形成的社会关系的综合，包括物质与精神两大层面。"②

礼俗文化是我国传统文化的重要内容。费孝通先生在20世纪40年代提出了中国乡土社会的礼治秩序，柳诒徵先生则认为在古代中国都是以礼为立国根本。虽然在步入现代化的进程中，我国不断加强法制建设，但整体来看，我国礼俗社会特点仍然非常突出。礼俗社会，"以民间生活习俗为基础，以礼治为主导，实施秩序管理。……依靠民间序贯势力进行社会管理，并提升为礼的规范，教化民众服从这种秩序"③。礼俗，以礼化俗，使社会风俗遵循礼治的轨道。所以，礼俗不仅是社会人际关系的体现，也是社会治理的重要方式。"在中国传统社会中，常依个人与他人血缘上的亲疏，定出其关系的远近，期能使整个社会，如同一家人一般的情感融洽，关系和睦；并由各种不同的规矩礼数，陶铸每个人，使

---

① 萧辉、萧放：《论传统社会平民礼俗的文化特征》，《江汉论坛》2001年第5期。
② 田夏彪、黄丽：《民族礼俗的教育内涵、价值与启示》，《学术探索》2009年第6期。
③ 刘志琴：《礼俗文化的再研究》，《史学理论研究》2005年第1期。

其恪守本分，以礼待人，从而形成有秩序的社会。"① 正是这种日常生活化的礼俗，把社会中的每一个人网罗其中，从博览群书的知识分子，到目不识丁的村野民妇，都在不知不觉中接受着礼俗中的伦理规范，并通过衣食住行、言行举止的不断重复强化，逐渐积淀、内化为一种文化心理，成为一个社会群体的集体无意识，从而达到实施教化于无形的效果。

"乡村礼俗文化诞生于农村，是村落文化中的重要组成部分。它基于血缘、地缘产生，浸润于乡村熟人社会。千百年来，乡土礼俗文化流传于乡土社会的各个角落和各种场合。"② 在传统的乡村社会生活中，人们依礼而行，循俗而做。礼俗为人们提供了社会生活行为的基本规范以及道德与价值评判的基本标准，也为人们提供了心理上的归属感和认同感，从而避免了人生道路的迷航。然而，激烈的"破四旧"运动几乎全面否定了乡村社会生活中的礼俗活动，包括端午节、春节、重阳节等具有鲜明民族文化特点的传统节日、庆典，和对个人与社会均具有重要象征意义的婚丧嫁娶等乡村文化、风俗。在当时，本着从简、从公的大一统原则，强制人们采用整齐划一、刻板枯燥的工作生活方式，剥夺了民众的个人生活空间。"破四旧"运动一方面破坏了礼俗活动的物化载体，另一方面严格限制或禁止相关活动的开展和相关言论的传播。可是，依靠外在力量在短时间内可以改变的只是人们礼俗活动的外在行为，人们内心的认同与依赖却很难革除。正因为此，在以经济发展为核心的改革政策推动乡村民众的物质生活水平迅速提高以后，乡村民众开始在相对宽松自由的社会氛围中重新寻找心理的归属与慰藉，并以传统礼俗的形式加以表达。于是，从20世纪80年代开始，广大乡村的礼俗文化迅速复兴。

乡村礼俗活动涉及的范围非常广泛，既有涵盖了个体从出生、成年、婚嫁、丧葬等所有重要阶段的人生仪礼，也有与人们的生产和生活节奏密切相关的岁时节日礼俗，还有平时人际交往的礼仪礼节。在这些礼俗活动中，人生仪礼是最主要的内容。在我国的广大乡村，人们特别重视

---

① 蓝吉富、刘增贵：《中国人的精神生活与礼俗》，黄山书社2012年版，第321页。
② 郭彦明：《市场化与乡土礼俗文化的再研究》，《广西青年干部学院学报》2012年第8期。

的人生仪礼主要有诞生礼、婚礼和葬礼。这几种礼俗活动即使在"文化大革命"的强力冲击下也无法完全割除,而只是对之进行了形式的改造和全面的简化。在改革开放初期,在包产到户政策带来的人民生活富裕和个人生活空间充分扩展的情况下,广大乡村民众有了更好的条件重新回归到能够给自己带来心理慰藉,寄托自己美好希冀的传统礼俗活动中。如家庭中有新生命诞生,会组织洗三、发红蛋、满月、兜喜神圈、周岁、抓周等活动,来宣布新生命的诞生,表达进入社会、众人养护、成人成才等的祝愿。婚礼风俗在不同地方、不同民族差异较大,但各异的形式大都表达着美满如意、多生贵子等的良好祝愿。葬礼也是这一时期复兴比较明显的一项礼俗活动。这一趋势既反映了人们心目中依然存在着灵魂不死的观念,同时也体现出我国传统敬畏祖先神灵和先人荫庇的思想。葬礼是否隆重和是否符合传统规范,既是衡量子孙孝心的标志,也是祈求获得祖先荫庇的表达。虽然,当事人对这些典型的人生仪礼所能感受到的价值大小不等,但对整个家族、民族、社会来讲会具有更加重要的意义。"每一个人之所以经历人生仪礼,决定因素不只是他本人年龄和生理变化,而且是在他生命过程的不同阶段上,生育、家庭、宗族等社会制度对他的地位规定和角色认可,也是一定文化规范对他进行人格塑造的要求。"[①]

除了人生仪礼,传统的节日活动也逐渐摆脱样板戏一般的机械和单调,内容和形式变得更加丰富多彩。我国的传统节日众多,"这些节日的产生,有的源于古老的传说,有的与一些重大的事件相关联,有的与曾遭受的严重灾难有关,有的则因自然景观的变化而生成,有的出自宗教的庆典或活动。经过年复一年的发展和演进,最终形成具有不同民族特色的传统节日"[②]。在这些节日形成和演进的过程中,其内涵被不断解读和丰富,节日活动的内容和形式也得到相应的扩展,并不断被仪式化。人们通过仪式化的节日活动,表达和寄托自己的情感或愿望,同时也形

[①] 钟敬文:《民俗学概论》,上海文艺出版社1998年版,第156页。

[②] 朱筱新:《中国传统文化》,中国人民大学出版社2014年版,第187页。

成一种浓厚的氛围,潜移默化地感染与熏陶民众。这些传统的节日习俗虽然在新中国成立后一段时期内被大大简化,甚至取缔,但改革开放给人们带来了生活的富裕和思想的自由,人们表达情感与愿望的渴求催生了对传统节日的重视和全面的仪式化开展。从春节、清明、端午,到中秋、重阳、腊八、小年等传统节日,越来越有过节的氛围和感觉。伴随着传统礼俗活动的开展,传统的民间信仰得到了一定程度上的恢复,很多乡村建起了神像、庙宇,举办迎神赛会等风俗活动。为了充实部分礼俗活动的内容和丰富民众的精神文化生活,传统的地方戏曲、曲艺活动也得以开展,这一时期的乡村文艺活动,以乡村民众自发组织为主,在内容上源于民众生活,在价值取向上延续文以载道的优良传统,侧重父慈子孝、惩恶扬善、重义轻利等为人处事的基本准则的宣扬。在这些丰富多样的礼俗活动中,不论是当事人还是观看者,都在参与和分享的过程中接受了教化。

传统乡村的礼俗文化是一个包含了乡村民众的价值选择、心理定位和行为规范的关系体系,它既影响着人们的社会心态,也影响着人们的日常交往方式,甚至发挥着隐性的社会规范和控制作用。20 世纪 80 年代乡村礼俗文化的复兴对这一时期乡村民众的意识形态、价值观念、人际交往行为等方面都产生了深刻影响。

3. 乡村学校教育的延展

在 20 世纪 80 年代,为了弥补"文化大革命"造成的教育断层和缺失,国家制定了一系列政策,发布了有针对性的文件,使我国农村形成了乡、村分散办学、校点广布、低重心的农村教育格局。乡、村成为农村教育的办学主体,正规学校和非正规的村学相结合,把学校办到了农民家门口。乡村学校教育为乡村社会带来了先进的文化观念。

20 世纪 80 年代的乡村社会还处于比较封闭的状态,乡村学校教育是外部先进文化观念进入乡村社会的重要途径。通过全国统编的学校教材,一些先进的文化,国家的主流价值观念等被传播到学校星罗棋布的广大乡村地区,影响着乡村民众的观念和行为。同时,乡村学校教育培养了乡村社会发展的主体力量,带动了乡村社会风俗的优化。这一时期,乡、村分散办学的教育体制大大提升了乡村适龄儿童的入学率,使大部分乡村儿童都能获得入学机会。这些儿童在学校中一方面接受先进知识技能、文化观念的教育,另一方面也接受乡村社会的基本伦理观念和行为规范的教育。学生毕业后大部分直接进入乡村社会,成为乡村社会的主体力量,带动了民风民俗的发展。这一时期,乡村民众对于孩子接受学校教育的意识非常明确和强烈,不论男孩女孩到了年龄上学已经是天经地义的事情。而这时的乡村学校,不论规模大小,对于一个村庄来说,都不仅仅是一所学校,不仅仅是几间房屋、几位教师和几十个孩子,同时也是村庄的文化基地和精神源泉,是整个村庄的希望,是村民生活劳作的重要精神动力。在这一时期的乡村,适龄儿童的入学率非常高。在当时,如果有哪家孩子够了年龄而没有上学,老师会三番五次登门去叫孩子来上学。如果有哪个孩子因为贪图玩乐而产生逃学或退学的念头与行为,等待他的往往是父母的斥责甚至棍棒鞭打。有些老师的"劝学方略",甚至成为学生一生津津乐道的美好回忆。当时整个乡村的教育观念强烈,文化氛围浓厚。不时回荡在乡村里的学校钟声,不仅提醒和规范着孩子们的学习行为,也鼓舞和激励着村民的积极向上精神和干劲,甚至,"上学钟声一响,村民的一种敬仰、尊重之心油然而生"[①]。

　　正是由于乡村学校在乡村民众心目中具有重要地位,乡村学校教育在乡村社会教化方面发挥了积极的作用。首先,乡村学校教育中的先进文化观念和良好文化氛围潜移默化地影响着周边的乡民。虽然在当时的乡村,大部分村民都没有文化,但他们知道学校教育是帮助其子女跳出农门的最主要方式,他们尊敬教导其子女尊德守礼、懂知增能的乡村教师,认可学校中所实施的现代教育和文明观念,并有意无意地照此来规范和提升个人的行为与素养。其次,乡村学校通过培养学生不断改造着乡村社会的文化和文明。星罗棋布的"村居学校"为乡村儿童入学提供了便利,乡村适龄儿童的入学率大大提升。学校教育中的知识技能、文化观念、伦理规范等内容,通过学生不断渗透融入乡村社会,有效地促

---

① 梁鸿:《中国在梁庄》,中信出版社2014年版,第59页。

进了乡村社会文化、文明的进步。

　　乡村学校教师是乡村知识分子的代表，也是村民眼中真正的文化人。乡村教师的一言一行也对乡村社会起着重要的教化作用。第一，乡村中小学教师是乡村民众教化子女的代言人。当时乡村中小学的教师，大部分是从本村或邻近村子的文化人中挑选出来的，代表了乡村民众的最高文化水平，受到民众的认可和拥护，村民愿意把自己的孩子交给他们进行教育和管理。在当时，家长把孩子送到学校里，对老师经常说的一句话就是"孩子交给您了，该打就打，该骂就骂"。在村民看来，教师懂得多，明事理，做的总是对的。这些教师一方面在教育系统内部受过国家教育观念和要求的影响，另一方面又在当地乡村生活成长，其知识技能、生产生活经验和思想观念、价值伦理等无不具有乡村社会的深刻烙印。他们在学校中对乡村儿童进行的教育，既包括国家教学大纲的要求和统一教科书中的内容，也包括丰富的本土化生产生活知识和乡村社会的基本伦理观念和行为规范。在当时乡村劳动力积极性高涨，争分夺秒地投入乡村生产劳动而对子女疏于管教的情况下，乡村学校教师成为新一代乡民教化的主体。第二，乡村中小学教师是乡村民众价值观念和社会道德伦理的重要引导者。乡村中小学教师，或者拥有以自己户口分得的耕地，或者家庭其他成员拥有耕地，大部分在学校教学的同时，也深深融入乡村的日常生产生活中。他们利用每天上学前和放学后的早晚时间，忙于自家的生产劳动，甚至在农忙季节，带领学生下地抢种抢收。他们和乡村中的其他民众一样，参与乡村的婚丧嫁娶等人情往来，品评乡村社会中的家长里短。在当时的乡村社会中，学校教师是民众心目中的文化人、明理人，他们不仅担负着在学校中教育教导学生的责任，还经常要为村民排忧解难、调解纠纷、主持仪式。有些教师在退休以后，顺理成章地成为村里的"大先生"，成为红白喜事的司仪，调解纠纷的中间人。鉴于乡村教师在民众中的威信和地位，他们的价值选择和行为方式往往成为村民效仿的榜样，在很大程度上影响着乡村社会民风民俗的发展。而这又进一步推动着教师不断自我完善和提升，从而成为乡村民众价值观念和社会伦理道德的引导者。

整体来看，20世纪80年代，是经过长期的约束和压制之后，广大乡村民众重获个性自由并充分张扬的时期。这一时期，为了克服联产承包责任制导致的农村家庭"原子化"格局，重新获得心理归属和生产生活帮助，家族制度强势复兴。在家族关系重建和生活水平提升的双重推动下，乡村传统礼俗文化重新回归乡村民众的日常生活。这一时期的乡村教育，受国家政策和办学条件的影响，在教育内容、形式、师资等多方面都凸显了与乡村充分融合的特点。这一时期的乡村民众，生产生活于家族制度、传统礼俗和乡村学校普遍嵌入的乡村社会之中，在从多渠道习得大家普遍认可的物质、精神生活基本准则的同时，时刻接受着来自以上多方面的监督、评价和规约。

二 乡村教化的式微

20世纪90年代，是国家自改革开放以来以经济建设为核心的深入发展阶段，这一时期的一个重要变化是分配政策的改革。破除平均主义，打破大锅饭，拉开收入差距。在国家分配政策和市场经济运行机制的影响下，广大乡村民众的价值观念开始出现以物质利益为主的异化倾向，个人主义和利己主义表现突出，追求经济利益的最大化。在20世纪80年代曾经发挥了较大社会教化功能的家族制度、学校教育和民间传统的礼仪、风俗被扭曲、简化，甚至抛弃，乡村民众的精神文化生活匮乏，整个乡村呈现出精神上的颓败和价值观的破碎。而"这不仅是传统中国文化观念的解体，也是20世纪中国革命所凝聚起来的核心价值的解体。在价值与观念方面，当前的农村可以说处于一种混杂的状态，或者说处于一种真空状态"[①]。就在这种外部社会的功利化风气盛行，而传统乡村的内生性社会伦理秩序无以为继的情况下，乡村社会出现道德真空，民众的认同感、存在感和责任感丧失，乡村社会教化呈现出荒芜化的景象。

---

① 李云雷：《我们能否理解故乡——读梁鸿的〈中国在梁庄〉》，《南方文坛》2011年第1期。

（一）20世纪90年代的乡村社会

在改革开放初期，国家的工作重点是实现从"以阶级斗争为纲"到"以经济建设为中心"的转移。而实现这一转移的关键点是原有利益格局的调整，通过分配政策的改革来调动广大群众参与改革和社会建设的积极性。80年代农村改革比城市先行一步，农民生产积极性和生产效率极大提高，农村经济得以迅速发展，农民收入切实提升，甚至出现城里人向往和羡慕农村的情况。但农村在这一时期的改革和发展是建立在城乡二元分隔的体制下进行的，这一时期的城市还处于计划经济体制中。而农村改革的巨大成功为国家的全面改革提供了经验，也极大地激发了城市改革的热情。到了90年代，国家进一步推动宏观经济调整，在分配政策上重新定位效率与公平的关系。1987年中共十三大报告提出"在促进效率提高的前提下体现社会公平"的分配政策，1992年的中共十四大报告被概括为"兼顾效率和公平"，而1997年中共十五大报告中则成为"效率优先，兼顾公平"。城市改革的启动和国家分配政策的宏观调整带来的是社会利益格局的变化。而在这种利益分配的社会大格局中，曾经先走一步的农民利益首先受到了很大冲击。"在市场经济条件下，农村已经成为弱势地区，没有来自国家的支持，市场会把农村的生产要素转移到城市。比如，农村普遍缺乏资金，因为在市场经济的作用下，农村大量存款通过金融系统转移到了城市，资金从贫困地区转移到经济发达地区；农村劳动力也同样，农村大量劳动力进入城市，留在农村的经常是老年人和妇女，当农村的生产要素源源不断转移到城市以后，农村必然会陷入贫困和落后。"[①]

20世纪80年代后期，农村家庭联产承包责任制的一些弊端开始暴露。一方面，家庭承包的原子化生产方式，使人们把目光都聚焦到个人的小家庭上面，曾经的集体社会解体，农户再一次成为散落的马铃薯，农村公共生产基础设施少有人关注和维护改善。另一方面，各自为营的

---

① 李强：《中国社会变革30年》，社会科学文献出版社2008年版，第71页。

生产方式使农村生产缺乏整体的统筹规划，农产品的品类结构不合理，供销流通渠道不畅通，农业生产资料的价格高于农产品的价格，这在很大程度上影响了农民的收益。显然，农业生产本身已经很难维持农民正常的生存和生活。而且，"由土地下户所激发出来的更高的劳动热情只能是一次性的，当变化的尘埃落定，农民对家庭经营的新鲜感和兴奋感消失以后，农民所更经常感受到的，就仍然是日复一日，没有尽头的小农耕作的艰辛以及由此所产生的疲态。在这种情况下，希望农民会长时期地保持土地下户之初的劳动热情是不切实际的"[1]。为了应对农村生活的困境，更大范围和规模的农民开始离开家乡外出打工，在很多地区的农村，农民外出打工的收入已经成为农民家庭收入的主要来源，一些地方政府甚至也设立专门机构积极鼓励和帮助农民外出打工。

20世纪90年代是我国城乡差距急剧扩大的时期。1990年城镇居民人均收入比农民高824元，1995年高1578元，2000年高4027元。[2] 在农民收入增长缓慢的同时，农民的支出却在不断增加。1994年国家进行分税制改革以后，地方政府的税收大大降低，很多地方政府出现严重的财务危机，为了解决财务亏空，各级政府开始向农民征收以"三提五统"为核心的各种费用。所谓的"三提五统"，就是在农业征税之外，农民另外缴纳的用于维持地方公共事业的费用。三提主要指公积金、公益金和管理费，五统主要包括教育附加费、计划生育费、民兵训练费、民政优抚费和民办交通费等。这些费用在城市里面，主要是由国家财政投入的，在农村则由农民支付。如果说20世纪80年代是农民收入增加，生活走向富裕的时期，20世纪90年代则成为农民负担逐渐加重的时期。"国家规定，农民人均收入的5%需要上交，为了解决统分结合的'统'字，规定农民的七个义务工，十个积累工。后来，为了变通，提出'以资抵劳'，结果是，农民又出工又出钱。还有农业特产税、生猪屠宰税等，这都给乡村干部提供了向农民要钱的借口。乡村干部的权力越来越没有约束，

---

[1] 吴毅：《村治变迁中的权威与秩序——20世纪川东双村的表达》，中国社会科学出版社2002年版，第181—182页。

[2] 中国发展基金会：《中国人类发展报告2005》，中国对外翻译出版公司2005年版。

很随意，农民负担被层层递加。"① 这一时期，农村的沉重负担与很多地方政府额外乱收费之间形成了尖锐的矛盾，也直接造成了乡村社会秩序的混乱。除了各级政府名目繁多的税收，受市场经济体制的影响，教育和医疗系统在市场化运营中也不断提高费用标准，很多地区开始出现农民看不起病、孩子上不起学的现象。在外部缺少完善市场制度规范，内部受到生存困扰的情况下，农村曾经良好的社会道德风气难以为继。与农民生产直接相关的种子、化肥随意涨价，甚至用假化肥和假种子坑农的情况现象层出不穷。农民抗议、上访，地方政府对上访人员进行围追堵截成为日常工作，干群矛盾和冲突时有发生，农村面临着严重的实践困境和道德危机。

传统的乡村社会以农业生产为基础形成自然的村庄，村庄内部成员之间世代相邻、彼此熟悉，在摩擦中互助，具有浓厚的互助互惠意识和氛围，形成一种淳朴的互助共生文化。然而，受分配制度、市场经济和国家政权下沉的综合影响，传统的乡村社会结构发生了根本性变化。1987年，国家颁布《中华人民共和国村民委员会组织法（试行）》，并在试行十年以后正式颁布实施。这种在乡村基层管理中引入村民委员会直接选举的制度，使原来的自然村开始转化为行政村。村民委员会成为农村集体的法人代表。但在实践中，村民委员会并没有如法律规定的那样真正成为农民自我管理和自我教育的自治组织，而越来越成为国家权威的代表。为了获得这种权威，村委会的选举更多演变为村庄内部不同利益群体之间的竞争。在农村，因为村委会选举而引发的打架斗殴、拉帮结派、买卖选票等违法乱纪现象时有发生。传统村庄基于合作互惠的内部凝聚力被不断瓦解。传统村庄中软性的基于彼此互助的自然运行逻辑被硬性的国家管理所取代。在这种代表国家权威的行政化管理体制下，不分姓氏和家族，每一个家庭和人员都由村委会直接统管，传统村庄里的家族制度逐渐萎缩，族长的发言权丧失殆尽，曾经在乡村社会中发挥重要教化作用的家族制度退出了乡村管理的舞台。

---

① 梁鸿：《中国在梁庄》，中信出版社2014年版，第166页。

20世纪90年代的我国乡村，逐渐告别想象中生机盎然的希望的田野，"遥想那空旷的戏台飘过的寂寞空气，还有几亿少年无所适从的茫然眼神，我看到的是一个民族的文化、生活的颓废及无可挽回的衰退"①。新的没有出现，旧的正在远离。

（二）不断式微的乡村教化

20世纪90年代，我国乡村社会的经济发展，遇到了改革开放以后的第一次严重挫折，经济的停步不前也同时引发了更加严重的乡村社会文化危机。在市场经济的冲击下，经济利益成为乡村社会人际关系远近的最重要衡量尺度。传统的家族制度、乡村文化，甚至学校教育，在这一大背景下都从乡村社会教化的舞台上逐步退去。

1. 家族制度影响的弱化

20世纪80年代我国农村家族制度之所以能够复兴，是由当时的社会背景所决定的。改革开放之初，我国农村社会处于"转型期市场竞争与合作的非规范性、社会信用体系的不完善性、政府缺位"②的状态，在这种情况下，农民要想获得生存和发展的机会，需要依靠家族的力量，共享家族内部资源，并通过熟人网络获取有效信息。而在20世纪90年代，我国的经济发展势头迅猛，财富加速积累，政府触角逐渐深入乡村。政府有条件加快进行机构改革和新的法制体系建设，国家的社会性治安和司法服务机构开始在农村基层建立起来，这使得现代国家的社会功能逐步取代了传统家族的裁判功能，农民不再依靠家族来解决社会事务中的冲突问题。同时，经过十余年的初步发展，市场经济逐渐凸显出其优胜劣汰的功能。家族企业经过家族内部精诚合作的初步创业之后，在90年代一方面要面对更加激烈和残酷的市场生存竞争，另一方面，家族企业的内部矛盾也逐渐显现。很多家族企业为了扩大企业规模，提高竞争力，开始引入新的战略投资者，很多私营企业产权构成中非家族化的特点越

---

① 梁鸿：《中国在梁庄》，中信出版社2014年版，第236页。
② 蔡立雄：《功能转换与当代中国农村宗族制度演化》，《中国经济史研究》2010年第4期。

来越明显。企业的市场化管理和运作与传统家族中的家族伦理、世代延续、利益均沾等观念出现激烈的矛盾与冲突，原有的家族企业只有突破家族观念的束缚，才能获得更好发展。在这种情况下，利益逐渐成为决定关系亲疏的最大砝码。

在市场经济和现代传播媒介的冲击和影响下，乡村民众在人际关系的处理方面越来越理性化，人际关系开始与经济利益密切挂钩，费孝通先生在《乡土中国》中所描述的以家庭为中心的"差序格局"发生了很大的变化。这时，原本在差序格局中的村民们是在利用而不是献身于祖先或宗族集体，当他们的个人身份和利益与亲属群体或祖先的身份和利益发生冲突时，更多的个体会选择重新界定与各种亲戚之间的社会距离，与不同的合作者建立新的亲属联盟，或者公开挑战通行的亲属规则，因此形成了充满活力和变数的实践性亲属关系。[1] 可以说，村民亲属之间关系的亲疏越来越取决于他们在生产经营中相互之间合作的有效和互惠的维持。[2]

这一时期，农村新型合作经济组织开始出现，这种组织摆脱了我国以往农村组织的宗族、意识形态和政治强加的特点，是立场鲜明的经济利益联合体。这种新型合作经济组织"使部分市场行为内部化以弥补市场分工之不足、降低市场风险和交易成本、获取更大收益"[3]。这进一步瓦解了农民对传统家族的经济依赖。而且，随着人们生活水平的提高，现代传播媒介在广大乡村逐步推广，电视作为一种新媒体受到广大民众的普遍喜爱，很多农民的闲暇时间被用于观看电视，尤其是青年人，对一些家族集体活动的兴趣大大降低，不愿意参与。这一时期农村劳动力的大量外流也使传统家族的完整结构和活动秩序难以维系，大部分青年人深受城市现代观念的影响，已经很少关注家族的规约和参与家族的公共活动。

---

[1] 阎云翔：《中国社会的个体化》，上海译文出版社2012年版，第12页。
[2] 贺雪峰：《新乡土中国》，广西师范大学出版社2003年版，第33页。
[3] 蔡立雄：《功能转换与当代中国农村宗族制度演化》，《中国经济史研究》2010年第4期。

第十一章 乡村教化的变迁与转型

除了经济体制及经济发展对乡村既有的宗族制度造成了冲击，弱化了宗族的教化影响外，乡村内部地缘结构的变化更加快了乡村宗族的解体。我国大部分村庄的发展，有着比较相似的历程。在发展的早期，家族规模较小，居住地（宅基地）以家族为单位划分，同一姓氏家族聚集在一起。随着人口的不断增加和家庭数量的扩展，家族地域会在原有基础上依据家族关系的远近逐渐向外扩大。在这种传统发展模式下，同一家族成员所在的地域，不仅是一个宗族和血缘的场域，家族内部在日常生活中的尊卑礼仪、交往活动也同时构成了一个文化场域，影响着其中的每一个人。

改革开放以后，经过20世纪80年代的迅速发展，村庄内部的宅基地划分已经打破了同族相邻的传统，很多村庄开始像城市里的商品房买卖一样，根据地理位置的优劣赋予宅基地不同的价格，一些诸如靠近大路的、地势较高的、处于村庄中心的宅基地的价格要远远高于村庄其他位置的宅基地价格。在价格杠杆作用下，在传统村落文化中以姓氏为中心的村庄格局发生了明显的变化，那些通过经商、外出打工等积累了较多财富的家庭开始购买那些虽然价格高但具有地理位置优势的宅基地，并建成更加现代化的瓦房或楼房居住，这样就形成了跨越姓氏界限的新的生活场域和聚集群落。这些群落是村庄的新贵，是财富的象征，它们与那些零散居住在原有破败房屋的村民形成了鲜明的对比。

居住结构的改变，也改变着传承千年的乡村文化。首先，在广大乡村，传统的农耕文化已经在很大程度上走向没落，工业文明正在向乡村逐步渗透。这种农耕文化与工业文化的混杂状态，解构了传统乡村文化的凝聚力，传统农耕文化正在越来越成为落后、寂寞、破败、荒凉的象征，成为乡村人也越来越唾弃的对象，其在乡村社会中的教化功能被逐渐消解。其次，以经济水平为标准形成的新乡村聚集群落，已经丧失了家族血缘的内部关联，经济利益成为人们交往的最根本标准和依据，即使相邻而居，彼此依然是孤立的、原子化的个体。而原本同气连枝、患难与共的家族，则由于新的地域群落的组合而被瓦解，重新划分到不同的等级和群落，原有的家族内部族规族法很难再发挥作用。乡村人际关系的淡漠对于农民福利的损失极大:一是人际关系弱化使农民的交往程度降低,以前一直从这种交往中获得的乐趣减少了;二是人际联系弱化使农民一致行动的能力减弱,降低了他们的生活趣味,减弱了他们对未来的信心和期待,使他们更加难以忍受事实上也确实难以忍受的现实困难;三是人际联系弱化使村庄舆论解体,使原来依靠村庄舆论支持的村庄道德力量逐步消失,作为弱势群体的老年人日渐处于村庄和家庭中的边缘地位。[①]

一些传统的属于家族内部的集体活动,在发展过程中逐步泛化,成为地方的公共活动,淡化了家族观念和意识。一些家族活动,本身关涉着社区的公共生活,在活动的开展过程中,参与者已经远远超越家族的范围,成为当地村民的共同活动。如一些家族在祭祖、祭谱、年会中会举行一些娱乐活动,如地方戏的演出、举办如打花鼓、舞狮、社火等传统游戏活动。虽然这些活动开始时由大的家族牵头组织,但在活动过程中,已经演变为所有当地人参与的公共活动。如新建石埠乡各村原有祖宗堂和香火堂,现在两堂不全了,但家族仍有玩社火的习惯。办法是置备几尊安置在神轿上的木雕神像,放在香火堂里。平常过年节及还愿人去烧香磕头,到固定的日子抬着神像出游。抬轿出游时,人们自愿充当轿夫,抬起来飞跑,围着村子转,累了就有人来接替,有时一玩一个通宵。……有的村在社火的日子,家家请来客人,特别是出嫁女一定要回娘家。看似社火虽有敬神之意,但同时也成为民间的自娱和进行社交的一种方式。[②] 这样社火就从家族娱乐,逐步兼具了社区性活动的性质,家族特点已大为淡化。

可见,对于乡村的家族制度而言,20世纪90年代不断推进的市场经济成为其逐步消解的重要推手。乡村内部地缘结构的改变,也客观上加速了家族制度教化功能和价值的弱化。正因为此,很多研究者普遍认为,

---

[①] 贺雪峰:《乡村治理与秩序——村治研究论集》,华中师范大学出版社2003年版,第217页。

[②] 王沪宁:《当代中国村落家族文化——对中国社会现代化的一项探索》,上海人民出版社1991年版,第506页。

与传统宗族相比，当代农村宗族已发生了较大的变化或转变，并在社会发展中逐步走向消亡。① 纵观整个 90 年代，传统家族对农民所具有的社会管理、服务功能和经济功能都日益被国家的各种行政事业单位和新型经济组织所取代，家族制度的存在价值被严重弱化。原有的家族制度在乡村教化方面具有的非强制性的精神引领和行为规范作用，也伴随着其权威性的丧失和教化对象的远离而几近消失。

2. 乡村文化传承的代际断裂

从市场转型的角度看，阎云翔认为 20 世纪 90 年代可能是最开放的十年：私营经济显著增长，国家逐渐放松对社会生活的严密控制，计划经济时代的意识形态的支配地位被新自由主义所侵蚀，生活机会的新结构以及促使亿万中国人迁移的流动渠道的开放。② 这一形势下，农民打工潮日益扩大，在很多乡村出现了农村劳动力流失、大量土地被撂荒的情况，部分村庄的村民年龄构成呈现出明显的两极分化倾向，留守老人和留守儿童成为乡村社会的主体。

在改革开放之初，国家对农民的就业限制是逐步放开的。1984 年中央颁布了一系列放开、搞活的政策，取消对农民非农就业权利的限制。③ 但在 20 世纪 80 年代，国家仍严格控制"农转非"和"盲流"，在很大程度上限制农村劳动力进城务工。进入 20 世纪 90 年代后，国家加强劳动力市场建设，开始废除通包通配的就业政策，逐步打破城乡之间、地区之间劳动力流动的限制。1994 年，劳动部发布了《农村劳动力跨地区就业管理暂行规定》，推动了农村劳动力"离土又离乡"的异地就业新模式，也使农村劳动力非农就业进入一个高潮期。乡村劳动力异地就业带来的大规模人口流动，在很大程度上改变了我国许多乡村的人口结构。而这种人口结构的改变，又直接影响着乡村文化的有效传承，以及由文化传承所产生的教化。可以毫不夸张地说，农村劳动力异地就业带

---

① 温锐、蒋国河：《20 世纪 90 年代以来当代中国农村宗族问题研究管窥》，《福建师范大学学报》（哲学社会科学版）2004 年第 4 期。

② 阎云翔：《中国社会的个体化》，上海译文出版社 2012 年版，第 3 页。

③ 李强：《中国社会变革 30 年》，社会科学文献出版社 2008 年版，第 83 页。

来的人口流出严重地冲击了乡村文化的有序传承,造成了明显的代际断裂。

首先,从乡村的整体人员结构上看,这一时期,离土离乡的劳动力群体主要是乡村的青壮年劳动力。这些外出打工的农村人,常年在外,一方面,受时间和经济条件的限制,那些在慢节奏的乡村生活中衍生和传递的习俗难以在他们的打工生活中延续;另一方面,长期在城市环境中奔波与忙碌,城市中现代化的生活方式耳濡目染地影响着他们,使他们在观念和生活方式上更加与乡村疏远,他们只是把村庄看作一个暂时歇脚的驿站,或者一个远航前的锚地,并不将其视为一个终将回归的港湾。甚至有人言辞激烈地说:"年轻一代的乡村青年对乡村的感情非常淡薄,他们在家乡待的时间很短,往往初中毕业或没毕业就出去打工,对未来的渴望更加强烈。……乡村,对于他们来说,也是一个遥远的、没有情感的事物,也没有归属感。"[1] 而在缺少了青壮年劳动力的乡村,很多地方已经成了名副其实的老幼妇孺村。这种人口年龄结构的严重失衡,直接制约了乡村文化活动的开展。过去在农闲时节开展的传统乡村游艺活动,如北方的扭秧歌、踩高跷,南方的赛龙舟,以及各地的庙会、灯会等,主要是在长者指导下的青壮年为主力的活动,已经很难由村民自行组织。平时生活中尊贤敬老的礼仪活动,也难以在中间断层的老人与儿童之间进行。作为乡村重要文化形式的婚丧嫁娶活动,也在强烈的市场经济意识和劳动力缺失的现实推动下越来越成为利益取向的商业活动。受经济条件影响,在20世纪80年代农村大家都喜闻乐见的乡村艺术活动,诸如农村电影队放映的电影、各地特色戏曲表演等,在20世纪90年代开始受到冷落,广大农村新生代普遍被以电视为核心的现代传播媒介所带来的多元刺激吸引,传统乡村文化存在的根基被严重削弱。"城市的思想和行为模式也确实导致了当代农村青年背离传统,尤其是他们对更为物质主义、个人主义及现代的生活方式的追求。他们的长处是拥有新鲜的渴望同时没有传统生活经验的羁绊;因此,他们喜欢尝试新东西。

---

[1] 梁鸿:《中国在梁庄》,中信出版社2014年版,第32—33页。

尽管农村青年或许不能实现自己的全部梦想，但新的价值观和思想会产生深刻的影响，不仅是对他们自己，更是对下一代。"①

其次，从每个乡村家庭的内部人员构成上看，家庭人员结构很少健全。在20世纪90年代，随着计划生育政策的推行和人们生育观念的逐渐变化，乡村家庭的人口数量开始不断减少，家庭规模日益缩小。同时，因为大部分年轻甚至中年农民常年外出打工，很多本来人口数目就不多的农村家庭实际在家人数更少。根据人们对家庭类型的划分，在这一时期的乡村，核心家庭成为乡村的主要家庭类型，而在这些核心家庭中，又有相当一部分家庭由于成员的外出打工而从常规型核心家庭演变为非常规型核心家庭。常规型核心家庭是指正常的以父母和未婚子女构成的核心家庭，非常规型核心家庭是指夫妻一方因各种原因长期外出，配偶和未婚子女留守在家，家庭成员处于长久分隔，聚少离多状态的核心家庭。② 还有一部分非常规型核心家庭，由于青壮年夫妇双双外出打工，出于照管幼子的需要，重新进行家庭成员的组合，很多在20世纪80年代通过分家而被分离出去的老年人重新被纳入已婚子女家庭，承担照顾抚养孙辈子女和从事农业生产劳动的责任。这些家庭，有学者称之为"隔代直系家庭"。③ 在这些非常规型核心家庭和隔代直系家庭中，特殊的人员结构也造成了人们心理的相应变化。一方面，部分人员的缺位造成家庭教化主体范围的缩小。在传统的乡村主干家庭和联合家庭中，教化未成年人的主体有祖父母、父母，甚至叔父婶母，但在非常规型核心家庭和隔代直系家庭中，未成年子女往往只有父母一方，或完全由祖父母教养。教化主体的缩小在很大程度上对应着教化能力的减弱，很多留守的家长或祖父母出于个人文化素养的缺失和对未成年人照顾不周的内疚心理，而在对待未成年人的教育方面有失严格，很多家庭在对未成年人的教养方式上表现出迁就、溺爱甚至放纵。在这种家庭氛围中，很多乡村未成

---

① 阎云翔：《中国社会的个体化》，上海译文出版社2012年版，第143页。
② 潘鸿雁：《国家与家庭的互构》，上海人民出版社2008年版，第6—7页。
③ 容中逵：《传统与现代的交锋——百年中国乡村教育变迁的实践表达》，浙江大学出版社2010年版，第51页。

年人也自然地表现出了传统伦理道德规范意识的缺乏和孝亲礼悌行为的减弱。在过去的乡村文化中,"勤俭节约、艰苦奋斗,意志坚定、毅力顽强作为乡村人一项极为重要的传统美德,如今却在日益丧失,不少子女不仅意志薄弱,毅力不足,心理承受能力极差,稍受挫折便自暴自弃,缺乏艰苦奋斗精神,而且开始追求享乐生活,并出现盲目攀比高消费的现象"。[1] 这种家庭教化环境和教化主体的主客观交互影响,使传统乡村家庭文化难以正常维系,乡村文化在家庭层面瓦解。

可以说,在这一时期,一方面乡村文化对流动人口的熏陶教化作用缺失,另一方面,人口流动也造成乡村原有生产生活方式的巨大改变,传统乡村文化活动不断被弱化,乡村文化的代际传承出现了断裂。

3. 乡村学校教育的逐步退场

20世纪90年代,在国家计划生育政策作用下,农村学龄儿童逐渐减少,在80年代建立的大部分"村学"面临着生源不足的问题。而且,受当时农业生产停滞、农村发展变缓、农民收入降低等问题影响,"地方负责、分级管理"体制下的农村基础教育经费严重不足。自1992年起,全国出现了大面积拖欠农村中小学教师工资的现象。为解决生源及经费的问题,国家采用了两方面的措施:一是调整学校布局,从而整合教育资源,提高教育规模效益;二是精简教师队伍,减少教师工资开支。

从1992年起,国家开始压缩教师队伍,转正或清退民办教师,同时国家教委颁发《义务教育法实施细则》,提出建立寄宿制小学,并可"适当集中",初中学校设置则可以"相对集中"。在这些政策推动下,乡村学校从数量和规模上都不断萎缩,原有部分乡村教师也离开学校,重新回归乡村农业或非农业生产。例如,山东省济南市济阳县稍门乡罗家村,在20世纪80年代前期有一个完整的五年制小学——罗家小学,供两个行政村共用,到了90年代初,小学的四、五年级被合并到乡镇驻地的小学中去,村小学只剩三个年级,而到90年代中期,剩余的三个年级也被撤并,所有学龄儿

---

[1] 容中逵:《传统与现代的交锋——百年中国乡村教育变迁的实践表达》,浙江大学出版社2010年版,第57—58页。

第十一章 乡村教化的变迁与转型

童统一到离家三四里地之外的学校上学。罗家小学共五位老师，两男三女，两名在编，三名是临时或民办。五位老师中，除一名原来从乡里调过来的在编女老师又被调到另外的学校教学之外，其余四位老师中，一位在编男老师提前退休回家，另一位男教师直接回家从事农业生产，两位女老师结婚后，先后离开本村，一位在婆家从事农业生产，一位跟随丈夫从事客运工作。后来据本村老人讲，其中一位女老师在出嫁后，生养两个孩子，孩子学习都非常出色，考上了名牌大学，这在当地被传为佳话。但从整体上看，这些离开学校回归农村生活的老师，很少能在农村生产中大展宏图，成为村里的"能人"或"富人"，大部分很快"泯然众人矣"。其作为曾经的乡村教师在乡村教化中可以发挥的作用荡然无存。

随着学校数量和教师数量的减少，国家对农村中小学教师在学历方面的资格要求越来越高。如果说在20世纪80年代，农村"学问"高的人就可以当老师的话，到了90年代，能留在学校当老师的，则一般要具备高中水平和中专学历。这种学历要求把一大批有经验、有学识但没学历的教师排除出了教师队伍，乡村中小学教师队伍开始向着高学历、专业化和年轻化的方向迈进。这一趋势在优化和提升教师队伍素质的同时，也逐渐使乡村教师与乡村生活世界脱离。他们在越来越远离乡村的学校里接受了十余年的专门教育，掌握了专业化的知识和技能，但这些知识和技能与乡村的生产和生活几乎无关，他们虽然大部分出生于农村，但其生活和工作都已经与乡村疏离。可以说，这一时期的乡村学校教师与80年代的乡村学校教师有了巨大差异。80年代的乡村教师与乡村生活充分融合，他们既代表乡村民众对年青一代实施教化之责，又把从国家教育系统习得和领会的文化知识与价值观念传输给乡民。但在90年代教师队伍精简后，所保留的主要是受过较高专门学校教育的教师，他们在乡村生活的时间有限，所掌握的知识和技能与乡村的实际生产生活关系不大。这些教师一方面受应试教育影响，另一方面受乡村文化素养缺失的限制，在教育教学中往往主要关注国家法定教学内容的传授，而不愿意也没有足够能力结合乡村实际对学生进行乡村精神教化。

这一时期的所谓乡村学校，已经在逐步分批分次地脱离村庄。很多过去的村小被撤并,乡村学校不断向人口相对集中的乡驻地、镇驻地和县城集中,少数仍然保留在农村的学校,也往往因为优秀教师不愿去,而教学质量低下。没有质量保证的教学又进一步导致很多家长舍近求远地把孩子送到乡镇甚至县城的学校去住校借读。乡村学校除了在地理位置上逐渐远离村庄,远离原生态的乡村世界,开始向以乡、镇为中心的小城镇集中,在教育内容上也开始出现脱离、甚至排斥乡村社会的倾向,城市取向开始显现。"乡村本土文化中原本潜藏着的丰富教育资源,乡村历史发展过程中积累下来的民间智慧与经验、知识和美德,都为城市取向的教育体系以愚昧、落后、封建、浅薄等理由所拒绝。"[①]而且,学校中城市中心的教育价值取向和精英教育体系所倚重的"向上看,往上流"的民众意识,不仅使自身严重脱离乡村文化,而且所培养出的少数乡村精英人才,也在无意之中被塑造了对乡村的离弃心理。虽然是在乡村接受教育,但这些教育却让学生对自己的本土文化和价值产生自卑,他们站在自己的土地上,却企望着另一个世界。正因为此,很多世代延续的传统民俗被乡村的新生代所鄙视、唾弃,避之唯恐不及。可以说,这一时期,乡村学校和乡村教师不仅在空间上与乡村社会不断远离,也从根本上开始从乡村教化的舞台上悄然退场。

在20世纪90年代的广大乡村,儿童因为接受学校教育而远离乡村,大批青壮年人因为打工而远离乡村。不断的远离很大程度上意味着遗弃。村庄开始被最具生命力和活力的少年、青年甚至中年人遗弃,成为空心村,成为破败的废墟;而出走的乡村人也被乡村遗弃,成为没有故乡的人,他们没有根、没有回忆、没有精神的指引和归宿。而在这双向遗弃的过程中,儿童失去了最初的乡村生活熏陶和传统文化启蒙,失去了被言传身教和体会家庭温暖的机会。那些原本淳朴、宝贵的乡民品质正因为失去最基本的载体而一点点消失。

4. 乡村社会教育的有形无实

我国广大乡村社会经历过20世纪80年代经济的快速发展,生活水平

[①] 刘铁芳:《乡村教育的问题与出路》,《读书》2001年第12期。

迅速提升，但这一时期在农村比较突出地存在着重经济发展，轻精神建设的情况，同时由于与市场经济有关的一些政策不够完善，乡村民众的传统优秀价值观念开始解体，集体主义思想淡薄，利己主义思想和功利行为严重，乡村社会开始出现自由散漫和空虚堕落的倾向。针对这种情况，国家也采取了一些加强社会教育的措施，但从整体上看，效果并不明显。

在意识到农村社会存在的问题之后，中央决定从1990年底开始在全国范围内开展社会主义思想教育活动。1990年12月中共中央、国务院下发《关于1991年全国农业和农村工作的通知》，1991年2月5日中央宣传部、中央组织部发布《关于在农村普遍开展社会主义思想教育的意见》，农村社会主义思想教育活动在全国农村正式轰轰烈烈地展开。同年7月13日，《人民日报》头版发表《进一步抓好农村社会主义思想教育》的文章，提出社会主义思想教育主要任务。[①] 1992年1月14日司法部又发布了《关于在农村社会主义思想教育中开展民主与法制教育的通知》，要求在农村社会主义思想教育中要始终结合每一个具体步骤进行民主与法制教育。[②] 这一阶段的社教活动，首先编写宣讲提纲，统一规划、统一教员、统一检查，开展"面对面宣讲、办骨干培训班、组织先进人物事迹报告团、举办展览会、发动群众自我总结等形式灵活多样、生动活泼、虚实结合、注重实效的教育活动。"[③] 这次社教活动范围广、规模大，几乎家家户户都有人参与。然而，因为社会主义思想教育活动在内容上比较抽象，概念化特点突出，脱离现实生活和乡村民众的实际经验，在形式上比较单一，以工作队讲读为主，这些都与广大乡村民众所喜闻乐见的东西不相符，故而大家的热情并不高。1992年2月，《求是》杂志发表评论员文章分析这次社教活动，认为"总的看，发展是健康的。但是，不可估计过高。有些同志对开展社会主义思想教育的重要性还缺乏足够

---

① 《进一步抓好农村社会主义思想教育》，《人民日报》1991年7月14日。
② 司法部：《关于在农村社会主义思想教育中开展民主与法制教育的通知》（司发通〔1992〕001号），1992年2月14日。
③ 王东维：《三次农村社会主义教育及其启示》，《长江论坛》2012年第2期。

的认识，抓得不够得力；有的群众反映搞得不够好，走了'过场'。"很多村民也对这次社教活动评价不高。① 看起来轰轰烈烈、规模宏大的社会主义思想教育活动，实际上有形无实，对乡村民众很难产生真正思想或行为上的影响。

这一时期，根据国家教委、农牧渔业部、财政部发布的《乡（镇）农民文化技术学校暂行规定》，各地还创办起了不同规模的农民文化技术学校。这类学校以提高农民思想道德素质和文化技术素质，为振兴当地经济为中心的各项事业服务为办学思想，培养学员成为热爱农村，建设家乡，有理想、有道德、有文化、有纪律、懂技术、善经营的新型劳动者。农民文化技术学校的主要任务是对农民进行实用技术、经营管理知识等的培训，同时渗透对农民进行时事政策、法制、人口等教育。但从整体上看，农民文化技术学校在内容的针对性、方法的多样性和生源的代表性与覆盖面方面都存在不同程度的问题。对乡村中的绝大多数农民来说，只是知道有这么一个学校，至于学校是做什么的并不清楚，更不用说从学校教育中实际受益了。

三 乡村教化的再兴

经过 20 余年的改革，我国乡村经历了跌宕曲折的发展历程，在取得较大经济成就的同时，过于强调经济发展而忽略社会其他方面建设的做法也越来越显露出其弊端。在生产结构相对单一、社会秩序缺少有效管理和引导的广大乡村，农民的生存状态、产业发展和社会进步等方面的问题严重。进入 21 世纪，三农问题引起了社会的高度重视。一方面，大家越来越意识到，三农问题不是简单孤立的三个方面的问题，而是农民所从事的行业、居住的地域和身份的认同之间相互关联、彼此影响的一体化问题；另一方面，在当前的乡村社会，"最真实的前景和最深刻的危

---

① 袁媛：《热闹而寂寞的乡村教化——基于建国后石村社会教育历史人类学考察的研究》，博士学位论文，东北师范大学，2010 年。

机并不在经济方面，而在于文化结构的解体和价值体系的崩溃，乡村社会方向迷失"①。基于以上认识，进入21世纪以来，国家开始对乡村社会给予更多的关注，农村扶贫工作和农村文化建设成为国家农村工作的重点。而这些工作的推进，在一定程度上再次激活了我国乡村一度式微的教化活动。

（一）21世纪以来的乡村社会

针对20世纪90年代后期我国出现的严重的三农问题，从2000年开始，国家逐步增加在农村地区的投入，统筹城乡发展。同时，考虑到农村的发展不单单是经济的发展，而是整个农村社会的整体发展，过于凸显经济发展必然造成乡村文化的衰落和农民精神的空乏，全面的乡村文化建设工作也逐步开展起来。

从2000年开始，国家做出了一系列农业政策调整。如推行农业补贴政策，通过对农民进行粮食补贴、良种补贴和农机补贴，以及粮食收购的最低保护价措施，在一定程度上保障农业生产，增加农民收入。再如实行税费改革。2000年，安徽开始试点农村税费改革，力争减轻农民负担。"中央政府采取了两项措施来抑制农民负担的反弹，第一项是增加中央政府财政转移支付的力度，特别是在贫困地区，由于减免农民负担而形成的财政收入不足，中央政府通过转移支付来加以弥补，也就是说中央政府承担了大部分减免农民负担的成本；第二项是推进基层政府的改革，通过减少财政供养的政府官员的数量来减少财政支出。在全国各地开始了撤村并乡的活动，通过行政村和乡镇的合并，减少基层政府的数量，并进而减少行政支出。"② 2006年，国家正式开始免征农业税，结束了农民几千年来种粮纳税的制度，使农业从向国家提供税收的部门变为需要国家补贴的部门，农民的税费负担切实减轻。同时，国家在农村的财政投入进一步扩展。2007年，义务教育学杂费被全部免除，西部贫困

---

① 杜玉珍：《重建乡村和谐之基——伦理道德》，《前沿》2009年第7期。
② 李强：《中国社会变革30年》，社会科学文献出版社2008年版，第75页。

地区还免除了书本费。在卫生方面实行新型农村合作医疗，国家财政对合作医疗的支持力度也逐步增加。

进入21世纪后，针对我国农村扶贫工作的进一步推进。中央制定了《中国农村扶贫开发纲要（2001—2010）》，开展了大规模的农村扶贫活动，切实减少农村贫困人口数量。根据国务院扶贫开发领导小组办公室发布的《中国扶贫开发报告》，农村贫困人口从2000年的3209万人下降到2005年的2365万人；低收入人口从2000年的9422万人下降到2005年的6432万人。[①] 但是，贫困的形成有客观环境的原因，也有自身主观的原因，仅靠国家政策从外部，尤其是从财政方面予以支持，贫困人口自身缺乏脱贫的意识和能力，很难实现真正意义上根本脱贫。正因为此，农村扶贫工作开展一段时间后，农村扶贫的速度开始放缓，剩余贫困人口的脱贫工作越来越不好开展，甚至一些已经脱贫的人口因为生病、子女上学等原因而重新陷入贫困的境地。对此，国家在"十一五"期间强调进一步加大对农村扶贫工作和农村社会保障工作的支持力度，并逐步提高对农村基础设施和基本社会服务等公共物品的供给能力。除了财力和物力的支持，国家人事部2006年还颁布了《关于组织开展高校毕业生到农村基层从事支教、支农、支医和扶贫工作的通知》，启动"三支一扶"的农村扶贫计划，鼓励高校毕业生为促进农村基层教育、农业、卫生、扶贫等社会事业的发展、建设社会主义新农村和构建社会主义和谐社会做出贡献。根据这一计划，从2006年起，连续5年，通过公开招募、自愿报名和组织选拔统一派遣的方式，每年招募2万名左右高校毕业生，安排到乡镇从事支教、支农、支医和扶贫工作。国家采取的这一系列措施，在一定程度上促进了农村整体水平的逐步提高，农民生活也开始逐步得到改善。

2005年10月，中国共产党十六届五中全会提出要按照"生产发展、生活宽裕、乡风文明、村容整洁、管理民主"的要求，扎实推进社会主

[①] 国务院扶贫开发领导小组办公室：《中国扶贫开发报告》，新华社，2007年10月17日发表。

义新农村建设。同年，中共中央办公厅、国务院办公厅发布《关于进一步加强农村文化建设的意见》。在国家明确的政策支持与新型城镇化建设的实际推动下，我国关于农村文化建设的相关理论研究和实践探索迅速开展起来。社会主义新农村文化建设，强调在加强农村公共文化建设的基础上，开展多种形式的、体现农村地方特色的群众文化活动，丰富农民群众的精神文化生活。在这一过程中，新农村文化活动逐渐恢复和丰富起来。

为了切实改变乡村封闭落后、信息闭塞等问题，国家从21世纪开始，逐步实施农村"村村通"工程。村村通工程是一项包括电力、公路、广播电视、饮用水、电话和互联网等在内的系统工程。通过村村通工程建设，逐步实现乡村生产、生活的开放性和现代性，使乡村社会物质发展与精神发展齐头并进。在全国统筹城乡发展的政策推动下，村村通工程得以深入落实。在农村电网改造方面，按照城乡同网同价的原则，到2001年底，第一批农村电网建设改造工程已经覆盖了全国所有的2400多个县。在农村公路建设方面，仅2006和2007两年，全国建成的农村公路超过新中国成立以来农村建设公路的总和。"要致富，先通路"的思想意识也随着这一工程的推进而深入人心。广播电视村村通工程自1998年开始启动，到2005年，我国广播、电视人口综合覆盖率已经从1997年的86.02%和87.68%提高到94.48%和95.81%。在农村通信方面，自2004年开始试点，到目前为止，已经基本实现所有行政村都开通电话。电视和电话村村通工程的推进，直接带动了互联网在广大乡村的迅速发展。农村自来水工程是提高农民生活质量的重要内容，这项工作进展顺利。在山东省，截至2006年，已经有65%的农村人口生活使用自来水。这一系列针对乡村发展所开展的系统工程，既打开了乡村民众通往外部世界的大门，也为现代化的思想观念和文化知识进入乡村创造了条件。这有效促进了乡村传统文化与现代文化的融合，也在很大程度上提升了广大乡村民众的素养。

整体来看，这一时期，因为乡村社会已经从以单一农业经济为主的传统封闭、稳定的熟人礼治社会转型为多元经济并存的开放性的现代法制社会，现代化的生产和生活方式开始在农民生活中逐步渗透，传统的家族制度、礼俗文化已经失去了根基，这一时期的乡村教化虽然在国家政策的全面推动下再次复兴，但其内容和形式都与改革开放初期有着巨大差异。

（二）全面再兴的乡村教化

21世纪以来的我国乡村社会发展，是在重重问题基础上幡然醒悟后的重新出发。政治、经济、文化等各方面全面发展是这一时期乡村社会发展的基本思路。在这一社会背景下的中国乡村，把乡村民众的精神风貌和整体素质作为乡村社会发展的重要基础和重要内容，而国家围绕乡村发展所采取的一系列措施，从主客观两个方面切实推动了乡村社会教化的深入发展。

1. 农村新文化体系的逐步建立

近十年来我国农村进行的改革，是在总结改革开放以来农村改革的经验教训的基础上进行的，新的改革克服了单维度发展的弊端，开始综合考虑我国农村存在的问题和发展路径，在此基础上进行的农村改革是包括经济、政治、文化等多方面内容的整体改革。在这一过程中，如果说经济、政治改革是20世纪八九十年代改革的延续的话，这一时期的文化改革则是在全新理念指导下的农村文化体系的整体改革，是涵盖多层次、多维度的系统建设。而且，这一阶段的文化建设，不仅作为国家的基本改革政策受到各级政府管理部门的重视，而且也成为广大专业学者的研究重点，相关的理论研究成果与农村文化建设实践形成相辅相成的关系。大家普遍认为，农村新文化体系建设应树立大文化观念，在新农村文化建设中，应超越简单的吹拉弹唱、自娱自乐的狭隘文化理解，树立"包括社会伦理思想、道德风尚、文化艺术、教育、医疗、卫生、体育等方面，着眼于保障和实现农民群众的基本文化权益"的社会文化体系观念。在建设内容上，应注重思想理论、道德法制、文化事业和文化产业的共同发展，强调思想道德教育、科学文化教育和移风易俗活动等齐头并进。在建设方式方面，多措并举，在不断加强农村文化队伍建设、提高农民文化素养的基础上,加强和扶持农村文化重点设施建设、建立文化资源共享机制等。可以说,21世纪以来农村文化体系的建设是国家在深入研究基础上采取的理性自觉的行动。农村新文化建设作为一种系统工程,需要一个长期的过程。虽然,目前来看,这种农村新文化体系的建设还处于初期探索阶段,但在我国的很多地区,都已经初见成效。

一方面,乡村文化基础设施建设发展迅速,乡村文化活动不断丰富和深入。文化设施是乡村文化活动的物质载体,是开展文化活动的必要前提,也是乡村文化事业发展的重要标志。在国家新农村文化建设政策的积极推动下,很多地方政府加大对乡村文化建设的资金支持力度,强化乡村文化基础设施建设,农村的文化活动逐步开展起来。目前的乡村文化设施主要分为"艺术表演设施、学习阅览设施、文化娱乐设施和体育运动设施四类"。[1] 在这四类中,比较普遍的有村图书阅览室、科普活动室等学习阅览设施,乒乓球台、篮球架、单杠、双杠、秋千等小型体育活动器具、体育活动室等体育运动设施,部分村庄设有棋牌室等娱乐设施,供戏曲、歌舞等文艺演出的专用场地还比较少。现在大部分经过改造的村庄中都建设有专门的休闲广场,经济条件不够好的村庄就专门留出一块空地,作为村里电影放映、曲艺表演、集体舞蹈等活动的场地。除了以上硬件文化设施的建设外,政府也不断强化乡村的文化软件建设,通过购置图书、报刊,定期送戏、送电影等下乡,引导广大乡村基层文化活动的开展。同时,积极挖掘群众队伍中的文化能人,充分发挥其文化骨干带头作用,以其为核心,建立乡村业余演出队、文化中心户、农家书屋等,逐步形成一支扎根基层、服务群众的内生性公共文化队伍。在此基础上,进一步培育农村公共文化的内生机制,引导和鼓励村民自己开发和创新乡村文化内容,深入开展群众性文化活动。

另一方面,乡村民众的新文化观念逐步树立。虽然在几十年的社会发展历程中,我国主流意识形态曾经发生过非常大的改变和波动,在我国传统乡村发挥教化作用的很多活动曾经在特定时期被视为封建的、落

---

[1] 徐学庆:《社会主义新农村文化建设研究》,博士学位论文,华中师范大学,2007年。

后的、不文明的糟粕，但经过近年来政策推动和现代传播媒介的广泛宣传，乡村民众的观念已经有了很大的改观。如大部分民众开始重新认识和对待具有鲜明历史传统的民俗活动和艺术作品，他们开始意识到这些内容作为"非物质文化遗产"的重要价值和意义。在很多乡村民众心里，农村的地方文艺、传统手艺、生产生活习俗等不仅不再是落后的表现，而且成为自己的骄傲，成为自己愿意大方承认并坦然融入其中的家乡社会生活的独特内容。在重新认识传统，同时乡村民众也通过人员迁徙、商贸流通、现代传媒等多种直接与间接方式，不断接受现代文化中的知识技能等新信息和民主、法制等新理念，从而逐渐形成一种传统与现代互融的新文化观念。

当然，新农村文化活动的开展，还只是一个开始。在这一过程中，我们要看到人们文化意识和观念逐步增强的同时，也应该意识到当前的很多文化活动仍然存在比较严重的形式化倾向，很多地方的农村休闲娱乐在方式上看起来丰富多样，但却仍掩盖不住广大农民文化生活的单调与空虚。据财政部教科文司和华中师范大学组成的全国农村文化联合调研课题组2006年的调查统计显示，"政府提供的文化设施排在前5位的分别是有线电视或电视差转台、文化活动室或图书室、农民技术学校、有线广播、老年活动室，而农民参与最多的集体性或公共性的文化活动是'放电影'，其次是看戏和祭祖。"[1] 这说明在政府的支持引导和乡村群众的自发选择之间还存在很大的差距。不少村庄的图书室形同虚设，常见的情况是"铁将军"把门，或者放置杂物，灰尘堆积。也有一些乒乓球室等体育活动室，只有村领导等个别人有钥匙，村民往往很少有机会进入。除了文化设施没有被充分利用，乡村群众文化娱乐方式多样化的表面下还潜藏着另外一种危机。"随着生产力的解放和人们闲暇时间的增多，村民日常生活的娱乐方式越发丰富多彩起来，不仅过去的'牌九''纸牌''骨牌'依旧为广大村民所喜爱，新增的麻将、台球、电视、电

---

[1] 财政部教科文司、华中师范大学组成的全国农村文化联合调研课题组：《中国农村文化建设的现状分析与战略思考》，《华中师范大学学报》（人文社会科学版）2007年7月。

影等也涌入村民家庭。在此情形下，村民日常生活中打发闲暇时光的方式开始多样起来了。但人们在闲暇时间增多与娱乐方式翻新的同时，却变得越来越寻求娱乐方式的刺激上。先前人们娱乐，或带胡子，或喝水，是很少有赌博的，如今却不管以什么方式，大家都得来点刺激。这种刺激从原来的零星输赢香烟到现金，从原来只是偶尔业余到整天上班式的准点进行，已经越来越专业化和大众化起来。"① 这些在乡村民众中最普遍的看似热闹的娱乐活动，实际很难与现代休闲娱乐中真正的注重健康、积极向上等核心理念相吻合。

2. 现代化生活观念的不断渗透

近十余年来，国家不断调整对城市农民工的管理政策，加强对农民工权益的保障，这进一步带动了农村劳动力的大规模流动。现代化生活观念在乡村生活中的渗透往往从青年群体中开始。长期在城市打工的青年人，思想活跃、可塑性强，受城市生活方式、现代生产方式、管理方式等的熏陶，其生活观念和行为方式在不知不觉中发生着改变。在城市工作过的乡村青年在衣着上会更加时尚，在生活中更讲卫生，时间观念更强，看重对国家法定节假日的利用。休闲娱乐方式也更加多元，对很多打工青年来说，逛公园、逛商场、看电影、追星、唱卡拉OK、进行体育锻炼等等都是日常生活中的组成部分。相反，大部分这样的年轻人，一旦回到乡村老家，则会感觉在家里没有意思，很无聊。在婚姻家庭等方面，他们也很快脱离乡村的传统观念，形成了更加现代化的婚姻家庭意识。打工者生活观念与行为的变化，就如石子投入湖水中的波纹一般，会一层层向外扩展，通过多种途径，对家乡民众的思想观念和行为方式产生潜移默化的影响。

值得注意的是，国家新型城镇化建设的推进，使很多原来的农村地区正在向城镇发展和转化。在这一过程中，原有的乡村民众不仅面临着居住环境的变化，也必然面临着在新居住环境下的生活观念与方式的转

---

① 容中逵：《传统与现代的交锋——百年中国乡村教育变迁的实践表达》，浙江大学出版社2010年版，第120页。

变。我国当前的社会发展采取城乡均衡的一体化发展战略,新型城镇的发展把现代化的生活方式引入已经进入城镇的"农民"生活之中,并迅速形塑了他们新的生活观念和思维方式。他们开始接受并慢慢习惯休闲时间与闲暇活动的专门化,逐步形成早晚锻炼的习惯,很多人积极加入到健身操、广场舞等活动中来。"天天晚上多少女的在那块跳舞。我家善芳有时候老鹅卖掉得早,亦去跟到后头跳跳。还蛮好玩的。镇上哎,街上,不像你乡下,都女人家了还去跳舞去,被人笑死了呢,在镇上就不得人说。"① 可以说,从传统的自然村落中进入城镇,甚至是集中居住后的新农村的乡村民众,在逐步接受和熟悉便利的交通、银行、超市、市场等各种蕴含现代化理念和管理方式的经济组织模式后,"一种新的道德秩序(就会)渐趋形成,并促使早期文明中的某些惯例迅速瓦解"②。他们开始逐步感受和意识到生活的公共性和依存性特点,开始改变传统农村个人生活完全自给自足,缺乏公共意识的情况,学会从公共管理角度思考和践行新的生活方式,如对不同生活习惯和方式的尊重,对公共管理条例和办法的认可与执行等。一些诸如家庭垃圾的袋装化、公共卫生的共同维护等正在逐步转变为新时期乡村民众的新意识和行为习惯。

3. 农民职业素养的规划与提升

我国通过发展乡镇企业和促进劳动力跨区域流动发展,加快了农村城镇化的进程,农村劳动力向非农产业和城镇转移的规模不断扩大。目前来看,虽然农村富余劳动力数量庞大,但整体素质不高,劳动技能不足,在很大程度上影响着其向非农产业和城镇的成功转移,就业质量往往不高。绝大多数进城务工的农民,都没有稳定的职业和居所,生活质量和工资收入都处于较低水平。据统计,在2001年新转移的农村劳动力中,受过专业技能培训的只占18.6%。而随着我国科技发展水平的不断提高和新型产业的不断兴起,脱离了传统农业种植经济的农民工,只靠简单的口耳相传的劳作经验已经很难适应新的就业类型在知识、技术、

---

① 袁媛:《热闹而寂寞的乡村教化——基于建国后石村社会教育历史人类学考察的研究》,博士学位论文,东北师范大学,2010年。

② [美] R.E. 帕克等:《城市社会学》,宋俊岭等译,华夏出版社1987年版,第277页。

观念等方面的要求，就业难度越来越大。另一方面，即使在农村继续从事农业生产劳动，该群体所面对的也不再是传统的主要靠体力完成的人力劳作，而是要从事新型的现代化农业生产。现代化农业生产具有集约化、标准化、组织化和产业化特点，是在科学技术、机械装备、管理科学支撑下的生产，是追求绿色、安全的生产。

要适应新型现代化农业生产，或者成为适应非农产业需要的合格劳动者，必须切实提升广大农民的职业素养和就业能力。为此，2003年9月9日，国务院办公厅下发了《2003—2010年全国农民工培训规划》，要求针对当前农民工培训存在的认识不到位、激励政策不足、培训资金缺乏、培训手段亟待加强和培训资源缺乏整合等问题，农业部等六部委从2004年起，共同组织实施"阳光工程"，按照城乡经济社会协调发展的要求，把农村劳动力培训纳入国民教育体系，使农村劳动力的科技文化素质总体上与我国现代化发展水平相适应。[①] 根据培训规划，对农民工的培训主要有两大类，第一类是针对作为潜在农民工的农村劳动力进行引导性培训。这类培训内容主要是基本权益保护、法律知识、寻找就业岗位、城市生活常识等方面知识的培训，培训主要通过集中办班、咨询服务、印发资料和利用广播、电视、网络等手段灵活进行。第二类是职业技能培训。根据国家职业标准和不同行业、工种、岗位对从业人员的基本技能和技术操作规程进行针对性培训。当前主要培训的有家政服务、餐饮、酒店、保健、建筑、制造等行业的职业技能。这类培训主要在政府的引导和支持下，由各类教育培训机构、行业和用人单位组织实施。这些培训政策、相应的激励机制、就业准入制度和不断扩大的培训规模，在使上千万农民或农民工直接受益的同时，也在广大乡村劳动力中逐渐形成了一种重视和学习职业知识与技能，积极提升自身素质从而成为成功者的观念氛围，他们在实践中也逐步形成了自我规划、自我发展的基本意识。

为了更好地促进农村文化、科技和卫生的全面发展，国家继续深入

---

① 李强：《中国社会变革30年》，社会科学文献出版社2008年版，第109页。

推进自 1997 年就正式在全国开展的"三下乡"活动。在"三下乡"活动中，一批科技人员下乡，为乡村民众提供科技信息，开展多样化的科普活动；医务人员下乡，扶持乡村卫生组织，培训农村卫生人员。科技大篷车、医疗义诊、法律咨询等现场服务，医疗讲座、农技推广等专业培训，以及科普图书、医疗设备、电脑、药品等被送进乡村、医院和学校。这些措施也在一定程度上提升了农民的职业意识和职业素养。

可以说，随着国家新型城镇化的推进和农民工人力资本培训政策的逐步落实，农民这一概念的性质和内涵正在发生变化，正在从一种身份转变为一种职业。越来越多的农民开始有意识地规划自己的人生、家庭的发展，并为此积极主动地寻求培训提升的机会。很多农村妇女经过专门培训成为受城市家庭欢迎的月嫂，一些农村青年经过针对性培训和学习成为多种行业的专业技术人员。在这一过程中，广大农民的整体文化素质有了较大提升。可以说，多形式、多层次的农民工培训活动，在提升农民职业素养的同时，也发挥了重要的社会教化作用。

4. 乡村学校教育对乡村社会的重新观照

经过 20 世纪 90 年代及 21 世纪前几年全国性的学校布局调整，农村义务教育学校大规模减少。乡村学校的大规模撤并在获得较大规模效益的同时，其负面影响也逐渐凸显。"农村学生上学远、上学难、上学贵，小学生辍学流失率上升，农村家庭教育负担显著增加，农村寄宿制学校条件差，影响学生健康"[①]等一系列问题开始引起全社会的关注与反思。人们开始认识到，大规模的撤点并校和学校进城，一方面使乡村学校教育完全与乡村社会环境和社会生活相分离，失去了乡村教育的特点和特色；另一方面也使乡村社会丧失了一支重要的教化力量，从而加剧了乡村社会教化的荒芜。有鉴于此，教育部制定了《教育部 2003—2007 年教育振兴行动计划》，提出到 2007 年，争取全国农村义务教育阶段家庭经济困难学生都能享受到"两免一补"。2006 年，教育部又下发了《关

---

① 参见国家审计署 2013 年第 2 号公告：1185 个县农村小学布局调整情况专项审计调查结果。

于切实解决农村边远山区、交通不便地区中小学生上学远问题有关事项的通知》和《关于实事求是地做好农村中小学布局调整工作的通知》等一系列文件，开始对农村撤点并校进行纠偏，把乡村学校教育的发展重心从效率第一重新调整到教育公平上来，开始重新关注农村社会的发展需要和农村学生与家长的需要。2012年国务院《关于规范农村义务教育学校布局调整的意见》更是明确强调，"坚决制止盲目撤并农村义务教育学校，暂停农村义务教育学校撤并，采取多种措施办好村小和教学点，解决学校撤并带来的突出问题"。2006年修订的《中华人民共和国义务教育法》回归了义务教育免费的本质，义务教育经费保障新机制的实施实现了农村地区"人民教育人民办"到"人民教育政府办"的转变。

21世纪以来的乡村学校教育改革，不仅开始通过各种途径和方法在入学机会上实现与城市的均等，更开始关注教育的本质问题。不仅从学校布局上开始更多地观照乡村学生与家长的实际特点和需求，而且从乡村教育价值定位上，开始侧重回归平民教育和生活教育的基本取向，积极研究和挖掘乡村社会生活中的文化内涵，并通过多种内容和形式在乡村学校教育中逐渐渗透，使之进一步发扬光大。城市教育要培养全面发展的人，乡村教育应在乡村社会背景下培养健全发展的乡村少年。乡村学校教育是在乡村社会背景下为乡村学龄儿童提供的针对性教育，是反映和适应乡村社会发展需要的教育。不管农村教育如何发展，不管公共财政如何加大对农村教育的投资，我们什么时候都不可能把农村教育与城市教育办成完全一样的教育。[1] 乡村学校教育之所以是乡村学校教育，是因为乡村是乡村少年发展的具体场域，因而它必须显现乡村文化内涵，传承乡村文明，增进乡村少年对乡村社会数千年来生存理念的理解，从而有效地拓展他们当下的生存意蕴，在乡村社会独有的生态秩序、心态秩序与文化价值秩序之中为他们找到生命的安顿之所提供踏实的根基。[2]

---

[1] 张志勇：《什么是农村教育城市化》，《青年教师》2009年第1期。
[2] 刘铁芳：《乡土的逃离与回归》，福建教育出版社2008年版，第59页。

换言之，今天的乡村学校既要在智识发展上继续深化传统乡村学校的教育功能，又要充当乡村文化虚化后全面呵护乡村少年成长的精神保姆。[①]而这正是乡村学校教育作为乡村社会重要教化力量的体现。

[①] 刘铁芳：《乡土的逃离与回归》，福建教育出版社2008年版，第45页。

第十二章

乡村社会生活的裂变

每个乡村人的一生不仅是个人的命运沉浮，也是乡村社会生活变迁的缩影，因为他们不是乡村社会生活的旁观者，而是直接的参与者和承受者。改革开放40年以来，我国乡村社会发生了翻天覆地的变化。20世纪80年代是乡村社会巨变的肇始，从人民公社到家庭联产承包责任制，从吃糠咽菜到白面馍馍，乡村人过上了吃饱穿暖的生活。进入90年代，随着改革开放的深化，社会主义市场经济体制的确立，乡村人逐渐走上了发家致富的道路。21世纪以来，乡村在城镇化的趋势中，不断追赶城市的步伐。城市淘金梦吸引着越来越多的乡村人进城务工，逐渐削减了对土地的依赖。从20世纪80年代一路走来，乡村的物质生活水平得到了极大的提升，乡村社会文化也由保守逐渐走向开放，从单一走向多元。新旧文化不断改变着乡村人的观念，冲击着乡村传统的社会生活秩序。乡村社会生活是进步与衰退、单一与多元、保守与开放的复合体，在日渐复杂的乡村社会中，乡村人用自己的故事叙说着乡村社会生活的变迁。

一 传统主导的乡村社会

20世纪80年代是跌宕起伏的时代，自由与保守交织，传统与现代并行，乡村社会文化复杂而矛盾。这个时代新旧文化不断碰撞，年轻的乡村人满怀狂热的理想，向往自由，不断冲破禁忌，追求新事物，而年长的乡村人毅然固守传统、抗拒潮流。20世纪80年代的乡村社会权力结构中，年长者依旧占据着核心地位，维护着不可挑战的权威，因此传统是乡村社会生活的主宰，但新旧文化的碰撞影响着乡村人的思想观念，潜移默化地影响着整个乡村的社会生活。

（一）沉重的逃婚之殇

王小花（化名）今年不到50岁，第一次见到她时，她正在家中洗衣拖地，看上去和大多数乡村妇女并无两样。可是听乡亲们说，她可是村里的"名人"，这一切都源于她年轻时惊动乡邻的"逃婚"事件。

我出生在一个贫寒的家庭，父母都是老实巴交的农民。我有一个大我十岁的哥哥，他天生残疾，一只眼睛看不见。为了给哥哥娶媳妇，父母拿我和村头的老刘家换了亲。当时我才九岁，有一天我娘给我穿上小红袄，把我领到老刘家，让我和一个男娃一起坐到炕上。屋里黑压压很多人，我不知道发生了什么，我看到刘家给了我爹一沓钱，我爹抽出几张还给他，剩下的装进衣服兜里。我还看到一个人在红纸上写下几行字，给刘家一份，给我爹一份，后来我才知道这叫"换柬"，它是两家人结成姻亲的凭证。当天晚上我爹把我留在了老刘家，让我和那男娃睡在一张炕上。第二天他娘给了我五块钱，我稀里糊涂地就收下了。三天之后，我回到家中，我爹告诉我，"以后你就是刘家的人，那个小子就是你的丈夫"。没过几个月，老刘家的大闺女就嫁到了我家，成了我的嫂子。我当时虽然年纪小，可是我知道，我嫂子是我爹娘拿我换的。自从我定了亲以后，刘家那小子隔段时间就来我家，帮我家推磨。和我爹去坡上干活，我爹娘对他倒是很满意，但是我一点都不喜欢他。我从小就和隔壁的玉声（化名）哥要好，我们几乎天天腻在一块，一起上学放学，一起上山割草、摘野果、捉迷藏，玉声哥很聪明，他会给我做各种小玩意，还教我读书。在我眼里，他和玉声哥根本没法比，每次他来，我都躲出去找玉声哥，我爹知道了狠狠地骂我，后来还把我关在屋里，好几次我都趁爹上坡干活偷偷地溜出去。

第十二章 乡村社会生活的裂变

随着我们变成少男少女，我和玉声哥的感情已经不再是小时候单纯的友情，还有了更深的意味。我们在公众场合不敢说话，只敢偷偷瞟一眼对方，然后脸就红了；玉声哥原来老喜欢牵我的手，长大后每次碰到我的手就像触电般赶紧拿开……我们心照不宣，只是不敢表露自己的感情。日子一天天过去，离约定的婚期越来越近，我内心的焦急和恐慌时时折磨着我，一想到要和不喜欢的人生活在一起，我就无比痛苦。每次我找娘诉说，娘都是长叹一声，安慰我说，"你别怪我和你爹，你哥是瞎子，可总要娶媳妇呀，我和你爹真的是没办法，这辈子是我们欠你的。"娘的话让我无力反驳，在媒妁之言和追求幸福之间，我左右为难。每次难受的时候，我都去找玉声哥。怕被别人看见，我们通常选择晚上的时候见面，尽管如此，闲言闲语还是传开了。

刘家估计是听到了风声，担心夜长梦多，决定把婚期提前。有一天，我一回到家就发现刘家送来的彩礼，我爹告诉我说，还有三天我就要出嫁了。我哭着跑出家去找玉声哥，我们就一直静静坐着不说话。回家的时候，他突然问我："愿不愿意和我一起走，我们离开这里。"我想了一夜，觉得私奔或许是最好的办法，当时我并没有考虑很多，只要能和玉声哥在一起，我什么都愿意。夜里，我给爹娘留了一封信："女儿不孝，请爹娘好生保重，我去寻找幸福了。"第二天一早，我收拾了简单的行李，就和玉声哥踏上了私奔的路途，我们辗转到了东北的伊春，那里有玉声哥的远房亲戚，我们在伊春一直生活了将近三十年，直到三年前我爹去世，我才决定回来。一开始怕家里人把我们抓回去，都不敢和家里人联系，过了很长时间，才敢和家人书信往来。我也陆续知道了之后的一些事情。我和玉声哥私奔后，刘家到我们两家大闹了一场，我爹不仅把彩礼退给了他，还赔了好多钱，刘家还是不满意，找到镇上想让镇长替他做主。镇长不仅没替刘家做主，反而狠狠批评了他。刘家吃了哑巴亏，找人砸了我们家好多东西，我嫂子也带着孩子回了娘家，说只要我不嫁给她弟弟，她就不回来。村里的流言蜚语铺天盖地，这件事成了四邻八舍茶余饭后的谈资,在乡亲们眼中,我是不守妇道的浪荡女人,是他们教育孩子的反面教材。我让爹娘在村民面前丢尽了脸,我爹到临死前都不肯原谅我,这成了我一生的痛。如今,岁月已将此事掩埋,很多人也早已将我遗忘,一切都风平浪静,但当我踏上故土时,我的内心依旧波澜起伏。这么多年我一直想不通,爹娘有错吗?我有错吗?如果我们都没错,那错在哪里?

王小花在诉说时,我们能感受到她复杂的情感以及内心的矛盾,而她的疑惑同样困惑着我们。年少时都曾为爱情而想要付出一切,在夜里弹唱一宿的情歌,用信纸写下属于他们的思念与惆怅,费尽心思地隐瞒着放在心上的悸动与温柔⋯⋯这是每个人成长过程中都会有过的经历,只不过有的人悄悄掩埋,而有的人大胆追求。王小花的爹娘亦面临两难选择,当他们必须牺牲一个时,"儿子传宗接代"的思想促使他们最终牺牲女儿。

每代人的伤痛都必然留下时代的印记,对于生活在20世纪80年代前期的乡村人而言,传统礼俗已在脑子里根深蒂固,而不断涌入的新思想又时时冲击着传统观念,是与非的界限变得模糊。80年代前期的乡村社会更多地依靠民间约定俗成的风俗习惯维持秩序,尤其涉及婚姻嫁娶时,传统的礼俗是不能碰触的道德底线,甚至凌驾于对人性的尊重。王小花只不过想追求自己的幸福,如今看来再正常不过,但在当时的乡村是天理不容的事情,因此她付出了沉重的代价,背负着道德的谴责而背井离乡。她告诉我们说,"如果能够重新来过,如果能够预知结局,我或许没有勇气选择私奔"。当时的乡村社会,一方面新思想暗流涌动,激励着年轻人寻求自由和幸福;而另一方面传统主导的乡村社会还没有赋予年轻人足够的包容和尊重。

(二)激烈的通电风波

杨老汉出生于1952年,从1984年至2004年,杨老汉作为村支书,直面了80年代中后期乡村社会的各种变化。杨老汉回忆说,"80年代中后期，乡村经过几年改革开放，村民吃饱穿暖基本不成问题，但谈不上富裕。比起 80 年代前期，人们思想开放了许多，但对新事物的接受度还不是很高。在这方面的差异甚至影响了乡村两代人之间的关系"。

　　我当村支书的第二年，看到村外的公路旁安上了电线杆，就寻思着拉根电线到村里，给村民也通上电。我和其他几个村干部商量后，决定村里想办法出一半钱，另一半钱由村民们分摊，差不多每户出 50 块左右，我想这件事情的阻力应该不大。我还踌躇满志地计划买台电视机放在村委会，晚上让村民聚在一起看看电视、乐和乐和。谁想当天晚上召集村民开会商量这事时，却引发了一场激烈的冲突。

　　村里几个年轻人得知通电后，满脸兴奋地表示赞同。

　　"通电好呀，早就该通了。我听说邻村也通上了。"

　　"通了电晚上咱村里就没那么黑咕隆咚了，省得都不敢一个人走夜路。"

　　"等咱村通了电，咱也一块买个电视机、戏匣子，看看节目，听听广播。"

　　……

　　有些村民得知通电的花费后，没有立即表态。我知道他们都暗暗在心里盘算这笔账，毕竟对大多数人来说，这笔钱不是小数目。

　　村里年事已高的长辈，尚不知道通电是什么，我告诉他们，"通上电就不用点煤油灯了，开关'啪'地一开，屋子里跟白天一样亮。等以后有钱了，让您儿子买台电视，您能看戏了。"

　　"哎哟，这玩意听着倒是好，可是屋子里明晃晃的，照得怪心慌的。我点煤油灯习惯了。"

　　"就是呀，通电有啥好，老祖宗当年没电不也一样活，整那新鲜玩意干啥，白浪费钱。"

　　"咱这里不兴城里那一套，通电我是一百个不同意。"

　　"我真想不明白，你们瞎折腾啥呀，现在能吃饱，还能吃上白面，该知足了，我看你们年轻人是心比天高呀。"

刘家二小子在市里读书，听到他爹这样说，不服气地反驳道："您老这是老思想了，这哪叫瞎折腾，通电是好事，爸，您要顺应潮流呀，要不然就被时代淘汰了。"

"你小子懂个屁，别以为读了点书，就能教训你老子。你知道为什么村委这几个人要让我们通电吗，你看看，这几个人要么是妹妹没出嫁，要么是有闺女的人，通了电等到他们家闺女结婚的时候，就要求男方置办电视机、电风扇。你看看这些同意通电的人，哪个不是有闺女的人，他们心怀鬼胎，别以为我们这帮年纪大了就看不出啦。"

刘老汉的话引起了很多人的附和。

"就是呀，通上电，到时候俺们这有儿子的还娶得起媳妇吗。"

"啥潮流，我看花钱就是潮流。"

……

这时，村里另一个在市里读书的年轻人顶撞了几句。

"各位长辈，您们也不能太倚老卖老，以小人之心度君子之腹了，您想安就安，不安就算了，何必狗咬吕洞宾，不识好人心呢。"

"我看你是白读书了，读来读去都不知道尊重长辈了。"

"哎，现在的年轻人读书多了，就看不起我们这些没文化的老农民了，我看你们是能的上天了，不把咱村折腾个底朝天，我看你们是没完。"

"是呀，咱老了，年轻人嫌弃我们了，你们这么想通电，还叫我们这些'老古董'来干啥，我先丑话说前面，钱我是一分不交。"

……

村子有一位德高望重的老人，我们都称他"七叔"，一直默默抽着烟袋没说话。此时听到两代人之间的争吵，在脚底板上磕了磕烟袋，说："都别吵啦，我老了，过穷日子也过惯了，我是不会同意的。但是你们想通电，我也不拦着。想通电的交钱，不想通电的回家，吵来吵去也没啥用。"

村民最终不欢而散，这件事也就作罢了。自通电风波之后，年长者和年轻人之间的关系变得有些微妙。表面上年轻人仍是客客气气，但暗地里都在懊恼"老古董"们的保守。村里的老人虽然仍在年轻人面前竭力维持自己的权威和尊严，但心里明白，如今的乡村已不同以往了，他们固守的传统终会逝去。

20世纪80年代是新事物不断涌现的时代，新旧文化的碰撞使身处其中的每个人或多或少都有着茫然，也不断冲击着乡村传统的社会生活秩序。年长者逐渐失去乡村社会的话语主导权，并因此感到恐慌，这种不安感使他们以更加强势、专制的态度固守传统，排斥新文化。而年轻人急切地想要追赶潮流，不断挑战年长者的权威，年轻人虽不满于年长者的保守，但并没有足够的力量与父辈对抗，其冲突的解决往往以年轻人的屈服告终。传统主导、新旧碰撞是80年代乡村社会生活的典型特征，其中蕴藏着乡村社会不断前进的潜力，也给那个时代的乡村人烙下了深深的印记。

二 新旧交织的乡村社会

随着改革开放的不断深入，20世纪90年代的乡村物质生活更加丰富，乡村人通过各种方式走上致富之路，与外界的交流日益密切，人们以更加开放的姿态迎接新事物的到来。相较于80年代，乡村社会生活逐渐由对传统礼俗的遵守转向对经济利益的崇拜，对长辈和权威的尊重渐渐让位于对物质生活的追求，一个人的富裕程度决定着他在整个村子中的地位，乡村社会风气日渐改变。

（一）风光的农家婚礼

年近花甲的王大伯是村里第一批富起来的人。1986年他跟着堂哥进城打工，一开始只是建筑工地上的水泥工，由于他聪明肯干，不到两年便成为了建筑队的工头，在城里掘到了人生的"第一桶金"。后来，城市里到处兴盖楼房、建工厂，王大伯看准商机，做起了建筑材料批发生意，很快便发家致富。王大伯从小家里贫寒，他结婚时连件像样的衣服都没有，办酒席的钱都是找人借的，现在想起来还觉得很难为情。于是儿子结婚时，王大伯决定要把儿子的婚事办得风风光光。

> 我儿子是1992年结婚的，那时大多数人家的彩礼还停留在"三转一提"，也就是自行车、缝纫机、手表，还有收音机，稍好一些的会给儿女买台电视机。我给儿子置办了电冰箱、洗衣机、电风扇、沙发套组，还给他买了台大彩电。当时我特意找了台大卡车送彩礼，那车从一进村，就引来很多村民前来围观，并议论纷纷。
>
> "哎呀，你看人家真阔气，都赶上城里人了。"
>
> "三十年河东，三十年河西呀。当年王家穷的饭都快混不上了，现在这么有钱。"
>
> "新媳妇可真是有福气，啥时候俺闺女也能找个有钱的婆家。"
>
> "赶明儿我去找王大哥，让他也带我到城里见见世面。"
>
> "人家王大哥现在可比村支书过得强，真有面儿呀。"
>
> ……
>
> 除了彩礼让村民咋舌外，我还专门租了六辆小轿车接新媳妇，并绕着村子转了整整三圈。90年代初，接新媳妇一般都用拖拉机，乡村十天半个月也看不见一辆小轿车。记得那天，六辆红色小轿车远远驶来，就有人喊，"快看快看，新媳妇来了，坐着小轿车来的"，村民一听呼啦啦全从家里跑出来了。
>
> "哇，我第一次见这么多小轿车，我这辈子连电驴子都没摸过呢，人家都开上小汽车了。"
>
> "想当年我结婚的时候，是驴车把我接来的，时代真是变了。"
>
> "这年头都兴上小轿车了，等我儿子结婚，还不得坐火箭呀。"
>
> "这当官的也没这么风光吧，王家这次可真是争脸了。"
>
> "以后这王家可是得罪不起，不光不能得罪，还得敬着人家，说不定哪天也能带咱一起发家致富呢。"

看到村民羡慕的目光，我心里美滋滋的。最让村民震动的是婚礼的酒席。乡村喜宴流传已久，素来繁杂，对于喜宴的规矩，喜宴行当的人都知道这样一句话，"四鲜四干八糕点，四凉八荤八中碗，四大件带十六菜"，一桌喜宴下来前前后后共有120道菜，各式餐具一应俱全。席面的规矩是所有乡村人必须遵守的，但席面的质量取决于主人家的经济实力，因此喜宴是农家婚礼中最大的一笔支出，也是客人最看重的部分。

那时在乡村还不兴上饭店，而且我也不敢打破喜宴的规矩，要在遵循习俗的基础上，办得阔气。我花重金从城里请来一名大厨——李师傅，据说这个人出生于厨师世家，他的祖上曾经是咸丰爷的御厨。在喜宴规矩中，"四鲜"和"四干"分别指香蕉、苹果、橘子、梨四样水果以及"黑白瓜子红白蘸"，即黑瓜子、葵瓜子、红糖裹花生、白糖裹花生"，这"四干四鲜"是固定的，真正体现喜宴质量的是菜品。李师傅建议："山里人最稀罕海货了，要是把海货作为大菜，那肯定倍有面儿。您老要是不怕花钱，每个人整只海参尝尝，摆桌'海参宴'怎么样？"我一听，这钱肯定是不少花，但都到这份上了，豁出去了，当时便同意了。婚宴当天，李师傅亲自掌勺，菜品十分新鲜别致，很多菜名村民连听都没听过。每上一道菜都引起村民不住赞叹，海参上桌后，引起一阵阵骚动。

"这就是传说中的海参呀，还第一次见哩。"

"没想到我这辈子还能吃上这玩意。"

"听说这东西贼贵，过去皇亲国戚吃的。"

"现在也不是咱们老农民随便吃的呀，快吃吧，吃了这顿没下顿了。"

"这份子钱拿的真值，吃了这么多好东西。"

……

"海参宴"成为村民们津津乐道的话题，很多没来参加喜宴的村民后悔得肠子都快青了。婚礼前前后后花了差不多三万块，这可是我大半辈子的积蓄，为此我家那口子还埋怨我。

"你说，这是何苦呢。摆这么阔气有啥用，整那些新鲜玩意儿不当吃又不当喝，咱刚过几天舒心日子，你这一下又快把家给败光了。"

"你一个女人家懂什么，钱重要呀，面子重要呀。钱虽是花了，但我脸上有光。现在的人和以前不太一样了，思想活泛了，把钱也看得越来越重了。要是还像咱俩当年结婚时那么寒酸，咱这一辈子都在村民面前抬不起头来了。"

婚礼过后，我成了村里的"大人物"，来我家做客的人也越来越多，我在村里的社会地位明显上升。原先不怎么熟悉的人见了面也客气有加，村里商量大事也少不了我，甚至不少人建议我竞选村支书。这一切让我欣喜，也让我陌生，村民之间的交往已不同原来的简单质朴。

虽然20世纪90年代的乡村社会涌现了许多新元素，但并未完全融入乡村的社会生活。人们关注的是新事物代表的符号意义，即金钱和物质，而非对新事物本质的认同。经济成为乡村生活的强势话语，利益则成为乡村社会的主要行动指南，村民在现实生活的比较中越发失衡，内心也越来越承受着不安全感和不确定性。正如玛格丽特·米德所言："利益驱动成为乡村社会的最主要行为方式，几乎颠覆了传统的文化价值，乡村文化价值体系在慢慢解体。"[①] 90年代的乡村社会开始用物质标准对传统礼俗进行改写，血缘、宗族、辈分在乡村社会中所起的作用渐渐弱化。

（二）曲折的殡葬改革

董大爷年近古稀，在村里当红白事总管已有30余年，董大爷说："婚丧嫁娶最能体现乡村社会的变化，我这30年间有深刻体会，尤其是20世纪90年代中后期，可以说是乡村社会变化的分水岭。"

---

① ［美］玛格丽特·米德：《文化与承诺：一项有关代沟问题的研究》，周晓虹、周怡译，河北人民出版社1987年版，第78页。

第十二章 乡村社会生活的裂变

我们村推行过两次殡葬改革。第一次是在 1995 年初，主要是在村里推行火化。早在 20 世纪 80 年代后期，红白理事会就试图号召村民实行火化，但遭到了村民的激烈反对。

"千万使不得呀，这大火一烧，这死人一疼，鬼魂保准闹事呀，整个村子都要不安生。"

"这人都被烧光了，不就是死无全尸嘛，人死了连个尸首都没有，就成了孤魂野鬼了。"

"焚烧长辈是大不敬呀，这不是叫我们这些儿女不孝顺嘛。"

……

那时候村民思想还不开化，就是说破脑袋，磨破嘴皮，村民还是不赞同，于是就作罢了。等到 1995 年的时候，因为村里接连出现"怪事"，所以这件事被再次提起。长期以来，村民都是办完葬礼后，直接把死人往地里一埋，堆个坟头，于是村里自然而然地形成一片坟地，平时没人去，村民也就没发现有什么问题。后来各家都种核桃树，又都舍不得占自己的地，就有好几家人跑到坟地边上去种，为了方便看管，有时还住在那里。结果没出几个月，这些人都得了一种怪病，身上出现一片片的红斑，看上去像死人身上的尸斑，特别瘆人，去医院也查不出原因。不光这些，坟地旁边的核桃树也陆续死光了。村民都害怕了，一时危言四起。

"这肯定是鬼魂附身了，得找个神婆看看。"

"那天神婆不是去了吗，又是吐白沫，又是贴符纸的，也没管用呀。"

"你是不知道，前两天我去给我爹上坟，心里那个怵得慌呀，火柴划了四五下愣是没划着，出了一身冷汗呀，回来后感觉整个人都虚了。"

"我的娘呀，我是不敢去了。我看他们一定是冲撞着鬼魂了，搅了阴间的生活，这不来报复他们呢。咱们可得小心点，可别来报复我们全村。"

"别瞎说，吓死人了，说不定就是什么病呢。"

"就是病,也是不干不净的病。我看我们还是离他们远点。"

村里弥漫着一股恐慌的氛围,村支书没有办法就去上面反映,于是派来了大学教授,这些人穿着白大褂,戴着口罩,捂得严严实实的,带着许多仪器进了坟地。过了几天,村支书召集村民开会,说找到原因了,专家判定是尸体直接掩埋,在土里腐烂后,产生尸虫和真菌。尸虫咬噬树木,吸血为生;真菌进入体内,诱发各种皮肤病,严重者将会全身溃烂。红白理事会的人趁机劝说村民,要相信专家,相信科学,支持火化,这次几乎所有的村民都赞同了,我们村成为整个镇第一个实现火化的村。

第二次殡葬改革发生在1998年,主要目的是推行薄葬。在乡村,人们相信唯有厚葬才能表示对死者的尊敬,尤其对于晚辈来说,如果不能为逝去的长者举办一场风光的葬礼,就会被村里人笑话"不孝顺"。丧礼规矩繁多,亡人亲属要买棺材、扎灵棚、穿白衣、做纸扎、请吹鼓手,各项事宜都有特定的规格,丧礼通常为五天,普普通通就要花费四五千元,稍微讲究的能花到七八千。很多人担心村里人说自己不孝顺,宁可倾家荡产也要办风光,村民间的相互比较使得丧礼的花费越来越高,这让村民苦不堪言。为此,红白理事会决定号召村民废除厚葬,采用追悼会的形式,骨灰盒代替棺材,戴孝章取代穿白衣,废除纸扎和吹鼓手,一切从简。消息一出,村民喜忧参半。高兴的是,节省了一大笔支出;担忧的是,很多村民说,"这老祖宗泉下有知的话,会不会怪罪我们,万一不安生,可怎么办?"不过也有村民说,"老祖宗要是真为儿女着想的话,也不希望给儿女增加负担吧。我看这主意挺好的。"这个说法立刻得到村民的支持。之后每逢葬礼,村民都是委托红白理事会按照新定的规矩办理,确实为村民省了不少钱,新规矩渐渐深入人心。但后来吴老汉去世的时候,薄葬再次被打破。记得当时红白理事会一进门,他的儿女子孙就跪倒一大片,哭着说:"我爹这辈子不容易,也没享啥福,就让他风风光光地走吧。我们不怕花钱,就让我们按照老习俗好好操办一次吧。"红白理事觉得不忍心,也就同意了。结果自打吴家开了头之后，又有好几家坚持厚葬，最后只好决定丧礼形式由主家做主。直到现在，在乡村社会中，厚葬的依旧占大多数。

20世纪90年代后期的乡村人对传统有着几近固执的坚持，甚至超过科学的力量。这是因为由古至今，乡村人一直生活在社会底层，作为弱势群体，他们深植于内心的不安全感，使他们对超自然的力量有种盲目的信仰，并内化于乡村日常的社会生活，影响着乡村人的处事方式以及对新事物的接受。在坚持传统的前提下，选择性地接纳新事物，并用新事物重新诠释传统，从而为新事物的介入提供了空间。新旧交织是20世纪90年代乡村社会显著的特征，乡村人看待事物的标准在改变，这既是乡村社会的进步，但也潜伏着道德危机。

三 危机四伏的乡村社会

21世纪的乡村社会裹挟于城镇化的浪潮中，在不断膨胀的物欲中与传统渐行渐远，又深陷于城市的挤压而举步维艰。由于城市文化与乡土社会在某种程度上的不相调和，造成了乡村传统道德的不断瓦解，乡村社会生活出现新的矛盾和冲突。

（一）冷漠的亲子之情

夏老太今年81岁，有儿有女，但自从老伴去世后，就一直一个人生活。夏老太的房子是一间低矮的水泥房，而儿子一家则住在隔壁漂亮的小洋楼里，一眼看去有明显的反差。走进夏老太的屋子更是让人震惊，屋子低矮、破旧，只有一张床和桌子，还有一个做饭的灶台，零星几件生活必需品，连电视和风扇都没有。夏老太说："好孬的就这么活着吧，我还能活几年呀。我现在就是在等死。"

> 我原本有四个孩子，两男两女。五年前我的大闺女和女婿吵架，一时想不开，喝农药死了。大儿子是三年前死的，大军（大儿子小

名）的病是被耽搁的，本来就是发烧咳嗽，乡村人从来不把头疼脑热的当病，谁知道越来越严重，最后肺感染了。现在我就剩下一个闺女，一个儿子，俗话说，"嫁出去的闺女泼出去的水"，女儿终究是指望不上的。我家老头子原来在村子当队长，每个月村子里会象征性地给点钱，我们俩也花不着，钱就全交给儿子儿媳了。可是两年前的一天，老头子上坡浇水，突发脑溢血死在地里了，自他死后，村子里就不再发钱了，儿媳对我的态度一天不如一天。

老头子死了不到两个月，有一天儿媳忽然和我说：

"刚刚从烟台搬来一家人，想租我们的房子，我们寻思着把一楼租出去，正好能补上村里给我爹的那份钱。这样的话咱家没有多余的房间给你住了，不过那年盖楼的时候，旁边留出一间屋放杂物，明天我们帮你收拾收拾，你就搬到那去吧。"

我肯定不同意，这个家是我和老头子帮着儿子盖的，花了我们一辈子的积蓄，当时我们盖房的时候，为了省钱，石头都是我们老两口一块一块地从山下背上来的，盖完房后，我的腰都直不起来了。我说：

"我不搬，要不是我和你爹，能有这个房子吗，你爹走了，你们不能把我撵出去。"

儿媳听了，立马把脸拉了下来。

"我们和你商量，就是看在当年你帮我们盖房子的面子上。可是这么多年了，你住我的、吃我的，这份情也早就还干净了。再说这房子是我们自己花钱重新装修的，你又没帮上一分钱的忙，让你住了这么久，已经算孝顺了。"

我被气得手都发抖了。

"你拍着良心问问，我是白吃白喝吗，你爹每月发的钱，一分不少地给你们。我们这么大年纪了，还上坡种地，要不是我们，你们吃的面是哪里来的。现在你爹刚死，你就不认账了。"

"从老头子死了之后，你这两个月给过我们一分钱吗，这不是白吃白喝是什么……"

看着我和儿媳吵得越来越凶，一直没说话的儿子说：

"娘，我知道你和我爹为这个家付出很多，可是现在月芝（儿媳名字）不同意你和我们住在一起，我也没办法，毕竟是我们两个过日子。再说，现在农村和老人一起生活的，还有几个呀。你要是真为我们着想，就搬出去吧。"

儿子的话让我彻底心凉了，第二天他们两口子就把我的东西搬到这里来了。从我住到这里，儿媳妇一次都没来过，我儿子来的次数用手指头都能数过来。就连过年，也是我一个人，我连饺子都没吃过，要不是听见有人放鞭炮，我都不知道要过年了。他们没给过我一分钱，也没给我送过一顿饭，一开始还有人去劝说，都被我儿媳妇给骂回来了，也就没人敢管了。村委会调解了几次，也没什么用，就帮我申请了低保，每个月有几百块，我除了买面买米，赶集的时候买点菜，平时花钱的地方不多，但是我得攒钱呀，万一哪天我生病了或是一口气上不来，他们指不上呀。前两天我去山上拾柴火，一不小心摔倒了，我在地上躺了半个多小时，才自己爬起来。从那以后，这腰呀，腿呀就一直疼，尤其是到半夜，疼得睡不着，也没力气做饭，我心里想呀，说不定很快我就去找老头子了。这样也好，解脱了。

夏老太在叙述时，老泪纵横，令人潸然泪下。她说："我们这一代人是苦呀，年轻做媳妇时，伺候的是颐指气使的婆婆，低眉顺眼地过日子。好不容易熬出来了，又娶了新思想的媳妇，一个个厉害得要命，连孝顺都不懂。"我离开的时候，天空飘着小雨，村子笼罩在一片雾气朦胧中，夏老太站在村口迟迟不肯离去。我望着她渐远的背影，如同看到了乡村社会孝道的衰落。乡村一直是讲究孝悌之义的伦理社会，而如今在乡村，儿女不孝已渐成风气。随着城镇化取向对乡村社会的冲击，年老一代的生产和生活方式似乎已经无法适应渐进渗透的现代文明，他们对子女的依附与日俱增。而年轻人对城市生活和文化的追捧，使他们急于否定乡村社会的一切传统，包括乡村的风土人情、孝悌伦理，并且在很多乡村年轻一代眼中,长辈成为他们追求美好生活的负担。随着农耕方式的衰落,维系乡村传统道德的物质基础丧失了,传统的乡村社会伦理已经瓦解了。

(二) 淡漠的乡土人情

在从村里回去的路上,我们遇到一群正在大树底下乘凉的村民。他们围坐一圈,边忙着活计,边聊着家长里短,村民的日常言语真实地反映了当下的乡村社会。

赵大爷是这群人中年纪最大的,他已是古稀之年了,但眼不花耳不聋、头脑清楚,他正准备上坡干活,听说我们的来意,便坐下来说:"如今的乡村让我最难过的便是人情的淡漠。原来日子穷的时候,虽说吃的穿的都不好,可是那时候的乡村有浓浓的人情味。每到吃饭的时候,各家都端着碗蹲在自家门前,边拉家常边吃饭,谁家有好吃的,给街坊邻居分一分。小孩子从这家跑到那家,跑完一圈也就吃饱了。平日里遇到点啥事,家家户户都赶来帮忙,每到麦收的时候,街坊们聚在一起,你帮我割,我帮你晒,乡亲们互帮互助,虽说日子苦点,可是心里畅快。现在村民日子都好过了,种地的也少了,好多人外出打工,平日里不见踪影,见了面就匆匆打个招呼,家家户户紧闭大门,就连邻居之间也很难见上一面。乡村人都拼命地往城里跑,人们都学会了城里人的那一套,原来的乡村生活被很多人嫌弃,尤其是现在的年轻人。唉,现在的乡村变得没有人情味,太让人寒心了。"

听赵大爷说完,吴大婶说:"是呀,我也有这样的感受。原来谁家娶媳妇,那四邻八舍的女人,甭管熟的不熟的,只要平时能说上话的,都赶来帮着缝婚被,讨个'千针线'的彩头。结婚前三天,街坊邻居就来帮忙,杀鸡宰猪、蒸馍馍……忙得不亦乐乎。现在有事,除了特别要好的,谁还管呀。前两天小云的儿子半夜发高烧,就她娘儿俩在家,那闺女急得不知道怎么办了,要是原来呀,这邻居早就帮着送去医院了,现在都紧闭大门,自顾自地睡觉,这孩子实在没招,临了给我们两口子打的电话。这才多少年呀,这人情就冷漠到这地步了。"

第十二章　乡村社会生活的裂变

林大叔是一位退休的乡村教师，是这群人中最有文化的，他说："依我看，如今的乡村已经不再是乡村了。农民为什么称为农民，因为他务农呀，他以土地为生，可是现在还有多少农民心甘情愿地种地，很多人宁可外出打工，看别人脸色，都不愿意踏踏实实务农，现在乡村到处都是荒地，不种地的农民还是农民吗？还有，现在的乡村世风日下，很多人一心向钱看，看了钱比亲爹都亲，为了钱什么事都能做出来。那天村东头两兄弟为了争房产，大打出手，他爹出来拉架，连亲爹一起骂，那场面原来哪见识过呀，现在成家常便饭了。"林大叔的话引起了在座村民的强烈反响。

"可不是嘛，现在的人谁不是一门心思的赚钱呀，有钱好办事呀。就拿前段时间村委会竞选来说，你们说，孙大成（化名）和刘刚（化名）谁的能力更适合，咱们心里都有数。那为什么最后刘刚当了村支书，孙大成就没当呢，刘刚那是有名的'暴发户'，人家有钱砸呀。我听说他给村委会每个人一万块钱呢。虽说让咱老百姓投票了，其实就是走个形式罢了。"

"唉，也不怪现在的人都忙着赚钱。时代不同了，要是光种地，咋养活这一家老小呢。现在什么不贵呀，供个小孩上学，一年下来怎么着也得一两万。这老人要是生病了，有时候能倾家荡产呀，你说，这要是不拼命挣钱，真是没法活呀。唉，不管什么时代，社会发展得再好，这农民都是最苦最累的。"

听完这话，所有的村民都陷入了沉思。几千年农耕文明造就的思维定势、价值取向、认知标准、道德规范，乃至话语系统、言说方式，使传统村民依旧沿用固有的路数观照世界、表述世界，看待自己，解释自己，在他们眼中，朴实、务农才是乡村人应尽的本分。如今，农耕文明受到现代生产方式的冲击，与其他谋生手段相比，务农是辛苦而低收益的，仅靠务农已经不足以满足乡村人的生活需求。随着乡村人进城务工，维系乡村人情的生产方式的变更，使得新一代乡村人无法产生与传统乡村人同样深厚的乡土情结，并且他们在潜移默化中接受城市的生活方式，并试图移入乡村社会。进入 21 世纪，城市一直在飞速发展，并且常常以牺牲乡村为代价，城市的逼仄给乡村人带来极大的生存压力，城市在步步剥夺乡村人传统生活空间的时候，并未真正接纳他们融入城市的生活圈子。在这样的生存状态下，乡村传统的文化底蕴、风土人情、社交准则都被物质和利益所冲淡，金钱给乡村人带来安全感，其对乡村人的重要性超过了以往任何时期。

20世纪80年代到21世纪，乡村的社会文化从对传统的坚持，渐进到对传统的背离。80年代的乡村人，习惯了日出而作，日落而息，春种一粒粟，秋收万颗籽，老牛木犁疙瘩绳，面朝黄土背朝天的生活。面对社会转型，改革大潮汹涌澎湃，新生事物纷至沓来，他们对新文化在好奇之余，更多的是恐慌，80年代尚不能为新文化的发展提供充足的物质条件和自由的社会氛围，乡村社会生活仍以传统为主导。90年代的乡村更为包容和开放，物质生活的相对丰富使人们开始接受和追求新文化，但乡村人面对新旧文化时内心依旧局促不安。这个时代的乡村为新文化的介入提供了一定的物质基础和精神空间，新旧交织构成90年代乡村文化生活的主旋律。21世纪的乡村，身处城镇化的裹挟之中，传统的农耕文明已经不足以对抗新的生存压力，多数乡村人由于生存状况欠佳，他们为了获得更好的生存境遇不得不将经济发展和生产发展放在首位，甚至"逃离乡土"[①]。离土的乡村人不断淡化乡土习俗，乡村社会与传统渐行渐远。21世纪的乡村渐渐失去了乡村特有的品性，又不能完全融入城市生活，从而导致乡村社会的危机。

---

① 赵霞：《乡村文化的秩序转型与价值重建》，博士学位论文，河北师范大学，2010年。

第十三章

乡村文化的教育拆解

随着我国乡村学龄儿童人数日趋减少,农村税费改革效应逐步显现以及城镇化趋势不断演进,我国政府提出了"撤点并校"的政策。"撤点并校"的初衷在于整合教育资源,提高教育质量和办学效益,促进基础教育均衡发展,实现教育公平。然而,这一政策在推行的十多年中却发生了不同程度的偏离,带来了一系列负面效应。国务院办公厅于2012年9月发布《国务院办公厅关于规范农村义务教育学校布局调整的意见》,叫停了这一政策。"撤点并校"作为我国特定历史时期的一项利民政策虽然走到了历史终点,却给乡村教育及文化带来了深刻变化。结合中央及地方各省教育统计数据,以及对乡村教师、外出青年、空巢老人进行访谈,梳理"撤点并校"政策的推行,有助于我们理解乡村文化的教育拆解,思考乡村教育的未来发展。

一 "撤点并校"的背景与过程

以2001年国务院出台《关于基础教育改革与发展的决定》为起点,大规模"撤点并校"渐次在全国范围内铺开。至2012年9月《国务院办公厅关于规范农村义务教育学校布局调整的意见》叫停了这一政策。十余年间,"撤点并校"历经了萌芽、推动、高潮以及终止的过程。

20世纪80年代前,国家采取各种措施重点在乡村普及初等教育,形成了"乡、村分散办学,校点广布、低重心"的教育格局,并且建立了多渠道筹措教育经费的财政机制。至 1990 年，基本普及初等教育地区的人口占全国总人口的90%左右。[1] 然而，由于学校建设缺少规划，师生比例不协调，规模效益差[2]，尤其是乡村中小学，教师数量庞大，加重了乡村义务教育的经费负担，我国政府决定调整学校布局，精简教师队伍。1992 年国家教委颁布了《义务教育法实施细则》，规定"小学的设置应当有利于适龄儿童、少年就近入学。寄宿制小学可适当集中"[3]。随着学龄人口减少，部分省份开始小幅度地调整学校布局，出现了乡村小学和初中集中化的趋势，寄宿制小学在很多省区应运而生。从中央理念与地方实践中不难看出，提高办学规模，节约教育经费是乡村学校布局调整的基本动因。20 世纪 90 年代，我国普及九年义务教育的实践成为乡村学校布局调整的另一项重要推动力：国家教委将全国 30 个省（直辖市、自治区）划分为一片、二片和三片地区，在义务教育从二片向三片地区的推进过程中，中央财政提供经费投入，学校布局也相应调整。1995 年 6 月，财政部、国家教委发布《中央义务教育专款（增量部分）使用管理办法》，提出"以完成普及义务教育任务为目标，贯彻教育资源优化配置，合理调整学校布局的原则"[4]。财政部副部长谢旭人指出，"三片地区'普九'规划要注意与中小学布局调整相结合，通过学校布局调整，缓解教育经费紧张的矛盾"[5]。优化配置教育资源，合理调整学校布局，成为二片、三片地区义务教育工程实施的重要概念。1999 年 1 月，教育部、财政部关于二片地区义务教育工程发布的通报显示，二片地区 383 个项目

---

[1] 张杰仲：《普及初等教育的新进展》，载《中国教育年鉴1991》，人民教育出版社1992年版，第152页。

[2] 国家教委办公厅档案处：《中国教育投入与使用效益分析》，载《中国教育年鉴1995》，人民教育出版社1995年版，第868—869页。

[3] 国家教委：《义务教育法实施细则》，载21世纪教育研究院《农村教育向何处去——对农村撤点并校政策的评价与反思》，北京理工大学出版社2013年版，第16页。

[4] 财政部、国家教委：《中央义务教育专款（增量部分）使用管理办法》，载21世纪教育研究院《农村教育向何处去——对农村撤点并校政策的评价与反思》，北京理工大学出版社2013年版，第18页。

[5] 国家教委、财政部：《国家贫困地区义务教育工程管理手册》，高等教育出版社1997年版，第105页。

县的小学数量由 1994 年的 125872 所调整为 1997 年的 118524 所,减少了 7348 所,减幅为 5.8%[①],同时,在三片地区设置寄宿制学校。1997 年 8 月,国家教委、财政部在三片地区义务教育工程的项目规划文件中重点提出"在地广人稀、交通不便的地区,应集中办好一批寄宿制学校"。1998 年 5 月,时任教育部长的陈至立在三片地区义务教育工程签字仪式上强调,"三片地区地广人稀,交通不便,长期存在着学校布局过于分散,校均规模过低,教学质量不高等问题,因此要下大力气合理调整现有学校布局,实行集中办学,努力办好一批寄宿制学校"[②]。截至 2000 年底,国家贫困地区义务教育工程所覆盖的项目县中,小学数量由原来的 20.36 万所调整到 18.69 万所,减幅为 8.2%。[③] 从 20 世纪 80 年代末 90 年代初一些地方自发的、小规模的乡村学校布局调整,到 20 世纪 90 年代中后期国家在二片、三片地区实施贫困地区义务教育工程中的推动,乡村学校布局调整从最初提高教育效率,减少教育成本的考虑逐渐成为强有力的政府行为。这一时期可看作"撤点并校"的萌芽期。

2001 年 6 月,国务院颁布了《关于基础教育改革与发展的决定》,提出了乡村义务教育学校调整的任务,同年召开的全国基础教育工作会议决定将乡村中小学布局调整列入发展乡村义务教育重点抓好的六项工作之一,全国范围内大规模的乡村学校布局调整由此拉开帷幕。此后,教育部、财政部及国务院出台了一系列文件,大力推进乡村学校布局调整。2003 年国务院发布《关于进一步加强农村教育工作的决定》,要求"继续推进中小学布局结构调整,重点加强乡村初中和边远地区寄宿制学校建设";2004 年《关于进一步加强农村地区"两基"巩固提高工作的意见》中,提到"稳步推进乡村学校布局结构调整工作,提高办学规模和

---

① 国家教委、财政部:《国家贫困地区义务教育工程管理手册(三片地区)》,高等教育出版社 1999 年版,第 347—348 页。

② 陈至立:《在三片地区"国家贫困地区义务教育工程"签字仪式暨新闻发布会上的讲话》,载 21 世纪教育研究院《农村教育向何处去——对农村撤点并校政策的评价与反思》,北京理工大学出版社 2013 年版,第 19 页。

③ 杨念鲁:《教育财务、审计与基本建设》,载《中国教育年鉴 2001》,人民教育出版社 2001 年版,第 272 页。

效益。中央财政将视各地中小学布局调整工作的开展情况，给予适当的奖励和支持"。与此同时，各省区政府纷纷制定本地的乡村中小学布局调整规划，相继出台了贯彻国务院决定的实施意见和本省中小学布局结构调整的意见。这一时期，出现一些具有广泛影响的"先进典型"，比如甘肃省调整学校布局而形成的"酒泉模式"和"庆阳模式"，并提出"高中向城市集中，初中向城镇集中，教学点向行政村集中"的"三个集中"学校布局调整原则。某些地方政府将农村学校布局调整简单地理解为减学校、减投入，并且大都采取自上而下的强制性行政力量推动。在中央和地方政府行政命令的共同作用下，自2001年到2006年这五年间，"撤点并校"如火如荼地开展。

从2006年起，中央政府逐渐意识到乡村学校布局调整带来的一些负面影响，国务院、教育部陆续下发了一系列文件，开始有意识地采取纠偏措施。2006年教育部印发了《关于实事求是地做好农村中小学布局调整工作的通知》。2010年教育部在《关于贯彻落实科学发展观，进一步推进义务教育均衡发展的意见》中指出，"对条件尚不成熟的乡村地区暂缓实施布局调整，自然环境不利的地区小学低年级原则上暂不撤并"。尽管如此，"撤点并校"仍然以巨大惯性快速推进。据统计，2000年全国乡村小学数为44.03万所，2010年为21.09万所，减少学校数合计为22.94万所，减幅为52.1%；2000年乡村小学生数为8503.71万人，2010年乡村小学生数为5350.22万人，减幅为37.08%。可见，11年间小学数量减幅远远高于小学在校生减幅。乡村小学总量减少了一半多，平均每天就要消失63所小学、30个教学点、3所初中，几乎每过一小时，就要消失4所乡村学校。2001年至2011年，全国历年撤并系数平均为5.63，也就是说平均下来，每年小学减幅超过小学在校生减幅的5.63倍[1]，这严重违背了乡村学校撤并的初衷。因此，国务院于2012年9月又发布了《关于规范农村义务教育学校布局调整的意见》，鲜明地指出："坚决制止盲目

---

[1] 21世纪教育研究院：《农村教育向何处去——对农村撤点并校政策的评价与反思》，北京理工大学出版社2013年版，第5页。

撤并乡村义务教育学校，暂停乡村义务教育学校撤并；采取多种措施办好村小和教学点，解决学校撤并带来的突出问题"，成为乡村教育政策重要转折点，标志着从2001年开始，实行10年之久的乡村学校布局调整政策终于画上了句号。随着中央政府政策的转变，乡村"撤点并校"开始降温，各地政府开始纷纷踩"刹车"，暂停撤并乡村小学和教学点，确立撤并学校的标准和报批程序。

二 "撤点并校"下的乡村文化

乡村学校布局调整原本是为了顺应乡村学龄人口变化，符合教育现实需求的自发行为，但在自上而下的行政推动之后却逐渐成为一种强制的过程，以超前布局规划、一步到位、"一刀切"的方式撤销那些本应保留的乡村学校，其政策的价值和意义难免被扭曲，以致出现种种有违初衷的行为，使乡村学校撤并蒙上生硬甚至粗暴的色彩。过度撤并学校造成一些突出问题，比如学生上学远、乡村学生辍学率高、乡村家庭负担重，乡村寄宿制学校条件差，城镇学校"大班额"等，但这些只是"撤点并校"带来的直接危害，其更深层次的影响并非仅限于教育系统内部，盲目"撤点并校"还在很大程度上拆解了乡村文化，造成了乡村文化的凋敝。城镇化本就在一定程度上冲击了乡村文化，2000年开始的"撤点并校"，对乡村文化更是致命一击。一方面，"撤点并校"使乡村文化的传承系统面临破坏和断裂；另一方面，乡村儿童进城求学成为带动成人进城的一个诱因。"撤点并校"以提高教育质量为口号，实则是对乡村的压榨，将乡村青壮年束缚于城市，为城市建设源源不断地提供劳动力，而对乡村来说，却是"荒了土地、荒了孩子、荒了教育、荒了文化"。

(一) "文化人"的消失

我们在济南市西营镇实地调研过程中，每天中午都会到村子里走访，巧合的是几乎每次都会遇到一个白发苍苍的老人拿着一个板凳坐在一面墙前晒太阳。听村民讲，这位老人曾是一名教书先生，老人每天晒太阳的地方就是原来的村校（图 14—1），老人曾是这里唯一的教师，教了将近 40 年，最美好的青春都奉献给了这所学校，几乎所有的村民都曾是他的学生。

> 我小时候上过私塾，认识几个字。从小我父亲就对我很失望，因为我不是一个好庄稼人。有时我一看书，他就骂我不争气，只知道偷懒，以后没饭吃。后来国家要求每个村都要建学校，有学校就要有老师呀，我们村支书大概觉得我有点文化，就推荐了我，还能给家里挣工分呢，这是个很多人艳羡的好活，所以有些人心里不乐意，可是也实在找不出其他人了，就这样我成了乡村教师。

乡村教师一度在乡村享有崇高的地位，他们拥有知识资源，比起靠天吃饭的村民，生活似乎更加安逸和稳定。大多数村民对教师职业心向往之。有一个村民说，"教师多好呀，不用风吹日晒，也不用累死累活的。你看，过得比我们这些人好多了，谁让人家是'文化人'呢。"通常，一个村子里只有一个教师，他负责整个村子的教化，有些年长教师，有四五十年的从教经历，村子里很多人都是他的学生。时间和阅历的累积凝练出乡村教师独特的气质，乡村教师的自身特质伴随着乡村文化的代际承袭弥漫于整个村落。他们是乡村文化的代言人，是很多村民的启蒙者，享受着尊重和崇敬，在村民心中留下难以磨灭的印记。

> 虽然我很早就不上学了，但我还记得他教我的《三字经》，他经常给我们讲故事，尤其是一些历史方面的，我们都很爱听，虽然现在我懂得不多，但是对历史我还是很感兴趣的，经常看一些相关节目。
>
> 他人很好，从不生气，也从不打我们。有时我们贪玩跑出去，他就在门口喊我们，去找我们。那时真是不懂事，现在想起来很怀念那个时候。
>
> 他很爱读书，有一次我很好奇他读的什么书，就去问他。他很

高兴，夸我是爱读书的好孩子，还找了几本书让我看，现在我也很爱看书，应该就是那时候培养的。

……

乡村几乎没有以文化为工作内容的知识分子群体，但乡村生活避免不了依赖文字的乡间事务。作为乡村社会的"文化人"，乡村教师往往成为村民求助的对象。乡村教师通过知识优势与村民发生千丝万缕的联系，将"文化人"的符号特征内化到乡村日常生活中。村民的生活依赖乡村教师，因而萌生出对"文化人"的好感和尊敬，而教师本人也会因"文化人"的身份而自豪，更乐意扮演"文化人"的角色。

当时没钱建学校，就在生产队放工具的仓库里上课。条件虽然苦，但是心里很畅快。我活了近20年，从来不知道自己能干啥，而从我第一天上课起，就打算终生做一名教师。我忽然像变了一个人，拥有无限精力，每天早早来到学校，在门口等着孩子们。做教师让我觉得自己的知识太少了，我急切地想多读书，但那时候书实在太稀罕了，所以只要看见书，不管是什么书，不管多破旧，我都会拿来翻一翻。既然我是一个"文化人"，就得有"文化人"的样子，不读书怎么能行呀？为了让孩子喜欢读书，我也是想尽了办法。慢慢地，我发现不光孩子喜欢听，有时干完农活，路过的村民也会驻足听一会儿，尤其在我讲故事的时候。后来，村支书建议办夜校，让我晚上教村民识字，我在村子里的地位不知不觉地变高了。除了教书，很多村民还找我代写信件、取名、写春联等，村民们越来越尊重我，还经常送些东西给我。有时候他们家里出了事，也会过来问我怎么办。慢慢我发现，我成了村子里不可缺少的人，能够成为村民眼中的"文化人"，我感到很自豪。

乡村教师因乡村学校而存在，乡村学校是"文化人"身份的场域，是乡村教师的"庇护所"。乡村教师无论是生存需求还是精神满足都依赖于乡村学校，学校的消失无疑是对乡村教师的沉重打击，他们担忧的并非生计，而是"文化人"身份的丧失。如果失去传递乡村文化的场所，怎能称自己是"文化人"呢？当他们从备受尊敬的"文化人"变为面朝黄土背朝天的普通农民时，会因无法适应角色骤变而萌生痛苦，拥有知识成为一种负担。角色转化带来的失落使他们不再热衷于传播乡村文化，"文化人"身份成为他们记忆中不敢触碰的伤疤。

> 我在这个学校一待就是半辈子，从最初放工具的破烂仓库到后来新建的平房，从在地上用石头写字到有了桌椅板凳，我也从年轻小伙到了几近晚年。这些年也想过出去，可是一想到这里还有学校，我就不想走。我想就这样一直下去，直到自己哪天教不动了，我也算尽到职责，对得起良心了。不过还没到那一天，学校就没了。消息来得很突然，村支书告诉我，上头有文件，说是整合教育资源，把几个村的学校合到一起，政府投资重新建设。我问那我怎么办，村支书说，上面没说，不过据说要招新教师，你也可以歇歇了。就这样，学校没了，我也成无业游民了。要是早几年，我还能出去干干活，现在出去也没人要了，忽然就好像没有了家一样，心里空落落的。曾经有几次，我还是习惯性的一大早去学校，可是学校已经空了。我很失落，每天不知道要做些什么，当教师已经成为了我的生活，如果我是因为年老不能再做，心里或许会放开很多。可是我现在是被迫的，说实话，我觉得有些耻辱。
>
> 原来听到别人喊我老师，我心里很高兴，现在再有人喊我老师，内心就有一种莫名的伤感，总觉得别人是在同情我，心里很自卑。我一直是村子里红白事的主管，也觉得自己能担此重任，毕竟算是个"文化人"，但现在"文化人"又能怎样，到头还不如没有文化过得好！我看到很多村民很好奇的眼光，他们应该是想知道学校好好的，怎么就没了呢？我知道他们并非恶意，可是我却接受不了，我选择逃避，我也没脸再说自己是个"文化人"了。

图 14—1 老人曾经任教的学校

"撤点并校"不仅造成乡村教师的自我否定,无形中也影响着整个村子对"文化人"乃至学校教育价值的估价。很多村民看重的是拥有知识带来的实际利益,乡村教师失业很容易让人们对知识的重要性产生怀疑,甚至做出"知识无用"的错误判断,导致整个乡村陷入精神迷失的窠臼。很多村民这样说:"读书有啥用呀,文化多不也才这样,还不如出去打工呢!我们村的好几个出去的,回来的时候可气派了。"片面追求经济增长必然导致文化的边缘化,导致乡村文化本身的虚化。当财富追求成为乡村人压倒一切的生活目标时,金钱便拥有了乡村生活中的决定性话语权,乡村因此逐渐失去了自己独特的文化和精神内涵。撤点并校使维系乡村文化传承系统遭到很大破坏,乡村文化由于缺少传播者及媒介而遭到漠视,不能对个体精神生命、天赋潜能和人格倾向提供全方位的滋养。村支书说:"学校不该撤呀,原来路过学校的时候能听见读书声,学校院子里还有国旗,每次升旗总会看到村民的身影,有些人还跟着唱国歌,那时候感觉村民们很有精气神,现在村民都是一心向钱看。"乡村学校作为乡村社会文明的象征,是乡村社会的精神文化中心,而教师则是乡村社会的知识分子,是乡村文化的传承者和发扬者。学校撤离乡村的一个直接后果是乡村"文化人"的消失。很多村民反映,"自从学校没了,一年半载才能见到一个真正意义的文化人"。因此,多数人不愿拆除学校,他们说"没有学校的村庄,就像没有孩子的家庭"。撤点并校带来的不仅是乡村教师这个"文化人"群体的消失,也在潜移默化中影响着整个村子的文化氛围和村民对文化的感知。

（二）"异乡人"的逃离

"撤点并校"使许多乡村少年像浮萍般漂泊于城市与农村，他们来自于乡村，却丢失了乡村的文化之根；他们穿梭于城市，但找不到心灵的栖居之所，他们行走在城市和乡村的边缘，自始至终扮演着"异乡人"的角色。"异乡人"最早是由德国社会学家、哲学家盖奥尔格·西美尔提出的。他认为"异乡人"不是今天来明天走的漫游者，而是今天来明天留下的人或者可以称之为潜在的漫游者，即尽管没有再走但尚未完全忘却来去自由的人，"异乡人"是精神流浪者。[①]

小莉是一个来自山区的姑娘，她经常把酒红色头发束成马尾状，衣服虽然鲜艳但质地粗糙，穿着打扮尽管都是年轻人热衷的流行元素但却和她那张稍显稚嫩的脸格格不入。第一次见她时，问她是哪里人，她很敏感，迟疑了一下，小声地说，"我家是南部山区的，你们是城里人吧，我真羡慕你们！"我们发现她的言谈举止显现出对城市生活的向往和渴望，并竭力淡化自己的乡村人身份，看得出来她很想过城市的生活。后来，她跟我们讲起短暂的求学经历：

> 我上学挺早的，我六岁的时候上小学，就在我们村的学校。我爸妈接着就去城里打工了，平时一周至多见一面，一直是爷爷奶奶照顾我。我记得学校里只有两个班，八个学生，一名老师。我在村小只上了一年，学校就被撤掉了，我不得不去邻村上学。虽说是邻村，但那时候没有通公路，路很难走。冬天早上天还很黑的时候，就要出发去学校，现在想想都觉得很痛苦。在学校里过得并不开心，因为我不是那个村子的人，老感觉别人把我当外人。我从小就有一种被孤立的感觉，没有安全感。

[①] [德] 盖奥尔格·西美尔：《社会学——关于社会化形式的研究》，林荣远译，华夏出版社2002年版，第152页。

根据马斯洛的需要层次理论，人在满足安全需要后，就会寻求情感和归属的需要。人人都希望得到相互的关心和照顾。感情上的需要有时比生理上的需要来得细致，它和一个人的生理特性、经历、教育、宗教信仰都有密切关系。只有低层次的需要满足后，人们才会追求更高层次的需要，最终努力追求自我实现。对于孩子们来说，虽然邻村之间在环境、文化上几乎没有什么差异，但在他们眼中却很陌生，因为周围的人都不认识。父母不在身边的孩子由于长期缺乏家庭温暖和情感呵护，常常遭受着家庭和学校造成的双重不安，稚嫩的心灵早早开始流浪，从小就成为"异乡人"，不知心归何处。

我爸妈也曾想把我接到城里读书，但是由于学籍问题去不了，人家说要交好几万元的借读费，家里拿不出那么多钱，最终我还是在乡里上的小学。后来要上初中了，爸妈费了很大的劲让我到城里读书。一开始我下定决心一定要好好读书，对得起爸妈，但我发现无论我怎么努力都比不上城里的孩子。说实话，和他们在一起，我很自卑。他们成绩比我好，普通话比我标准，穿的比我好，家境又比我富裕……我想要融入他们，可是他们根本不接纳我，在他们眼中，我就是一个什么都不懂的"乡巴佬"！那时我很孤独，很想家，但又不想回家，虽然身处城里，但我一直问自己，为什么我是乡村人？我到底是谁？我属于哪里？我越来越厌学，一直闯荡，因为我彻底厌倦了乡村的生活。

对于很多农民来说，乡村是他们的根，不仅承载了他们的整个童年，更是他们灵魂的栖息所。当一个人从小失去对故土的热爱和崇敬时，他或许终生都是一个心无所安的"异乡人"。随着城市文化的不断渗透，作为乡村文化载体和中心的乡村学校更加重要，它需要承担乡村文化虚化后给乡村少年成长留下的精神空白，抚慰孕育乡村少年的生命机体，塑造他们完整的心性与情感，这意味着乡村学校必须扎根乡村才能营造出积极的文化空间，给茫然的乡村少年以心灵的归属感。但学校的撤离使孩子们从小被迫背井离乡、外出求学，来不及欣赏故土的美丽，来不及感受乡土孕育的文化，乡村孩子其实并不了解乡村生活。当城市文化成为教育主流时，城市的诱惑借助学校侵入孩子们的内心，使他们对城市生活无限向往而想要拼命逃离孕育生命之根的乡村。

16岁那年我辍学了，父母很失望，但我也知道耗在学校就是浪费钱。我来到一家理发店当学徒，一开始我对未来无限憧憬，总觉得这里会有我一席之地，让我能过上城里人的生活。所以我学城里人的打扮，追求各种时尚，去城里人去的场所，追随城里人的一切，但让我奇怪的是，孤独感和自卑感从未散去。唉，我在城里没有家，没有亲人，没有说知心话的朋友，很多次我想回老家，可是我的心怎么也回不去，出来这么多年村里的人也快不认识我了，村子的一切都那么陌生，我也不知道我回去能做什么，我不想过乡村人的生活，尤其是在城里待久之后。哪里才是我的家呢？我到底该去哪里？

"撤点并校"造成了乡村教育的边缘化，加剧了乡土文化的断裂，导致了乡村少年对周围文化的冷漠。养育他们的乡村无法给予生命完整的情感呵护，不能带给他们生存的自信，使他们不再把目光投向乡村，他们与生养自己的乡村失去了曾经的那份美好和亲近。曾几何时，乡村是他们童年的乐土；如今，乡村只是他们遥远的记忆。他们中许多人逃离乡村，讨厌劳作，鄙视乡村的生活方式，完完全全地"生活在别处"，他们不再是乡村文化中的少年，更无法完全融入城市文化，因此在精神上是无根的存在，是心灵到处漂泊无以为家的"异乡人"。他们带着一腔热血"逃离"乡村，进入城市，承载着远超城市少年的负担，但在现实的打压下不得不重返乡村，却不能完全融入乡村社会。"他们承受着巨大的社会舆论压力和自我心理压力，过着受刑一般的日子。他们苦着一张脸，不知道如何逃离这种困境，似乎没有想到跟着父辈下地干活，正是突围的出路"①。因为他们从小所接受的教育就是脱离乡村，乡村情结的缺失使他们的心灵早已流浪在外，即使身处乡村，也无心在乡村中发展。他们是一群迷了路、找不到家的孩子，在城市人眼中是"乡巴佬"，在乡村人眼中是"流浪人"，对他们自身来说，他们是逃离现实、痛苦迷茫的"异乡人"。也有少数人成为所谓的"成功者"，每年荣归故里时，都给乡村带来一阵躁动，成为很多人艳羡和效仿的对象，但对他们来说，这只是外表的风光。"在城里定居不代表我能完全融入他们的文化圈子，但猛然间回到乡村，发现一切都很陌生，尤其是乡村的文化、习俗，原来的家成了匆匆而来匆匆而去的客栈，失去了归属感，我成了彻彻底底的'异乡人'。"这是很多"异乡人"的困惑，是乡村教育缺位的必然结果，也是"撤点并校"所带来的乡村文化困境。

（三）"空壳村"的孤寂

午后和煦的阳光洒满翠绿的山头，春日的生机温暖了整个村庄，一切祥和安宁，静美如画。而山上的村子一片沉寂，年轻人几乎都出去打工了，留下空巢老人艰难地在这片土地上生活，守护着空荡的村落。大山里面的小村子，仿佛被时代遗弃，那里的人还过着挑水、拾柴，生火、耕种的生活。当时我们看到一位年近古稀的老人挑着一担柴蹒跚而来，没走几步就得歇一歇，最后只好拖着走，身后泛起一阵阵尘土。老人稍有防备地看到我们，满脸惊奇。

自从我老伴去世后，我就一个人生活。我有两个儿子，一个女儿，他们都在城里打工赚钱，孙子孙女也在那儿读书。其实一开始他们没想把孩子们都接到城里上学，可是村里的学校没了，实在没办法，只好把孩子接到城里。小孩在城里上学要拿好几万借读费，

---

① 钱理群：《关于西部农村教育的思考》，载 21 世纪教育研究院《农村教育向何处去——对农村撤点并校政策的评价与反思》，北京理工大学出版社 2013 年版，第 214 页。

各种生活开支又很大，钱根本不够花，他两口子整天吵架，一年半载才回来一趟，根本顾不上管我。平日也不怎么给我打电话，孙子孙女也很少和我聊天。我知道他们过得很难，我也帮不上啥，假如村里学校还在的话，他们压力还小点。

"撤点并校"使年轻人不得不带孩子背井离乡，进城求学，这改变了乡村家庭人口结构和生活方式。曾经一家人朝夕相处，茶余饭后谈天说地，日子平淡而温馨。那时的家是温暖的港湾，而如今长期的生活压力让村民们惶恐不安，担忧于生计让他们无暇顾及情感交流，感情日益淡漠。年轻人和父母之间像隔了一堵无形的墙，每个人躲在自己的角落里品味着生活的酸甜苦辣。虽然是一家人，但彼此之间却感受不到亲情的温暖，这是"空巢村"生活的无奈！

都说"养儿防老"，你看看现在还有多少儿女在身边照顾老人呀。前两天俺们村有位 93 岁的老太太撞墙了，都是因为她那不孝的儿媳。原本儿子儿媳都在外面打工，后来她眼睛看不大清了，儿子就让儿媳回来照顾她，结果儿媳非常不情愿，整天骂骂咧咧，甚至让她早点去死，不要拖累儿女，老太太实在受不了了，撞墙死了。唉，前年我老伴去世时，我眼瞅着人快不行了赶紧给让他们回来，可是他们回来时，连最后一眼都没看上。村子里像我们这样的老人还有很多，老感觉现在就是在家里等死了。

"在全球化的语境中，乡村的风俗风情风物大都处在'去域化'的逐渐解体的历史境遇中，许许多多传统的乡村事物都存在着朝不保夕或日渐衰败之势，乡村社会的趋同性也在现代化宏大工程的改造中越来越明显。"[①] 传统乡村文化拥有一种独特的韵味，最宝贵的就在于其中所蕴

---

① 向荣：《地方性知识：乡土文学抵抗"去域化"的叙事策略——以四川乡土文学发展史为例》，《当代文坛》2010 年第 2 期。

含的泥土般的厚重、自然、淳朴而不乏温情的生存姿态。当乡村沦为"空壳村"时，其生活方式、历史传统、价值伦理和文化形态几乎荡然无存。以亲情和孝悌为纽带的乡土人情不断衰退，导致乡村家庭原子化，乡村社会碎片化，传统道德荒漠化。地缘和血缘的纽带开始断裂，乡村已然成为一盘散沙。对于"空壳村"的老人，每天的生活就是坐吃等死，他们看着周围的人一天天变老，一个个离世，眼睁睁地看着村子渐渐消亡却无能为力。有很多空巢老人选择结束生命，或许不是因为生活凄苦，而是因为内心孤独，儿女是他们唯一的指望和牵挂，可是很多儿女却不能满足老人小小的企盼。不是儿女不回家，而是沉重的负担让他们不敢回家。一个农民工曾诉苦："我在建筑工地上干活，一天150块钱，一个月不吃不喝也只有4500块，孩子他妈在饭店里当洗碗工，一个月才2000块钱，孩子在这里上学，不光要拿借读费，日常开支也很大。回趟家车票暂且不说，耽误的工夫就不少，不干就没钱，其实我也想回家呀，可回去一趟少说也得花1000块，哪敢回呀。"空巢老人不仅是这个乡村历史、文化、传统农业的守护者，而且也是乡土情结最重的群体。随着老人们相继离世，乡村独特的习俗文化随之湮灭。"空壳村"最终留给年轻人的只是一些破旧的房子、空荡的小巷和曾经美好的童年记忆。他们没有了扎根的地方，没有了驻足的港湾，没有了童年的回忆，已经失去了真正意义上的家，未来是不会停歇的漂泊。

> 不仅我们这个村子快空了，还有好多村子也是这样，很多人都不敢在村里住了，一想到老了是这般境遇，纷纷逃离这里。要么投奔儿女，要么在城里做零工，总比在家里种地，孤独地生活强。我要是再年轻十年说不定也走了，在城里找个管吃管住哪怕不给钱的活都行，最起码离儿女近点。

据国家统计数据显示，2000年时中国有360万个自然村，而到了2010年时全国自然村减少到270万个，10年里有90万个自然村消失，平均每天有将近 250 个自然村不复存在。① 城市文化吞噬了乡村人的思维方式和生活方式，导致承载中国传统文化的乡村遭遇了前所未有的打击，源远流长的乡村文化在乡村人的绝望和逃离中一步一步陷入死局。

"空壳村"的没落还在于它成为城镇化的副产品。日益萧条的乡村和欣欣向荣的城市形成鲜明的对比，"撤点并校"在某种程度上加速了乡村青壮年离开故土，加剧了"空壳村"的出现。"教育成为城市化或城镇化的工具，恐怕是快速城市化或城镇化的最有效办法，比前面两个旧办法（搞经济开发区、党政机关'迁都'）更有效。一个 50 万人口左右的（县）市，在县（市）城边上搞 2000 亩的教育园区，可以在短期内聚集 5 万人左右，再造一个新县（市）城，并使该县的城市化或城镇化的各种指标大幅上升。只要把教育园区办起来，把全县（市）的好教师集中到教育城来，全县（市）的多数孩子就不得不进城读书。孩子进城了，家长怕孩子学坏，家长也得进城'陪读'。老师进城了，孩子进城了，家长进城了，县（市）的经济指标上去了，政府的目的就达到了。"② 政府巧妙地利用了家长的心态：他们都把希望寄托到下一代身上，自然想要子女接受更好的教育。虽然村民清楚地知道进城读书，不仅意味着要付出高昂的生活成本，还要付出乡村纽带断裂，乡村人情背弃的代价，但他们在教育城镇化的浪潮中无力抵抗。他们知道祖祖辈辈居住的村庄终有一天会消失，但又无可奈何。在城市黑洞式的强力吸引下，面对自己的村落一步步走向"空壳化"，他们感到恐慌和无助，无望地面对已成空壳的村子接受文化的消亡，家园的去根。

三 后"撤点并校"时代的乡村教育

"撤点并校"成为城镇化强有力的工具，甚至成为某些地方政府用来

---

① 张孝德：《拯救中国乡村文明呼吁书——生态文明视野下中国乡村文明发展命运反思》，本文是 2012 年中国公共经济研究会乡村文明研究中心等机构举办的"首届中国乡村文明发展论坛"发行的主旨文件。

② 李昌平：《警惕以教育推动城市化》，载 21 世纪教育研究院《农村教育向何处去——对农村撤点并校政策的评价与反思》，北京理工大学出版社 2013 年版，第 191 页。

达成经济目标的手段，所带来的不仅是城市经济效益短期内的提高，而且为城镇化提供了长期劳动力。乡村孩子进城读书，带动一大批家长涌入，乡村青壮年被捆绑在城市，造成的"空壳村"越来越多。2012年9月，国务院发文明确要求坚决禁止盲目撤并农村义务教育学校，科学制定农村义务教育学校布局规划，改变盲目追求"学校进城"的做法。乡村教育的当务之急，就是解决"撤点并校"遗留的余殃。然而，在新一轮城镇化建设的大背景下，出现大规模进城务工的流动人口，乡村日益减少，乡村人口总量逐渐下降，"撤点并校"在某种程度上又成为必要之举，如何科学地应对"撤点并校"，保护乡村文化，成为乡村教育必须面对和思考的问题。

（一）合理撤并乡村学校

"撤点并校"试图打造的新教育在本质上是城市导向的，也就是说通过学校教育把乡村社会中的个体整合到外部体系当中，以拆解乡村社会的方式来支撑城市的发展，其后果则是加速乡村的分化与衰败。"撤点并校"的政策话语一直在论证乡村学校消亡的必然性，强调这是工业化和城镇化的必然趋势，但实际上，这是由现有教育发展政策推动的。乡村学校是否应该存在，需要超越由各种政策话语所设定的语境，重新评估乡村学校的价值。"要想使教育成为社会的修复力量，就必须夯实社会基础，也就是说，乡村学校和乡村社会是遏制社会'离散化'趋势的关键。"[1] 我们需要回答的不是"保留还是撤并"乡村学校这一问题，而是要从根本上明确乡村学校在整个教育体系中的地位，回答乡村需要什么样的教育、如何使其能够成为一个现代化教育机构的问题。

乡村学校的存废是一个涉及乡村利益的复杂问题，各地方政府及教育行政部门应摆脱对乡村学校布局调整政策的简单化、片面化理解。首先要制定乡村学校撤并的标准，对乡村学校的撤并不应仅仅考虑学校的

---

[1] 单丽卿：《教育如何拆解社会——一个乡镇的教育调整与社会再造》，博士学位论文，中国社会科学院研究生院，2015年。

规模、村落间的距离等,更应关注乡村学校能否在村落中发挥应有的价值。乡村学校的撤并,必须经过严格的评估和论证,例如台湾政府在裁撤小规模学校时,制定了一个"多重标准,综合评分"为特点的比较科学的评价指标,包括一张评分表和一张执行流程图,评分表上列出了微型学校撤并时需要考虑的校内和校外因素,包含11条一般性指标和4条特殊性指标,包括当下的学生数、学生数趋势、社区结构、距公立学校、校产处置以及社区对学校的依赖程度等①,综合这些指标决定学校的去留。东北师范大学农村教育研究所根据台湾的方案,提出一个适合大陆的多重标准、综合评分的学校布局调整方案,其中仿造一般性指标和特殊性指标,制订了"底线+弹性"的乡村学校布局调整标准设计模型②,这些都为今后乡村学校布局调整提供借鉴。为了更加全面地理解乡村学校布局调整政策,有必要建立地方教育主管部门利益表达与平衡机制,调解国家利益与地方利益的关系,开放地方参与中央决策的通道,减少双方信息不对称,确保"撤点并校"政策具有适切性。在政策制定和执行过程中,必须结合乡村实际,认真听取村民意见。当前,乡村教育中存在严重的信息不对等,村民对关乎切身利益的各项教育政策知之甚少,甚至对教育本身也了解甚微。很多乡村学校在村民并不知情的情况下就被裁撤掉了,即使不合理村民也只能接受,无法向上表达意见或提出建议。乡村教育要想摆脱这种困境必须减少信息不对称,尽可能简化行政层级,削减中间环节,增加各环节透明度,可以通过政务公开和公众参与的方式进行,对学校的撤并调整必须进行公开听证,邀请各界人士尤其是村民参加,听取村民对政策的合理性及落实的意见建议,并根据反馈予以调整。帮助村民寻回对教育的话语权也是科学合理撤并乡村学校的必要之举,为此要建立激励机制,鼓励村民对教育予以监督。首先,

---

① 台湾地区教育行政主管部门:《中小学整并之处理原则》,载21世纪教育研究院《农村教育向何处去——对农村撤点并校政策的评价与反思》,北京理工大学出版社2013年版,第95页。

② 邬志辉:《中国农村学校布局调整标准问题探讨》,《东北师大学报》(哲学社会科学版)2010年第5期。

培养村民对教育的参与意识,向村民宣讲"撤点并校"的政策,使他们了解政策的内容、颁布、执行过程,以及可能产生的影响。其次,村民需要成立专门组织来反映民意,因为处于分散状态的村民在面对高度组织化的政府时,单个人的声音实在微不足道,在与政府互动时有一定的组织依托和利益表达机构,可以减少双方力量失衡和互动结构不对称,利用团体力量提高与外部对话的能力,监督"撤点并校"的实施过程,及时传达村民对"撤点并校"的反馈。此外,乡村教师也是保证"撤点并校"合理化的主体。建构以乡村教师为主体的话语表达机制,成立乡村教师代表大会,作为维护乡村教师合法权益,保障乡村教师利益的合法机构。乡村教师代表大会不能形同虚设,要有规范的运作流程,例如公开投票选举负责人,定期召开会议,收集乡村教师对政策的意见建议……通过乡村教师代表大会,可以有效对乡村学校布局调整政策进行纠偏。

(二) 着力提升乡村学校品质

对于保留下来的乡村学校,其发展需要政府、地方、学校、民间等层面的共同努力。政府要对这些学校在政策上适当偏斜,抓紧落实配套设施建设,安全、生活、卫生、管理、师资等方面都要予以最大程度的保障。例如支持学校发展乡村教育特色,修缮寄宿制学生宿舍,提供学校基本教学设备,整修学校文化活动场所……总之增加经费支出缩短城乡教育差距,解决因地理环境特殊或社会环境急剧变迁所造成的城乡教育资源不均,城乡教育失衡的问题。此外,政府要制定相关政策,明确乡村学校在教育体系中的地位,这样才能使教师安心从教,只有当乡村学校能够稳定存在,并具有持续改善的前景时,它才有可能带动乡村步入良性发展的轨道。

对于乡村学校来说,要充分利用村落的自然文化资源进行各种"特色经营"或"优质转型",通过高质量和独具特色的课程与教学带动学校整体的发展。例如,台湾台东县金峰县新兴小学除了学习本土的排湾族文化外,还进行风力与太阳能发电及具有省水、净水功能的校园规划,更与小区产业进行了有效结合，为当地居民开创了本地的就业机会，降低了家长外出打工的概率，学生人数也不再流失，很多家庭因为学生及家长的工作、生活和心情都稳定下来，跟学校也有了密切的沟通和互动。民间参与也是乡村学校发展的重要社会力量，很多慈善团体和社会机构在乡村学校推行各项教育计划，比如济南市历城区团委推行"关爱小留鸟"活动，定期派教师来乡村学校支教，对弱势学生进行补救学习，取得良好成效。乡村学校发展的核心在于与城镇学校教育差距问题的解决，只有这样它才能帮助学生真正获得积极的教育体验，有序、规范的学校氛围也能够满足家长对教育的期望，彼此之间的信任关系也能够发挥积极作用。当农村家长愿意把孩子送到乡村学校之时，才是乡村学校的生存危机得以化解之日。只有乡村学校重新成为一个充满活力的机构，它才有可能在乡村社会中发挥更大的作用。济南市西营镇下降甘小学便是成功的典范，该校只有一至四年级，学生不到50人，只有四位教师，但该校的教学质量在镇上一直名列前茅，家长对该校的评价很高。下降甘小学一直紧随时代变化而改进，率先在全镇开始课堂教学改革，从英语课程率先开始，推行"主题教学"，根据单元主题布置教室，创设生活化情境，引导学生浸入式学习，鼓励学生个性化表达，在安装多媒体设备后充分利用网络资源，通过信息平台为学生提供大量学习资料，开阔了学生的视野，缩小了与城市学生新信息获取方面的差距。

乡村教师是乡村文化的代言人，是乡村文化传承和发展的纽带，是促进乡村学校发展的关键。目前，乡村存在的普遍困境便是师资不足，这其中存在师资配比的矛盾，按照1∶21的师生比，一个乡村学校的学生数量维持在120人以上，才能够保证一班一师的状况。问题在于，这样的师资配置根本不可能实现学校课程的多样化，所以以人数来衡量，乡村学校并不缺教师；但是以学科门类来看，乡村学校的师资显然无法保证日常教学的开展。如何充分利用有限的师资力量是乡村学校急需解决的问题，最适切的途径便是组建教师队伍以及实施教师走教。根据教师的专长、能力、个性气质等，合理搭配教师，组建同班级跨学科以及同年级同学科教师队伍，每个教师至少处于两支师资队伍中，前者服务于班级管理及满足不同学科教学的师资要求，后者主要在于提高教学质量。在教师队伍中，重点引导教师之间的默契和合作，充分发挥每个教师的专长，比如在同班级跨学科师资队伍中，教师可以轮流进行班级管理，也可以各自负责某一部分，或者教师可以承担不同教学模块，也可以共同完成某一教学主题，至于教师之间到底如何分工由教师团队自己决定。对于学校领导来说，关键是要了解每个教师的特质，合理搭配教师，让每个教师都能扬长避短、长善救失，发挥教师团队"1+1>2"的整体效能。村小普遍缺乏音体美教师，这些学科专业性比较强，其他学科的教师很难胜任，为了弥补师资不足可以实施教师走教，为走教教师提供必要的交通、生活等补助。

（三）积极开发乡村教育资源

目前学校教育中存在明显的城镇化趋向，乡村文化处于边缘化，这是当代乡村教育面临的严重困境，因此有必要对学校教育加以反思，挖掘乡村教育资源，重建乡村教育与乡村文化的天然关系。乡村独特的文化品格是传统乡村社会的真正根基，也是乡村教育的根基，因此振兴乡村教育，就必须关注乡村文化的力量，激活乡村文化的活力。在整个现代文化价值体系中，对传统文化进行重新评估，使乡村文化能够与城市文化取得同等重要的地位，以此引导和培育一个基于传统与现代相互理解与平等交流之上的新型和谐社会。乡村少年是乡村文化的继承者，他们对乡村文化的热爱是其持久发展的源泉和动力。学校课程要帮助乡村少年重新认识乡村文化，正确理解乡村生活方式，弥补乡村少年"不在场"所造成的隔阂，让他们尽可能接受乡村文化的熏陶，让他们的生命之根孕育于乡土之中。在学校课程体系中如何平衡乡村与城市文化至关重要，地方性知识和普遍性知识都是人类认知客观世界不可或缺的知识形式。就当前而言，启迪良知不可或缺的一个环节正在于把地方性知识引入课堂，使普遍性知识和地方性知识有效接轨。学习普遍知识，了解城市文化对于开阔乡村少年的视野、提高他们对现代生活的适应性至关重要，但由于缺少地方性知识即乡村文化，因而不足以契合乡村少年发展的整体需要，不足以给予乡村少年的情感、态度、价值观以相对全面的滋养、孕育，在趋同性的学校课程体系之中，乡村文化能为个体独特生命之养成提供更多的可能。因此，在学校课程体系中要注重乡村教育资源的开发及利用，在遵循现行课程体系的前提下，增设乡村文化作为补充性资料，充分利用学校周边的乡村自然与人文环境，对乡村文化加以筛选并以适当的方式引入到课程和教学之中。济南市西营镇一所小学，学校附近的山中蕴含丰富的中草药资源，该校便将中草药资源纳入课程。比如带领学生上山寻草药，通过爬山可以达到体育锻炼的目的；在寻药过程中也能唱歌达到音乐教育的目的；学生通过介绍中草药，既有助于学习地方课程，又能提高语言表达和写作能力。这一过程不仅仅激发学生的学习热情，更重要的是培养他们对乡土的热爱，塑造他们的乡土人文情怀。乡村文化不仅是当前课程内容的补充，本身也应在课程体系中占据一席之地，美好的乡村文化能够唤起乡村少年对于乡村真善美的热爱，将美好的乡村图景真正植入自身生命历程，让乡村文化扎根乡村少年的生命意识之中，同时引导乡村少年理性对待乡村文化存在的困境，启迪学生重建乡村生活方式。通过乡土课程内容，实现乡村少年与乡土社会互动，增加乡村少年置身于乡村社会的生活经验。

学校除了将乡村文化纳入课程之外，还要积极营构乡村教育的文化想象空间，引导乡村孩子经历多彩的乡村文化生活，挖掘乡村社会的教育资源，从而形成对乡村文化坚定的自觉性和自信心以及继承和发展传统文化的能力。有些农民工子女学校与周遭的乡村社区建立合作基地，定期开展"学生进乡村"的相关活动，实实在在深入乡村日常生活，和乡村的孩子一起在乡间玩耍，在田野间疯跑，感受乡村野趣，呼吸新鲜空气，鼓励孩子去田间干农活，让孩子体验乡村生活方式，参与乡村文化活动，从而弥补乡村孩子与乡村生活脱节的缺憾，引导孩子客观理性地对待乡村文明，削弱他们内心对乡村文化的自卑感，在乡土生活中找寻生命存在与发展之根。乡村生活对孩子的精神世界的健康成长有着深远的影响，正如钱理群所言，"全家人在一个庭院里，朝夕相处，邻里间鸡犬相闻，来往密切。这就形成了充满亲情、乡情的精神空间，自有一种口耳相传,身教胜于言教的教育方式"[1]。鲁迅先生在《自言自语》中也曾深情地回忆道,"水村的夏夜,摇着大芭蕉扇,在大树下乘凉,是一件极舒服的事,男女都谈些闲天,说些故事。孩子是唱歌的唱歌,猜谜语的猜谜语"。身处如此温馨美好的场景中,乡村孩子的精神世界将会无比充盈。因此,乡村学校教育不能出现乡村缺位,必须与乡村文化和生活结合起来,在乡村文化与城市文化间达成平衡,形成良性互补。通过对乡村文化资源的开发与利用,丰富学校课程内容,同时在学校与乡村的互动中,使乡村文化在年轻一代中传承。

"撤点并校"政策有其历史合理性,也在一定程度上达成了预期目的。之所以造成乡村文化的断裂,是因为推行过程中的盲进草率和不切实际。乡村文化是一个生机勃勃的有机生命体;乡村就像构成生命体的细胞一样,携带着中华文化演化的基因;而乡村中的文化机构就像是生命体的血液,乡村文化在这里流淌、传承与发展。当一个学校骤然撤离乡村时,如同一个有机体猛然失血,乡村文化的精华和营养如何成为形塑有机体的力量?超越"撤点并校"的存与废,在城镇化的大浪潮下保有乡村教育的一席之地,重估乡村学校的价值及在整个教育体系中的地位,开发和利用乡村教育资源,是保持乡村文化独特性和传承性的关键所在。

---

[1] 钱理群:《关于西部农村教育的思考》,载 21 世纪教育研究院《农村教育向何处去——对农村撤点并校政策的评价与反思》,北京理工大学出版社 2013 年版,第 217 页。

第十四章

乡村社会中的民办教师

民办教师是一个在我国乡村教育的发展史上做出过卓越贡献的特殊群体。《教育大辞典》指出，民办教师是指中国中小学中不列入国家教员编制的教学人员。他们是农村普及小学教育补充师资不足的主要形式。除极少数在农村初中任教外，绝大部分集中在农村小学。他们经由学校或当地基层组织提名，行政主管部门选择推荐，县级教育行政部门审查（包括文化考查）批准，发给任用证书。在生活待遇上，他们除享有所在地同等劳动工分报酬（1979年后享有"责任田"）外，另由国家按月发给现金补贴。从这个定义中我们可以看出，民办教师具有以下几个特点：一是没有正式的国家编制；二是任用方式是自下而上；三是民办教师没有完全摆脱农民的身份。

民办教师的出现是应对新中国成立后大力发展学校教育而师资力量严重不足的权宜之计，伴随着其历史任务的完成及教师资源的有效补充，他们退出历史舞台也是必然结果。虽然民办教师这个称谓已经成为历史，但作为一个曾经扎根农村、推动农村教育发展的中坚力量，民办教师在乡村教育的发展和乡村文化的传承过程中发挥的作用却不容轻视和遗忘；而且，即便在教师队伍不断趋于专业化的今天，民办教师对乡村教育及乡村社会的影响还将持续存在。首先，一批民办教师经过培训、考试等环节后取得合格的公办教师身份继续服务于乡村教育。其次，一些经济贫困的县市以聘任的代课教师来缓解教育经费压力并弥补乡村教师的缺口，这些代课教师虽然摘下了民办教师的帽子，但依然脱离不了民办教师的工作状态和社会境遇。可见，民办教师这一职业群体并没有完全消失，在今后很长一段时间里，还有相当一部分民办教师以代课教师的身份重新服务在乡村教育的讲台上。即便是被辞退甚至退休的民办教师依然深刻地影响着教师队伍的整体发展乃至乡村民居的社会生活。因此，为了真实地呈现民办教师的社会生活，追溯民办教师在乡村教育和乡村文化建设中的影响，保存即将尘封在时间长河中的历史印记，对民办教师的生活史研究显得迫切而必要。

一 民办教师的历史

社会上对广大的民办教师一直存在着一些模糊认识。民办教师在普通大众的印象中就是受过几年教育、能写会算的教书匠，更有人将民办教师误解为"民办学校的教师"。即便是政策范围内对民办教师的性质及其身份界定也是不清楚的：他们是教师却还要种地，是农民却还要教书，是干部又不享受干部待遇，是临时工却长期任教。这种状况造成了学校购买国库券时把他们算作干部；村里摊派义务工时又把他们当作农民；教育部门定编时他们被作为教师计算；人事部门精减人员时他们又被当成临时工；计划内临时工转正把他们排除在外；国家政策在乡村推行遇阻时他们又被当作党的路线方针政策的代言人。要清晰地认识民办教师的身份性质和社会职能，就必须从民办教师产生与发展的历史进程中寻找根基。民办教师这一职业群体的历史大致可分为两个阶段：新中国成立后到"文革"时期是民办教师产生与扩张期；"文革"以后到现阶段是民办教师转型与消退期。

（一）产生与扩张

中华人民共和国成立之初，百废待兴，民办学校的建立和民办教师的选任是应对教育经费欠缺和师资严重不足等问题的必要措施。而民办教师的出现也确实对于解决新中国成立后教育难题做出了重要贡献，尤其是在扫盲教育的过程中发挥了重要作用。

民办教师的雏形来源于新中国成立初期的扫盲运动。为了迅速改变旧中国遗留下来的占我国人口总数高达80%以上的文盲及其导致的贫穷落后的社会面貌，国家在全国范围内开展了扫除文盲的运动。在农村，主要以"冬学""夜校""识字班"等方式把农闲之余的村民集中起来进行识字教学。为了弥补乡村教师资源的严重缺口，稍懂读写算的村民被动员起来临时充当扫盲教师，他们是民办教师的直接来源。此后，国家在不断发展公立小学的同时鼓励和支持群众办学，民办学校和民办教师应运而生，在此后的几年中民办教师队伍迅速扩充。1949年，全国中小学教师总数为90.3万人，其中民办教师数为13.3万人，占全国中小学教师总数的14.7%，1951年全国中小学教师总数发展为129.5万人，而民办教师发展到44.8万人，占全国中小学教师总数的34.6%。出于对民办学校逐渐暴露出来的因经费欠缺导致的教育质量低下等问题的考虑，国家自1952年开始有计划地整顿和接管民办中小学，民办教师数量有所缩减。1956年，全国民办教师约9.2万人，约占全国中小学教师总数的4.8%。1958年，国家大力推行"大跃进"计划，开创了村村有学校的办学格局，乡村教师的数量急剧扩充，纳入了一大批民办教师，形成了新中国成立后民办教师增长的第一个高峰。到1966年，全国民办教师总数达到180万人，占全国中小学教师总数的40%，这时的民办教师大多是达到高小或初中毕业文化程度的青年。

"文革"时期，由于人口增长失控导致了受教育人数的增加，师资需求也急剧增长，而培养师资的主渠道——师范院校却因"十年浩劫"的影响而停止招生，公办教师来源的中断更加导致民办教师数量的剧增。初、高中毕业生或肄业生作为上山下乡的知识青年，解决了乡村学校的燃眉之急，他们是新扩充的民办教师的主要来源。1977年，我国小学民办教师总量到达历史的顶峰，达到491万人，占全国中小学教师总数的52%。自此以后，国家对民办教师队伍进行有计划、有步骤地整顿，民办教师总数开始逐步下降。

(二) 转型与消退

党的十一届三中全会后，国家为提高基础教育的师资质量，开始对民办教师队伍进行调整，将部分优秀民办教师转为公办，将部分经培训仍不合格的民办教师淘汰，将部分达到退休年龄的民办教师进行安置。1979年10月，国务院决定将全国136个边境县的8万余名中小学民办教师转为公办教师，揭开了党和政府妥善解决民办教师问题的序幕。至1990年，民办教师总数从1977年的491万减少到280万人，教师队伍建设取得了明显成效。

1992年8月，国家教委、计委、人事部、财政部联合下发了《关于进一步改善和加强民办教师工作若干问题的意见》，明确提出了解决民办教师问题的"关、转、招、辞、退"五字方针。1997年，国务院办公厅出台了《关于解决民办教师问题的通知》，对民办教师工作进行总体规划和统筹安排。在通知中，国务院对"关、转、招、辞、退"五字方针及其任务目标做出了明确界定：一是关住新增民办教师的口子，国家承认的民办教师仅限于持有县级以上教育行政部门发放的"民办教师任用证"，并在省级教育行政部门备案的民办教师。省级人民政府原规定国家承认的民办教师的截止时间不得改变。二是要有计划地将合格民办教师转为公办教师。"九五"期间，国家每年安排20万人左右专项指标，至2000年4年共计80万人。三是进一步扩大师范学校定向招收民办教师的数量。全国中等师范学校每年定向招收民办教师的数量要达到中师招生总数的20%以上，有条件的地区要争取达到30%以上。全国平均每年定向招收民办教师3万至4万人，4年合计约14万人。四是坚决辞退不合格民办教师。辞退不合格的民办教师由县级教育行政部门批准。对辞退人员，地方政府要根据教龄等情况给予一次性的生活补贴。五是各地要建立民办教师保险福利基金，改进民办教师离岗退养办法，使年老病残民办教师的生活得到保障。在通知中，国务院办公厅详细规划了全国解决民办教师问题工作的分年度目标：1997年民办教师占全国中小学教师的比例要从1996年的17%减少到12%，1998年比例减少到7%，1999年比例减少到3%，2000年基本解决民办教师问题。实际上，由于各地的经济发展差距，民办教师问题的解决进程各地并不统一，全国范围内民办教师问题的基本解决被推迟到2003年底。至此，传统意义上的"民办教师"群体最终淡出了人们的视野。但是,即便是在今天乡村教育的舞台上,依然活跃着一批不具有公办教师身份的执教者,他们在中国乡村尤其是西部和偏远地区延续着基础教育未竟的事业,时代的发展赋予他们一个新的职业身份——代课教师。至2008年底,全国公办中小学还有代课教师31.1万人。

民办教师作为一个群体,一个概念,一段历史,已经渐行渐远,年轻一代头脑中对民办教师只有一些道听途说的模糊认识,而正在成长的一代人或许都无法想象乡村教育历史上曾经奋斗着这样一个特殊的职业群体。他们,平凡却伟大,贫困却执着。他们虽不知道真丝的奢华与皮草的高贵,但却能把人性的温暖与质朴的美丽奉献给山里的娃娃,他们虽然生活贫寒条件艰苦,但却自己用笛子演奏国歌对学生进行着灵魂的洗礼。他们没有享受应有的教师待遇,却以绵薄之力担负着中华民族最神圣也最艰巨的乡村教育的重任。不仅如此,他们在乡村社会生活的舞台上,还扮演着重要的角色,处处都有其无私奉献的身影。

二 乡村教育岗位的坚守

兼职教师的生活并没有使民办教师脱胎换骨,收入微薄、生活贫困依然是其身上不可磨灭的历史印记。尤其是一些报纸上的报道和以民办教师为原型的文学作品,更加着重描写民办教师的贫困,而且把民办教师贫困的原因主要归结在收入水平低上,似乎民办教师始终挣扎在贫困线上,因为肩不能挑手不能提不得不从事这一职业的。公众和媒体等对于民办教师的真实社会生活缺乏客观的评判。理性化的民办教师生活考察不能仅仅局限在与公办教师待遇比较这一单一维度上,毕竟生活和工作的社会环境不同,职能和服务对象不同,其工资待遇必然有所差距。这并不意味着否定民办教师存在的价值及其工作的重要性,而只是说在特定的历史时期,乡村教育经费有限而受教育人数众多的情况下,贫困是经济发展落后所造成的乡村整体社会的特征和教育发展的瓶颈,民办教师的生活必然无法超越这种特定的社会现实。而且,通过民办教师与乡村民众经济收入的对照，可以发现民办教师整体上并不比周边村民表现得更加拮据。因此，对民办教师生活的研究除了关注其经济收入外，对其精神生活在乡村社会的感召和影响力的研究也许更具价值。毕竟就是这样一群囊中羞涩而精神并非贫乏的"文化人"支撑着新中国成立以来半个世纪之长的乡村教育的发展。

新中国成立之后最先招收的民办教师大都在新中国成立前接受了一定的私塾教育，而后来招收的民办教师也大多是具有初中以上文化程度的农民。虽然接受教育的程度有所不同，但与周边村民相比，他们明显属于能读会写的"文化人"，正是凭借其明显的"文化资本"优势，使得他们能在后来的扫盲运动及教育体制改革过程中跻身乡村教师的行列而与周围村民区别开来。

张老师8岁那年上私塾，一共就读了两年，学习的教材是《三字经》和《百家姓》，一年学一本，学生总共四个，全是小男孩，教学的先生是邻村的人。1947年进行土地改革，私塾解散，村里成立了一个识字班，上课的内容就是简单的汉字和当时的一些政治口号，上课的时间也不固定，教员是县上派来的一个党员，总共就一个班，8岁到18岁的人都在一起识字。直到1950年村里才正式设立学校，一开始学校不分年级，只是分甲、乙两个班，学生的年龄差别也比较大，到1954年左右才设立4个年级。后来张老师考上了冠县唐邑初级师范，毕业后就被分配当了教师，先是在别的村庄教了两年，后转入本村的小学，一直待到退休。

张老师是以公办教师的身份进入到教师队伍中来的，他接受过传统的私塾教育并完成初级师范的学业后被分配到村中担任公办教师，1962年，中共中央号召农村公办学校部分转为民办公助，张老师也因为学校性质的变革而身份转变为民办教师。后来，伴随着国家整治教师队伍和"民转公"的改革政策，张老师在1987年转正，直至1997年退休。在民办教师与公办教师之间的多次"变身"过程使其对民办教师的命运有更深刻的体认。

车老师是1968年参加工作的，当时他正在镇上读高中，还差3个月就高中毕业的时候，村里一个女的民办教师因为生孩子不能继续教学，村里大队书记就动员他回村教书。这样，从 18 岁参加工作直到退休，车老师在乡村教育的讲台上一站就是 41 年。其间因为没有拿到高中毕业证书，一直没有办法"转正"，后来，几经周折后，车老师终于在原先就读的高中找校长补发了一个高中毕业证书，才在 1997 年得以转正。

中国的乡村本来就是费孝通所说的"熟人社会"，车老师在完成几十年的教学生活以后，小小的农庄里中青年以下大部分人就都成为车老师的学生。淳朴的乡民也许并不能真正意识到教育的价值，但却打心眼里认同教师的权威。每年春节，本村和邻村来车老师家拜年的"老学生""小学生"络绎不绝。即便是已经成年的庄户汉子，曾经的学生身份也使他们无法摆脱面对老师时的拘谨。往往是一进门，话还没说完，人已经扑通一声结结实实地跪在地上，他们说："车老师，我给你磕个头。"于是对着老师家的族谱作揖叩首。长达 41 年的从教历程使得车老师对其生活其中的乡村社会和乡村居民有了更深入的了解，知之深则爱之切，他因此也对自己耕耘其中的乡村教育园地有了更深切的依恋。

偏居一隅的乡村教师即便置身在相对静谧的田园农庄，却也无法对外界的世事变迁充耳不闻。改革开放后的商业气息频繁地冲击着民办教师的头脑，勤苦劳作却杯水车薪以及"脑体倒挂"的生活现实迫使很多民办教师离开岗位另寻生计。据张老师说，他也就是在那几年里习惯了"迎来送往"，特别是他担任校长的那几年，入职和离职手续都是由他办理。虽然所谓的手续也无非是到镇上的联校备案、盖章，但谈起这段往事，他仍然有些无奈。在那样的社会环境中，民办教师的离职已经不需要过多的理由，但是，即便在民办教师生活最困顿的时期，还是有人孜孜不倦地奋斗在贫瘠的中国乡村教育的阵地上。

（一）知识分子的精神慰藉

民办教师在乡村社会中的职能不仅仅是教师，更是知识的代表者、民事的仲裁者、礼仪的掌控者。在传统官方管理体制存在空白的广大乡村（传统管理体制最低一级行政区划是县，而县城周边的广大乡村没有行政管理人员），民办教师在一定程度上承担着乡村管理者的职能。

在谈及"民间自治"时期发挥的作用时，张老师仍掩饰不住自己内心的骄傲：

> 我从教（1958年）的时候识字的人很少，虽然说国家曾开展过扫盲运动，但只重视当时的成效，缺少后期巩固，再说老社员哪有那闲工夫复习认识的字。所以，时间一长，村民们除了认识自己的名字和简单的字，其他的字也认识不了几个。所以，前街这一片（人家）的春联都是我替他们写的，我也不要什么报酬，就是看到自己的字贴在大伙的门上打心里高兴，认为大家认可读书人。我当教师当了40年，写春联写了10多年，可以说真正的年是从我这里开始的。

乡村有自己独特的风俗，对婚丧嫁娶仪式非常重视，而男性民办教师是这些事情的重要参与者、组织者。乡村的人情关系浓厚，但各种纠纷也非常多，田地的界线、地基、婆媳妯娌间的矛盾数不胜数，这时候，老师又成了纠纷的调解员。所以，民办教师在乡村中的身份是多重的，从学校已经延伸到了乡村社会生活的方方面面，也使得民办教师的影响从学校扩展到整个乡村社会，深入到村民的心中。

可以说，民办教师作为知识的化身在乡村获得了较高的社会地位，具有一种相对的优势，赢得了乡民的尊重，这种充实的精神生活反而弥补了物质生活的不足，也是支撑民办教师长期从教的强大精神支柱。

（二）相对优越的经济待遇

虽然很多报刊媒体都以文学乃至纪实的手法描写民办教师工资待遇低却安贫乐教的生活境况，但对民办教师的生活问题并不能一概而论，不能片面地认为所有的民办教师一直都与贫困为伍。对民办教师的经济待遇的分析不能单纯地从工资数字入手，而应该放在具体的社会环境中进行考量，因为数字本身不能完全说明任何问题。对民办教师的经济待遇的分析也不能只进行纵向比较，还应该与周围村民的收入水平进行横向对比。

20世纪80年代前，民办教师的待遇整体状况相对比较好，他们享有同等劳动力的工分报酬和国家补助费。小学民办教师国家每年补助170元，初中民办教师国家每年补助210元。1980年以后，民办教师享受责任田和国家补助费，补助费标准由各地根据实际情况自行确定，经济条件好的地区补助费相对较高，但大部分地区相对较低。据1995年底的一项调查，民办教师月工资在70元以下的约占8%，70至100元的约占22%，100至150元的约占30%，虽然与一般村民相比还有优越性，但整体状况大不如20世纪80年代以前，这种状况随着民办教师"转正"政策的出台和落实得以改观。获得"转正"的教师收入水平一夜间飞涨，而被辞退的教师依然靠微薄的补助金和务农收入度日，也就是民办教师与公办教师待遇的迥然差别，使得很多人即便在收入微薄的情况下还固守教育岗位，期盼着转正的机会。

以公办教师身份入职的张老师起初工资是每个月26元钱和32斤面粉，但在村中不参与土地分配和工分分配，相比较而言，那时的农民每个月最多能挣到3元钱，在年底，全家也只能分到几十元钱过年。所以，老人在回忆当初的教学生活时，对工资待遇甚是满意。即便是1962年转为民办教师以后，张老师的收入水平与村民相比也具有很大的优越性。

> 我是1961年结的婚，1962年就被转为民办教师了，工资是原先的1/4，又添了大女儿，工资的确是有点少。媳妇还总是抱怨，相亲的时候是公办教师，最后竟然嫁给个民办教师。多亏早结婚一年，要不然这婚事非黄了不可，娶媳妇也是个难题，张老师开玩笑地说道。

其实，从公办教师转为民办教师后，张老师的生活条件也没有一落千丈。

> 我1962年转为民办教师，补贴是每个月5元，第二年就涨到15

元,这是民办工资的最高标准,此后就一直维持到 1981 年才开始涨工资。队里给我全年记全工,年终参与粮食分配,不给我们家分配义务工(村里的河道、沟渠和道路的修整)。分田到户后,我们家不用交提留费(公粮)。

从上述说法中可以看出,在人民公社化时期(1956—1978 年),民办教师与普通农民一样挣工分,年终参与分配。但是民办教师可以全年 365 天都记满工,由于天气原因和农业生产的季节性,一般农民是无论如何也不可能达到全年满工的。此外,民办教师还能每月领取一定的现金补助,实际上民办教师是有双重收入而且不用承担义务工的。因此,民办教师的生活条件要好于普通的农民。土地个人承包之后,虽然教学工作影响到田间劳作的时间,但免交公粮足以弥补田地减产带来的损失,再加上张老师有一定的工资收入,因此他的生活水平是比较高的,即便是承担着抚养 5 个儿女的生活重担,张老师还是村里第一批拥有电视机的人。张老师在 1987 年转正,29 年的辛勤耕耘终于有了回报,工资也由原先的 100 多元增到 300 多元,到 1997 年退休的时候,已经可以拿到近 500 元的工资。2002 年之后,张老师的退休金增长幅度加快,2010 年已经可以领到 2181 元。但是,并不是所有的民办教师都能像张老师一样幸运地转正,有相当一部分民办教师被辞退或者提前退休,虽然他们也可以按月领取一定的补助金或退休金,但其数量少得可怜。

(三)公办教师身份的期盼

1979 年国家开始有计划地把民办教师转为公办教师,这是国家对民办教师在乡村教育发展中的贡献的认可,也给民办教师点燃了摆脱困顿去"吃国库粮"的希望。如果说改革开放前,经济待遇较好是支撑民办教师坚守教育岗位的力量的话,那么对于 20 世纪 80 年代以后的民办教师来说,对"转正"的期待也许是他们奉献农村教育的更大的精神动力。

如果没有国家的"转正"政策,民办教师的人生轨迹就是在清晰的两条路线之间怎么抉择的问题:要么在这种数十年如一日的乡村教育生活中默默奉献直至皓首,要么与这种杯水车薪的民办教师生活彻底地诀别。有人会选择第一种生活,因为多年的教书生活不仅形塑着他们的生活习性,甚至锻造了他们淡泊无争、宿命主义的人生观念。如同电影《肖申克的救赎》中的经典台词所说:"刚入狱的时候,你痛恨周围的高墙;慢慢地,你习惯了生活在其中;最终你会发现自己不得不依靠它而生存。这就叫体制化。""改造"使本来向往自由的心灵"习惯"了牢笼的禁锢,也足以让曾经意气风发、豪情万丈的少年被岁月冲刷成半点不敢出格的"成熟"老头。也有人会选择第二种生活,因为改革开放后商业浪潮所带来的经济冲击力足以诱惑他们放弃教坛生活,走下商海,以身试水。而后来,伴随着"转正"政策的出台,看着越来越多的同事在一夜之间"华丽变身",工资待遇随之大幅提升,无疑给他们平淡的生活增加了"皮格马利翁"般的憧憬和期待,赋予了他们坚持下去的无限勇气。

张老师说:"不当教师我又能够干什么呢,这么多年都熬过来了,早已经习惯了这种生活。再说,我们这么多民办教师,总不能说辞就辞吧,总得给一个说法,自己只要勤勤恳恳总能够等到转正的那一天。"

现实毕竟区别于神话传说,并不是所有的梦想都能最终实现。虽然许多民办教师的转正的愿望最终落空,但对于转正的终身期盼无疑是他们多少年来坚守教育岗位的一个重要精神支柱。

(四) 难以割舍的乡土情怀

乡土情怀是中华民族特有的文化现象。古代文人的诗词歌赋中表达了对家乡的热爱和赞美,布衣百姓的俚言俗语中也表达了对故土的依恋和怀念。乡土情怀甚至深刻地积淀为中华民族的"集体无意识",自然也深深地影响着民办教师的生存法则。

改革开放以前民办教师由于受户口制度限制、经济政策的优惠而不愿离开,也没有办法离开故土。而改革开放后,最先出门闯荡的大都是一些思想开放、头脑灵活的年轻人。对于民办教师来说,虽然"下海"的经济诱惑力很大,但很多人还是不愿意背井离乡去过一种四处漂泊的日子。在民办教师的教育生活中，乡土情怀对于他们在农村的坚持具有很大的激励作用。

车老师说："我也想过出去打工，看着年轻人过年带回来的钱是我的两三倍，我也心动过，但是有些事情并不是有钱就可以解决得了的。我家里上有老下有小，田地还那么多，出去打工谁来照顾家里。再说，一些人情往来，老婆和孩子也办不了。更重要的是我也不愿意离开故土，在家里起码吃穿有保障，生活虽然艰苦点，但日子过得舒坦，能够这样我还能有什么更高的要求呢？"

渴望平稳、害怕冒险的性格注定了民办教师永远不能成为左拉、雨果般具有独立精神和批判意识的典型知识分子。乡土情怀牢牢地拴住了民办教师的脚，同时也抓住了民办教师的心。多数民办教师尤其在人到中年以后，外出闯荡的豪气更是消失殆尽，他们拥有的更多的是对故土的眷恋和对家乡人的情感依托。

三　作为乡村教化主体的民办教师

民办教师可以说是乡村社会的"两栖人"——他们既是教书的农民，也是耕地的教师。也许，正是因为他们具有的这种双重身份，使得他们的影响不仅局限在乡村教育领域，而且在乡村社会的舞台上担任着重要角色。

（一）乡村基础教育的"脊梁"

"穷国办大教育"在过去的相当一段时期一直是制约我国教育发展的现实问题。20 世纪 90 年代中期，我国所创造的以占世界 2% 的教育经费支撑着占世界 20% 的受教育人口的"奇迹"令全世界刮目相看，这其中民办教师发挥着至关重要的作用。因为我们国家历来是农民群体在数量上占据主导地位的发展中国家，"乡土中国"主宰着中国社会的基本国情。新中国成立后百废待兴、义务教育体系初步筹建而师资严重不足的时代，广大民办教师以其勤劳朴实、敬业奉献的精神为乡村教育事业的发展做出了巨大贡献,他们是我国社会主义教育事业发展的先锋力量,从这一意义上来说,民办教师是特定历史时期中国乡村教育的"脊梁",他们以自己微弱的文化优势艰难地完成了乡村"扫盲"和"普九"的历史性任务。

德吉,雅鲁藏布江值得骄傲的儿子。为了高原的明天,他在这条古老的江边的日喀则市第二小学,默默耕耘了30多个春秋。他先后把数千名农牧民子女领进了知识的殿堂。

为了帮助农牧区的居民摆脱经济贫困和文化贫乏,他冒着风雪,深入农场牧点,走村串户,动员群众让孩子上学;他领着孩子们搬石头,垒土墙,修建校舍。白天,他既要承担正常的教学任务,又要负责照料学生们的生活。晚上,还要在昏暗的酥油灯下备课、批改作业。而他每月的收入还不如一个老阿妈纺线所挣的工钱。学生的主食是从各自家里带来的糌粑。没有副食,上课之余,德吉常常背上猎枪去打点野味来给孩子们增加营养。柴火断了,他还要翻山越岭去捡牛粪和干柴……

德吉,藏语意为"幸福"。而这幸福从德吉这里传向了千万人。30多年来,经德吉教过的学生达2000多人,他们当中的相当一部分已成为建设新西藏的骨干力量,还有不少人担任了当地党政部门的领导职务。[①]

(二) 乡村文化礼仪的"向导"

在乡村社会,广大农民虽然没有"知识就是力量"的现实观念,但不乏对知识的憧憬和对"文化人"的尊重。常言道,知书则达礼,民办教师由于对知识的占有自然地获得周边村民的敬重,同时也获得了对乡村文化礼仪的继承权和阐释权,费孝通认为,中国的乡村社会是一个熟人社会,同时也是一个"礼治"社会,"礼是社会公认合式的行为规范。合于礼的就是说这些行为是做得对的,对是合式的意思"。[②] 而这种"合式"的解释权和说明权大多落到以民办教师为代表的知识群体的手中。

[①] 转引自鲁沂、刘加民《中国民办教师》,《北京文学》2006年第12期。
[②] 费孝通:《乡土中国》,上海人民出版社2007年版,第48页。

这些民办教师"了解乡土文明与文化习俗并以知识分子独有的眼界和远见为乡土文化的保存、传递与创造出谋划策,主动建构。他们凭借自身的话语力量与社会地位,成为家庭、家族甚至村落群体的主心骨,他们对本土的社会环境、经济发展、政府政策等有着自己的见解和情绪,起着引领文化和导向文明的示范作用。"[1]

宋老师是村民公认的"明白人",对于村庄中红白喜事、礼仪规矩等尤其精通。村里凡是有类似事务,村民都希望由宋老师担任"管事",因为这是一个需要有威望、懂礼节的人来承担的事务。在退休以前,由于工作的原因,宋老师对这些事情还只是在力所能及的范围内帮忙和指导,自从退休以后,村庄中的这类事务基本上都是宋老师主持操办的。

(三)乡村行政事务的"智囊"

民办教师不仅是乡村文化礼仪的阐释者,也是乡村政治事务的重要参与者。费孝通将文化与政治的区别界定为:"凡是被社会不成问题地加以接受的规范,是文化性的,当一个社会还没有共同接受一套规范,各种意见纷呈,求取临时解决办法的活动是政治。"[2] 在乡村政治事务中,民办教师比一般村民显示出更强的应对能力,这种能力一方面来源于他们所掌握的知识和文化资本,另一方面来源于教书育人职业所赋予他们的社会影响力。在很大意义上,民办教师甚至被看作是乡村与国家连接的中介,担负着对村民传递时事信息和解释国家意志的职能。

一项对乡村知识群体的个案研究表明:乡村的知识群体逐渐取代村庄的正式权威在村民的日常生活和村庄的重要事务中发挥着重要作用。[3] 主要表现在知识群体参与村民之间的矛盾调解、参与村庄的公益性事务(如积极集资铺路、打浇灌水井、联系外出打工、做生意门路等)和积极帮助村民解决超越个人和个体家庭能力之外的事务(如村民遇到的婚丧

---

[1] 唐松林、邹芳:《语境视域与乡村教师:乡村素质分析》,《湖南师范大学教育科学学报》第5期。
[2] 费孝通:《乡土中国》,上海人民出版社2007年版,第62页。
[3] 李庆真:《变迁中的乡村知识群体与乡村社会》,光明日报出版社2010年版,第186页。

嫁娶的日常礼仪性事务、突发事件和困难、村民与村干部、村民与镇政府的矛盾调解）等诸多方面。可见，民办教师在乡村的公共事务中一直担任着重要角色，他们是乡村政治事务的参政议政者，也是村民的动员者和引领者。

民办教师曾经是乡村社会的智者，是清贫的教书人，是我国乡村教育的支撑力量。他们伴随着新中国走过长达半个世纪的历程，不但见证了我国乡村教育的曲折发展，也见证了中国农民的悲欢离合。这些与中国命运共患难的民办教师一代代前赴后继，支撑着中国教育的"半壁江山"，也等来了专业化教师队伍的逐步成熟。而伴随着教师专业化的推进，民办教师的历史任务也被"终结"。在这样一个民办教师即将被淡忘的今天，我们回味的不是曾经的贫困与悲凉，而恰恰是在困顿中依然奉献和奋进的职业精神，这样的精神是永远不会过时，也是最不应该被遗忘的。在我们看来，对民办教师精神的挖掘对于今天的教师专业化建设具有特别重要的意义。因为在当下的社会环境中，我们并不缺乏学问高深、技能娴熟的知识传授者，而缺乏的恰恰是不计名利、忘我奉献的精神引领者。

春华秋实，岁月如歌。民办教师在希望中耕耘，在奉献中收获。在退出历史舞台之际，他们其中的许多人虽过着清贫的乡间生活，依然思索着中国的乡村教育问题，也在市井街头表达着他们对乡村社会问题的忧思。

第十五章

当代乡村教化的问题与反思

当代中国，乡村社会"城镇化"与农民群众"市民化"进程加快，现代性扩张带来的冲击不同往常，它使异质的生活方式肆意蔓延，多数村庄被卷入其中，固有人伦遭遇严重解构。梁漱溟曾经指出，乡村所面临的最大挑战之一是伦理破坏和文化失调。如今这一问题更为严重，即乡村中传统的调节系统开始瓦解，伦理与文化的载体摇摇欲坠，大部分地区的乡村逐渐丧失了固有的调节能力，陷于颓败之中。这种总体上的困顿使得很多人怀着更急迫的心情看待乡村社会并寄望于当代的乡村教化工作。当代乡村教化不仅包括国家权力的介入、社会关怀的卷入，还包括村民的自我关涉，三者在相关层面的教化各有优势，也暴露诸多弊端。如何消除各层之间的隔膜，以便协调一致地彰显教化功效，达到敦风化俗之目的，实乃当务之急。

一 乡村教化的必要和必然

村民流失、村子空心、村治失序等一系列问题使社会各界对乡村的认识偏于消极。当然，事实也使得我们不得不正视近几十年来乡村社会的衰败，尤其是乡村物理环境恶化与农民集体精神瓦解的现象极为普遍。除了个人或家庭物质生活的逐渐丰盈之外，村中少了想象中的温暖、热情以及对公共生活的关切，村庄公共环境、精神信仰都陷入了危机。所以，重建乡村社会、重树乡村文明是社会流变之下的重要抉择，进行适当的教化是国家和社会的职责所在。在社会流变的消极影响下，乡村教化是必要的；在人类历史的传承中，乡村教化又是必然的。可以说，当代乡村教化是社会现实与历史传承的必然选择。

（一）回应社会流变

近几十年乡村经济得到快速发展，人民生活水平得到大幅度提升，但种种尴尬遭遇与恶劣现象也屡见不鲜。有调查显示，改革开放之后，村民的关系越来越疏远，交往行为（互助与冲突）普遍减少，关系也更加体现金钱关系而非传统互助与邻里关系；这种情况进一步影响村民的交流和情感归属，不利于乡村社会公共事业的发展，传统文化氛围与习俗正在远离，市场化与功利化的交往形式逐渐加深。① 乡村曾经所拥有的阡陌交通、鸡鸣犬吠、怡然自乐的图景正在消失，晴耕雨读、谈笑鸿儒的画面只能成为知识人的梦幻。人与自然的冲突，自我与他者的疏远，个体与村落的疏离，自我心灵的纠葛已成为当下的现实。

当代中国乡村社会，除去极为偏远的地区，几乎全部卷进经济大潮之中，面对的是有限的资源与日趋增长的消费需求。现有的开发速度已经远远超出了自然生态的承受限度和恢复能力，"不可持续发展"的阴影开始蔓延。罗马俱乐部成员丹尼斯·L.米都斯博士等人曾经在其提交的报告《增长的极限》中提到，增长是有极限的，这源于地球资源增长的有限性以及人口、经济发展的无限性。人口增长过快、经济过度膨胀等必然在短时间内造成环境污染、资源短缺，长此以往，便无可持续发展而言，反而更会给人类带来难以估量的灾难。

村落之中，"人类中心主义"普遍存在，企图借助先进的工具，控制、改造自然。桑田、美景、鸟兽慢慢消失，机械的嘈杂逐渐吞噬自然的声音。美国科学家蕾切尔·卡逊在《寂静的春天》一书中描述了农药对环境的破坏，痛斥当时的美国越来越多的地方已经没有鸟儿飞来报春。以前清晨早起，到处可以听到鸟儿美妙的歌声，而现在却只剩下异常寂

---

① 左停：《变迁与发展：中国农村三十年》，中国农业出版社2009年版，第157页。

静、空旷的田野。"鸟儿的歌声突然沉寂了,鸟儿给予我们这个世界的色彩、美丽和乐趣也在消失,这些变化来得如此迅速而悄然,以至在那些尚未受到影响的地区的人们还未注意这些变化。"① 当代中国乡村社会已面临这种困境,部分地区的恶劣程度更甚。早在100多年前,恩格斯就告诫我们,不要过分陶醉人类对自然界所谓的胜利。每一次这样的"胜利",自然界都报复了我们。这警醒着我们,利用各种手段控制自然的做法并不可取,局部的成功并不能掩盖背后问题的严重。

社会巨变还体现在对乡村生活理念和习惯的影响。很大程度上,从房前、屋后、墙头所涂贴的各类"政治标语"到多彩的"商业广告",已经形象地展现了村落的蜕变。改革开放到21世纪初这段时间宣扬的口号是学文化、勤劳致富、计划生育、安全卫生、爱党爱国等。如:"要想富,少生孩子多种树,要想发,养鱼养猪还养鸭";"该扎不扎,房屋倒塌,该流不流,扒瓦牵牛";"庄稼要施肥,农民要读书";"文盲出门去打工,累死累活一场空"。近些年,乡村文明建设得到了一定程度的重视,如"心要净化,屋要亮化,路要硬化,山要绿化,村要美化";"人人讲公德,家家树新风,村村更和谐";"走科学发展之路,促循环经济发展,建乡村生态文明"。同时,消费主义文化迅猛崛起,一些商业广告开始在乡村泛滥,如:"生活要想好,赶紧上淘宝","发家致富靠劳动,勤俭持家靠京东","老乡见老乡,购物去当当","要想生娃盖别墅,致富之路找百度"。这些政治上、商业上的冲击无疑会造成村民心态的变化。从乡村生活现实的意义上说,当代乡村教化任重道远。

(二)弥合乡土裂变

乡土裂变并非危言耸听,文化或心理层面的不断解构,已经令传统乡村聚落生活支离破碎。一方面,传统士绅、族长的文化资本失落等一系列后果造成其象征性权力的丢失,造成自我规约、道德坚守的放逐,

---

① [美]蕾切尔·卡逊:《寂静的春天》,吕瑞兰、李长生译,吉林人民出版社1997年版,第87页。

继而出现示范效应降低并导致整个区域伦理、道德的滑坡。另一方面，年轻人轻视传统权威和生活经验，因为，在他们眼中，那是过时的。"老年人威望的下降有很多原因。原因之一是子女不与他们住在一起。每个已婚子女都有各自的家，家庭成员之间的地理距离远了。原因之二在于阶层流动，许多子女比父辈的经济、社会地位高，他们看不起父辈低下的社会地位。原因之三是技术的发展，过去一度盛行的意见和经验都已过时。"① 传统权威的丧失之外，还有"耕读传家"的社会心理的瓦解，村民急功近利的心态更为明显。

新旧观念剧烈交替之间，接受新思想、新文化的农民开始拒斥传统束缚，集体生活、家国观念淡化，甚至将之异化为"利己"的生存法则。为了追逐更大利益，乡村社会未来的中流砥柱逐渐离开乡村，乡村空心现象日趋严重，形成了"半主体熟人社会"甚或"无主体熟人社会"。"逃离乡村"使得传统人伦遭遇更大冲击，乡村的文化底蕴与文明的源流地位已经岌岌可危。如今，靠近城镇的村落逐渐变为现代社区、街道，也将难有聚落、宗族的实质；随着年轻群体的逐年离开，建筑风格与居住环境的变化，人的疏远感变得更为严重。以消费为特征的经济、社会形态过分夸大个人欲望的合理性，将"利己"行为精致化、合法化。思考的角度从"我们"应该怎么办，逐渐过渡到"我"能从中得到什么。乡村公共生活逐渐萎缩，就连个人生活也出现变异。乡村自治理想遭遇私欲的极度腐蚀，原有组织结构与权力秩序受到一定程度的破坏和挑战，不稳定因素逐渐增多。这种情势之下，乡村萦绕着更多的不安和躁动，一些暗流也蠢蠢欲动。

村民的社交网络变得多样、丰富，但又无法回避社交的功利取向，从邻里互助的义务性变得更为经济性。不论是什么类型的经济模式，永远不能将个人的人格、意志进行交易，但事实上却发生了这种事情并不断恶化。乡村社会面临经济转型、生活转变以及物质环境的巨变之外，

---

① ［美］埃弗里特·M. 罗吉斯、拉伯尔·J. 伯德格：《乡村社会变迁》，王晓毅、王地宁译，浙江人民出版社1998年版，第89页。

更大的挑战是从以前的基于血缘、亲情的家庭社会向市民社会过渡。乡村的刺激变多，触动乡村变化的诱因变多，原有的道德约束与生活习惯已经难以保证村庄的正常生活秩序；多样的、变动不定的、新奇的刺激，使得农民有了更多选择，传统的道德屏障被撕裂、推倒。村民的社会心理、日常生活、社会关系、乡村认同等都在发生转变，不能否定其积极的一面，但一些不良的倾向仍然值得重视并需要及时纠偏。

（三）承续教化传统

"我们这个时代，因为它独有的理性化和理智化，最主要的是因为世界已经除魅，它的命运便是，那些终极的、最高的价值已经从公共生活中销声匿迹……"[1]马克斯·韦伯的言说已经过去近100年，但所批评的现象犹如昨天，依旧有力，我们不能忘记优秀文化与永恒价值的传承。教化是文化传承的基本途径，同时也是生活的组成部分，无论形式如何转变，它都是必要的，教化工作必须在继承和创新中得以发扬。

例如，山东省倡导"尼山书院"的建设即是对优秀传统文化的创新式传承。2014年5月，山东省文化厅发布《关于在全省创新推进"图书馆+书院"模式建设"尼山书院"的决定》（简称《决定》），计划到2015年的年底，在全省150多个公共图书馆和部分图书馆分馆、企业图书馆、民办图书馆建设"尼山书院"。到"十三五"末（2020年底），"尼山书院联盟"建立健全、运行规范，形成孔子故里独有的文化特色与教化优势。《决定》还明确了建设"尼山书院"的原则、目标和步骤。当代中国，依然可以借用传统书院、蒙馆中科学、合理的成分，而不应该仅仅寄期望于乡村的学校教育。因为，它仅是教化体系的一个部分。更重要的一点是，乡村里的学校较旧时变得更为独立、封闭，不再像以前那般作为乡村生活的有机组成，它逐渐变为村里的陌生存在，是专业化的存在，行使教化的功能已经衰微。但是，这并不能全盘否定乡村的主

---

[1] ［德］马克斯·韦伯：《学术与政治》，冯克利译，生活·读书·新知三联书店2005年版，第48页。

体架构依然存在，物理空间问题与人文遭遇依然可以补救。

中国历来重视乡村教化，期待民众安居乐业、文明守规。历史在不断的建构中形成，教化也在历史的传承中延续，二者融为一体。毫不夸张地说，历史是人类不断教化的存在，教化是历史发展的必然。乡村教化不是一个抽象的概念，它是日常生活的有机组成，是礼仪示范、道德规约、人文修养的过程；同时，它又是孕育、延续于人类历史中的，它的脚步没有停止，任务没有完结。

二 乡村教化的当下格局

简单而言，乡村教化可以分"人造的"和"自发的"两种模式。历史记忆中的习俗、礼节，在当时的生活中以不言而喻、不证自明的状态存在，也可能以乡绅、族长、家长的规训而存在，它是自发的教化秩序；这种力量富有生机但难以普遍推广。而皇权的下沉与扩张、国家政策的乡村介入等都可能成为人造的教化秩序，这种力量带有普遍性却难以适应广泛而复杂的乡村社会。美国农村社会学家埃弗里特·M. 罗吉斯和拉伯尔·J. 伯德格将乡村社会的变迁分为"内发变迁"（变迁力量或发动者在社会系统内部）和"关联变迁"（新的思想、力量、模式来源于社会系统外部）两个类型。在他们的逻辑里，"内发变迁"是社会系统内部的成员在几乎没有外界影响的情况下的创造或发明，产生的成果在该系统内部推广；"关联变迁"又可以分为"选择关联变迁"和"指导关联变迁"两种，这取决于变迁是社会系统内还是社会系统外的成员认识到变迁的重要性或者有这种需要。选择关联变迁是当社会系统内的成员受到外部社会影响，根据自身需求，采用或拒绝新思想引起的变迁。新思想对系统的影响可能是自发的，也可能是伴随的。系统内部的人可以选择、解释、采用或拒绝新思想。当农民参观农业大学，学习他们日后可以使用的农业技术，就是一个选择关联变迁的例子。指导关联变迁，还可称为计划变迁，是当社会系统外部，诸如某一机构或机构的代理人，为了达到自己的目的，有意识地介绍、推进新思想所引起的变迁。革新，正像对需要变迁的认识一样,是在此社会系统之外产生的。政府试图在农业、教育、卫生和工业中引进新技术所倡导的一些发展规划,就是指导变迁。当内发变迁和选择关联变迁的速度不能令人满意时,就会产生计划变迁的规划。①

当然,自发的是人们最期望看到的变迁模式,因为只有当人们认识到变迁的重要性和优越性时才会出现高效率的、积极的转变。但是,往往事与愿违,被动的变迁往往最常出现。反观当代中国乡村,乡村民众价值观逐渐扭曲,生活底线开始失守,村民自觉的动力微弱,难以支撑内发变迁和选择关联变迁。这种现实古已有之,也是政府以及社会有识之士所忧虑的,他们期望可以通过教化、宣传等工作,重树乡村文明。在当代乡村教化格局中,国家权力依旧是最主要的力量,社会力量的辅助作用逐渐加强,村民自觉参与或组织教化工作的现象也开始增多。

(一) 国家权力推进

乡村教化这一说法在很大程度上是冀望于他人、外力建构一个秩序,没有超越哈耶克所坚持的社会秩序种类:生成的和建构的。理论上的两种可能,也有两种教化路径,但是,当社会现实或乡村教化现实出现时,教化的路径可能就会确定或者将会有一定的倾向性。尤其是在乡村社会动荡、内部结构残缺、乡村秩序失衡的时候,国家权力的推进又显得极为必要。

村民与外界的联系加强,外部因素干扰增多,村庄原有自主调节能力降低;人口的流动与竞争使得村民心理认同降低;其他团体的竞合也令教化行动方向不一,路径多元,甚至还会出现相互扯皮、误入歧途的危险。所以,一定的方向指引、权力介入与行政干预是必要的。各级政府代表国家意志行使教化权利,自然少不了直接干预,但多数时候还是代以方向、路线的指引和指导。如何能最大程度进行乡村教化而不损伤

---

① [美]埃弗里特·M. 罗吉斯、拉伯尔·J. 伯德格:《乡村社会变迁》,王晓毅、王地宁译,浙江人民出版社1998年版,第66页。

农民的积极性和自主性,还给乡村更大的自由和发展空间,这又是政府工作过程中需要面对的问题。

　　自党的十一届三中全会召开以来,加强社会主义现代化建设也要求政府必须调动农民的积极性,在经济上、政治上、文化上予以相应保障和引领。1979年9月,中共中央十一届四中全会通过《中共中央关于加快农业发展若干问题的决定》,从充分调动农民的生产积极性,切实加强国家对农业的物质支持和技术支持的指导思想出发,提出发展农业生产力的25项政策和措施;同时,还要求极大地提高广大农民首先是青年农民的科学技术文化水平。1981年8月15日,中共中央发出《关于关心人民群众文化生活的指示》,要求全国各级党委和相关部门重视人民群众的文化生活,把它放在党委工作的重要位置上,认真抓好,切实解决相关困难和问题。引导人民群众,把文化娱乐活动带入更加丰富、更加健康的轨道。中央及地方政府不断推进乡村教化工作,尤其是20世纪90年代之后,农村教育改革、乡村文明建设受到重视,"燎原计划""三下乡"活动等都在为改善乡村风貌做出有力支持。

　　1998年11月26日,中国共产党的十五届三中全会通过《中共中央关于农业和农村工作若干重大问题的决定》,预计到2010年建成有中国特色社会主义新农村,为了贯彻这一指示,继续加强农村地区的文化、教育工作,促进农村社会物质文明与精神文明协调发展,文化部党组指示各级政府提高思想认识,明确路径方法,努力践行农村文化建设,巩固农村文化阵地;在此基础上,要积极开展文化活动,繁荣农村文艺创作,为农民提供优秀的文艺作品,丰富农民群众的文化生活;还要搞好重点文化建设活动,提供有利条件,稳定、发展农村文化队伍,深化体制改革等推动农村文化事业发展,增强农村文化事业活力。自1979年1月,中央政府相关部门就不断下发相关涉农文件,仅2005年就发布了56个相关文件。①

　　中央政府鼓励各部门采取有力措施,进行或辅助农村文化建设。例

---

① [美]黄宗智:《中国乡村研究》(第5辑),福建教育出版社2007年版,第136页。

如,"三下乡"活动,它由共青团中央主导,主要目的是使高校学生能够将自己所学的先进的、科学的生活观念与技术播向广阔的乡村社会,并从中学习、体悟。可以说,当代大学生的"三下乡"活动,为政府乡村教化工作分忧,为乡村文明建设出力,为自我形塑添彩,这一行为在很大程度上,架起了高等学府与乡土社会、国家政府与乡村民众沟通的桥梁,为中国特色社会主义的良性发展做出了积极贡献。有评论认为,该活动自实施以来,改善了农村社会风气,密切了党群、干群关系,一定程度满足了广大农民的精神文化生活需求,很好地促进了乡村文化建设。

党和政府极为重视农村文化建设,认为中华民族的伟大复兴要以文化的繁荣昌盛为前提条件。全国上下对历史文化特别是先人传承下来的道德规范,都应该坚持古为今用、推陈出新,有鉴别地对待,有扬弃地继承。这深刻地体现了乡村教化中国家权力的影响,是人造秩序的体现。这是由一定权威为实现预计结果而有意识设计的,这种权威具有高屋建瓴的指导作用,但也有范式强加之嫌,甚至会限制部分自由,抹杀掉一定的个性,牺牲一部分人的利益。乡村教化在"人造秩序"层面有其积极作用,也会出现不良反应。所以,除了在政策推广、权力推进、地方应和之外,乡村的现实状况还触动了更多有识之士的深刻反思并尝试通过自己的学识、能力开展乡村教化工作,回馈乡村社会。

(二)社会力量介入

新中国成立之初,共产党通过大规模群众运动、政党下乡、政权建设等措施深入基层,普通农民在生活中第一次与国家权力有如此紧密的联系,甚至一度克服了传统中央集权的"内卷化"困境,但是,这又造成传统乡村治理模式、乡村教化路径以及乡村民间组织的改变或消解。近40年,乡镇一级政权的力量与影响渐弱,国家权力上移,乡村自治的空间更大,"国退社进"也必将成为新的趋势。我们认识到,乡村社会是礼治、官治、法治的综合体,带有很强的不确定性和复杂性,然而,随着社会发展,乡村社会越来越倾向于法治。只不过,我们也不能否认其他治理模式的辅助性与合理性。

当前情形，社会关怀下的教化实践种类、层次各异，其效果与影响也大有不同。放眼全国，开设儒学讲堂或以优秀传统中国文化为基础的讲演逐渐增多，践行这一教化任务的多为当代公共知识分子、社会精英或成功人士。相较之下，一些知识分子、社会名流发起的乡村教化实践更有代表性和针对性。毫不夸张地说，心系天下，乃古今中国知识分子的理想追求，传承优秀文化、传播现代文明，也是当代知识分子的担当。所以，当代中国出现的一群公共知识分子的教化实践并非心血来潮，他们努力构建一个理想的框架或图景，并以此展开教化行动，尝试解决当代乡村面临的种种困境。这一行动背后本就蕴含特定的历史宿命——知识分子的家国情怀。

这群知识分子怀着美好的愿望进入乡村，在他们中间的多数人的心目中认为，乡土社会应该是充满温情、礼让的，是具有博大胸怀、勤劳纯洁的。为了改善乡村风貌，为乡村文明建设提供新鲜血液，很多知识分子开始进行多种形式的教化尝试。借用传统优秀文化进行乡村教化工作是其主要形式，因为他们坚信"礼乐传统是中国古老文化传统中的荦荦大者"①。基于传统文化进行教化工作，在形式、方法与内容上有"法"可依、有"矩"可循。有学者以鲁国的礼乐之学为例，它虽然在孔子时代步履维艰，但在不断发展中受到重视，最终在学童到大儒的诵习之中传续不绝。《史记·孔子世家》说："鲁世世相传，以岁时奉祠孔子家，而诸儒亦讲礼、乡饮、大射于孔子家。……故所居堂，弟子内，后世因庙藏孔子衣冠琴车书，至于汉二百余年不绝。"这是当代乡村教化者的理想寄托与信念的源泉。

除了他们对教化理想的坚持，也有对乡村现实的无奈。2012年底，一些儒学研究专家到孔子出生地进行调研，他们却大失所望。所谓圣人故里、儒学发祥地已是徒有虚名，不仅少见彬彬有礼的君子之风，道德失范现象反而更严重。为此，他们经过精心策划，"以点带面"进行乡村教化，期望达到传播文化、唤醒村民、重树新风的目的。很多儒学研究

---

① 杨朝明：《鲁国礼乐传统研究》，《历史研究》1995年第3期。

者坚信"'儒家学者有一个使命,在朝则美政,在野则美俗。'他们认为,儒家的学问是知行合一的学问,儒家知识分子应该责无旁贷地走出校门,走出象牙之塔,深入到群众当中,尽力改良社会风气。为了重建被破坏的乡村文化,一些有担当的儒学研究者决定在农村开办儒学讲堂"[1]。鉴于他们教育的对象是一些文化程度不高的农民,其方法必须贴合农村实际,教学内容还要有趣、易懂。所以这群儒学研究者决定尽量不讲大道理,而是讲故事,"不讲天边讲身边",从农村最基础的孝道入手,结合村民的生活习惯和较为关心的生活日用讲。他们将这一形式固定下来,坚持去做,形成了一套完善的教化体系。

教化的内容多以儒家的孝道和五伦教育为主,并专门针对农民群体进行相应的教学设计和教学改造,用贴近乡村生活的语言表达教化思想。例如,山东泗水县的"乡村儒学"实验,让儒学再次扎根乡村、焕发生机,为乡村文化建设、文明重塑提供支持,这将对改变乡村传统文化荒芜、伦理瓦解、道德真空现象起到积极作用。但是,在乡村儒学开讲的初期,到乡村书院读书、听讲的民众较少,即便是通过发放小礼品等形式也难有太好的效果。面对此等窘境,学者们没有气馁,而是通过调整、创新讲课方式吸引村民。有学者称:"要让农民听得进去,就要用农民的话,讲农民的事,教身边的人。"[2] 一些村民也说,老师讲的孝顺老人、家庭和睦的故事都是我们能用到的。

除了听课、看书之外,传统礼仪、礼节的教育也在逐渐深入。有些教化人员还亲自示范"作揖",这是中国的一种传统礼节——两手抱拳高拱,慢慢弯下身子,向人敬礼,表示尊敬。有村民就学着老师的样子,重复几次,做的合格了,老师则宣布"礼成"。现代生活中几乎用不到这种形式,但他们相信,在学习、模仿的过程中会有某种历史的精神灌入学习者心中,守礼的意识会更为坚定。随着教化工作的深入,村民在心态与行为上出现了积极的变化。村中不文明行为大减,骂街、偷窃的现

---

[1] 赵秋丽、李志臣:《利居众后,责在人先——从弘扬优秀传统文化看山东广大知识分子的责任担当》,《光明日报》2015年12月20日。

[2] 《山东:儒学下乡重塑乡村文明》,http://pinglun.sohu.com/s405509519.html。

象儿乎没有了，村中卫生状况也得到极大改善。儒学讲堂开始从孔子故里向周边辐射，惠及乡民，目前已取得较大影响。近几年，仅泗水县"乡村儒学讲堂"已开课1000余场次，受众9万余人次。近些年，孔子"故里"的乡村教化力量开始壮大，在被称为"东南阙里"的南方孔氏家庙也兴起儒学文化区，为儒家文化的传承、拓展提供场所和载体，目标是成为中华传统文化教育基地与礼仪培训基地，辐射周边。

当下谈"儒家精神"，其实是一种泛化了的儒家学说，或者说是传统中国的文化精神，它所能带来的思想需要审慎对待。不同于专制时代，在这个"个体化时代"，每个人的理性都应该得到尊重，民主、科学的导向与经济大潮主导的思维模式拒斥着帝制时代"经学建国"的思路，重拾儒家教义亦需面对历史与现代的心态分歧。将儒家思想或以之为代表的传统文化进行重建、重构，使之成为一种教化方式、生活方式未尝不可，但它不是复古，这一行为不能僭越当代社会现实，也不得不去考察它的可信性和有效性。基于传统文化的教化方式并不是当代学者践行乡村教化的唯一路径，一些学者在调研的同时还参与到了乡村建设中，体现了学者所应该具有的社会责任感与学术品格。有学者曾以某村为调研、改造对象，不但书写当地的文化，还改变了他们的生存状态。他发现，人类学者在做农村工作时，往往居高临下，往往容易自以为是，这时候就要反思是否把位置摆对，真心去对农民?[①] 如此看来，更好地接近乡土，走近村民，避免思想、范式的强加，是下一步乡村工作亟须解决的难题。

（三）村民自我觉醒

借助外力进行必要干预或辅助，对乡村社会具有极为重要的意义，但仅仅关注外部教化实践，并不能从根本上改善乡村所面临的种种困境，也忽略了村民自我觉醒的意义。外力介入之外，乡村内部的自我觉醒与

[①] 徐杰舜：《福村迟来的转身：一个山村在景区开发中现代转型纪实之一》，黑龙江出版社2010年版，第340页。

革新在缓慢发生。闲暇时间，一些村民开始通过参与各种娱乐、表演、健身、竞赛以及乡俗活动积极提升自身修养。这种景象可以在很多历史书籍中看到相关描述，是传统乡村社会的生活常态之一，其中不乏村中知识阶层的引导。当代社会，村中的乡绅等阶层已经不复存在，新的领导人缺乏相应的文化权力，有心操纵乡村工作，却无力指导乡村教化。所以，一些散漫的自我教化活动偶尔会零星出现，但势力微弱，需要及时的辅助与整合。

"文化下乡"背景下，很多城市社团送戏下乡，期待带给村民文化大餐。相反，一些土生土长的农家剧团也逐渐活跃起来，他们不但"走村串乡"，还开始"送戏进城"，赢得了城市居民的欢迎和好评。例如，苏北革命老区泗洪县太平乡的一个剧团就是如此，他们在丰富贫困乡村的文化生活、振兴农村文化、实践乡村教化方面的作用不可抹杀。用他们的话概括即是"演的是农村事，唱的是乡下人，乐的是老百姓"[①]。其实，这种乡村萌发出的教化力量并不少见，加以正确、合理的引导乃是教化工作的一个新生长点。

社会不断发展，人民生活水平明显提升，村民在追求丰盈物质生活的同时逐步强化对精神生活的向往，他们有时会反省自身生活方式，这种冲动不断累积并形成村民的自我审视、自我规约、自我觉醒。梁鸿在其《中国在梁庄》一书中极为生动地描写了一个普通小村落，也在很大程度上揭开了当代乡村的面纱以及村民的生存状态，唤醒了更多人对乡村的重新认识。描述中的乡村生活支离破碎，也难再现田园诗般美好图景，但是，生活于其中的人们并非愿意打破乡村的美好，他们内心有敬畏、有思考，也有被教化的可能。如古时希腊先贤拒斥未经反思的生活一样，谁都不愿意过一个没有意义的人生。只不过，匮乏知识的村民更容易被凡俗的事情遮蔽双眼，而难以达到贤者所期待的高度或"美德"。将高尚生活理念、科学发展观等普及、内化，破除村民对工具理性、物化追求的迷恋仍需村民内心悦纳与行为改变的双重努力，也需

---

① 胡昌方：《"文化下乡"与"乡戏进城"》，《瞭望新闻周刊》2005 年第 46 期。

要提供必要的条件。否则,非但难以实现预期目标,还很有可能适得其反。

三 乡村教化的现实困境

当代乡村教化工作遭遇诸多困境,有乡村生态失衡愈加严重的缘故,也有思路和方式不恰当的因素。历代乡村教化的经验或教训都表明,教化努力并非一个自上而下、自下而上的简单过程,它是一项系统工程。

(一) 乡村生态恶化

美国学者埃弗里特·M. 罗吉斯和拉伯尔·J. 伯德格曾指出:"传统的乡村领袖不能再保持他们的权威……如果这种变迁发生得太快,乡村社会结构中各个部分的和谐关系就会瓦解……村里的年轻人则会迁移到城市的贫民窟去。一个和谐的系统就陷入了内部的混乱。严重时,系统的规范就会被打破。"[1] 乡村生态问题是制约教化工作展开的首要因素,它面临组织结构残缺、主体精神涣散以及内发动力不足等困境。澄清教化的客体及其现实状态有其必要性,它是以往教化困境的主因,也是开展后续工作的前提。

1. 组织结构的涣散

商品经济大潮之前,中国乡村"自我愈合"的能力与愿望极为强大,即便是遭遇天灾、人祸、战乱等剧烈变动,它还会通过自身的调节,逐渐"弥合伤疤",保持相对稳定、自发的生活状态。然而,乡村物理结构遭遇不同往常的时代巨变、革命潮流、经济转型等因素的冲击,造成包括地方知识精英逃离乡村、权贵阶级权力转换、新型组织结构异化在内的失衡,原有伦理实体无法发挥相应道德教化与约束功能。这是以物理结构为代表的乡村生态系统的整体变化,超越了乡村旧有的自我调节

---

[1] [美] 埃弗里特·M. 罗吉斯、拉伯尔·J. 伯德格:《乡村社会变迁》,王晓毅、王地宁译,浙江人民出版社1998年版,第15页。

能力。

　　不论是何种组织、机构，其中必有相应的主体参与。主体在一定结构中行动，又影响结构；结构对行为起到一定制约、规范作用，又依赖于主体行动而存在。乡村也是如此。如果乡村主体缺失（包括身心两方面的缺位），其已有的社会功能也将消失或减弱，必将影响整个乡村的生活秩序。大量劳动力离土离乡，进入城市各系统中，乡村空心严重，多是老弱妇孺留守，传统乡村社会图景已经变得模糊。乡村主体或基本角色的缺席成为常态，聚落而成的村庄少了足够数量与力量的人群，其熟人社会的内涵逐渐瓦解，甚至有学者将之定义为"半熟人社会"①或"无主体熟人社会"②。熟人社会中，人们相互熟识并有千丝万缕的联系，加之邻里之间的守望、传统道德与舆论的压制，村中秩序相对安定，甚至可以有路不拾遗、夜不闭户的安全感。如今，已是另一番模样，主体流失致使乡村不再如以前那样有机、统一，问题更为尖锐，弊端更加突出。舆论失灵，面子不再值钱，社会资本流散等并不鲜见。③ 当然，这一问题又非绝对的，因为从村庄流出的大部分青年人群都会间歇性地回流，熟人社会原有特征又会周期性呈现，主体之间又出现密集的交互作用，原有组织结构又开始运转。有研究者说："人情面子还是要讲的嘛，宗亲关系又重了起来……农村纠纷要在年终算总账，还有的人通过'夸富'寻求认同，或者参与村里重要节庆的宗族活动寻求宗族认同。"④

　　我国政府意识到乡村物理结构带来的权力转换和相应的秩序失衡，尝试多种渠道予以应对，其中一条即是提倡乡村自治。1988年11月4日，全国人民代表大会常务委员会修订并颁布《村民委员会组织法》，这是国家以村治代替人民公社的尝试。该法的根本是保障农村村民实行自治，通过发展农村基层民主，让群众依法办理自己的事情，以此促进农

---

　　① 贺雪峰：《论半熟人社会——理解村委会选举的一个视角》，《政治学研究》2000年第3期。
　　② 吴重庆：《无主体熟人社会》，《开放时代》2002年第1期。
　　③ 吴重庆：《从熟人社会到"无主体熟人社会"》，《读书》2011年第1期。
　　④ 杨华：《"无主体熟人社会"与乡村巨变》，《读书》2015年第4期。

村社会主义物质文明和精神文明建设。这是一个良好的开端，但乡村社会依然处于调整状态，教化工作依旧需要面对散乱的乡村结构。

2. 公共精神的缺失

在中国生活多年的美国作家彼得·海斯勒有一种深刻的感触，即大部分中国人缺乏公共意识或者以冷漠的心态对之。他曾经到过涪陵地区，认为那里缺乏一种严格意义上的社区感。"近代以来的历史教导人们，村民要尽量少掺和公共事务……他们也越来越对公共事务缺乏了解。对于当地的一些重大事务，涪陵的人们没有更多渠道获取相当可靠的信息，再加上政府对公开抗议活动的严厉限制，使得人们无法参与公共事务。最重要的是，这些人既不期望也不主动要求参与公共事务。"[1] 作者也无法理解，这种对公共事务的彻底疏离是何缘故，与新中国的建国思想有些背离。部分地区，情势较以前更为严峻，有些人对公共事务的冷漠之外还出现对公共产品的肆意占有或破坏。即便是大部分青壮年在场或者乡村结构保持完好的乡村也出现了类似状况，也就是说，物理结构的变化仅是一个方面，最直接的原因或许还是个人自我关涉的加重，经济、社会的剧烈转变已经动摇了人的心灵。人们更加关注自身感受，自家幸福，而忽略"我们"这一集体精神。在现实生活与激烈竞争面前，亲情、友情、面子似乎不如金钱实用。

教化对象的复杂性预示了教化过程的困难性，精英们的教化理想并未贯彻到整个乡村社会，也难以引起效仿的潮流，因为这一行为貌似不能带来更多实际的好处。教化者即便具有极高的素养和能力，仍需要科学、严谨、系统的过程运作。然而，这一切也都难以保证。在当前并不乐观的乡村生活中，教化者不能盲信传统文化的适应性和现代科学的实用性，不加辨别、检验，若是一股脑儿地塞进乡村教化的箩筐中，必然难以令人满意。重构教化内容与表达方式时认清乡村实际是极有必要的。乡村需要科学、技术以满足村民的基本生存需求；也需要文学、艺术、审美以满足村民的多元发展与多样化需求。即不仅仅思考乡村的自然特

---

[1] [美] 彼得·海斯勒：《江城》，李雪顺译，上海译文出版社2012年版，第122页。

征、经济发展、教育水平、历史风俗、权力运行，以便有的放矢，还要反思如何将他人信奉的范式通过自然的方式传递给村民，而非以一种灌输的行为进行范式的强加。乡村教化不同于基础教育的普及工作，乡风、民俗等个性因素暗示教化者或施教者需因地制宜、因人而异，突出高效性、实用性、简洁性的同时还要尊重当地生活习惯以保证教化的准确性和效果的充分性。

3. 内发动力的不足

源于村落或者聚落之中的自我教化带有极强的现实意义和生命力，因为它是以血缘为纽带的伦理实体，生发于当地村民的日常生活之中，更像是其自然禀赋，在自我改良、改造中有着先天的优势和动力。一些相对保守的人们认为，现实生活中的丑恶现象难以避免，唯一的补救措施是求诸经受了漫长历史检验的传统智慧，这种智慧是自发的、原生的、本土的。他们还坚持对传统的尊敬和维护，认为绝不能轻易否定，甚至砸烂传统，急于求成的行为并不能带来新的文化、生活转型，反而可能带来更大的负担与危险。然而，这种原生行为只是零星散落于各地或者仅仅关照教化的某些主题，呈现莫衷一是、散漫无序的局面。还有一些地方的自我教化实践出现异化，变成纯粹的娱乐、消遣行为。"倾听文化茶馆那麻将的哗啦声，遥想那空旷的戏台飘过的寂寞空气，还有几亿少年无所适从的茫然眼神，我看到的是一个民族的文化、生活的颓废及无可挽回的衰退。"① 多数的村民被生活压迫，被欲望裹挟，这种失落并非个案。

成长于地方的教化实践有相当大程度的路径依赖，这是对以往生活方式的适应与回应，他们由此形成一个自洽的行为方式和自我强化、自我调节的系统。这种教化方式以最贴合乡村生活以及成本最小化为基础，通过养成习惯而"锁定"教化路径。这种范式尤其是在农耕文明时期的社会稳定阶段有着积极的意义。然而，内生逻辑之下的教化虽少了对外在范式的消化、吸收之苦，却很可能丢失对至善生活的高度把握，迷失

---

① 梁鸿：《中国在梁庄》，江苏人民出版社2014年版，第228页。

在自我观照的狭隘空间中。不可否认，这种路径极有可能通向低效甚至错误的方向。既然这一连续的、缓慢的、渐进的、内发的生存方式只能保持"自洽"而不能保证"完满"，甚至可能出现恶性循环、难以自拔，那么，它在社会巨变之下又必然要借助外力支持。

日常生活世界以"不言而喻"的形态出现，村民习以为常，多数时候难以引起有效的反思与自我改造的冲动。如何能使我们生活于其中的世界确然性的朴素的不言而喻性达到一种可能理解性呢？胡塞尔认为要澄清生活世界的本质，则需要深入到构造世界的先验主体性层次，不仅是停留在存在状态上的反思，而是要让位于更彻底的哲学反思。如此一来，需要知识精英在存在状态上进行探索，然后在这一基础上进行更为彻底的反思，继而寻求相应的方案。在寻找方案的同时，我们不能忽视村民遭遇文化宰制的困境，不得不去审视他们为何反抗和拒斥乡村教化。

（二）教化实践问题

教化实践面临的问题是多样的，乡村的系统即便稳定如初，其复杂性仍会对教化工作造成极大威胁。纯粹的价值判断存在于思想领域，但这不能代表革新的纯粹性，因为面对的是繁杂的生活世界。教化者的价值判断掺杂了太多的主观色彩，必然会对行为领域有所误导，即他们的漂泊不定导致了主题、路径的摇摆。而教化理想属于理论范畴，实际的运作则属于实践范畴，这就注定了二者在乡村的命运与遭际。教化理论难以很好地衡量村民的整体现实和个性特征，难以应对复杂的乡村生活，呈现教化"精神封闭"与工作思路、方式僵硬的现象。再者，教化寄希望以外部规训的方式完成村民内在规约，遭遇相应的反抗是必然的，教化需要面对"教"与"化"的博弈，即方式、方法与效率、效果的平衡。

1. 教化图景单调乏味

教化工作视野狭隘、思维封闭与理论固化等不足导致教化图景的单调乏味。首先，教化者的视野狭隘。教化的对象——村民，有其共性、独特性或局限性，村民所表现的问题也有其共性和个性；乡村面临的困境并不能全部归咎于村民，也不能全推给外部环境；乡村乃至整个国家生态系统的失调所导致的问题不容否认。其次,教化理论论证过程的封闭化与简单化。教化理论基于某一假说或流行的学说,难以全面、真实反映教化现实,由之产生的自上而下的教化命令或许可以在实践层面得到相当程度的附和,但却难以在心理层面产生相应的悦纳,甚至还会发生排斥反应。最后,关于乡村发展和建设的思想和理论一直未有较大改善,机械、呆板、不合人性的意识形态和理论框架排斥新思想、新方法,以八股、僵化的理论指导教化工作,其结果可想而知。

如果说在人类知识、智能都相对不发达的阶段,权贵阶层的教化意图(上所施,下所效)有其合理性,那么在一个知识爆炸的社会,国家意志、权贵阶层的教化意志必然受到多样性需求的抗拒。哈耶克在批判某些特权阶层或超然知识阶层的理性滥用之时说:"一种让某个超级头脑控制一切事物的要求,然而它同时也为一种彻底的非理性主义奠定了基础。"[①] 强势政府拥有其理论上的自觉和自信,他们多数时间是极为理性的并在话语表达中体现了对庶民的关切与爱护,企图利用理性的道路设计去移风易俗。只可惜,教化对象几乎是非理性的,几乎不能接纳国家理性给予的关怀。即便政府或权力部门所有的教化尝试都是美好的、理想的,是让村民过至善生活的,然而,这种理想依然带有一定的伤害性。

2. 教化思路刻板僵硬

《庄子·应帝王》中曾提到一个寓言,说:南海的君王"儵"与北海的君王"忽"经常在中央君王"浑沌"那里做客,浑沌每次都是热情招待,儵与忽欲报答浑沌的盛情;他们二位思量一番,人都有七窍而浑沌却没有,就想要凿出一窍让浑沌也能跟他们一样享受世间的美景、美食等,没想到七天凿完七窍后,浑沌却也因此丧命。《庄子·骈拇》篇中也提到,"凫胫虽短,续之则忧,鹤胫虽长,断之则悲。"由此可见,外力强加的生活范式无异于一个嵌入机体中的"楔子",或者如"紧箍咒"一般起到强制性的规定、限制作用。如此一来,遭遇拒斥也在情理之中。

[①] [英]弗里德里希·哈耶克:《科学的反革命:理性滥用之研究》,冯克利译,译林出版社2012年版,第158页。

当下，建构一套有机的、系统的并且易于为村民所接受的教化体系势在必行。

理想样态中，从传统士绅乡贤到当代知识人的教化图式演变，不是沿袭旧时礼教规约也不应是完全顺应了西化大潮那种摩登、前卫的自我放纵，它应该是吸收传统文化的优秀基因并辅以现代科学、民主的精神而成的有机体，它是生活方式的改观，是生存范式的完善。但时代不同，当代知识人所拥有的文化资本与象征权力也与以往有极大差别。传统士绅阶层明确的教化权力自然可以为其伸展个人抱负或其他目的而利用，当代知识人缺失政府赋予的教化权力如何能更为恰当、合理地伸张其理想图景和教化欲望，他们能在多大程度上改变或改善乡村文明呢？另外，多数知识人依然怀有对乡村的美丽幻想，期望乡村依旧可以是"有良田美池桑竹之属。阡陌交通，鸡犬相闻。其中往来种作，男女衣着，悉如外人。黄发垂髫，并怡然自乐"。他们以辅助者的姿态现身乡村之中，能否切实地贴近乡土生活，能否更好地平衡幻想与现实之间的张力，极为重要。

当代知识人深入乡村社会，不仅仅是为了回馈乡村，彰显自身的社会担当，他们还肩负深重的文化使命，意欲重回中国文化的精神故乡，期望在中国文化的发源处重新寻求文化的活力。然而，理想并不总是可以实现。现实中，我们更多的是看到知识精英的摇旗呐喊，目光的敏锐、思维的开阔都将精英们推向愤世嫉俗的一面，极力否定现有的、糟糕的社会现象。然而，个体的力量已经难以支撑一个庞大的理想或图景，这是一个团体合作的时代，这在很大程度上拒绝英雄式的、堂吉诃德式的孤军奋战，即便是一群热心精英的联合都需要必要的政策与精神上的支撑，否则，勃兴的教化浪潮不会持久，繁荣背后将会留下更多的颓败与荒芜。弘扬中国优秀传统文化，名人、学者首当其冲本是其社会担当的必然写照，他们基本上代表着一个时代最前沿的思想。但是，传承国粹、布道教化、利国兴邦、修心益民等大理想之下的短期行为能否得以长久发挥效用，值得商榷。即便是当代学人有星星之火可以燎原的信心，也必须有运筹帷幄、持续发展的战略布局。

3. 教化方式偏离生活

乡村教化喜忧参半，自上而下的教化实践多是带有理想色彩的尝试，少有针对性，也难能唤起村民的觉醒。作为教化者需要关注如何更好地开展工作，能够做出何种贡献。然而，大多情况下村民几乎不领情，他们会用好奇、疑惑、不解的表情甚至嘲讽的心态看待此事。站在村民角度——这件事给我带来什么好处，有没有用？教化常常流于思想、理论或生活方式的强加、灌输，不是村民的自发、自觉。封建君主即知晓在乡村教化面前国家力量的微弱性和外在性，它不是本土生发而出，很容易遭遇村民拒斥，故而，提供相应原则、方向，利用地方精英代替自己行使教化工作。近代以来，乡村精英流失，权力阶层低俗化、流氓化，加之新式教育的异质性一直都是教化工作难以深入、有效开展的症结所在。例如，现代学校及其知识的专业化和封闭性与村民日常生活越来越远，这不仅仅表现在学校相对于村庄的独立，也表现在心理、情感上的疏远。

乡村社会结构的重组与传统文化断裂造成了一定的伦理真空，新的秩序与伦理实体又没有完成，使得教化工作无所适从，陷入被动、机械、说教的困境，这是当代乡村教化难以解答的难题。可见，当代乡村教化面临的问题是多维度的，这也是教化工作遭遇的主要根源。具体来说，如欲改善当代乡村教化，需要回应如下问题：一是物理环境与精神环境巨变所带来的冲击；二是教化的上行下效问题；三是教化的主客体博弈；四是教化的内在规约与外在规训；五是教化工作的单一性与乡村问题的复杂性。

四 乡村教化的可能改进

"集家而成一乡，集乡而成一国"，这就是传统封建国家的构成逻辑。即便是社会异常发展的今天，原子化个体的加剧以及市民社会发育不完全的现实为我们展现了更多的困境，但乡村的基底较为完整，依旧有药可治。乡村生态遭遇巨大挑战，需要深刻转型。所以，立足乡村生活现实，构建符合乡土实际、适合村民生活的教化体系才是重中之重。

（一）重建乡村秩序

乡村教化所面临的最大困难是乡村生态破坏或系统紊乱，重建乡村生态，重整乡村秩序，才是本真的任务，也是重树乡村文明的前提条件。这可以结合国家在城乡统筹发展、现代化农业建设、农民增收计划、基础条件建设、社会事业、民主政治建设等方面的计划和部署，从改善群众物质条件、精神生活和公共环境等方面着手。

1. 构建新型共同体，弥补传统伦理实体的缺失

当下，乡村生活条件已经得到极大改善，所谓"疲敝不堪"，是相对视域中的表述，这种境况尤其是人民物质生活水平的提升较以往有革命性的进步。它不再像以前文本里描述的那样，田野荒芜、房舍破败、啼饥号寒、野居露处，老弱转徙于沟壑，少壮逃散于四方；也不似过去，半数以上的先民相信鬼魂法术、巫医神婆，怪力乱神现象在乡村肆虐。剔除封建糟粕，加入优秀文化，改善乡村精神内核，也有巨大潜力。

村庄空心不单单是村庄主体力量流失，它还造成以家庭为单位的稳定结构的破坏，家不再完整，其情感依托与精神辅助的力量几乎丧失，造成村治失序、教化失调。因为"每个人在其一生中的很大部分时间是作为一个家庭成员度过的。在家中，儿童习得了社会价值观和相应的生活方式……在我们这个社会中，家庭往往被认为是社会中最初级的群体，已经失去了许多原有的功能，但社会化和人格发展的功能仍旧是家庭的一项重要职能。家庭教导了最初的个人价值和态度"[①]。家庭之外的机构正在逐步取代家庭的某些功能，如保护、教育、娱乐、休闲等，但也不能完全代替家庭。

严重的不仅仅是村中缺人，更严重的是村中缺乏完整的行动单位。如此来说，重新构建或者组建相应组织、团体以代替或缓解家庭破碎造

[①] ［美］埃弗里特·M. 罗吉斯、拉伯尔·J. 伯德格：《乡村社会变迁》，王晓毅、王地宁译，浙江人民出版社1998年版，第79页。

成的创伤是非常急迫的社会现实。从家庭、宗族等行动单位转变为团体、群组、社团等模式有其积极意义。引导村中剩余精英或热心公益事务之人，建立一些非正式组织，弥补原有行动单位的残缺与不足，发挥该组织的乡村教化、资源整合、感情维系、乡村治理等功能。利用该类组织的影响，开展更多样、更丰富的道德教育、技术培训、职业培训甚至在有条件的地方尝试学历教育，为合格人员颁发国家承认的学历证书。这样不论从经济上、感情上、心理上都能激发村民学习的动机，形成乡村发展的良性循环。

2. 分辨乡村运行机制，有的放矢地施加教化方案

无论乡村教化的主体是谁，如果教化的内容和形式不能充分考虑乡村的特点并与乡村场域充分融合，就会造成乡村教化的形式化、表面化，犹如隔靴搔痒，效果必然大打折扣。村庄的活动是基于一定规范的，有人将之分为"硬规范"（乡规民约、族规家法）和"软规范"（道德伦理、乡村舆论）。有学者则列举了几个不同类型的村治模式，如宗族主导型村庄、小亲族主导型村庄、户族主导型村庄、联合家庭主导型村庄、原子化村庄。不同类型的村庄，有其相应的运行模式，自然也会影响村民的行动逻辑。[①] 开展乡村教化，亦要直面这种差异。

改革开放之初，一些传统礼仪、制度得到复归，在很大程度上是源于乡村民众生产生活需要，现实影响极为深刻。相反，在2000年以后，国家全力推进"全面建设小康社会"，但重视外部理论的输入，忽视对乡村民众实际需求的考虑，一些教化措施并没有达到预期效果。如"'农家书屋'里的很多书是二三十岁的青年人不想看，四五十岁的人没有时间看，六七十岁的人看不懂。'专家'在讲座上所讲，不是群众想听的内容，也不是群众喜欢的话语方式。至于电影，既不够'新'，也不够'旧'，几乎被所有年龄阶段的群众所抛弃"[②]。要改变乡村教化这种隔靴

[①] 贺雪峰：《村治的逻辑——农民行动单位的视角》，中国社会科学出版社2009年版，第96—97页。

[②] 袁媛：《热闹而寂寞的乡村教化——基于建国后石村社会教育历史人类学考察的研究》，博士学位论文，东北师范大学，2010年。

搔痒的状况，使乡村教化深入民心，化民成俗，就必须真正根植乡村，在准确把握我国乡村文化特点的基础上，选择与民众需要相契合的教化内容，采用适合民众习惯与喜好的教化形式。因为，对乡土社会来说，一旦外部的影响施加到这一"场域"中，"就意味着进到了一个特定的社会关系和文化规则之中，它只有顺从这一'场域'的乡土文化逻辑才能建构或维护自己的合法权威"。[1]

乡村基本接受国家、政府的经济政策、制度建设等硬性规定，虽然这一过程中会发生多次的"条件拒斥"（硬性物质或其他条件落后、缺乏导致的客观障碍）。乡村教化推行不力或受到拒斥，则与当地的生活习惯、地域文化有一定关系，即"文化拒斥"。这种拒斥是乡村传统文化和国家现代化之间的隔阂，现代文明及其行为方式受到传统生活方式的排斥，使得村民出现不合作、不配合或者貌合神离的现象；这种拒斥是柔性的，短时间内难以改变或缓解的。文化拒斥是有一定特征（传承性、间接性、区域性、可塑性），也有不同的指向——指向政策主体的拒斥、指向政策客体的拒斥、指向政策执行的拒斥。这种拒斥行为之下可能又会异化出不同的拒斥方式，包括消极参与、积极阻滞、异化敷衍、附加条件等。[2] 分析拒斥的类别、特征与方式，可以有的放矢地施加解决办法，更好完成教化任务。

另外，村庄有很大程度上的自由空间，村干部与村民并非遵循严格的层序制度与权力分配，其中还有族权、血缘、姻缘等关系制约，规训与被规训的界限并不那么分明。现在看，大多数的乡村倒更像"官民混合"的政治景象，他们正谋求在法理权威与传统权威之间的平衡；个别地区也会出现领袖魅力权威。所以，乡村教化要取得实效，只有根植乡村社会，渗透在乡村民众的日常生活和生产之中，了解乡村社会的基本运行秩序以及相关村庄的具体状况，才能真正发挥熏陶和规训的教化

---

[1] 郭亮、何得桂：《乡村社会中的国家遭遇：一个文化的视角》，《古今农业》2006年第2期。

[2] 陶学荣、陶叡：《走向乡村善治——乡村治理中的博弈分析》，中国社会科学出版社2011年版，第112—120页。

功能。

3. 借助新农村文化建设，理顺乡村公共生活

梁漱溟在谈及"西人所长，吾人所短"时指出，西洋人在公共观念、纪律习惯、组织能力、法治精神等"公德"层面与中国人差异较大。这些公德为国人所缺乏，"往昔不大觉得，自与西洋人遭遇，乃深切感觉到"[①]。当代乡村教化依旧面临村民公共意识较为淡漠的问题，他们关心的是自己、家庭、家族而非社会。如果一种资源，必须两分的话，那么就会被分为自己的或者公家的；自己的资源不可侵犯，公家的资源则可以任意挥霍、糟蹋或者干脆据为己有。这种现象几乎随处可见，也是较为棘手的社会问题。这一社会现实，是多种因素共同构建而成的，并不是某一村民的错误；然而，施以何种教化方式才可以有效缓解这一困境呢？理论说教、规范引导、制度压制、相互监督还是其他方式？

乡村所面临的困境是复杂的。乡村兴衰是一个系统变化，教化不单单是宣传、教育、劝诫，还有辅助乡村进行系统调节的任务。教化应该将国家、社会资源相整合，与乡镇村政府对接，合理构建富有积极意义的公共生活空间。例如建设公共阅览室、活动室、村务讨论室，组建"老委会""妇委会""村治会""村风监察会"，鼓励、支持、开发优秀民间艺术，引导富余资源向农村倾斜等。其实，中共中央办公厅、国务院办公厅等早有相关政策出台，只是限于地方经济、社会发展水平和重视程度，尚未完全达到预期目标。未来可以在相关政策文件基础上重整乡村秩序，加强文化建设。一方面，加速提升村民文化水平，优化乡村生活环境。之所以进行乡村教化，其目的是克服乡村恶象、不良风俗，这需要从根本入手，提升整个村庄的教育水平，使得村民懂法守法、知书达理。这可以从强化农村义务教育、加强村民继续教育、扶持积极向上的文体活动、倡导文明新风等方面入手。另一方面，借助新农村文化建设，理顺乡村公共生活。这需要通过创新乡村机制、强化制度保障等措施，激发乡村自身活力，尊重农民主体意识、创新意识，挖掘其经济

---

① 梁漱溟：《中国文化要义》，上海人民出版社2005年版，第59页。

潜能，引导其朝正确方向发展。"穷生奸计，富长良心。"乡村教化依然要以乡村生产力的发展为保障，以村民生活富足为前提，让经济的巨大发展成为推动村民教化自觉的恒久动力。

（二）唤醒村民自觉

孟德斯鸠曾经批判，"一个被奴役的民族的习惯就是他们奴隶生活的一部分。而一个自由民族的习惯就是他们自由的一部分"。[①] 我们可以引申为，一个被规训的村民的卑劣习惯是他们低微生活的一部分，而一个和谐乡村的优良习惯就是他们幸福的重要内容。乡村教化不同于普通教育的严谨性和专业性，它应以简洁、实用、欢快、有趣为原则，灵活、多变地施加教化内容，以唤起民众的自觉为目的。例如，依托传统节日庆典，普及相应礼仪、孝道、爱心；通过影视媒介，编导更具有正向精神的节目、曲目等等。教化需要进行系统调节并以贴近现实、贴近生活、贴近群众为原则，树立学习典型、榜样，寓教于乐，方式多样、关心群众，避免假大空、一刀切现象。

1. 增强乡村凝聚力

村治失序，有治理不当的原因，与乡村约束力减少也有关系。违法、违规的代价变小，道德律的消减等因素的叠加，必然会造成乡村失序、教化失势的现实。但是，村民没有完全栖身于经济浪潮裹挟的城市，也少有相应的行业工会、组织团体为依托，法律框架之外，他们多以风俗习惯、村规民约为约束力。

乡村基于血缘或"差序格局"而成，乡里之间以宗法相维系，出入相友，守望相助，疾病相扶持依旧可行。村庄的聚落形态与集会形式逐渐演化出诸多特殊的生活习惯甚至是乡土文化，这种场域必然会对村民产生特定的影响。村民即便是经济人，为了追逐最大利益而存在，但他们仍旧无法忽视他人、乡俗或者村规民约，因为逾越这一框架需要付出

[①] ［法］查理·德·色贡达·孟德斯鸠：《论法的精神》，许明龙译，商务印书馆 2012 年版，第 215 页。

相应的代价。通过乡村秩序重塑,良好的群体生活成为可能,社会舆论监督也将变得更为有力。

传统乡绅阶层之后,村中非正式群体的领袖以所谓"问事人""老掌盘子"代之。他们要么年龄大、辈分高,要么学识高、能力强,要么人缘好、办事公正。在村内琐事、村庄秩序、乡村教化方面有着独特的权威和约束力。村内、族内有子嗣不孝、夫妻吵架、手足相残、泼妇骂街等现象,他们都会出面制止或调解。当然,现代生活方式的快速蔓延,这群老人的话语权威也遭受极大削弱,但在很多地方仍起着巨大的作用。例如,在与一位王姓老人谈话时,听他说道:

> 以前,我的几个儿子,哪个敢不听话,我先说好(定好规矩),我说一不二,他们都不敢吭声。以前小儿子不好好上学,不守规矩,我有时就会拿鞭子抽。后来,孩子长大了,宅基地都划在一起。老大有事,几个兄弟过来帮忙,小的有事也是一样。前些年我还年轻,能干动活,他们不敢在我面前言语(闹意见),几家还算和睦。现在年纪大了,不中用了,他们都不怕我了,但表面上还是尊重的,说一句还管用。大事、小事的还找我商议一下。我也不兴(让)他们给外人吵架、打架,得安安稳稳过日子。

除了通过传统方式增强乡村凝聚力,还有些地方尝试通过举办体育竞赛、趣味运动会等方式凝聚民心,引领风尚。四川巴中就经常举行农村趣味运动会,引领村民新风尚。记者记录道:"夫妻赛配合、婆媳赛默契、丰收抢回家……在赛场之上,处处充满农味、农趣、农情,处处洋溢着欢乐笑容,'运动员'们把庄稼地里练就的本领都拿了出来,个个精神抖擞,不甘落后,气氛浓烈,呐喊声、喝彩声、欢笑声汇成一片。"[①]得奖的一位老人笑得合不拢嘴,说没想到农民也可以参加运动会了,还

---

① 王敬、张学隆、余开洋:《四川巴中:农村趣味运动会引领村民新风尚》,中国文明网(http://gz.wenming.cn/china_Towns/Towns_xiangfeng/201512/t20151217_3028875.shtm)。

能获奖,日子也不比城里差。这并非个案,很多地方也都积极开展模范夫妻、孝顺媳妇、和睦家庭、身边好人等形式多样的评选活动,丰富农村精神文化生活,大力倡导健康积极向上的乡村新风尚,增强了乡村的活力与凝聚力,对传承传统美德,教化民众很有助益。

2. 唤起村民守礼意识

"遗子黄金满籝,不如教子一经。"祖上积累再多的金银珠宝,都比不上子孙有文化;留下再多的田园房产,都比不上子孙以圣贤君子为偶像并身体力行的好。一些地方开始鼓励村民建设"家庭小书屋""书香家庭",便利子女的学习,也可以陶冶自身的精神,达到"知书达礼""知行合一"的目的。

村民不能脱离群体而独自生存,即所谓"群众"。当代乡村教化的主要目的之一便是促进群众的和谐生活,其理念欲解决人之"群"何以"和"的问题。如在《论语·公冶长》中提到的,乡里之间,其乐融融,彬彬有礼,可和谐乡里,凝聚宗亲,进而老者安之、朋友信之、少者怀之。如此一来,就需要开展乡党礼乐教化活动相维系。通过礼乐教化提升个人德性,这种预设有其合理的人性基础,也为千百年来社会发展所证实。礼乐相伴相行不但可以约束人性还可以提升品位,相得益彰。

相较于现代性社会看重时代变迁,乡村社会或乡村老农更看重四季变换。他们多数时候处于代代如是、不分秦汉的境况中,更多的是相信祖辈留下的经验、习惯、章法。这也是古人"言必称尧舜"或孔子倾力复兴周礼的缘故。在这种环境中,礼乐并非一种强制的、外在的力量压制,而是浸润式的观念渗透,逐渐使人产生敬畏、顺从。例如,"曾子易簀"(曾子曾经是一个遵守礼法重于生命的人,在他弥留之际,用了大夫专用的席子。但他没有做过大夫,假如他死在了大夫级别才能用的席子上,那就是"非礼"了。哪怕弥留之际,他也依然命令儿子给他更换自己级别才能用的席子,刚换完席子,他就去世,也算是无憾而终了。)这一故事在今天看来有些迂腐,但其"以身护礼"的精神依旧富有极强的生命力与感染力。表达了"君子爱人以德,细人(小人)爱人以姑息",被奉为"克己复礼"的极佳典范。费孝通曾评论,礼是合适中国传统的路子，是经教化漫长过程而成为主动性的生活习惯，是一种文化自觉。当然，当代教化中复兴传统礼仪的做法有其可取之处，也需要批判地继承。

3. 立榜样以敦风化俗

习俗与法律、法规不同，它是一种没有外在保障的规则，行为者自愿遵守，甘愿服从，这可能出于毫无思考、为了方便等原因。不论怎样，通过习俗可以期待这个范围内的成员由于这些原因也可以遵守它。良好的风俗，可以使人不假思索地向善，向良好生活进化，这是值得提倡的。但是，普通村民即便有这一觉悟，因其力量和影响力都难以实现良俗的教化与传播，这就需要借助乡村内外的力量并树立榜样，践行良好生活，以起到敦风化俗的目的。山东省莱芜市寨里镇小下村抓住乡村文明建设这一契机，"对村中的小街小巷进行了集中硬化，并对村中的'三堆'进行了清理，划出柴园。同时，统一粉刷了墙壁、栽植了绿化苗木、安装了路灯，村庄面貌得到很大改善，民心大振。为丰富村民的文化生活，2014年小下村投资建起了2000余平方米的文体广场，并安装了漫步机、跷跷板、按摩器等各种健身器材，还成立了50余人的文体队伍，专门安装了灯光、购买了音响和服装。同时还在村委大院里建起了文化书屋，真正让老百姓实现了娱乐有去处、学习有地方"[1]。这一系列的举动对村民素质的提升有巨大的助推作用，在周边地区起到了良好的示范效应。

与"示范村"的路径不同，有些地方的精英则通过自身影响，寻找资源，建设自己的乡村。这些精英多是通过考试、经商等形式脱离乡村劳动生活，他们可谓村里的成功人士，有一定社会地位的人士回到故乡则被村民视为"乡贤"。恰如屈原所喻"鸟飞反故乡兮，狐死必首丘"。他们中的大多数有着浓厚的乡土情怀和对故乡的眷恋，尽管适应城市生活但其依旧深爱着故土，并千方百计回馈桑梓，在乡村教化中发挥的榜样力量不可小觑。曾经生活于偏僻小村落，而后进入中国社科院工作的

---

[1] 徐永伟、李彬彬：《莱芜市寨里镇小下村：文明新风浸乡村》，中国文明网（http://gz.wenming.cn/china_Towns/Towns_xiangfeng/201512/t20151221_3034970）。

陈进国则认为地方文化营造强调社区参与的公益文化培育,"目标是培育村民文化自觉和社会参与意识,提升社区生活品质,从而构建社区文化认同和社区生命共同体"。[①] 他从自身经验出发认为,从社区做起,一步一个脚印,特别是发挥本地和外地乡贤的积极力量,才能真正做点实事。

(三) 构筑合作平台

人的价值、情感和行为的改变是一个复杂的过程,个体所处社会场域的政治、经济、文化、自然环境等任何一个因素的变化都可能导致个体在价值观、情感态度或行为方式上的改变,而这种改变有的符合预期,有的却会与预期目标背道而驰。回顾我国改革开放以来的乡村教化历程不难发现,乡村经济条件的改善不会自然催生和谐美好的乡村社会,乡村教化要取得实效,需要政治、经济、文化等社会多领域的配合协作。

1. 平台建设利于教化推行

之所以构筑合作平台,还在于乡村教化工作的复杂性和整体性,它不是一个区域或一个单位的任务,而是一项系统工程。我们的教化工作或许会在某一方面获得成功、取得进展,但又可能占用其他资源或者在别的方面造成损伤。这使我们不得不去思考成本、效率问题。但是,我们对各种社会格局进行判断、选择时,不仅要注意导致某些决策改善的现有制度变化可能导致其他决策的恶化,还必须考虑各种社会格局的运行成本及其转化成新制度的成本。而且,这种成本的考虑不在于它是市场机制还是政府管理,方法、方案的选择要进行总体效果的考虑。

国家资源、社会资源或者团体力量、个人力量等发源于乡村之外的资源、力量,都可以为乡村教化所用。他山之石,可以攻玉。基于启蒙心态给予必要的范式抑或迎合心态而顺应村民生活都有失偏颇。所以,搭建一个平台,政府、民众、社会精英与团体共同参与到乡村教化中去,共享智慧、相互支持,让工作更为有效、让教化更有生机,是极为必

[①] 陈进国:《乡村的文治构建与公益文化建设——以福建永春东关外碧村为例》,《世界遗产》2015 年第 11 期。

要的。

2. 乡村现实需要平台支持

乡村的问题，很多依然迈不过"贫困"这一道坎。"贫困大军的存在以及他们的境况异乎寻常的广泛普及，对现存秩序来说是一种极其重要、或许还是至关紧要的消解因素。这个世界的穷人和附近的穷人们被展示得越是赤贫和没有人性，并且有人目睹，这些穷人在自己并没有'编写'也没有'试演'的那出戏剧中扮演的角色越是出色。"① 这种改变，需要一定的经济基础和强大的平台支持。

当代中国乡村经济条件的改善有目共睹。然而，经济条件的改善并不必然会培育出人的"良心"。而恰恰是经济条件的"一枝独秀"，在很大程度上强化了村民对经济利益的关注和追求，并造成物化和功利意识的极度张扬。在强势的市场经济形式下，"部分村民渐渐放弃了他们以前秉承的朴素道德，自私的观念与功利的心态急速膨胀并走向非理性化，'金钱万能'的观念凌驾一切道德之上。当这种自私和金钱权势观念一旦结合并被强化，乡村的宽容忍让、俭朴谦良风气传统便会被逐渐地销蚀殆尽，村民间由于自傲和自闭心态的强化而关系紧张，一批'无公德'人出现"②。于是，在富裕起来的乡村，不乏拜金主义、享乐主义现象，在这些私立观的影响下，道德失范、诚信缺失的行为时有发生。由此，我们不难看出，乡村教化作为一种关注人的内在精神生长，注重价值传承和道德启蒙的活动，经济条件在其中所能发挥的推动作用是非常有限的，甚至在缺失了政治、文化等领域配合的情况下，经济条件的快速提升还可能产生巨大的负面影响。这正如有学者所说，"经济条件的好坏对乡村教化的形式有着一定的影响，经济越宽裕教化形式也随之越丰富，但和教化实效并不一定成正相关"③。而近年来，国家在新农村建设中采

---

① [法]齐格蒙特·鲍曼：《个体化社会》，范祥涛译，生活·读书·新知三联书店2012年版，第144页。

② 欧阳爱权：《试论乡村道德失范与重建考量》，《党政干部学刊》2009年第6期。

③ 袁媛：《热闹而寂寞的乡村教化——基于建国后石村社会教育历史人类学考察的研究》，博士学位论文，东北师范大学，2010年。

用的政治、经济、文化、自然环境治理等多管齐下、多领域同步推进的措施，营造了一个全方位、积极向上的社会场域，有助于乡村教化的高效推进。

3. 实践证明了平台建设的成效

为了便于报道、记录相关的乡村教化实践，搭建平台，共青团中央在中国青年网专门成立"三下乡"网站。例如，网站以"飘向乡村的一首歌——访山东大学（威海）'歌声飞扬，笔墨飘香'暑期送文化下乡服务队"为题报道山东大学送文化下乡服务队，这不单单送去了一场演出，还搭建了一个"学生—教化—村民"之间的沟通平台。

诸往镇是位于山东威海乳山市西北部的一个普通乡镇，当地人多以农耕为生。夏季农忙时，人们日出而作，日落而息，有时从地里回来得早，大家便会凑在一起打打扑克、聊聊天、下下棋。2009年夏天的一个晚上，人们忙完了一天的工作后，又像往常一样聚到了一起，但这次，他们不是在唠家常，而是一起观看表演……作为这支队伍的指导教师，王鹏飞清楚地记得他们第一次下乡时的情景，"我们刚到村子的时候，有一位大概80多岁的老农颤巍巍地问我：'姑娘，你们是来放电影的吗？啥时候再来呀？'当时我就觉得，我们是来对了。"……团队刚开始只有15名成员，分别来自声乐、笛子、舞蹈、小提琴、美术、设计等专业。由于演出面向的是农村百姓，表演上就要贴近村民生活，反映农村变化，体现当地的风土人情。团队每场演出的节目都很接地气儿，《父亲》《母亲》《乡音乡情》等歌曲都是保留曲目，有时还会和当地的村民进行合作，请他们上台唱首歌、跳支舞，展现当地的民俗风情。那些下乡的日子，一连三场演出让舞蹈队员跳坏了三双鞋；南方同学吃不惯面食就自己带吃的，甚至是饿着肚子演出；吹笛子的同学为了创新演出形式，苦练声乐；而表演唱歌的同学则因为怕影响演出效果，晚上不吃饭就上台唱歌……其中的辛酸有很多，但是更多的则是收获了成长。今年（2015年）暑假，"歌声飞扬，笔墨飘香"暑期送文化下乡服务队走访了包括威海双岛街道的四个村子以及孟良崮革命老区这五个地点,为当地居民送上了一场场文化盛宴。①

用他们的话说:"那是飘向乡村的一首歌,华丽而质朴,平凡中闪烁着光辉;它飘向大山,飘向田野,用其旋律间流淌的脉脉温情,点亮了乡村的每一个角落。"

宁夏石嘴山市大武口区星海镇新民社区有3384户,12790口人,很多没有土地或者土地不够种的家庭都选择外出打工,留下"老弱病残"。过去村民没有地方娱乐,容易滋生很多社会问题。自从建设了文化广场,它不仅成了留守老人和儿童的好去处,而且成为宣传政策、破除不良习气的阵地,效果特别好。这里一直有看大戏、唱小曲的习惯,该村和邻村村民在农暇之余都会唱唱曲子,甚至穿上演出服排练文艺节目。社区民众以前不大往来,现在可以通过听戏等文化活动聚在一起,拉近感情,邻里之间变得和睦,村民素质逐渐提高。80岁村民王克俊和李秀梅在20世纪50年代就开始唱秦腔,到现在已经50多年过去了,即便嗓子吊的没有以前高,仍然喜欢吼上一段。而且家里儿子、孙子都开始跟着他唱,祖祖辈辈蹚着秦腔"这条路"走下去。老人说:"可一日无肉,不可一天无戏。我们家已经唱了三代人了,我从小生唱到老生,《黑虎坐台》《二进宫》《铡美案》等等,这些都是我拿手好戏。"② 正如该记者所说,这种农民发自内心的文化需求,呈现出的是持久的生命力。

五 乡村教化的未来

中国乡村教化经历坎坷,既有生活化的倾向,也有政治化、符号化、仪式化、规范化的身影,每个时期都有其侧重和相应遭遇。在不同的历

---

① 张雅馨、张哲:《飘向乡村的一首歌——访山东大学(威海)"歌声飞扬,笔墨飘香"暑期送文化下乡服务队》,中国青年网(http://sxx.youth.cn/2015/1123/2882543.shtml)。

② 田莉:《石嘴山:农民展身手演绎乡村小剧社的"舞台梦"》,中国文明网(http://www.wenming.cn/syjj/dfcz/nx/201512/t20151228_3048898.shtml)。

史时期与复杂的乡村生活现实之下,教化的理念、目标、方式都在变化,反映的是乡村教化的艰难。改革开放以来,我国广大乡村经历了从经济快速发展,到各方面停滞低迷,再到乡村全面建设的曲折过程。这一历程,是我国农村改革的探索之路,也是乡村社会的转型之路,在这一过程中,我国的乡村教化经历了从复归到缺失,再到复兴的几个阶段。在不同的阶段,乡村教化的主体、内容和形式各不相同,所产生的效果也大为不同。这一历程中的反思和比较,对当代教化依旧有极大镜鉴意义。

(一) 不可或缺的国家引领

在我国传统的乡村教化中,虽然乡村教化会因为特定的地理环境和经济文化特色不同而在具体内容和形式上呈现出内生性的差异,但从整体上来说,不论是学校、家规族法,还是地方士绅,要实现乡村教化的有效性,教化内容与国家主导价值方向的一致是其核心条件。从另一方面讲,如果缺少国家在主导价值方面的制度引导和法律规约,仅靠乡村民众的自主自觉是很难形成稳定和谐的社会秩序的。这在发展缓慢的农业经济社会如此,在处于快速发展和转型中的当今社会更是如此。

在改革开放之初,国家把乡村改革聚焦到经济建设这个中心上,相对弱化了乡村文化建设和对乡村民众的精神关怀。可以说,在改革开放后的近20年里,国家主体在乡村教化方面基本处于缺位状态。20世纪80年代初,"公社化时代,政府对农村社会的全方位控制体系迅速瓦解,政府过于专注城镇经济发展而忽视了对农村的管理和公共产品的供给"。①虽然实行了联产承包责任制,但广大农村地区还是以农业生产为主,这时的乡村教化是以农民生产生活需要推动下的家族制度和礼俗文化为主要形式的。这种乡村教化虽然具有内生性和突出的乡村契合性特点,但其关注当下和追求实用的取向使其在社会转型的过程中,很难做到真正

---

① 蔡立雄:《功能转换与当代中国农村宗族制度演化》,《中国经济史研究》2010年第4期。

持续深入地影响人的价值观和精神境界。正因如此,进入20世纪90年代以后,随着非农经济的崛起、市场意识的增强和人口大规模流动,建立在传统农业经济基础上的家族制度和传统文化的教化作用迅速被边缘化,与市场经济直接对应的"利益"意识急剧扩张,以谋取物质利益来实现人生价值成为民众的普遍追求,因为缺少国家主导价值的引领和法律的有效规约,为达目的不择手段的做法屡见不鲜,民众的社会道德素养低下,乡村中的人际关系越来越向着实利的方面发展,曾经温情脉脉的文化基础开始向冰冷的经济利益算计堕落,各种无礼、低俗、邪恶活动在乡村蔓延,社会秩序处于混乱无序状态。进入21世纪以后,国家开始意识到乡村经济片面发展所带来的严重问题,并全面规划和实施新农村文化建设,开启国家主体大力推动的乡村教化活动。在文化体系逐步建立,文化活动不断丰富,现代化生活观念和方式不断形成,文化素养不断提高的过程中,乡村教化效果初见成效。乡村民众的民主和法制意识普遍提高,良好的伦理秩序和道德教育氛围开始形成,农民的文化素养、道德情操、健康意识、卫生习惯得到明显改善。

透视近些年的乡村教化演变历程,我们不难发现,当国家以经济建设为中心,在乡村教化方面出现缺位之时,也是乡村社会秩序比较混乱,村民普遍缺乏幸福感和归属感之日。毛主席说农民要组织起来,"满头乱发没法抓,编成辫子就好抓"。所以,"必须提高农民的组织化程度,尤其是降低农民获得公共品的难度。在农民收入很难大幅度提升,政府又不希望农民盲目进城形成巨大贫民窟的情形之下,采取哪种方法及通过何种方式广泛开展适应农民群众经济水平的文化活动,让农民从这类文化活动中获得意义和满足感,是当代中国乡村建设的中心任务"。① 只有在国家主体积极参与乡村教化,引领主流价值方向时,乡村民众的知识、礼仪、道德、信仰等才会脱离迷茫,有所依托,才能逐步创建良风美俗的和谐社会。

---

① 贺雪峰:《村庄的前途——新农村建设与中国道路》,山东人民出版社2007年版,第117页。

(二) 与时俱进的策略设计

当代乡村教化工作继往开来，国家、社团、个人不论是出于维护统治、敦风化俗之目的或是淑世情怀，其实践勇气依然可嘉，这带给我们极大的安慰和启发。但是，也有一些地方需要引起注意，加以改进。

1. 警惕传统人伦的异化

经济大潮之下，基于血缘、亲情维系的乡村这个伦理实体及其关系在蜕变、消解，转型过程的磨难无法避免。当下流行一种看法，乡村或许每年只有短暂的几天才称得上是一个完整的系统。不过多时，村里人又像人间蒸发般少了许多，留守村庄的只剩下"老弱病残"。走出去的人，进入城市，变成忙碌的身影；剩下的一群人，依旧要面对各种困难。

在中国，人们普遍乐于接受相对稳定的、秩序化的生活，这与悠久的礼法传统一脉相承，但这又与差异化、个性化过度分明的现代社会相抵触，亲亲尊尊的传统秩序也与人人平等现代理念不合。传统与现代之间出现分歧，一时难以调和，甚至还有严重的异化现象。例如，有些乡村面临的困境不单是传统人伦关系的弱化，它还有一种极端化或异化倾向。有研究者坚称，中国人依然处于"情理社会"或"关系社会"之中，"通过人情和面子的运作，放弃的是规则、理性和制度，得到的却是不可估量的社会资源、非制度性的社会支持庇护及以势压人的日常权威"。[①] 另外，一些野蛮的、不符合人性的所谓礼俗害人不浅，必须严格区分。

2. 克服启蒙心态的企划

从化外昏荒的蒙昧时代到科技突飞的当代社会，其间变化无常但也有恒久的价值与理念需要坚守，这逐渐成为社会精英的专利。若是永恒的价值遭到瓦解或者出现变体，精英们势必挺身而出予以及时、必要的补救或斧正，这就是他们的历史宿命，也是当代乡村教化的动力之一。然而，市场经济洪流之下，主流的论述都几乎将城市与乡村进行二元的割裂与简单化处理，"这些想象性解决不仅携带着更加隐蔽的偏见，同时

[①] 翟学伟：《人情、面子与权力的再生产》，北京大学出版社2008年版，第216页。

还构成了一种新的坐标与意义系统，让真正的'三农'被挤出'乡愁'论述，乡村被抽象为无'人'的风景与新的欲望空间。从个体、感性、短暂、遥望的乡愁，到集体、行动、多样、融入的乡建，既希望挑战由'悲观—乐观''情怯—自信'所构筑的二元对立与浪漫化想象，还希望把'我'放低放回，自省于挥之不去的自怜自恋，对精英立场所主导的价值坐标与意义系统，做出进一步改变"。① 可以说，不论是基于启蒙心态的教化运思还是源于同情立场的教化实践都不可避免地面对一个问题，即这一企划能否成功。成功者，不乏典范，其源于理解、同情之后的方法论恰当及其村民的悦纳；失败者，不在少数，这多出自刻板、盲目之后的方法论混乱及其村民的拒斥。

　　古往今来，一个不争的事实是，多数教化者都怀有很高的理想追求，却几乎没有去认真探索人的本质、事情背后的原因，只是勾勒了一个礼宜乐和的理想图景或者世外桃源。这种思想一度支撑起了传统知识人的生活信念和行为模式，弊端非常明显，是需要克服的。当然，客观审慎的态度与行为愈显重要，压抑自己的理想，隔断精神的追求，以冷漠心态藏身于茫茫人海，化作社会中的原子个体也是不可取的。依照费孝通所言，传统乡村社会较大程度上遵循"差序格局"，是以"己"为中心的圈子社会；西洋社会更像是一扎、一捆、一挑而成的社团，亲缘、地缘关系没有那么明显。当代中国即是前一形态向后一形态转化或倾斜的过程，但具体乡村有其特殊现实，实践方法也需要因地制宜。

　　3. 寻找生活与道德的通约

　　伦理可谓人类生活的终极价值，是超越经济、政治等世俗生活的内在关切。当然，离开世俗生活谈伦理是没有意义、空洞无趣的；仅仅关注世俗生活又容易为一些物化欲望所迷惑。个人若要受到良好的道德教化，需要有伦理实体作为环境支持。"伦理与道德一样，都不是自然形成的，它是人的一项成就。一个人在道德上的清净自守并没有多大意义，如果没有强烈的伦理关切，他的合乎道德的行为实际上只算得上某种主

---

① 潘家恩：《双面的浪漫与多维的乡愁》，《读书》2016年第5期。

观态度或个人偏好。只有在现实生活世界中创造了恰当的成德环境,才有望促成社会的进步。"① 黑格尔曾断言,人不能长期处于无伦理或伦理实体破碎的状态,伦理实体在某种程度上是人的安身立命之所。所以,构建伦理实体,或许可以找到生活与道德的通约路径。

此处的伦理实体乃是超越家庭、市民社会等低级状态的理想构建,需要摒弃西方国家在市民社会阶段所表现的强暴、贪婪、无耻与邪恶,克服过度物化欲望对社会的侵蚀,使人各得其所、各显其能且不逾矩,这就是伦理实体所能提供的一个"框架功能"。伦理实体可以为包括当代乡村教化在内的教化理想提供土壤与养料,为走向"礼宜乐和"的理想生活提供可能。

(三) 立足现实的未来预期

当代中国的改革历程,不仅是经济改革的实践探索过程,也是整个社会发展的实践探索过程。在这一过程的前期,乡村教化基本属于自发为之,从教化主体,到教化内容,再到教化形式,都呈现出一种恣意放纵的状态,"既无外在约束,也无内在自律标准或评价准则,有的只是个体的为所欲为与肆无忌惮"②。在这一过程的后期,国家开始逐步关注和重视乡村教化,并对其进行自觉的规划设计,使之成为推动社会和谐发展的重要力量。基于对乡村教化历程的经验总结与问题反思,中国乡村教化的未来发展应该重视以下几点:

1. 民俗传承与文化革新相互交融

"教化"一词,虽然在中外研究中存在多种不尽相同的具体含义,但研究者都比较认可教化所具有的非强迫性和长期熏陶的特点。教化通过创设一种感性的、富有心理意义的日常生活世界,形成具有特定精神氛围的场域。这种场域,以无形的软性力量细雨润物般塑造着身处其中的人及其心灵,使人们习惯于这个意义系统,并逐渐形成相应的行为模式、

---

① 詹世友:《伦理实体:道德教化的社会环境支持》,《甘肃理论学刊》2000 年第 1 期。
② 容中逵:《乡村社会教化的式微与再造》,《社会科学战线》2011 年第 9 期。

情感认同和价值基础。正是这种软化熏陶,使教化不像暴力革命般开天辟地、除旧立新,教化总是对原有状态的潜移默化,是一个和平演变的过程。而这也就意味着,但凡教化,总是需要在传承与变革的交融中继往开来。"强调传统力量与新的动力具有同等重要地位是非常必要的,因为中国经济生活变迁的真正过程,既不是西方社会制度直接转变的过程,也不仅是传统的平衡受到了某些干扰而已。无论是乡村社会的发展,或是乡村教化本身的功效发挥,都不是裂变式的革命,而是渐进式的累积。"①

要真正推动当代中国的乡村教化,首先应该扎根于乡村的现有民俗传统。对现有民俗文化传统进行深入的分析,选择其中仍具有现实意义甚至在一定程度上还具有未来发展意义的部分进行精心的规划和设计,使之得以有效传承。其次,要分析乡村未来发展所希望乡村民众具有的行为方式、价值取向和情感认同与当前状态之间的差距,从而找出当前乡村教化的改进方向。然后,采用逆推的方法,从对乡村民众的希望状态出发,一步步考虑要达到这种状态所需要的条件和基础是什么,直到与民众的当前状态对接。最后,从民众的当前状态出发,把需要民众继续传承的内容和应该纳入的新内容充分整合,形成一种"亦此亦彼"的现实场域,使乡村教化有序进行。

2. 内部生发与外部推动同步进行

我国当前的乡村教化虽然是在国家统一规划和推动下展开的,但其效用的发挥必须通过乡村民众自身来展现。梁漱溟曾清醒地认识到:"乡村问题的解决,一定要靠乡村里的人;如果乡村里的人自己不动,等待人家来替他解决问题,是没有这回事的","最理想的乡村运动,是乡下人动,我们帮他呐喊"。② 乡村教化是对乡村民众的教化,只有把乡村民众放在核心位置,不断调动他们的积极性和主动性,激发和培育他们的内在发展,提升需求,内外呼应,才会产生良好的教化效果。

---

① 曲铁华、袁媛:《城镇化进程中乡村教化的发展路向》,《社会科学战线》2011年第9期。

② 《梁漱溟全集》(第2卷),山东人民出版社1990年版,第350页。

近些年来，国家为了促进农村文化建设，优化乡村教化，改善乡村社会风气，采取了"文化、科技、卫生三下乡活动"，各省市政府部门也纷纷开展各种内容和类型的"百名专家、百家企业，帮扶百个村的三百工程""百个机关包百村、百家企业帮百村、百名青年干部驻百村的三百工程""百场讲座进百村、百村万户农民读书、百场影剧进村企的三百工程"。这些活动从外部大力推进乡村精神文明建设，满足广大乡村民众的精神文化生活需求，在很大程度上开阔了乡村民众视野，强化了民众的文化自觉意识。但同时，也因为这些活动相对于乡村民众而言的"外来性"，它们与乡村民众的实际生活还存在一些差距和隔离，其中的一些形式和内容并不被民众所认同和接受。对此，有学者指出，"在农村的公共文化服务建设中，政府大多注重'送文化'，而忽视'种文化'。农村公共文化服务缺少内生机制的培育"[1]。要改变现状，提升和扩展乡村教化的效果，必须坚持外部输送和内部培育并重。在国家政府部门继续从外部施加影响的同时，积极培育和扶持乡村内生的教化主体，"一类是族老与族内贤达人士，他们代表的是'村落内生型'中的家族派生村落公共空间，一类是村里的'文化人'，他们可以代表'村落内生型'中民众自生村落公共空间"[2]。他们生活在乡村，熟知乡村的文化，又有开阔的视野和较强的影响力，由他们和国家的外部输送对接，进而吸收转化到内部，逐步引领乡村民众创建出和谐的村落公共空间和秩序，乡村教化自然水到渠成。

3. 精神熏陶与利益引导双管齐下

教化的基本特点是对人格和精神的内在塑造，教化活动从根本上来说是以改变人的人格精神和情感态度为主要目的的活动。个体精神和态度的改变有两种基本方式，一种是通过文化环境的熏染直接改变，另一种是通过行为中介而逐步性格化。第一种方式因为民众缺少深刻体验，容易造成教化的虚浮；第二种方式因为需要民众经历外部行为的逐步内

---

[1] 李少惠：《论我国农村公共文化服务内生机制的构建》，《经济体制改革》2007年第5期。

[2] 容中逵：《乡村社会教化的式微与再造》，《社会科学战线》2011年第9期。

化，往往需要较长的时间周期。在实践中，但凡有意识、有规划开展的有效教化，无不是直接熏陶与行为引导并行，使民众内外兼修。

一方面，要创设良好的社会文化环境，通过精神熏陶，培养人积极向上的情感态度。一方面，加强对自然环境的人文化构建。与城市社会相比，乡村社会是与自然环境更接近和交融的社会。借助人们的丰富想象，可以把乡村自然环境改造为人化的意义世界，"此种人化世界是一个充满想象、富有情感的世界，它用大量感性的有生气的象征、隐喻、意象来构筑。所以，它又比较容易进入人们的心灵，并借助各种仪式使人们对这种意义世界的认同和承担变得日常生活化，形成一种无所不在的精神气氛。作为一种软性控制，它对人的心灵有着极大的塑造作用"。①另一方面，要加强时代风尚和社会主流观念的宣传，如树立社会主义荣辱观，弘扬传统美德，尊重科学知识，形成民主法制观念等等，让民众在浓厚的文化氛围中逐步了解社会的主流价值观念，形成良好的道德伦理意识。

另一方面，要在充分考虑民众需要和利益的基础上引导民众的行为。农民是一个务实的群体，实用性是做事的基本立场和追求。古代的儒家教化思想，以有利于国家的管理与统治为根本诉求；今天的风俗礼仪，因生产、生活、生存的需要而延续或改变，包括民间的信仰和宗教，在神秘虔诚的表象下，涌动的是一颗颗索求利益之心。"香烟缭绕中的同样虔诚的跪拜者，不是在高贵、含蓄地祈求着必须寄放的心灵的委托，而是在祈求着世俗直白、具体的赐予。因此，我们村庄里的人们与神灵的关系，不是一种宗教化的悠远而崇高的关系，而是一种实际或功利化的关系。"② 由此，要对乡村民众实施教化，需要在满足民众实际利益需求的基础上展开。教化是需要落实到民众日常生产生活中的具体活动，能够从活动中获得利益满足是民众判断是否参与一项活动的重要标准。

对乡村社会而言，教化的重点不是阳春白雪般的精神蓝图的描绘，

---

① 詹世友：《论教化的三大原理》，《南昌大学学报》（人文社会科学版）2000 年第 3 期。
② 麦天枢：《天国猜想——认识中国的一条新路径》，生活·读书·新知三联书店 1999 年版，第 234 页。

而应该是下里巴人可见可触的实惠。所以，有学者指出："如何站在农民主体的立场，为他们提供社会联系的网络，为其建立一个彼此间可以相互诉说、尊重，可以互相承认并因而使个人具有因为他人承认而带来的体面与尊严感，从而使人觉得活得有意义和价值，这是在农村社会已经解决温饱问题的前提下，必须着手考虑的大问题。"① 很大程度上，中国是一个缺乏抽象信仰的国度，如果离开了人与人之间面对面的互动，所谓的人生意义就很难有着落。

4. 横向维度与纵向层面有机结合

人类学家马凌诺斯基曾说，"教育亦常不是特设的一种社会制度。家庭、亲属、年龄、技术、巫术、地方、职业团体、宗教会社——这些制度在它们的次要功能上，是和我们的学校相当的，担任着一定的教育职务"。② 教化与教育相比，内容和形式要宽泛的多，教育尚且可以通过如此多的渠道发挥其功能，教化的内容和方式就更加多样。教化作为一种影响人的软性力量，往往通过学校、家规乡约、读物、宗教仪式、电影电视等多种载体形成一种整体氛围，同时对教化对象的认知、情感、行为等多层面施加影响。这种影响既可能是有意识的，也可能是无意识的，往往具有弥散性和非预期性的特点。这些特点使教化很难仅凭某一种方法和对民众某一方面的影响而快速达到目的。因此，乡村教化的有效推进需要对教化方法进行多维度多层面的立体规划，然后有序实施。在乡村教化的主体类型方面，是代表国家的行政干部，村落内生的文化贤达，还是自发而为的村民自己；在形式方面，是采取内容明确，方式固定的正规教化，还是寓教化于其他社会活动之中的顺便为之；在载体方面，是学校、家庭、社团、传媒，还是国家法律法规、民间宗教信仰；在效果方面，是追求认知层面的理解接受，行为层面的自觉主动，还是情感态度的性格内化……或者需要对以上诸内容进行系统的穿插对接，使之形成一个主体、形式、载体、效果全面立体的多维时空，形成教化之网，

---

① 贺雪峰：《村庄的前途——新农村建设与中国道路》，山东人民出版社2007年版，第204页。

② [英] 马凌诺斯基：《文化论》，费孝通译，华夏出版社2002年版，第49页。

使身在其中的民众无时无刻不受其熏陶和浸染,卓然有效的教化或成为预期。

概言之,在经历了几十年的曲折发展历程后,我国的乡村教化处于"百废"之后的"待兴"关口,无论是出于乡村社会治理的需要,还是乡村民众精神生活的需求,乡村教化都应是国家亟须推进的工作。同时,我们也应明确,乡村教化的任务虽然紧迫,过程却必然是长期的,无论是精神熏陶,还是利益引导,抑或行为规范,都有一个逐步习惯,进而积淀情感、转变态度的过程,这一过程遵循着生命发展的基本轨迹,任何揠苗助长、急于求成都难以取得良好效果。

附 录

乡村教化百年事记

1902年，时任清政府管学大臣的张百熙主持拟定了《钦定学堂章程》，即"壬寅学制"。因制定过于急促，及本身若干不足和局限，加上清廷内部的权力竞逐，未能付诸实行。但此举对促成科举制度废除，全国学制规范统一，新式教育迅速推展等，有一定影响。

1904年1月13日，清政府颁布《奏定学堂章程》，是年为旧历癸卯年故称"癸卯学制"。该学制借鉴日本学制，较"壬寅学制"更为完备、系统，但仍有一些封建思想残余。

1905年9月2日，袁世凯、张之洞奏请立停科举，以便推广学堂，咸趋实学。清廷诏准自1906年开始，所有乡会试一律停止，各省岁科考试亦即停止，并令学务大臣迅速颁发各种教科书，责成各督抚实力通筹，严饬府厅州县于乡城各处遍设蒙小学堂。

1911年10月10日（农历八月十九）夜，武昌起义爆发，辛亥革命进入高潮，革命烈火遍布华夏，旧王朝的统治摇摇欲坠，新的气象呼之欲出。

1912年1月1日，中华民国正式成立，孙中山宣誓就职。1912年4月孙中山辞职，临时参议院选袁世凯任临时大总统，首都迁至北京，民国进入北洋时代。北洋军阀统治前期，中国满布阴霾，复古潮流暗涌。

1912年1月10日，南京临时政府教育部通电各省都督府，指示各地即刻筹办社会教育。宣讲内容"大致应专注此次革新之事实，共和国民之权利义务，及尚武实业诸端，而尤注重公民之道德"。新的治理制度与话语实践与原有的乡规民约在乡村社会碰撞、交融、替换，逐渐影响到古老帝国原有的教化体系。

1912年1月19日，南京临时政府的《普通教育暂行办法》规定：各科教科书，务合乎共和民国宗旨，小学读经科一律废止，中学校以普通教育，健全国民为宗旨。科目有修身、国文、外国语、历史、地理、数学、博物、物理、化学、法制、经济、图画、手工、乐歌、体操。

1912年2月12日，末代皇帝溥仪退位，在中国延续了两千多年的封建帝制终于覆灭，新思想、新观念、新方法从城市向农村扩展并逐渐深入到中国人思想中。

1912年2月，蔡元培发表《关于教育方针的意见》，提出"五育并举"的教育方针。

1912年7月至8月，召开全国临时教育会议。9月，由教育部向全国颁布《学校系统令》，即为"壬子学制"。次年，又陆续颁布各级各类学校令，补充《学校系统令》，合称"壬子癸丑学制"。

1913年6月，袁世凯以大总统名义颁布《尊孔祭孔令》《注重德育整饬学风令》等重新宣扬儒家道德，并命令教育部的官员于9月28日到孔庙祭祀，行三跪九叩首礼。新式教育尚未普及，复古逆流又起。

1914年，定县知事孙发绪提出效仿日本模范村，创办中国的自治模范村。地方绅士米迪刚等人协助。翟城村治成为传统绅治与近代地方自治相结合的一个范例。

1914年12月，教育部拟定《整理教育方案草案》。其中规定，中小学修身国文教科书，采取经训，以保存固有之道德；大学添设经学院，注重道德教育，以孔子之言为旨归等。

1915年1月，袁世凯颁布《颁定教育要旨》，提出"爱国、尚武、崇实、法孔孟"等要求。

1915年2月，袁世凯颁布《特定教育纲要》中的乙篇"教育要言"规定各学校均应崇奉古圣贤以为师法，宜尊孔以端其基，尚孟以致其用，并进一步规定单设读经科。中小学均加读经一科。初等小学，《孟子》；高等小学，《论语》；中学节读《礼记》《左氏春秋》。

1915年4月23日，全国教育联合会在天津召开第一次会议。联合会以"体察国内教育状况，并应世界趋势，讨论全国教育事宜，共同进行"为宗旨。自1915年至1922年，先后在天津、北京、杭州、上海、广州、济南举行年会。

1915年9月15，陈独秀在上海创立《青年杂志》，并撰写发刊词"敬告青年"。他勉励青年崇尚自由、进步、科学，要有世界眼光。该杂志发起新文化运动，并且宣传倡导科学（赛先生，Science）、民主（德先生，Democracy）和新文学，于1916年9月1日改名为《新青年》。

1916年10月7日，原任定县知事的孙发绪被北洋政府重新任命为山西省省长，孙发绪将"翟城村治"经验带到山西，阎锡山受到启发。1917年6月3日，孙发绪卸任省长，阎锡山代理省长一职并逐渐掌握了山西的军政、民政大权，并在山西推行"村治"。"山西村治"一方面继承了帝制时代乡村治理的传统，另一方面也吸收了近代民主法治与地方自治的理念。

1917年1月，胡适在《新青年》杂志上发表《文学改良刍议》一文，主张：须言之有物，不模仿古人，须讲求文法，不作无病之呻吟，务去滥调套语，不用典故，不讲对仗，不避俗字俗语。紧接着，陈独秀又在下一期的《新青年》发表了著名的《文学革命论》一文，十分激进地打出了"文学革命"的旗号。自此，白话文得到大力提倡。

1917年，全国教育联合会第三次会议向北洋政府教育部提出了推广女子教育的议案，要求增设女子高等小学、女子中学。同年6月，教育部通知各省区根据地方情形，分别办理全国教育联合会的"请求扩广女子教育案"。同年10月，教育部召开全国中等学校校长会议，提出扩充女子小学，设立女子高等师范学校及女子大学。

1917年5月6日，中华职业教育社成立。该社由教育界、实业界人士蔡元培、范源濂、王正廷、黄炎培、郭秉文、余日章等四十余人联名发起，在上海召开成立大会，发表宣言书，制定社章，并选举黄炎培为办事处主任。

1919年2月，李大钊发表"青年与农村"。认为要是想将现代文明从根子里输入社会里面，需要知识阶层与劳动阶层融到一起，呼吁青年走向农村，体验生活并施以教化。

1919年5月4日，五四运动爆发。这是新民主主义革命阶段的开端，在政治、经济、文化、教育等多方面产生巨大影响。

1919年10月，在全国教育联合会第5届大会上讨论通过了《全国教育联合会呈教育部请废止教育宗旨宣布教育本义案》。

1920年7月中旬，晏阳初收到家信，被告知母亲病重。他遂终止博士学习计划，决定回国并着手推行平民教育。

1921年12月，新教育共进社、《新教育》杂志社、实际教育调查社合并，成立中华教育改进社。该社以"调查教育实况，研究教育学说，力谋教育改进"为宗旨。

1922年2月，晏阳初到湖南长沙发动平民教育运动，成立"湖南省平民教育促进会"，揭开了近代中国平民教育运动的序幕，中国乡村的现代性改造肇起。

1922年5月，共青团第一次全国代表大会通过了《关于教育运动的决议》，指出要开展六项教育运动，第一项就是开展青年工人和青年农民的特殊教育运动，从而把工农教育放在各项教育工作的首位。

1922年7月29日，彭湃与另外5位农民组成全国第一个农民协会——六人农会。6月下旬，他深入农村，开始从事农民运动。

1922年11月1日，北洋政府以大总统令公布《学校系统改革案》。又称为"壬戌学制"或"1922年学制"。壬戌学制是中国现代教育史上第一个学制。

1923年1月1日，广东海丰县农会成立。这是我国第一个县农会，内设教育、卫生、财政、农业、仲裁等部。彭湃任会长，会员约10万人，占海丰全县人口的四分之一。在海丰农民运动的影响下，陆丰、惠阳等县的农民运动相继发展起来。

1923年6月12日，中国共产党第三次代表大会提出《关于农民问题的决议案》，要求共产党要结合小农、佃户、雇工等力量，反抗帝国主义在中国的恶行，打倒贪官污吏和军阀地痞，保护农民利益。

1923年8月26日，中华平民教育促进会总会成立，简称平教会。平教会以"除文盲，作新民"为宗旨。

1924年3月，中国国民党第一次代表大会在广州召开，孙中山仿效苏俄"以党治国"的经验，建立了以国民党为核心的国民政府。根据国民党以党领政的理念，在教育领域也就有了"党化教育"的提法。

1924年7月3日，第一届广州农民运动讲习所正式开学。从1924年7月至1926年9月，在广州举办了一至六届农民运动讲习所。北伐军占领武汉后，1927年3月至6月，在武昌举办了中央农民运动讲习所。在这一时期，广西、湖南、福建等也举办了农民运动讲习所或农民运动讲习班。

1924年8月，晏阳初正式到中华平民教育促进会总会上任，他上任后就立即聘请傅葆琛担任"平教总会"的乡村教育部主任，加强乡村教育工作。傅葆琛乃是美国康奈尔大学乡村教育学博士，回国后努力推行乡村教育，培养乡村教育人才，促进乡村发展。

1925年1月，中共四大《对于农民运动之议决案》指出，共产党人应该更好地领导农民参与各种斗争，在农民运动中，共产党人须随时随地注意启发农民的阶级觉悟。由此，工农教育运动迅速开展起来。

1925年2月初，毛泽东从上海回到故乡韶山秘密开展农运，在20多个乡建立了农民协会，办起了农民夜校。农民把夜校当作他们自己的学校，投入极大的热情。夜校快速发展，到1927年，平均每乡有1所农民夜校。

1925年3月1日，"平教会"主办的中国第一份专为农民发行的报纸——《农民旬刊》问世，普及农事方面知识，对农民进行初步的科技教育。

1925年12月1日，毛泽东发表《中国社会各阶级的分析》一文，指出了农民对压迫的反抗和对美好生活的向往构成了他们革命的动力，有极强的指导意义。

1926年1月1日，彭湃所著《海丰农民运动报告》一书在当天创刊的《中国农民》连载。1月5日，成立广东农协潮梅海陆丰办事处，辖潮梅两地农会，彭湃为主任，在当地产生广泛影响。

1926年2月，中国共产党中央执行委员会致广东省第二次农民代表大会祝词中提到，被人指为睡觉的中国农民，现在已经开始醒悟，开始组织自己的团体，并且准备自己的武装，向六种蹂躏者反抗了。

1926年春，陶行知被推选为中华教育改进社"国家教育改革委员会委员"，他接连发文，拟订推行乡村教育计划，倡导乡村教育运动。

1926年5月，广东省第二次农民代表大会通过了《农村教育决议案》，提出"农村教育方针。一方面，可使农民于教育中养成其革命思想；另一方面，也要增进其农业之知识与技能"。为提高农民的文化水平和政治觉悟，决议案还对农民教育的形式、经费、教师、课程等做了规定。

1926年7月，中共中央扩大执行委员会通过《农民运动决议案》，认为近年来帝国主义侵略、军阀剥削、战争摧残等使得民不聊生、暴动频频，共产党要想获得革命的成功，就得取得农民的势力，取得农民运动的指导权。扩大会从农村经济、政治、组织问题、宣传问题、农民运动与国民党关系等多个方面做了规定与指导。

1926年9月21日，毛泽东以"国民革命与农民运动"为题给《农民运动》杂志第8期作序。毛泽东全面总结了中国共产党成立以来的农运经验，并以彭湃领导的农民运动为特别案例，深刻论证了农民对于中国民主革命的重要性，强调共产党应该加紧宣传，广泛调动农民的革命热情。

1926年10月，平教会在定县设立办事处，以推行平民教育，启发民智为主，带动整个乡村建设，史称"定县实验"。同年，中华职教社联合中华教育改进社、中华教育平民促进会和东南大学，在江苏徐公桥试办农村改进试验区，后又举办乡村试验30多处，在促进农村发展方面进行了有益的探索。

1926年12月，为了破除宗法社会思想，尤其是解决地方族长把持族租和阻止女性参加农协的问题，中共中央举行特别会议并发布《关于湘鄂赣三省农运议决案》，决定利用国民党党部的宣传等措施，而尽量避免利用农协。

1926年12月，陶行知为中华教育改进社起草了《改造全国乡村教育宣言书》，其中提出了一个宏伟的计划，大力建设乡村学校，改造乡村现状。陶行知主要是想通过发展乡村教育，提高农民的文化科技水平和文明意识，达到拯救农村的目的，于是积极开展乡村教育运动。

1927年3月，陶行知创办晓庄试验乡村师范学校并任校长。

1927年3月5日，毛泽东以"湖南农民运动考察报告"为题，发文回应党内外对当时农民革命斗争的责难。毛泽东充分肯定农民在革命中的作用，指出了建立农民武装的重要性，强调共产党人要放手发动群众、组织群众、依靠群众。

1927年4月27日—5月9日，中共五大召开，在《对于土地问题议决案》中提到，要取消封建式的剥削，只有将耕地无条件的转给耕田的农民。要破除传统宗法、族长绅士等的控制，农民就必须掌握村中政权。

1927年，卢作孚以重庆北碚为中心进行乡村建设实验。他的乡村建设实验目标远大，不仅仅是进行乡村教育，也不仅仅是救济贫困，他意欲将整个乡村带入现代化。

1927年9月9日，毛泽东等人领导的"秋收起义"开始。

1927年11月，彭湃领导建立中国第一个红色政权——海陆丰苏维埃政府建立。苏维埃政权建立后，马上着手进行土地革命和镇压反革命。

1928年4月，黄炎培领导的中华职业教育社在江苏昆山设立"乡村改进试验区"。

1928年5月，大学院召集第一次全国教育会议，会议决定厉行义务教育。会议的另一中心议题是废除"党化教育"一词，启用"三民主义教育"，并制定具体的实施策略。

1928年6月，中共六大通过了《土地问题决议案》，认为中国农民的斗争，是为了反对封建束缚、获得解放、获得自由、获得民主。而中国共产党的任务则是加紧将党政纲领通俗化，以便于农民理解，利于鼓动、组织群众参加革命。

1928年11月14日，红四军第六次党代会决定加强宣传工作。军队各机关需要组织演讲队和文字宣传组,通过散发传单、政治演讲、进户走访等方式向群众宣传。

1928年12月,民国政府内政部第一期民政会议审议通过了《限期实行乡村自治案》。该法案认为地方自治乃是国民政府训政的基础,乡村自治又是地方自治的发端。苏皖闽浙赣五省处交通便利之区,尤宜树之风声,模范全国,无可缓行。

1929年3月25日,国民党第3次全国代表大会第11次会议表决通过了《确定教育宗旨及其实施方针案》。4月2日,又以国民政府令的形式公布。自此,三民主义教育宗旨就有了官方统一的解释。

1929年始,山东省农矿厅开办训练班,派专员奔赴各县提倡并建立临清区、济南区、惠民区等合作指导区,各区有推广之县也有准备推广之县。之后各县相继成立合作社指导所,辅助农政机关、农业团体等。

1929年4月26日,国民政府公布了《中华民国教育宗旨及其实施方针》。在"农业推广"一条中规定,只要是关于提高农业生产的方法、提高农民的技能、农村组织策略、农业知识普及等都须全力推行。

1929年7月16日,中共闽西第一次代表大会通过的《妇女问题决议案》认为党今后的工作路线是引导广大妇女参加革命斗争;提拔妇女干部;加强对妇女群众的宣传教育工作;帮助她们解除旧礼教的压迫。

1929年8月7日,中共福建省委给永定县委发信,信中指出教育群众也是苏维埃很重要的一件工作。共产党人要经常利用各种机会,开群众大会来训练群众,来提高群众的政治水平,增加群众对阶级的认识。此外还可以组织俱乐部、体育会、拳术馆等教育群众。

1929年10月26日,永定县召开工农兵代表大会,成立县苏维埃政府和文化建设委员会,提出创办图书馆和阅报室等地方文化机构。

1929年12月29日,古田会议表决通过《中国共产党红军第四军第九次代表大会决议案》。该《议案》指出,红军担负武装革命与政治宣传的多重任务,红军在武装斗争之外还要肩负起组织群众、教化群众的任务,并指示红军审查自身在宣传、教育中出现的问题,着力改进。

1930年1月1日,中共赣西南特委把建立内部图书馆列入宣传中心工作计划。同年8月，中共闽西特委在《关于宣传问题草案》中提出，闽西和各县政府设立比较大规模的图书馆，各乡村设立通俗图书馆一所，并要求各地的阅览室、书报社、图书馆中设有读报员，他们必须清晰地将报纸、文章读给群众听并做好详细解释，务必使群众理解。

1930年1月，河南村治学院开学，梁漱溟任教务长。6月，梁漱溟主编《村治》，全方位探索乡村建设、乡村教化问题。

1930年1月5日，毛泽东回复"二月来信"，写下了著名文章——《星星之火，可以燎原》。毛泽东写信批评那些畏难思想，指出工农武装割据的重要性，认为星星之火，必将燎原。指示军队在农村或偏远地区建立红色政权，养精蓄锐，等待时机，形成了以农村包围城市夺取全国政权的理论。

1930年1月20日，中华民国政府颁布了《区自治施行法》，随后颁布《乡自治施行法》等法规，期冀通过国家政权的介入，整合已有乡规民约，加强社会控制，重整面临失序的乡村社会。

1930年1月26—27日，陶行知在晓庄主持召开全国乡村教师讨论会，邀请各地乡村教师和地方教育行政人员130余人参加，研究乡村教育问题。系统阐述"生活即教育""社会即学校""教学做合一"的理论。

1930年3月，闽西第一次工农兵代表大会通过的《文化问题决议案》，就苏区文化教育建设提出了22项计划，包括开办各种训练班，造就各类干部人才，普遍开办劳动学校和补习夜校，开办读报社、俱乐部，组织新剧团，出版刊物等。

1930年12月30日，国民党政府颁布了《农会法》，从国家角度确立了农会组织的合法性和重要性，它使得农会不再是一个单纯的政治组织，还在经济、文化、科技、教育等方面提出了更高要求。

1931年，梁漱溟在山东邹平、菏泽全力推行乡村建设实验，并于邹平办起山东乡村建设研究院。他所主持的山东乡村建设实验，一度成为全国乡村建设的中心之一。他认为，中国是农村大国，要改造中国，必须针对其"伦理本位，职业分途"的特殊社会形态，从乡村着手，以教育为手段来改造社会。

1931年4月29日，民国政府教育部颁发《乡村小学充实儿童学额办法》，规定乡村小学每一教室儿童一般不少于25人，如果名额不足，应该设法充足。乡村小学校长、教员，应劝导附近村民速送已届学龄之儿童入学。乡村小学学额不足时，学校一公里以内不得另设招收9周岁以上儿童之私塾。

1931年9月3日，（国民党）中央执行委员会第十七次常务会议通过了《三民主义教育实施细则》。其中社会教育一条规定，要提高民众知识，增进民众职业技能，训练民众熟悉四权，使之逐渐成为三民主义公民。

1931年11月7日，第一次全国苏维埃代表大会通过《中华苏维埃共和国宪法大纲》，该《大纲》指出，苏维埃政府有保护民众接受教育的责任，在有条件的地方普及义务教育。

1932年8月，中共中央教育人民委员部颁布《夜校办法大纲》。次年4月，中共中央教育人民委员部重新审定并颁布《夜学校及半日学校办法》。1932年9月2日，通过了著名的《工农剧社章程》，对工农剧社的宗旨做出规定。1934年4月，中央教育部颁布《俱乐部纲要》。这些纲要强化了苏区的文化教育工作。

1933年4月15日，《中华苏维埃共和国临时中央政府教育人民委员部训令》提出"教育为革命战争服务"，这是苏维埃政府的一项基本方针。

1933年4月15日，苏维埃临时政府教育人民委员部在《目前的教育任务》中规定苏区的教育目标，即启发群众的阶级觉悟，提高群众的文化水平与政治水平，为苏维埃各方面的建设服务。

1933年5月2日，晏阳初与梁漱溟等11人签名发起召开"乡村工作讨论会"的建议。7月14日至16日，第一次全国乡村工作讨论会在山东邹平举行。晏阳初在大会上做《中华平民教育促进会定县实验工作报告》的报告。

1933年5月5日，国民政府行政院成立农村复兴委员会，以"救济农村""复兴农村"为宗旨。

1933年5月20日，《红色中华》发文称赞苏区戏剧的宣传与教化作用，共产党人的文化宣传开始从过去单一的政治鼓动，发展为采取音乐、戏剧、美术、文学、歌谣等多种艺术形式，寓革命思想、文化教育于丰富多彩的活动之中。中国共产党人所创造的革命文化在乡村中逐步展开、渗透，对宣传革命、教育群众发挥了巨大作用。

1933年5月，国民政府专设复兴农村委员会，发动声势浩大的"农村复兴运动"。

1933年8月，（共产党）少共中央局和中央教育人民委员部联席会议《关于目前教育工作的任务与团对教育部工作的协助的决议》中指出："教育部应当去帮助群众和各社会团体，必须估计到社会教育的发展，并提到更高的观点上去，即社会教育必须要有相当的普通教育发展的基础，以及因普通教育发展而获得的帮助。"

1933年8月6日，苏维埃政府颁布《夜学办法大纲》，规定夜校的任务是"在不妨碍群众的生产和工作的条件下，于短期间扫除文盲，提高群众的政治文化水平"。

1933年11月15日，苏区成立了马克思主义研究会文化研究组，对文艺理论与创作等具体问题展开研究，培养工农大众自己的文艺批评家，使苏区的文化理论研究有组织、有系统地开展。

1934年1月，毛泽东在中华苏维埃代表大会做报告时指出，苏区的教育在于以共产主义精神教育广大人民群众，教育要为革命战争与阶级斗争服务，教育要与劳动相结合，促进人民群众走向文明幸福的生活。

1934年2月16日，苏维埃临时中央政府人民委员会公布《中华苏维埃共和国小学制度暂行条例》。

1934年4月，苏维埃中央教育人民委员部颁布《俱乐部纲要》，特点是将教育活动寓于群众性的文化娱乐之中。

1934年4月，苏维埃中央教育部在第1号训令中指出，文化运动是广大群众自己的事业，要发挥政府与群众两方面的积极性。同年《中央文化教育建设大会决议案》以及《教育行政纲要》规定：要利用一切群众的力量，辅助教育工作。

1935年5月28日,国民政府行政院修正通过《实施义务教育办法大纲》。6月14日,教育部公布《实施义务教育办法大纲实行细则》。

1935年11月23日,《中国国民党第五次全国代表大会宣言》中提到应该"弘教育以培民力",积极推行义务教育,改良中小学制度。中小学应以不能升学之贫民能切实致用为方针等。国民政府不断进行村政重组、开办新学、文化宣传、政治宣讲,通过强化地方自治、改善乡村生活。

1935年,教育部师范课程编订委员会颁布《乡村师范课程标准》,要求乡村师范学校增设关于乡村及农业的科目。

1936年5月5日,国民政府公布《中华民国宪法草案》之教育专章,强调确立中华民国教育之宗旨在于发扬民族精神,培养国民道德,训练自治能力,增进生活知能,以造成健全国民;还强调,农村需要与工业并重;使无力升学及工厂商店之徒弟农村青年,均可利用余暇入班、入校补习有关职业之知识技能及公民常识。通过20多年的努力,乡村生活开始从帝国的控制模式向国民党政权的农村建设道路转变。

1936年7月,国民政府教育部颁布《修正小学课程标准》。

1936年12月12日,《红色中华》刊登《开展冬学运动——坚决执行团中央与中央教育部的指示》,呼吁根据地开展冬学运动。各地积极响应,并迅速传播开来。

1937年6月,国民政府教育部定颁《改良私塾办法》。

1937年7月22日,中共中央政治局在洛川开会,发布《中国共产党抗日救国十大纲领》,提出为抗战服务的教育政策。

1937年10月,陕甘宁边区中央教育部《关于冬学的通令》,认为:冬学是经常的学制之一,是成年补习教育的一种,利于消除文盲、普及教育,也是给农民群众施加教化的好机会。

1937年,梁漱溟所著《乡村建设理论》在山东邹平出版,该书在理论、实践方面的对乡村建设的影响极为重大。

1938年,国民政府教育部会同有关部委,分派代表组成了中央建教合作委员会。该委员会的工作由教育部具体组织,其他各部委予以协调。

1941年,教育部又会同有关部委,制定并颁布了《农林技术机关与农林教育机关联系与合作大纲》《农林建教合作初步实施办法大纲》《公私营工厂矿厂农场推行职业教育并利用设备供给职业学校学生实习办法纲要》等，对建教合作予以规范。

1938年4月，国民党召开临时全国代表大会，通过了《战时各级教育实施方案纲要》，其中包括九大方针和十七个要点，用于指导战时教育。

1939年4月4日，陕甘宁边区公布《陕甘宁边区抗战时期施政纲领》，加强乡村的文化教育、革命宣传工作，健全正规学制，普及国民教育，推广通俗书报等。

1939年8月，《陕甘宁边区小学规程》规定"小学课程以政治、军事为中心"。

1940年3月，中共中央发出《中央关于开展抗日民主地区的国民教育的指示》，规定必须尽可能地恢复、重建各地小学校，达到每村有一个初级小学校，每乡（或每编村）有一个中心小学或模范初级小学，每个中心区有一个两级小学或完全小学，以建立广泛的小学网。

1940年4月，国民政府教育部制定《国民教育实施纲要》，开始推行国民教育制度。配合《县各级组织纲要》，促进地方自治，以奠定革命建设之基础。以教育方法促进地方自治，并运用政治力量，发展地方教育。

1940年8月，冀南、太行、太岳行政联合办事处制订了《冬学运动计划》，责成各县各村成立冬学委员会，向群众进行广泛的宣传动员，成立短期培训班着手培训义务教员，为开办冬学做好准备工作。

1940年10月10日，山东省战工会、各界救国总会、省文化界救国会联合召开了一次冬学运动座谈会议。山东《大众日报》于10月22日发表了题为"普遍开展冬学运动"的社论。要求各地成立冬学运动委员会，主持这一工作的开展。

1940年10月，中国乡村建设学院在民国政府教育部正式备案。同月28日正式开学，晏阳初任院长。

1941年2月，陕甘宁边区政府公布了《小学教育实施纲要》，目的是促进儿童德、智、体、美、劳全面发展，培养儿童民族意识，启发儿童科学思维，提高儿童抗战建国所需基本技能等。

1942年1月28日，晋察冀边区各地所有村庄，普遍举行了庄严隆重的"公民誓约"宣誓仪式。通过这次"公民誓约"运动，在广大群众中进行了一次民族气节教育，使广大群众更加坚定了抗日到底的决心。

1942年1月28日，中共中央发布《关于抗日根据地土地政策的决定》。在根据地实行减租减息，以减轻封建剥削，改善民生；对富农、地主也有相应的优待，以达到联合一切力量一致对外的目的。

1944年11月6日，陕甘宁边区文教大会通过《关于培养知识分子与普通群众教育的决议》指出：边区群众教育的中心任务就是扫除文盲，提高其文化水平与政治觉悟。

1944年11月22日，国民政府教育部公布《全国各县市普及教育文化事业实施办法》。《办法》规定："召集当地中小学教员及知识分子举行座谈会，研究推进乡村文化运动，并分组赴各乡村举行时事演讲、公民常识演讲。"

1944年，晋绥边区在冬学工作的总结中，推广了两种一元化的领导模式：一是战斗、生产和学习一体化的模式；一是冬学、冬季生产一体化的模式。

1945年3月9日，国民政府出台《倡导民间善良习俗实施办法》，将礼义廉耻、简单朴素、共同一致等作为生活准则，提倡、发展、改善民间善良习俗，以减少革命、战争等给乡村生活带来的混乱状态。

1945年4月，为了迎接抗战的胜利，中国共产党在延安召开第七次全国代表大会，毛泽东代表中央做了《论联合政府》的政治报告。

1945年4月23日—6月11日，中共七大通过《关于农业合作化问题的决议》，认为合作化运动已具有广大的群众基础。面对农村合作化运动日益高涨的形势，党的任务就是要大胆地和有计划地领导运动前进，而不应该缩手缩脚。

1945年10月，晋察冀边区行政委员会在《关于普遍深入开展冬学运动的指示》中指出：老解放区人民，经过8年来抗日民主教育的结果，政治觉悟空前提高，学习文化的要求异常迫切。因此，在冬运中应适当着重文化卫生教育，继续着重开展识字运动，但必须与时事教育相联系。

1946年5月4日，中共中央发布"五四指示"。该指示决定将减租减息的政策改为没收地主土地，分配给农民。"五四指示"揭开了解放区土地立法的序幕，为实现耕者有其田的土地革命指明了方向。

1946年8月，陕甘宁边区发布了《关于国民教育的批示信》，指出要坚持民办公助政策，逐渐发展民办教育，办好完全小学，提高质量，并改进中心小学与普通小学。随后，各解放区也相继提出要继续贯彻执行民办公助方针。

1947年1月1日，国民政府公布《中华民国宪法》，在"教育文化"专节，对义务教育、社会教育等进行了规定。

1948年10月1日，新华社发表题为"恢复和发展中等教育是当前的重大政治任务"的社论，指出当前解放区普通教育工作的最重要的问题是恢复和发展中等教育。

1949年3月，毛泽东在中共七届二中全会上做报告，决定将党的工作重心由乡村转到城市。但也要城乡兼顾，巩固工农联盟，不可丢掉乡村的工作。

1949年9月29日，人民政协会议第一届大会通过《中国人民政治协商会议共同纲领》。大会确立了新民主主义的文化教育方针，有步骤地改造旧的教育制度、政策。

1949年10月1日，中华人民共和国中央人民政府成立。

1950年6月30日，新中国中央政府颁布《中华人民共和国土地改革法》，宣布进行土地改革，成立农民协会委员会等。

1950年7月，中共中央人民政府颁布了《农民协会组织条例》，规定"农民协会"是自愿结合的群众组织，也是土地革命的"合法执行机关"。它不同于1906年清朝政府设立的士绅型农会，国民革命时期的农民协会，南京国民政府时期的农会，共产党领导下的苏维埃时期贫农团、抗日根据地农救会等。后来，它随着土地改革的完成，逐渐被其他组织代替。1984年4月撤销农会，农会活动终止。

1951年9月9日，中共中央在北京召开第一次农业互助合作会议。

会议通过了《中共中央关于农业生产互助合作决议（草案）》，建立农民互助小组，提高农民互助合作的积极性。

1951年10月1日，政务院颁布《关于改革学制的决定》，产生了新中国第一个学制。

1952年5月，教育部发出《关于各地开展"速成识字法"的教学实验工作的通知》，要求在全国范围内，在广大的工人、农民中普遍推行"速成识字法"。

1953年3月19日，中共中央发出《关于解决区乡工作中"五多"问题的指示》，重新确定农业生产是农村中压倒一切的中心工作，所有妨碍农业生产的活动都必须避免。

1953年4月3日，中共中央汇编《当前农村工作指南》一书，内容包括《关于春耕生产给各级党委的指示》《领导农业生产的关键所在》和《关于农业生产互助合作的决议》。毛泽东号召全国从事农村工作的人员认真学习，保证党在农村顺利开展工作。

1953年9月，教育部奉上级指示，发布新的决定：五年一贯制未推行的地方从缓推行，已推行的停止推行，全国小学仍一律暂照"四二制"办理。

1953年10月15日和11月4日，毛泽东同中央农村工作部的负责人进行了两次谈话，要求他们加强对农村互助合作的重视，在一年内发展3万多个合作社，表现出了急于求成的心态。

1953年12月16日，中共中央发布《关于发展农业生产合作的决议》，对土地进行统一经营、管理，实行评工记分制，农业合作社也迅速发展。到1954年春，全国9万多所合作社成立。

1954年10月10—31日，中共中央农村工作部召开了第四次互助合作会议，总结经验、发现问题，肯定了初级合作社的重要性，但也发现了一些地区冒进、急躁的苗头，违背了自愿、互利的原则，侵犯了中农利益。加之自然灾害的影响，部分地区还陷入不同程度的粮食危机。

1955年1月10日，针对新建合作社垮台散伙、社员退社情况，以及许多地方出现大量出卖、宰杀家畜、砍伐树木等现象，中共中央发布

《关于整顿和巩固农业生产合作社的通知》,并于5日后又发布《关于大力保护耕畜的紧急指示》。但是,这并没有调和农民与合作社之间的矛盾,全国农村逐渐陷入混乱状态,生产、生活遭受巨大破坏。

1955年7月,中共中央召集省委、市委、自治区党委书记会议,毛泽东做报告,阐述合作社的重要性,反对盲目追求数量。但毛泽东错误地否定了1953年和1955年春天的两次合作社整顿工作,批评右倾,助长了"左"倾错误的发展。党的农村土地政策发生了根本逆转,各地又开始从初级合作社向所谓高级合作社快速转变,超前的变革破坏了原有生产关系,给农村带来灾难性后果。

1955年8月9日,北京青年杨华、李秉衡等人向共青团北京市委提出到边疆垦荒,11月获得北京市委的批准与鼓励,随后引起城市知识青年到农村和边疆垦荒的热潮,即"上山下乡"运动。

1956年1月28日,国务院全体会议第二十三次会议通过《国务院关于公布汉字简化方案的决议》《国务院关于推广普通话的指示》。2月9日,中国文字改革委员会发表《汉语拼音方案(草案)》。2月10日,中央推广普通话工作委员会经国务院批准成立,陈毅任主任。

1956年2月,人民出版社出版了毛泽东的《中国农村的社会主义高潮》一书。该书有"中国合作化运动百科全书"之称,是研究我国社会主义改造历史的重要文献。

1956年9月12日,中央发布《关于加强农业生产合作社的生产领导和组织建设的指示》,要求解决农业合作化以后出现的各种新问题和新矛盾,以此调动所有积极因素,巩固农村合作社。

1958年起,我国农村大搞半工半读学校,出现了半工半读式的新型学校——农业中学。

1958年3月到6月底,全国已有农业中学7.97万多所,学生368万多人。民办农业中学的大量发展,对于满足广大农民群众学习科学文化的强烈要求和小学毕业生升学的要求,对于农业教育更好地为农村经济建设服务,对于改革农村教育结构,都有重大的作用。

1958年6月1日,《红旗》杂志创刊,在第一期发表毛泽东的《介绍一个合作社》一文。文中对苦战两年改变了面貌的河南封丘县应举社予以肯定，认为共产主义精神已在全国蓬勃发展，广大群众的觉悟已迅速提高。

1958年8月17—30日，中共中央政治局通过《关于在农村建立人民公社问题的决议》，要求在广大农村普遍建立人民公社，认为人民公社是社会主义向共产主义的过渡形式。会后，全国农村地区掀起大炼钢和人民公社化运动高潮，浮夸风、共产风等严重泛滥起来。

1958年9月19日，党中央、国务院发布《关于教育工作的指示》。要求教育应该为无产阶级政治服务，教育要与生产劳动结合，各区要建立一个完整的合作体系，争取在三到五年时间内，基本扫除文盲、普及小学教育。

1960年3月6日，中共中央批转《贵州省委关于目前农村公共食堂情况的报告》，表扬贵州省委的报告是一个科学总结，应当在全国仿行，不要例外；坚称农村公共食堂也是社会主义阵地，不能失去。

1961年1月14日，中共八届九中全会听取和讨论了李富春《关于1960年国民经济计划执行情况和1961年国民经济计划主要指标的报告》，反思"大跃进"的失衡问题和巨大危害，要求各地重新重视农业，并决定在农村地区深入贯彻"十二条"。

1961年1月20日，中共中央发出《中央工作会议关于农村整风整社和若干政策问题的讨论纪要》，要求所有的农村人民公社进行整风整社，彻底检查和纠正共产风、浮夸风、瞎指挥、特殊化风、命令风；要彻底反对贪污、浪费和官僚主义。

1961年3月15—23日，中共中央颁布《农村人民公社工作条例（草案）》，即俗称的"农业六十条"，对农村政策进行调整。随后，工业、商业、手工业、科学、教育、文艺领域也开展调整，并相继制定了工作条例。

1962年7月9日和11日，邓子恢在报告中主张建立严格的生产责任制，实行包产、包租到户，奖励有特殊技术的农民，但他的报告被当作刮"单干风"，遭到错误批判。

1963年3月，教育部在北京召开农村"半农半读"教育会议。7月，农业部强调全国高等和中等农业院校，必须逐步实行"半农半读、社来社去"。

1963年4月9日，中共中央发文，同意在广大农村地区建立贫下中农组织。

1963年5月2—12日，毛泽东在杭州与部分中央政治局委员和大区书记开会讨论了我国农村的社会主义教育问题，制定了《关于目前农村工作中若干问题的决定（草案）》，简称《前10条》。会议结束后，各地着手进行干部训练，为开展大规模的农村社会主义教育运动做准备。

1963年9月6—27日，中共中央开会制定了《关于农村社会主义教育运动中一些具体政策的规定（草案）》，简称《后10条》，强调"以阶级斗争为纲"，也要团结95%以上的群众和农村干部，还要正确对待地主、富农子女等。在一些试点的基础上，部分地区开始尝试推行社会主义教育运动。

1963年以后，中小学毕业生升学和就业问题十分尖锐，引起政府的高度重视。于是从1964年起，刘少奇再次提出了实行两种教育制度、两种劳动制度的主张，发表了多次讲话，比1958年又有新的发展。

1964、1965年，我国半工（农）半读学校有很大的发展，教育行政部门比较重视发展这类学校，召开了一系列会议。1964年8月，《人民教育》发表社论《坚决扶植半农半读、半工半读学校》，介绍一些地方的办学经验。

1966年6月13日，中共中央、国务院发文，进行高中招生制度改革，实行推荐与选拔相结合的招生办法。而推荐与选拔必须"突出政治，贯彻党的阶级路线"，凡工人、贫下中农、革命干部、革命军人、革命烈士子女及其他劳动人民子女，合乎条件的，应优先保证升入高中。

1966年9月14日，中共中央发出《关于县以下农村文化大革命的规定》，试图对农村的动乱加以限制，期望保证农村的正常生产。

1967年2月19日，中共中央发出《关于中学无产阶级文化大革命的意见（供讨论和试行用）》。要求自3月1日起，中学师生停止外出串联，一律返校，一边上课，一边闹革命，分期分批进行军政训练。上课学习毛主席著作，批判旧教材和教学制度，以必要时间，复习数、理、化、外语和各种必要的常识；在农忙期间，师生下乡劳动。

1968年11月5日，《人民日报》开辟"关于公办小学下放到大队来办的讨论"专栏，把大量公办小学下放到队，改为民办，国家又不拨出专款，这样不仅加重了农民的负担，也大大削弱了国家对小学的领导和管理，对乡村教育有一定的消极影响。

1970年8月25日—10月5日，国务院紧急召开了北方地区农业会议，系统而又明确地重申农业生产的重要性，提出加速农业生产的任务与要求，一定程度上扭转了农村工作中的混乱状况，对农业生产的恢复起了积极作用。

1971年12月16日，中共中央指示全国各地不要照搬照抄大寨的管理办法，要从各地实际情况出发，不能伤害农民生产的积极性。

1973年11月28日，《光明日报》以"一个深受贫下中农欢迎的大学"为题，发表了辽宁农学院朝阳分院的调查报告，肯定该校实行"社来社去"，要求教学从农村需要出发，以科研促教学。

1975年9月15日—10月19日，全国农业学大寨会议在北京召开，邓小平指出，要想实现四个现代化，关键是农业实现现代化。

1976年11月25日，《人民日报》刊文批判张春桥"宁要一个没有文化的劳动者"的谬论，指出这是对教育方针的歪曲和篡改，是要劳动人民永远成为愚昧无知的奴隶。11月30日，《人民日报》又发表了《辽宁日报》和《人民日报》记者合写的文章：《一个反革命的政治骗局——揭发"四人帮"利用张铁生的答卷制造政治骗局的真相》，揭露了"四人帮"炮制张铁生"反潮流典型"的经过及其险恶用心。诸多反思、批判不一而足。教育部规定凡有"四人帮"反动观点影响并贯穿全书的教材，停止使用，重新编写；反映在部分章节的，予以删除或修改。

1977年8月8日，邓小平发表《关于科学和教育工作的几点意见》，后来被称为"八八讲话"，强调教育的基础性、优先性和关键性。

1977年10月12日，国务院宣布立即恢复高考，新中国的教育事业开始走向正轨。

1978年2月3日起,《人民日报》发表多篇报道,鼓励生产责任制,鼓励村民保留少量的自留地和经营正当家庭副业。

1978年6月23日,中共中央发文指出,各地一定要坚决贯彻党在农村中的各项政策,从多方面减轻农民群众的不合理负担。

1978年11月24日,安徽省凤阳县小岗村18户村民秘密签订契约,决定将集体耕地承包到户,搞大包干;小岗模式逐渐得到中央的肯定和支持,家庭联产承包责任制在全国广大农村逐步推广开来。

1978年12月18—22日,十一届三中全会召开,将社会主义现代化建设定为所有工作中的重中之重,上升到战略高度,农业问题得到极大重视。认为必须调动我国几亿农民群众生产生活的积极性,在政治、经济上予以充分关怀和保障。

1979年1月11日,中共中央做出《关于地主、富农分子摘帽问题和地、富子女成分问题的决定》,为农村广大地主、富农摘掉"帽子",归还其正当权利。

1979年9月,十一届四中全会通过《中共中央关于加快农业发展若干问题的决定》,重视调动农民积极性,提出发展农业生产力的25项政策、措施,加强农业科学技术教育,提高青年农民科技文化水平等。该决定对改变我国农业长期徘徊不前的局面及此后的农村改革打下了基础。

1980年4月,教育部在京召开了"五·七"大学座谈会,讨论了整顿"五·七"大学的方针,研究了将教育部门办的部分"五·七"大学改办成农民技术学校的问题。

1980年5月下旬,在中共四川省委的支持下,中共广汉县委在向阳公社进行人民公社体制改革试点,撤销向阳人民公社,恢复建立向阳乡党委、向阳乡人民政府。

1981年8月15日,中共中央发出《关于关心人民群众文化生活的指示》,要求各级党委和有关部门重视人民群众的文化生活,把它放在党委工作的重要位置上,认真抓好,切实解决在这方面存在着的各种有可能解决的困难问题,引导人民群众的文化娱乐活动走上健康轨道。

1982年1月1日，中共中央发布"1982年中央一号文件"，肯定了农业生产责任制，并要求加强对农民的教育。

1982年9月1日，在中国共产党第十二次全国代表大会上，正式把教育列为经济发展的战略重点之一。自此，农村教育开始得到重视和加强。

1983年1月2日，中共中央印发《当前农村经济政策的若干问题》，简称"1983年中央一号文件"。文件指出：要继续深入开展农业技术的转化，建立健全农业科学研究推广体系，下大力气培养农村建设人才。

1983年10月12日，党中央、国务院发出《关于实行政社分开建立乡政府的通知》。此后，人民公社"政社分开"，建立乡政府的工作在全国陆续展开。

1984年1月1日，中共中央发出《关于1984年农村工作的通知》，简称"1984年中央一号文件"。决定在稳定和完善农业生产责任制的基础上，提高生产水平。随后，召开一系列会议，讨论贯彻新的精神，尽快使农民脱贫致富。

1984年3月1日，中共中央、国务院发文鼓励开辟新的生产门路，妥善安排多余劳力，充分利用农村的剩余劳动力，逐步改变"八亿人搞饭吃"的局面，使农村商品生产得到充分的发展，农民早日富裕起来。

1984年3月28日，国务院办公厅转发文化部《关于当前农村文化站问题的请示的通知》，肯定了农村文化站在人民群众生活中所起到的作用，也指出了其中存在的问题并提出了相应的意见和建议。

1985年1月1日，中共中央、国务院发布《关于进一步活跃农村经济的十项政策》，简称"1985年中央一号文件"，指出打破农村集体经济"大锅饭"以后，农村工作的重点是进一步改革农业管理体制，强化市场调节的作用，抓紧调整农村产业结构。

1985年5月27日，中共中央发文改革现有教育体制，指出：教育必须为我国的社会主义建设服务，社会主义建设需要依靠教育实现。该决定将发展基础教育的责任交给地方，要求各地有步骤地实行九年义务教育，它是我国教育发展史上一座新的里程碑，标志着我国的社会主义教育事业进入一个新的历史时期。

1985年11月24日,中共中央整党工作指导委员会发文要求努力提高共产党员的觉悟,让党员正确认识党在农村工作中的各项政策,认真抓好领导班子建设。

1986年1月1日,中共中央、国务院发出《关于1986年农村工作的部署》,简称"1986年中央一号文件"。要求各地有条不紊地发展农村商品经济,协调发展农业和农村工业,改善农业生产条件,推动农村经济稳步发展。

1986年4月12日,全国第六届人民代表大会第四次会议通过《中华人民共和国义务教育法》,规定:我国将实行九年制义务教育,在国务院领导下,地方负责,分级管理。

1987年1月22日,中共中央发出《把农村改革引向深入》的通知,肯定农村工作取得的成就,但在新旧体制交替时期,还要深化改革,稳定家庭联产承包责任制,加强党对农村的领导和控制。

1987年2月27—28日,国家教委和河北省政府联合在河北涿州市召开农村教育改革实验区工作会议,标志着我国农村教育改革实验工作启动。1988年9月30日,国务院办公厅批复国家教委《关于组织实施"燎原计划"的请示》,原则批准国家教委实施"燎原计划"的总体设想。1989年5月23日,国家教委发出在全国建立百县农村教育综合改革实验区的通知。

1987年11月24日,《村民委员会组织法》公布,在一定程度上影响了广大乡村的组织模式、治理结构和教化方式。

1989年11月27日,国务院发文指出,只有紧紧依靠科技进步,才能实现农业技术改造的深刻变革,我国农业现代化才有希望。

1990年1月8日,国家教委、中宣部、文化部、广播影视部、农业部、林业部、解放军总政治部、共青团中央、全国妇联、全国科协10部门在北京联合召开迎接国际扫盲年全国电话会议,要求各级政府重视扫盲工作,并与各项农村政策相结合。

1990年6月6—10日,国家教委在山东潍坊市召开全国农村学校勤工俭学现场会及 1990 年全国中小学勤工俭学工作会议。

1990 年 9 月 12 日，《人民日报》援引国务委员兼国家教委主任李铁映的话说，当前农村教育要继续转变指导思想，深化改革；农村教育改革的根本目标是改变教育同经济建设、社会发展之间的"两张皮"现象，逐步建立起教育同当地社会主义建设协调发展，相互促进的机制，推动农村两个文明建设的全面发展。

1990 年 9 月 20 日，国家教委印发《全国乡土教材建设经验交流会议纪要》。

1991 年 1 月 15 日，国家教委做出《关于表彰科教兴农先进学校和回乡务农优秀毕业生的决定》，并附发科教兴农先进学校名单和回乡务农优秀毕业生名单，鼓励更多学校、人才服务农村、建设农村。

1991 年 6 月 6 日，国家教委发出《关于大力发展乡（镇）、村农民文化技术学校的意见》。

1991 年 6 月 18—24 日，由中国国家教委主办的农村教育国际研讨会在山东省泰安市举行。

1991 年 7 月 13 日，《人民日报》头版发表《进一步抓好农村社会主义思想教育》的文章，提出了社会主义思想教育的任务。主要包括爱国主义、集体主义、社会主义教育，还包括农村各项方针政策教育，农村基层组织建设，农村社会秩序整顿等内容。

1992 年 1 月 14 日，司法部发布了《关于在农村社会主义思想教育中开展民主与法制教育的通知》，要求农村社会主义思想教育要始终结合每一个具体步骤进行民主与法制教育。

1992 年 1 月 18 日—2 月 21 日，邓小平视察武昌、深圳、珠海、上海等地并发表重要谈话，提出基本路线要管 100 年，动摇不得。提出社会主义的本质，是解放生产力，发展生产力，消灭剥削，消除两极分化，最终达到共同富裕。

1992 年 2 月 12 日，国务院发文指出，农村的现代化需要与科技、教育相结合，应当加快农业科技转化，加强农村科技教育，加速科技人才培养等工作。

1992年10月12—18日，十四大报告提出，必须坚持把农业发展放在首要位置，全面振兴农村经济，要树立大农业观念，坚持依靠科技、教育兴农。

1993年1月10日，国家教委联合农业部等部委发出《关于加强农村、林区中等职业技术学校和农民中专农、林类专业师资队伍建设的几点意见》，指出加强师资队伍建设，提高师资水平是一项十分重要而紧迫的任务，各级政府和教育、农林等有关部门应采取有力措施，加强师资的培养、选配和进修工作，并给出了具体指导意见。

1993年9月2日，国家教委召开基础教育形势分析会，讨论分析了当前我国基础教育尤其是农村基础教育面临的严峻形势，决定集中力量发展基础教育，下大力气解决矛盾突出的教育问题。

1993年10月18日，江泽民在中央农村工作会议上发表讲话，他提出要坚定不移地实施科教兴农战略，要重视农村教育工作，普及九年义务教育，同时还要着力发展农村职业技术教育和成人教育。

1993年10月18—22日，全国"燎原计划"工作研讨会在江苏昆山举行，经过近七年的发展，农村教育综合改革实验已经大规模展开，并有近三分之一的县参与。

1993年11月12—15日，国家教委召开专门座谈会，要求师范专科学校要面向农村、深化改革，为农村地区培养更多中小学教师，为建设社会主义新农村服务。

1994年9月22—26日，全国农村教育综合改革工作会议在河北省唐山市举行。会议要求各地贯彻全国教育工作会议精神和《全国教育改革和发展纲要》，交流、总结我国农村教育综合改革经验，进一步动员和部署在新形势下深化农村教育综合改革工作。

1995年8月1日，国家教委印发《示范性乡（镇）成人文化技术学校规程》。

1995年10月19—20日，"全国地区（市）农村教育综合改革联系点工作会议"在湖南省怀化地区举行。

1995年12月13日，国家教委实施"燎原计划百千万工程"座谈会在北京举行。国家教委决定从 1995 年冬开始实施"燎原计划百千万工程",全国 30 个农村教育综合改革地、市的联系点成为第一批试点单位。

1996 年 2 月 16 日,国家教委发出《关于农村成人学校和中小学参加扫盲工作的通知》。

1996 年 8 月 7 日,国家教委和联合国儿童基金会主办的"千名农村贫困地区小学校长培训班"开幕式在北京举行。

1996 年 12 月,中宣部联合国家科委等十部委下发《关于开展文化科技卫生"三下乡"活动的通知》,并从 1997 年开始正式实施。中宣部每年都会联合相关单位深化"三下乡"活动。该活动自实施以来,改善了农村社会风气,密切了党群、干群关系,一定程度上满足了广大农民的精神文化生活需求,很好地促进了农村文化建设。

1997 年 1 月 10—13 日,中央农村工作会议在北京召开,大会强调各地要坚定不移地把农业生产放在首位,加速科教兴农的步伐,加强农村精神文明建设等八个方面的任务。

1997 年 5 月 10 日,建设部、国家计委、国家教委批准并发布《农村普通中小学建设标准》,并于 6 月 1 日起试行。

1998 年 1 月 7—9 日,中央农村工作会议要求各地全面贯彻党的十五大精神,坚持稳中求进,稳定农村秩序,调整农业产业结构等。

1998 年 9 月,江泽民在安徽考察工作时指出:"现在农业和农村的问题仅靠自身是解决不了的,必须靠城乡一体、城乡统一市场来解决。"加快发展农村公共事业,提高农村公共产品供给水平,构建一个城乡平等的公共产品供给体系,势在必行。

1998 年 9 月,文化部、国家广播电影电视总局提出了农村电影放映"2131"目标,即在 21 世纪初,在广大农村实现一村一月放映一场电影的目标。此项工作得到了国家计委的大力支持。2000 年 12 月,国家计委、广播电影电视总局、文化部联合发出《关于进一步实施农村电影放映"2131 工程"的通知》。"十五"期间,国家设立专项资金,资助农村电影队的建设。"2131 工程"的确取得了可喜的成绩,逐步丰富了农村的文化生活,强化了农村精神文明建设。

1998年10月12—14日，十五届三中全会审议并通过了《中共中央关于农业和农村工作若干重大问题的决定》，计划到2010年建设有中国特色的社会主义新农村，该文件成了指导新时期农村各项工作的行动纲领。

1998年11月4日，正式颁布实施的《中华人民共和国村民委员会组织法》（简称《村组法》）明确规定村委会是进行村民的自我管理、自我服务、自我教育的自治性组织。

1998年12月7日，中宣部、教育部、团中央印发《关于表彰1998年暑期大学生社会实践活动先进单位、优秀组织工作单位和中国大中学生志愿者暑期文化科技卫生"三下乡"活动优秀志愿服务队的决定》。

1998年12月28—30日，中央农村工作会议进行工作总结并安排新的任务，要求加快调整、优化农业产业结构，发展优质高效农业，加强农村基层的建设，保证农村社会稳定等。

1999年10月，国务院办公厅转发农业部等部委《关于稳定基层农业技术推广体系的意见》，要求各地政府要加强对农业技术的支持，鼓励相关技术人才到农村生产一线，直接服务农民，严格处理相关违法、违纪事件，保证基层农业技术推广体系的稳定、健康。

1999年11月23—25日，全国农村学校艺术教育实验县（市）工作会议在江苏省吴江市举行。

2000年1月5—6日，中央农村工作会议指出，在新的发展阶段中，需要各地大力推进农村经济结构的战略性调整，全面提升农民收益，提高农民幸福感。

2000年1月19—22日，国务院召开西部地区开发会议指出，西部大开发意义重大，要求各地要正确领会中央决策精神，扎实推进。

2000年2月12日，《人民日报》发表《全社会都要关心支持教育事业》的评论员文章。同日，教育部党组召开专题会议，学习讨论文章中的有关精神，并发文要求各地教育部门学习、领会，办好教育。

2001年起，我国各地为了优化教育资源配置，整合农村教育力量，提升农村办学水平，开始抛弃"村村办学"的方式，对临近的学校进行合并，实行撤点并校等方案。这一行为的优势明显，但也给一些偏远地区儿童上学带来了诸多不便。

2001年1月3—5日，中共中央在北京召开农村工作会议，要求继续加大科技支持，保证农民增收，确保国家粮食安全，加强农村建设，保持农村稳定。

2001年1月11日，中共中央、国务院发出《关于做好2001年农业和农村工作的意见》，要求在根本上减轻农民生活负担，深化改革农业科技和教育体制，坚持扶贫工作，加强思想教育，促进农村社会全面进步。

2001年2月17—19日，在安徽召开全国农村税费改革试点工作会，交流、总结安徽试点的经验，深入贯彻中央关于推广农村地区税费改革的决策精神。

2001年6月8日，教育部正式启动新一轮基础教育课程改革，颁布《基础教育课程改革纲要（试行）》，在全国38个地区进行基础教育课程改革的国家级实验。各地纷纷推陈出新，教育改革如火如荼。

2002年1月6—7日，中央农村工作会议继续推动农村的产业结构调整，要求各地设法提高农民收入，加强党对农村的领导等。

2002年1月22日，全国扫盲工作座谈会召开，认为扫盲工作重在抓落实、抓改革、抓质量、抓效益，要坚持扫盲工作验收到县，复查到乡，工作到村，落实到人。

2002年4月15日，文化部、教育部发出《关于做好基层文化教育资源共享工作的通知》。

2002年10月19日，中共中央、国务院发布《关于进一步加强农村卫生工作的决定》，争取到2010年，在全国农村建立我国经济体制和农村实际的农村卫生、医疗体系。

2002年11月4日，中宣部、教育部等部委联合发文表彰大学生暑期"三下乡"活动志愿者，鼓励更多的青年进入农村服务、实践。

2003年1月7—8日，中央农村工作会议要求解决好"三农问题"，要坚持"多予、少取、放活"的方针，发挥城市对广大农村的带动作用，不断改善农村办学条件，实现城乡一体化发展。

2003年3月27日，国务院印发通知，全面推进农村税费改革试点，促进农村改革、农村发展。

2003年9月17日，国务院向全国印发《关于进一步加强农村教育工作的决定》。教育部也转发国务院决定，要求各地主管部门全力以赴，下大力气推动农村教育。

2003年12月10日，中宣部等14部委表彰在"三下乡"活动的先进集体和个人，交流总结经验，深入开展文化科技卫生"三下乡"活动。

2003年12月25—27日，教育部召开2004年度教育工作会议，将推进农村教育改革和发展确立为两大发展战略之一。

2004年2月21日，教育部、财政部印发《关于进一步加强农村地区"两基"巩固提高工作的意见》。

2004年2月24—25日，教育部召开全国农村劳动力转移培训经验交流会，表扬典型，要求各地要抓住机遇，全力做好农村劳动力的转移、培训工作，为解决"三农"问题做出有益探索。

2004年4月7日，"农村劳动力转移培训阳光工程"正式启动，该项工程由教育部、农业部、财政部、科技部、劳动保障部、建设部共同组织实施。

2004年5月28日，中央政治局会议研究进一步健全村务公开制度，规范民主决策，强化村务管理，保障广大农村民众的知情权、决策权、参与权以及监督权。

2005年1月底，中共中央国务院发出第七个关于"三农"问题的一号文件，要求发展农业，保护农民。

2005年3月29日，教育部、发改委、财政部印发《2004—2005年农村中小学现代远程教育工程实施方案》，推进农村地区中小学的远程教育。

2005年6月17日，中央宣传部、中央文明办、教育部、民政部、文化部发布《关于运用传统节日弘扬民族文化的优秀传统的意见》。《意见》对弘扬民族文化的优秀传统的重要意义、原则要求、突出内涵、活动组织、媒体宣传、研究保护、管理引导等问题做了详细说明和规范。

2005年8月1日，国务院印发《关于进一步加强农村教育工作的决定》，要求各地加强农村教育工作，创新形式、探索方案，提升农民群众文化水平。

2005年10月，十六届五中全会通过《"十一五"规划纲要建议》，要求各地扎实推动社会主义新农村建设，加强农村地区公共文化建设，丰富人民群众精神文化生活，达到"生产发展、生活宽裕、乡风文明、村容整洁、管理民主"的要求。

2005年11月7日，中共中央办公厅、国务院办公厅发文强调农村文化建设的必要性和紧迫性，提出农村文化建设的指导思想和目标任务，要求地方政府加强农村公共文化建设、丰富农民群众精神文化生活、创新农村文化建设的体制和机制、动员社会力量支持农村文化建设、加强对农村文化建设的组织领导。

2005年12月24日，国务院发出《关于深化农村义务教育经费保障机制改革的通知》。

2005年12月28—29日，中央农村工作会议讨论了踏实推进乡村文化建设的方针、路线与政策，要求各地切实尊重农民群众的意愿，注重实际效果，稳步前进。

2006年1月31日，国务院发文中开始重视农民工问题，要求各地建立城乡统一的劳动力市场和公平的就业制度，保障农民工应有的权益。

2006年2月21日，新华社全文发布了《中共中央、国务院关于推进社会主义新农村建设的若干意见》，要求各地严格按照政策方针办事，切实解决好"三农"问题，确保社会主义新农村建设有良好开局，并设立专项资金解决贫困、偏远地区农村教育问题。

2006年5月15日，教育部、财政部、人事部、中央编办发出《关于实施农村义务教育阶段学校教师特设岗位计划的通知》。5月18日，教育部、财政部、人事部、中编办联合印发《农村义务教育阶段学校教师特设岗位计划实施方案》，决定组织实施"农村义务教育阶段学校教师特设岗位计划"。

2006年8月24日，全国农村义务教育经费保障机制改革领导小组召开电视电话会议，部署全国推进农村义务教育经费保障机制改革工作。国务委员陈至立出席会议，强调要落实科学发展观，强化政府责任，认真研究新情况新问题，狠抓各项措施的落实，全面推进农村义务教育经费保障机制改革。

2006年9月1—2日，国务院召开全国农村综合改革工作会议，要求各地贯彻会议精神，把义务教育工作的重点放在农村；通过农村义务教育体制改革，保障办学经费，提高教育质量，促进教育公平，加快农村义务教育发展，实现让每一个农村孩子都有学上，都能上得起学的目标。

2006年10月8日—11日，十六届六中全会审议通过《中共中央关于构建社会主义和谐社会若干重大问题的决定》，在理论层面给农村文明建设提供指导，即以构建和谐社会为目的。

2006年12月2日，教育部、科技部、农业部、河北省人民政府在河北农业大学联合召开"高等学校为社会主义新农村建设服务座谈会"，强调高等农林教育要坚持为"三农"服务，相关人员也要积极投身社会主义新农村建设。

2006年12月31日，教育部发出《关于做好2007年农村义务教育阶段学校教师特设岗位计划工作的通知》。

2007年1月底，第九个"三农"问题一号文件，决定把发展现代农业作为新农村建设的着力点。

2007年6月16日，中共中央政治局召开会议，会议要求把后续建设的重心放在基层和农村，大力提高公共文化产品供给能力，尽力解决群众最关心、最直接、最现实的基本文化权益问题。

2007年7月11日，国务院发文要求在全国建立农村最低生活保障制度，保障农村贫困人口的基本权益，有效解决农村贫困人口温饱问题。

2007年10月15日，党的十七大召开，大会提出"三农"的中心任务是统筹城乡发展，推进社会主义新农村建设。

2007年12月22—23日，中央农村工作会议指出要继续深化农村改革，切实解决农村现实问题，有效推进社会主义新农村建设。

2008年1月底，中央发布第十个"三农"问题一号文件，要求各地按照形成城乡经济社会发展一体化新格局目标，强化农业基础建设，扎实推进新农村建设。

2008年8月12日，为保证秋季学期开学后，全国农村中小学生能够拿到国家规定课程的免费教科书，中央财政下拨秋季学期中央免费教科书专项资金86.4亿元。加上中央财政此前已拨付的春季学期免费教科书资金86.4亿元，2008年中央财政共安排免费教科书资金达172.8亿元，比上年增加91.5亿元，增长112.5%。仅免费教科书这一项惠民政策，就可以减轻农村中小学生家庭经济负担小学年人均90元，初中年人均180元。

2008年10月19日，中共中央发布《关于推进农村改革发展若干重大问题的决定》，从农村改革的意义、指导思想、目标任务、重大原则等方面进行了详细阐述。

2009年12月18日，中央宣传部、中央文明办、教育部等部委联合发表声明，决定继续深入推进"三下乡"活动，助力社会主义新农村建设。

2010年7月29日，《国家中长期教育改革和发展规划纲要（2010—2020年）》在历经多日等待后正式全文发布。

2011年6月8日，国务院召开常务会议，审议进一步加大财政教育投入的有关问题，随后发文，力争确保2012年财政性教育经费支出占国内生产总值比例达到4%的目标按期实现。

2011年10月26日，国务院常务会议决定从2011年秋季学期起，启动实施"农村义务教育学生营养改善计划"，在集中连片特殊困难地区开展试点，中央财政按照每生每天3元的标准为试点地区农村义务教育阶段学生提供营养膳食补助。

2012年9月6日，国务院发文，规范学校撤并程序和行为。要求县级人民政府必须严格履行撤并方案的制定、论证、公示、报批等程序，撤并方案要逐级上报省级人民政府审批，还对办好村小和教学点，解决学校撤并带来的突出问题等做出明确规定。

2013年1月4日，教育部、中华全国妇女联合会、中央社会管理综合治理委员会办公室、共青团中央、中国关心下一代工作委员会联合发文，提出了留守儿童关爱和教育工作的基本原则和主要任务。

2013年5月18日，教育部在江苏省张家港市召开全国县域义务教育均衡发展督导评估认定现场会，对张家港、常熟、太仓三市义务教育均衡发展进行评估认定，正式启动全国县域义务教育均衡发展评估认定工作。6月24日，教育部召开全国义务教育均衡发展现场经验交流和工作推进会。

2013年9月13日，教育部、财政部对实施乡村教师生活费补助政策的连片特困地区给予综合性奖补，对于进一步提高农村教师生活待遇，加强农村教师队伍建设，促进义务教育均衡发展有重要意义。

2014年1月19日，新华网全文转发2014年中央一号文件，该文件对农产品价格形成机制、土地制度、农村金融等方面的改革做出规划，强调市场的作用。

2015年2月1日，新华网全文转发中共中央、国务院印发的《关于加大改革创新力度　加快农业现代化建设的若干意见》，即2015年中央一号文件，要求全国各地继续围绕城乡一体化发展，深入推进新农村建设。

2015年6月8日，国务院办公厅印发《乡村教师支持计划（2015—2020年）》，把乡村教师的支持作为后续工作重点，并责令各省市限期出台详细计划和方案。

参考文献

《马克思恩格斯全集》（第3卷），人民出版社1960年版。
《马克思恩格斯选集》（第1卷），人民出版社2012年版。
《马克思恩格斯选集》（第2卷），人民出版社2012年版。
《毛泽东农村调查文集》，人民出版社1982年版。
《毛泽东选集》（第1卷），人民出版社1991年版。
《毛泽东选集》（第3卷），人民出版社1991年版。
《毛泽东选集》（第5卷），人民出版社1977年版。
《毛泽东早期文稿》，湖南人民出版社2008年版。
《邓小平文选》（第2卷），人民出版社1994年版。
《邓小平文选》（第3卷），人民出版社1993年版。
21世纪教育研究院：《农村教育向何处去——对农村撤点并校政策的评价与反思》，北京理工大学出版社2013年版。
班固：《汉书·董仲舒传》，中华书局1962年版。
班固撰，颜师古注：《汉书》（卷6），中华书局1962年版。
薄一波：《若干重大决策与事件的回顾》（上卷），中共中央党校出版社1991年版。
曹本冶：《思想—行为：仪式中音声的研究》，上海音乐学院出版社2008年版。
曹华清、别有亮：《中国书院的故事》，山东画报出版社2011年版。
曹锦清等：《当代浙北乡村的社会文化变迁》，上海人民出版社2014年版。

岑大利：《中国历代乡绅史话》，沈阳出版社 2007 年版。

陈大斌：《从合作化到公社化——中国农村的集体化时代》，新华出版社 2010 年版。

陈元晖：《老解放区教育简史》，教育科学出版社 1981 年版。

陈元晖：《老解放区教育资料（一）》，教育科学出版社 1981 年版。

崔高维校点：《周礼·仪礼·地官司徒》，辽宁教育出版社 1997 年版。

单可垂：《族会说》，《高密县志》（卷六），《艺文志》，清光绪二十二年（1896 年）刻本。

邓洪波：《中国书院史》，东方出版中心 2004 年版。

邓云特：《中国救荒史》，商务印书馆 1998 年版。

丁钢：《近代中国宗族生活与宗族教育》，上海教育出版社 1996 年版。

丁钢：《中国教育的脊梁——著名教育家成功之路》，高等教育出版社 2010 年版。

杜润生：《中国的土地改革》，当代中国出版社 1996 年版。

《杜润生自述：中国农村体制变革重大决策纪实》，人民出版社 2005 年版。

樊克政：《书院史话》，社会科学文献出版社 2012 年版。

范晔、司马彪：《后汉书》（上），岳麓书社 1994 年版。

方孝孺：《逊志斋集·送陈达庄序》，宁波出版社 1996 年版。

费成康：《中国的家法族规》，上海社会科学院出版社 1998 年版。

费孝通：《江村经济》，商务印书馆 2001 年版。

费孝通、吴晗：《皇权与绅权》（增补本），华东师范大学出版社 2015 年版。

费孝通：《乡土中国》，上海人民出版社 2007 年版。

费孝通：《乡土重建》，上海书店 1948 年版。

费孝通：《中国绅士》，中国社会科学出版社 2006 年版。

冯尔康：《中国宗族制度与谱牒编纂》，天津古籍出版社 2011 年版。

冯骥才：《一百个人的十年》，文化艺术出版社 2014 年版。

冯秀军：《教化·规约·生成：古代中华民族精神化育研究》，中国社会科学出版社 2009 年版。

符得团、马建欣：《古代家训培育个体品德探微——以〈颜氏家训〉为例》，中国社会科学出版社 2012 年版。

复旦大学历史学系、复旦大学中外现代化进程研究中心：《近代中国的乡村社会》，上海古籍出版社 2005 年版。

傅玄：《傅子·安民》，中华书局 1985 年版。

甘豫源：《乡村教育》，中华书局 1936 年版。

高华：《红太阳是怎样升起的》，香港中文大学出版社 2000 年版。

高华：《身份与差异：1949—1965 年中国社会的政治分层》，香港中文大学出版社 2004 年版。

高时良：《明代教育论著选》，人民教育出版社 1990 年版。

关海庭：《20 世纪中国政治发展史论》，北京大学出版社 2002 年版。

《管子（下）·治国第四十八》，远方出版社 2006 年版。

郭福昌：《中国农村教育年鉴（1980—1990）》，山西教育出版社 1999 年版。

郭沫若：《中国古代社会研究》，科学出版社 1960 年版。

郝锦花：《新旧学制更易与乡村社会变迁》，人民出版社 2009 年版。

何东昌：《中华人民共和国重要教育文献（1949—1997 年）》，海南出版社 1998 年版。

何晓明：《知识分子与中国现代化》，东方出版中心 2007 年版。

何友良：《中国苏维埃区域社会变动史》，当代中国出版社 1996 年版。

贺雪峰：《村治的逻辑——农民行动单位的视角》，中国社会科学出版社 2009 年版。

贺雪峰：《村庄的前途——新农村建设与中国道路》，山东人民出版社 2007 年版。

贺雪峰：《乡村治理与秩序——村治研究论集》，华中师范大学出版社 2003 年版。

侯荫昌等修，张方墀纂：《无棣县志》，民国十四年（1925 年）铅印本。

华中师范学院教育科学研究所：《陶行知全集》（第 8 卷），湖南教育出版社 1992 年版。

黄道炫:《张力与限界:中央苏区的革命:1933—1934》,社会科学文献出版社 2011 年版。

黄强:《中国保甲实验新编》,中国台湾正中书局 1935 年版。

黄仁贤:《中国教育史》,福建人民出版社 2003 年版。

黄树民:《林村的故事:1949 年后的中国农民变革》,素兰等译,生活·读书·新知三联书店 2002 年版。

《黄炎培考察教育日记》(第 1 集),商务印书馆 1914 年版。

黄宗智:《中国乡村研究》(第 5 辑),商务印书馆 2003 年版。

黄宗智:《中国乡村研究》(第 3 辑),社会科学文献出版社 2005 年版。

黄宗智:《中国乡村研究》(第 5 辑),福建教育出版社 2007 年版。

《贾谊新书·大政下》,时代文艺出版社 2008 年版。

江西省档案馆、中共江西省委党校史教研室:《中央革命根据地史料选编》(下册),江西人民出版社 1982 年版。

金耀基:《从传统到现代》,中国人民大学出版社 1999 年版。

瞿同祖:《中国法律与中国社会》,中华书局 2003 年版。

蓝吉富、刘增贵:《中国人的精神生活与礼俗》,黄山书社 2012 年版。

《老解放区教育工作回忆录》,上海教育出版社 1979 年版。

李华兴:《民国教育史》,上海教育出版社 1997 年版。

李济东:《晏阳初与定县平民教育》,河北教育出版社 1990 年版。

李景汉:《北京郊区乡村家庭生活调查札记》,生活·读书·新知三联书店 1981 年版。

李景汉:《定县社会概况调查》,中国人民大学出版社 1986 年版。

李林甫等:《唐六典》,中华书局 1992 年版。

李民、王健:《尚书译注》,上海古籍出版社 2012 年版。

李强:《中国社会变革 30 年》,社会科学文献出版社 2008 年版。

李庆真:《变迁中的乡村知识群体与乡村社会》,光明日报出版社 2010 年版。

李文海:《近代中国灾荒纪年》,湖南教育出版社 1994 年版。

李晓波、陆道坤：《思想演变与体制转型——中国教师教育回眸与展望》，江苏大学出版社2012年版。

李一之：《剿共随军日记》，第二军政训练处1932年版。

李友梅等：《社会认同：一种结构视野的分析：以美、德、日三国为例》，上海人民出版社2007年版。

梁鸿：《中国在梁庄》，中信出版社2014年版。

梁山县史志编纂委员会：《梁山县志》，新华出版社1977年版。

《梁漱溟全集》（第2卷），山东人民出版社1990年版。

《梁漱溟全集》（第4卷），山东人民出版社1991年版。

梁漱溟：《中国文化要义》，上海人民出版社2005年版。

廖太初：《变动中的中国农村教育：山东汶上县教育研究》，燕京大学出版社1936年版。

林耀华：《义序的宗族研究》，生活·读书·新知三联书店2000年版。

林语堂：《吾国吾民》（英文版），外语教学与研究出版社2006年版。

林语堂：《吾国与吾民》，宝文堂书店1988年版。

刘安撰，陈静注译：《淮南子》，中州古籍出版社2010年版。

刘百川：《一个小学校长的日记》，华文出版社2012年版。

刘大鹏：《晋祠志》，山西人民出版社2003年版。

刘大鹏：《退想斋日记》，山西人民出版社1990年版。

刘铁芳：《乡土的逃离与回归》，福建教育出版社2008年版。

刘英杰：《中国教育大事记1949—1990》（下），浙江教育出版社1993年版。

柳随年、吴群敢：《中华人民共和国经济史简史教程》，高等教育出版社1988年版。

陆学艺：《当代中国社会流动》，社会科学文献出版社2004年版。

《吕思勉说史》，上海古籍出版社2000年版。

罗平汉：《天堂实验：人民公社化运动始末》，中共中央党校出版社2006年版。

罗平汉：《土地改革运动史》，福建人民出版社2005年版。

麦天枢:《天国猜想——认识中国的一条新路径》,生活·读书·新知三联书店1999年版。

欧阳修等:《新唐书》(卷49),中华书局1975年版。

潘光旦:《潘光旦文集》,北京大学出版社1993年版。

潘鸿雁:《国家与家庭的互构》,上海人民出版社2008年版。

彭兆荣:《人类学仪式的理论与实践》,民族出版社2007年版。

澎湃:《海丰农民运动报告》,作家出版社1960年版。

钱穆:《钱宾四先生全集(51A,联经出版社1998年版。

任剑涛:《道德理想主义与伦理中心主义》,东方出版社2003年版。

容中逵:《传统与现代的交锋——百年中国乡村教育变迁的实践表达》,浙江大学出版社2010年版。

沙莲香:《中国民族性(一)》,中国人民大学出版社1989年版。

山曼等:《山东民俗》,山东友谊书社1988年版。

尚丁:《黄炎培》,人民出版社1986年版。

宋恩荣:《晏阳初全集》(第1卷),湖南教育出版社1989年版。

宋敏求:《唐大诏令集》,商务印书馆1959年版。

唐甄:《潜书(下)·存言》,新疆青少年出版社2005年版。

唐志宏、谭继和:《中华苏维埃共和国史稿》,成都出版社1993年版。

陶钝:《一个知识分子的自述》,山东人民出版社1998年版。

陶学荣、陶叡:《走向乡村善治——乡村治理中的博弈分析》,中国社会科学出版社2011年版。

汪祖辉:《学治臆说》,辽宁教育出版社1998年版。

王东霞:《百年中国社会图谱——从长袍马褂到西装革履》,四川人民出版社2003年版。

王国维:《观堂集林》(上册),中华书局1959年版。

王沪宁:《当代中国村落家族文化——对中国社会现代化的一项探索》,上海人民出版社1991年版。

王景新、鲁可荣、刘重来:《民国乡村建设思想研究》,中国社会科学出版社2013年版。

王年一：《大动乱的年代》，人民出版社 2009 年版。

王蕊：《齐鲁家族聚落与文化变迁》，齐鲁书社 2008 年版。

王先明：《近代绅士——一个封建阶层的历史命运》，天津人民出版社 1997 年版。

王先明：《中国近代社会文化史论》，人民出版社 2000 年版。

王衍康：《乡村教育·附录》，中国台湾正中书局 1946 年版。

王予霞、汤家庆、蔡佳伍：《中央苏区文化教育史》，厦门大学出版社 1999 年版。

韦善美、马清和：《雷沛鸿文集》（下册），广西教育出版社 1990 年版。

温锐：《理想·历史·现实——毛泽东与中国农村经济之变革》，山西高校联合出版社 1995 年版。

温锐、刘强：《中华苏维埃史话》，社会科学文献出版社 2000 年版。

吴毅：《村治变迁中的权威与秩序——20 世纪川东双村的表达》，中国社会科学出版社 2002 年版。

吴毅：《村治变迁中的权威与秩序》，中国社会科学出版社 2002 年版。

西华师范大学历史文化学院、川陕革命根据地博物馆：《川陕革命根据地历史文献选编（上）》，四川大学出版社 2012 年版。

席宣、金春明：《"文化大革命"简史》，中共党史出版社 1996 年版。

夏明方：《民国时期自然灾害与乡村社会》，中华书局 2000 年版。

乡村建设讨论会：《乡村建设实验》（第 1 集），中华书局 1935 年版。

乡村建设讨论会：《乡村建设实验》（第 2 集），中华书局 1935 年版。

湘鄂川黔苏区革命文化史料汇编编辑小组：《湘鄂川黔苏区革命文化史料汇编》，中国书籍出版社 1995 年版。

谢济堂：《闽西苏区教育》，厦门大学出版社 1989 年版。

徐杰舜：《福村迟来的转身：一个山村在景区开发中现代转型纪实之一》，黑龙江出版社 2010 年版。

徐天麟：《西汉会要》（下），上海人民出版社 1977 年版。

徐扬杰：《中国家族制度史》，武汉大学出版社 2012 年版。

荀子：《荣辱》，中国纺织出版社 2007 年版。

闫伊默：《仪式传播与认同研究》，知识产权出版社 2014 年版。

阎云翔：《私人生活的变革：一个中国村庄里的爱情、家庭与亲密关系：1949—1999》，龚小夏译，上海书店出版社 2006 年版。

阎云翔：《中国社会的个体化》，上海译文出版社 2012 年版。

杨伯峻、杨逢彬译注：《孟子译注》，岳麓书社 2009 年版。

杨懋春：《一个中国村庄：山东台头》，江苏人民出版社 2001 年版。

应劭：《风俗通义》（上册），中华书局 1981 年版。

余英时：《中国知识人之史的考察》，广西师范大学出版社 2004 年版。

《俞子夷教育论著选》，人民教育出版社 1969 年版。

曾亦、陈文嫣：《礼记导读》，中国国际广播出版社 2009 年版。

翟学伟：《人情、面子与权力的再生产》，北京大学出版社 2008 年版。

詹世友：《道德教化与经济技术时代》，江西人民出版社 2002 年版。

张国清：《无根基时代的精神状况——罗蒂哲学思想研究》，上海三联出版社 1999 年版。

张惠芬：《中国古代教化史》，山西出版集团·山西教育出版社 2009 年版。

张乐天：《告别理想：人民公社制度研究》，上海人民出版社 1998 年版。

张乐天：《告别理想——人民公社制度研究》，上海人民出版社 2012 年版。

张良丛：《从行为到意义：仪式的审美人类学阐释》，社会科学文献出版社 2015 年版。

张鸣：《历史的坏脾气：晚近中国的另类观察》，中国档案出版社 2005 年版。

张鸣：《"文革"中的名人之思》，中央民族学院出版社 1994 年版。

张鸣：《乡村社会权力和文化结构的变迁（1903—1953）》，陕西人民出版社 2008 年版。

张鸣：《乡土心路八十年：中国近代化过程中农民意识的变迁》，上海三联书店 1997 年版。

张涛：《中华人民共和国新闻史》，经济日报出版社 1992 年版。

张仲礼:《中国绅士研究》,上海人民出版社 2008 年版。

赵玉明:《中国广播电视通史》,北京广播学院出版社 2004 年版。

中共广东省委党史研究委员会、东江革命根据地党史资料征集编写协作组、潮澄饶澳苏区党史协作组、东江革命根据地史料汇编:《潮澄饶澳苏区》,澄海印刷厂 1987 年版。

中共梅县地委党史办公室、中共赣州地委党史办公室、中共蕉岭平远寻乌县委党史办公室:《东江革命根据地——焦平寻苏区史料汇编》,1987 年。

中共渠县县委党史工作委员会:《川陕革命根据地渠县苏维埃资料选编》,中共渠县县委党史工作委员会 1988 年版。

中共中央党史研究室:《中国共产党历史第二卷(1949—1978)》,中共党史出版社 2011 年版。

中国发展基金会:《中国人类发展报告 2005》,中国对外翻译出版公司 2005 年版。

《中国教育成就统计资料(1949—1983)》,人民教育出版社 1984 年版。

中国现代史资料编辑委员会翻印:《苏维埃中国》(第 2 集),中国现代史资料编辑委员会,1957 年。

中华职业教育社:《黄炎培教育文集》(第 2 卷),中国文史出版社 1994 年版。

钟敬文:《民俗学概论》,上海文艺出版社 1998 年版。

《周谷城史学论文集》,人民出版社 1983 年版。

周谷城:《中国社会史论》(上册),齐鲁书社 1988 年版。

周荣德:《中国社会的阶层与流动——一个社区中士绅身份的研究》,学林出版社 2000 年版。

周锡瑞:《改良与革命——辛亥革命在两湖》,杨慎之译,中华书局 1982 年版。

周晓虹:《传统与变迁:江浙农民的社会心理及其近代以来的嬗变》,生活·读书·新知三联书店 1998 年版。

朱熹:《论语集注》,齐鲁书社 1992 年版。

朱筱新：《中国传统文化》，中国人民大学出版社2014年版。

朱学勤：《道德理想国的覆灭》，生活·读书·新知三联书店2003年版。

祝彦：《"救活农村"：民国乡村建设运动回眸》，福建人民出版社2009年版。

左停：《变迁与发展：中国农村三十年》，中国农业出版社2009年版。

［德］恩斯特·卡西尔：《人论》，甘阳译，上海译文出版社1985年版。

［德］斐迪南·滕尼斯：《共同体与社会：纯粹社会学的基本概念》，林荣远译，北京大学出版社2010年版。

［德］伽达默尔：《真理与方法》，洪汉鼎译，上海译文出版社2004年版。

［德］盖奥尔格·西美尔：《社会学——关于社会化形态的研究》，林荣远译，华夏出版社2002年版。

［德］黑格尔：《哲学史讲演录》（第1卷），贺麟、王太庆译，商务印书馆1996年版。

［德］胡塞尔：《欧洲科学的危机与超越论的现象学》，王炳文译，商务印书馆2001年版。

［德］康德：《历史理性批判文集》，何兆武译，商务印书馆1991年版。

［德］马克斯·韦伯：《儒教与道教》，洪天富译，江苏人民出版社1993年版。

［德］马克斯·韦伯：《学术与政治》，冯克利译，生活·读书·新知三联书店2005年版。

［德］威廉·冯·洪堡特：《论人类语言结构的差异及其对人类精神发展的影响》，姚小平译，商务印书馆1997年版。

［德］席勒：《美育书简》，徐恒醇译，中国文联出版公司1984年版。

［法］爱弥尔·涂尔干：《乱伦禁忌及其起源》，汲喆等译，上海人民出版社2003年版。

［法］爱弥尔·涂尔干：《宗教生活的基本形式》，渠东等译，上海人民出版社2006年版。

［法］查理德·色贡达·孟德斯鸠：《论法的精神》，许明龙译，商务印书馆2012年版。

［法］雷蒙·阿隆：《社会学主要思潮》，葛智强译，上海译文出版社1988年版。

［法］潘鸣啸：《失落的一代：中国的上山下乡运动（1968—1980）》，欧阳因译，中国大百科全书出版社2013年版。

［古希腊］柏拉图：《柏拉图全集》（第2卷），王晓朝译，人民出版社2003年版。

［美］埃德加·斯诺：《西行漫记》，董乐山译，生活·读书·新知三联书店1979年版。

［美］埃里希·弗罗姆：《自为的人——伦理学的心理探究》，万俊人译，国际文化出版公司1988年版。

［美］埃里希·弗洛姆：《人的呼唤》，王泽应等译，上海三联书店1991年版。

［美］巴林顿·摩尔：《民主与专制的社会起源》，拓夫、张东东译，华夏出版社1987年版。

［美］彼得·海斯勒：《江城》，李雪顺译，上海译文出版社2012年版。

［美］杜赞奇：《文化、权力与国家：1900—1942年的华北农村》，王福明译，江苏人民出版社1996年版。

［美］费正清、赖肖尔：《中国：传统与变革》，陈仲丹等译，江苏人民出版社1996年版。

［美］费正清：《美国与中国》，张理京译，世界知识出版社1999年版。

［美］韩丁：《翻身——中国一个村庄的革命纪实》，韩倞等译，北京出版社1980年版。

［美］黄宗智：《长江三角洲小农家庭和乡村发展》，中华书局1992年版。

［美］杰弗里·C.戈德法布：《"民主"社会中的知识分子》，杨信彰译，辽宁教育出版社2002年版。

［美］蕾切尔·卡逊：《寂静的春天》，吕瑞兰、李长生译，吉林人民出版社1997年版。

［美］罗兹曼：《中国的现代化》，"比较现代化"课题组译，江苏人民出

版社 1995 年版。

[美] 玛格丽特·米德：《文化与承诺：一项有关代沟问题的研究》，周晓虹、周怡译，河北人民出版社 1987 年版。

[美] 麦克法夸尔、费正清：《剑桥中华人民共和国史：中国革命内部的革命（1966—1982 年）》（下卷），俞金尧等译，中国社会科学出版社 1992 年版。

[美] 明恩溥：《中国乡村生活》，午晴、唐军译，时事出版社 1998 年版。

[美] 乔纳森·特纳：《社会学理论的结构》，邱泽奇等译，华夏出版社 2006 年版。

[美] 塞缪尔·P. 亨廷顿：《变化社会中的政治秩序》，王冠华等译，上海人民出版社 2008 年版。

[美] 许烺光：《祖荫下：中国乡村的亲属、性格与社会流动（修订版）》，王芃等译，中国台湾南天书局 2000 年版。

[匈] 波兰尼：《大转型：我们时代的政治与经济起源》，刘阳等译，浙江人民出版社 2007 年版。

[英] A. R. 拉德克利夫·布朗：《原始社会的结构和功能》，潘蛟等译，中央民族大学出版社 1999 年版。

[英] 贝思飞：《民国时期的土匪》，徐有威等译，上海人民出版社 2010 年版。

[英] 弗里德里希·哈耶克：《科学的反革命：理性滥用之研究》，冯克利译，译林出版社 2012 年版。

[英] 罗素：《宗教与科学》，徐奕春等译，商务印书馆 2005 年版。

[英] 马凌诺斯基：《文化论》，费孝通译，华夏出版社 2002 年版。

[英] 麦高温：《中国人生活的明与暗》，朱涛、倪静译，中华书局 2006 年版。

[英] 齐格蒙特·鲍曼：《个体化社会》，范祥涛译，生活·读书·新知三联书店 2012 年版。

Geertz, C., *The Interpretation of Culture*, New York: Basic Books, 1973.

Hsiao Kung-Chuan, *Rural China: Imperial Control in the Nineteenth Century*,

Seattle: University of Washington Press, 1962.

Turner, V. W., *The Forest of Symbol Aspects of Ndembu Ritual*, Ithaca: Comell University Press, 1967.